단군 할머니론

한국 고대시대의 원초적 리더십은 여성이었다

-단군 할머니 만세-

안 천 지음

이 책은 크게 3가지 차원에서 한국사에 기여한 책이다. ① 최초의 여성대통령 탄생 ② 임금님 모시기를 통한 미완성 항일전쟁의 출범 ③ 정치적 여성해방운동의 한국학 정립이란 3대 목표를 달성한 역사적 책이다.

교육과학사

개정판 머리말

본서가 처음 출간된 때는 1991년 4월 30일이었다. 당시만 해도 '여성 최고지도자'의 탄생 가능성을 다룬 본서에 대해서, 실현 가능성이 전혀 없는 언어도단의 황당한 소설 같은 책을 썼다는 등의 힐난이 공개적으로 나오는 시절이었다.

당당하게 활동하는 여성 국회의원도 별로 없는 남성 중심성이 확고했던 당시에, 너무나 앞서 나간 책이라는 분위기가 역력했다. 하지만 그 후 꼭 21년 9개월 26일 만에 본서의 예언은 적중하였다.

최초의 여성대통령인 박근혜 대통령이 동아시아 최초로 탄생한 것이다. 아직은 미흡한 숫자지만, 여성 국회의원도 다수가 배출되었다. 곳곳에서 여성의 사회적 진출도 괄목할 만하게 되었다.

본서는 초간본 이후에 '단군 할머니'란 제목으로 바꿔 출간한 적도 있다가, 다시 원래의 책 제목인 '여성대통령은 언제 나올까'로 출간되기도 하며 도합 8쇄본까지 출판되고서 절판되었다.

하지만 이 책이 가진 가치를 인정하는 독자들의 재출간 요망이 이어졌다. 그런데 그 사이에 이미 최초의 여성대통령이 탄생했기에, 부득이 '단군 할머니론'으로 책 제목을 다시 바꿔야간 되었다.

이 책은 필자가 1990년에 출간한 '거시국토통일론: 만주는 우리 땅이다'의 후속 서적이라고 보아야 한다. 당시까지 한국에서는 거의 북방 영토의식이 없었다. 그것을 고치려는 연구를 진행한 결과로, 고대시대 당시에 있어서 우리민족의 정치적 리더십 주체는 여성이었다는 해답이 도출된 것이다.

고대시대의 우리나라는, 그 어떤 변인을 살펴보더라도 모계 사회적인 여성 주도의 사회였다. 그러니까 당연히 단군은 할머니가 되는 것이 옳다. 그간 너무 막연하게 단군 할아버지라고 말한 것은, 지극히 비과학적이고 부당한 것이다.

본서에서 한국 최초로 주장한 단군 할머니 학설은, 결코 여성에게만 제시하는 편향적 이론이 아니다. 먼 옛날 고대시대의 우리나라는 여성주도의 사회였다는 당연한 일반론을 말하는 것이다.

그간 아무 생각 없이 무의식적으로 받아들여 왔던 단군 남성 의식은, 너무나 잘못된 고정관념이다. 한국 여성학의 패러다임을 근본적으로 바꿀 시각을 제시하며, 개정판 서문을 쓴다.

좋은 책을 만들어 준 출판사에 감사를 드린다.

2016년 5월 9일

안 천(安 天)

축사(사은문)

안천 교수님을 처음 만난 때로부터 거의 30년 가까운 시간이 지났다. 한국인 전체의 의식구조가 아직도 일제 침략시대의 어두운에 크게 짓눌려 있어서, 왜적들이 하던 대로 임금님과 한국사를 비난하고 우롱하던 암울한 시기가 당시였다.

안 교수님은 그 절망적인 때에, 최초로 일본의 대한황실 침략이 가진 부당성을 공개적으로 주장하였다. 누구도 생각하지 못했던 것이다. 암울했던 그 당시에 일제침략으로 사라진 '임금님'을 다시 모시자는 학설을, 처음으로 정립하고 실천한 분이 안 교수님이시다. 그러한 안 교수님이 최초로 황실복원 논리를 세운 글이, 본서의 넷째 주제인 잊혀진 황후 줄리아였다. 안 교수님은 당시와 같이 아직도 거의 일제강점기 의식이 지배하던 상황을 극복하고자, 본서에다 자연스레 '임금님 모시기' 논리를 담았던 것이다.

나는 당시 안 교수님이 마련해주신 이 책을 들고 전국 방방곡곡을 찾아 다녔었다. 그리고는 나 이석 왕자가 살아 있고, 황실이 살아 있다고 외치면서 다녔던 것이다. 생각하면 지난 세월이 꿈만 같다.

많은 사람들은 내가 바로 '살아 있는 왕자'라고 말하면 못 믿겠다는 듯 신기한 듯 쳐다보았다. 그리고 우리나라에도 '임금님을 모시자'고 말하면, 아무 말도 못 하며 어이없어하다가 차츰 공감을 해 나갔다. 더디지만 세상은 꾸준히 바뀌어 나갔다.

이제는 만약에 국민투표를 한다면 '입헌군주제 개헌'이 확실하게 과반수 찬성표를 얻을만큼까지 되었다. 일제 강점기의 악선전에 침몰해 있던 우리사회가, 서서히 자기 존재감과 역사의식을 회복하며 재탄생된 것이다. 안 교수님의 열정이 세상을 바꾼 것이다.

나는 14년 전부터 대한황실이 태어난 전북 전주에 와 있다. 나는 요즘 전라북도에서는 거의 사실상의 임금님 같은 예우를 받고 있다. 약 30년 전을 회고해 보면, 상상할 수도 없는 고마운 일이다.

안천 교수님을 요즘 대한황실에서는 국사(國師)님으로 모시고 있다. 다 무너져 버린 황실인지라 평생을 바쳐 황실부흥을 위해 헌신한 안 교수님에게 보답할 것도 없지만, 애초에는 내 조카 초남이가 그렇게 부르면서 자연스럽게 여럿이 국사님으로 호칭하고 있다. 마음으로나마 지극히 고맙다는 충정을 표시하는 것일 것이다.

한참 연부역강했던 시기에 황실복원의 열변을 토로하며, 전국을 주유했던 날이 훌쩍 지나고 나는 이제 어느덧 할아버지가 되었다. 하지만 오늘도 태조 고황제 폐하께서 황산대첩 승리의 잔치를 열었던 오목대에 올라서 마음을 굳게 다잡고 있다.

안 교수님이 본서의 개정판을 다시 출간한다는 소식에 다시 한 번 힘이 솟는 기분이다. 약 30년 전에 안 교수님과 함께 의기투합하여, 이 시대의 항일독립전쟁을 출발했던 용기가 다시 맥박 치고 있다.

안 교수님! 대한황실의 뜻을 모아 감사를 드립니다. 우리 대한황실은 기필코 다시 살아날 것입니다. 저기 내가 사는 승광재를 보십시오. 저기 수많은 관광객이 구름같이 밀려서 가는 모습을 보십시오. 태조 고황제 이성계 장군의 힘찬 기상이 다시 보이시지요.

대한황실은 이미 살아서 미래의 역사를 향해 달려 나가고 있습니다. 거의 다 살아났습니다. 고맙고 고맙습니다.

2016년 4월 28일, 충무공 탄신일에
전북 전주 오목대, 황산대첩 승리의 잔치 언덕에 올라서
대한황손(황실문화재단 총재) 이 석(李 錫)

머리말

여자로 태어난 것은 결코 후회할 일이 아니다. 딸을 낳은 부모는 전혀 실수한 것이 아니다. 그렇지만 우리나라에서는 언제부터인가 그러한 걱정을 하게 만드는 어두운 그림자가 형성되어 왔다.

그러한 어두움은 우리사회의 여러 부문에 따라 약간씩 정도차가 있는데, 특히 보다 짙은 어둠에 묻힌 곳은 정치영역이라고 하겠다. 다른 부문들은 시간의 흐름에 따라서 나날이 여성의 삶을 밝게 만드는 방향으로 개선되어 나감에도 불구하고, 정치적 삶에 있어서는 남성 우위의 흐름이 요지부동이다. 왜 그럴까? 이 책은 그러한 물음에 대한 문제의식을 갖고 쓰였다.

이 책은 일곱 가지 주제로 이루어져 있다. 처음에는 여성생활과 연결된 정치 문제들을 살피면서, 차츰 우리나라 여성의 정치적 과제에 집중된 관심을 쏟는 흐름으로 구성되어 있다.

그런데 일곱 주제는 모두 따로따로 떨어진 것이다. 내용상 뚜렷이 독립된 것이지만 자연스럽게 연결되면서, 우리나라 여성정치문화의 전체적 모습을 저절로 깨닫게 쓰였다.

이 책을 읽으면 박진감 있고 재미있게 끝까지 읽게 되고, 누구나 저절로 우리나라 여성정치문화가 뚜렷이 보일 것이다.

그런데 이 책에서 특히 강조된 것은 여성의 정치적 삶을 꽃피우는 최고 경지는, 우리나라에서도 여자가 최고정치지도자가 될 수 있는 단계까지 여성 정치 발전이 이루어지게 만드는 것이었다.

그러나 요즈음과 같이 선거에 의해 뽑힌 여성 국회의원의 출현도 별로 없는, 우리나라의 정치풍토에서 그것이 가능할까 하고 의문을 갖는 독자들이 일반적일 것이다.

그렇지만 이 책을 끝까지 신중하게 읽어 나가면, 우리나라에도 여성 최고 지도자가 나오는 것이 결코 불가능한 일도 아니며, 결코 먼 훗날의 일이 될 수도 없다는 확신이 생길 것이다.

뜻이 있는 곳에 길이 열리는 것이며, 실천이 있는 곳에 업적은 쌓인다는 상식이 여성정치 문화에 있어서도 똑같은 것이다.

이 책은 여성정치문화를 중심으로 썼지만, 여자들만 읽는 책으로 쓰이지 않았다. 우리 주변에 있는 여성학 저서들은 대체로 남자가 읽는 사례보다는, 여성의, 여성에 의한, 여성을 위한 여성학인 것이 대부분이다. 그러나 여성을 위한 여성학도 좋지만 여성정치문화의 어두움에 빛을 주기 위해서는, 여성뿐만 아니라 남성들도 흥미 있고 깊은 관심을 가질 여성학 관련 서적이 요망된다.

이 책은 남성들도 한 번 책을 손에 잡으면 단숨에 끝까지 읽도록 재미있게 쓰였다. 그러므로 이 책은 여성정치문화를 쓴 것이 아니다. 인간 정치문화를 썼다고 보아야 하겠다.

특히 여성들이 유의할 것은 여성정치문화의 개선은 여성만의 노력에 의해서 되는 것이 아니라, 남성들의 의식구조가 바뀌도록 해야 함이다. 남성들과 협조한 가운데 여성문화가 개선되어야 한다는 점이다. 그것은 어차피 여자나 남자나 상대가 없이 혼자서는 살 수 없는 숙명적 존재이기 때문이다.

이 책은 여성정치문화를 다루었지만 꼭 남성과 함께 읽어야 한다. 왜냐? 앞에서도 말했지만 여성정치문화의 개선은 여성의식의 개선과 함께 남성의 의식을 고쳐야 하는 우리 모두의 과제이기 때문이다. 그렇게 읽은 뒤에는 남성들을 포함한 이웃과 이 책의 주제에 대해 부담 없는 대화의 광장을 자주 갖기를 권한다.

이 책을 읽은 여성들이 모두 그렇게 해 준다면, 이 책에서 제시하는 저자의 의견이 현실화될 날은 그리 멀지 않았다고 본다.

이 책을 쓰는 과정에 있어서 더욱 심각하게 느낀 것은, 여성 문제에 대한 국가적 관심이나 국민적 의식이 아직 우리사회는 낮은 수준에 있음이다. 우리나라에서 요즈음 국력의 향상과 함께 인력 부족현상이 날로 심각해지고 있는데, 그것을 해결하는 최선책의 하나는 여성인력을 각계각층에서 널리 활용하는 것이다.

지금까지 우리사회는 인적자원의 반에 해당하는 여성인력을 상당히 많이 썩혀 왔다. 앞으로 여성인력을 대폭 개발하고, 여성에게 자아실현을 위한 삶터를 대폭 개방하려는 노력이 널리 요망된다.

특히 우리나라의 여성인력은 세계 어디에서도 부족함이 없는, 뛰어난 자질을 가진 점에 주목해야 할 것이다. 여성의 삶을 확장하는 과제는 여성만의 문제가 아니다. 우리나라의 미래를 여는 열쇠로서 우리 모두의 과제라 하겠다. 여성을 보는 우리의 인식과 자세는 대폭 바뀌어야 하겠다.

본서는 1991년에 초판 발간된 책으로서 이번에 수정판을 내는 것이다. 이 책의 일곱째 주제인 '단군 할머니론'은 필자가 지금까지 썼던 논문으로는, 한 편의 논문에 가장 오랜 시간과 노력이 투입된 논문이다. 본 논문을 쓰기 위해서 거의 6년간을 꾸준히 연구하면서 썼고, 제주도에서부터 전국을 답사하며 멀리 만주 땅까지의 현지답사가 이루어지면서야 겨우 탈고가 되었다.

그러므로 이 책은 일곱 주제를 모두 쓰기 위해서 실제의 집필 기간만도 거의 10년 가까운 장기간의 세월이 들었다. 누구도 상상할 수 없는 단군 할머니란 가설을 증명하면서, 우리민족 여성사의 새로운 이정표를 세우기는 결코 쉽지 않았었다.

우리민족 여명기 사회의 기본적 패러다임은 통상적인 우리의 상상력을 완전히 초월하는 것임을 밝히면서, 그리고 우리의 현시대를 지배하는 고정된 사고체계의 근본적 변화가 있어야 함을 강조하면서 이 책을 탄생시킨다.

끝으로 이 책을 쓰는 데 많은 도움을 준 분들에게 고맙게 생각한다. 그리고 자료 제공이나 면담을 비롯하여 원고 검토를 해 준 여러 분들에게 감사의 뜻을 표하며, 좋은 책을 만들기 위해 최선을 다한 출판사의 노력에 대해서도 깊은 고마움을 느낀다.

필자는 곳곳에서 항상 따뜻한 마음을 가진 고마운 분들의 정성을 듬뿍 받으며 살았던 흐뭇한 기억이 있다. 이 책을 쓰는 데에서도 그것은 예외가 아니었다. 인생은 많은 경우에 즐거운 길이며, 많은 경우에 행복한 길임을 감사히 생각한다.

2002년 3월 1일 삼일절

안 천(安 天)

목 차

여섯째 주제

여성대통령은 언제 또 어떻게 나올까? · · · 305

첫째 주제

귀고리의 국제정치여행

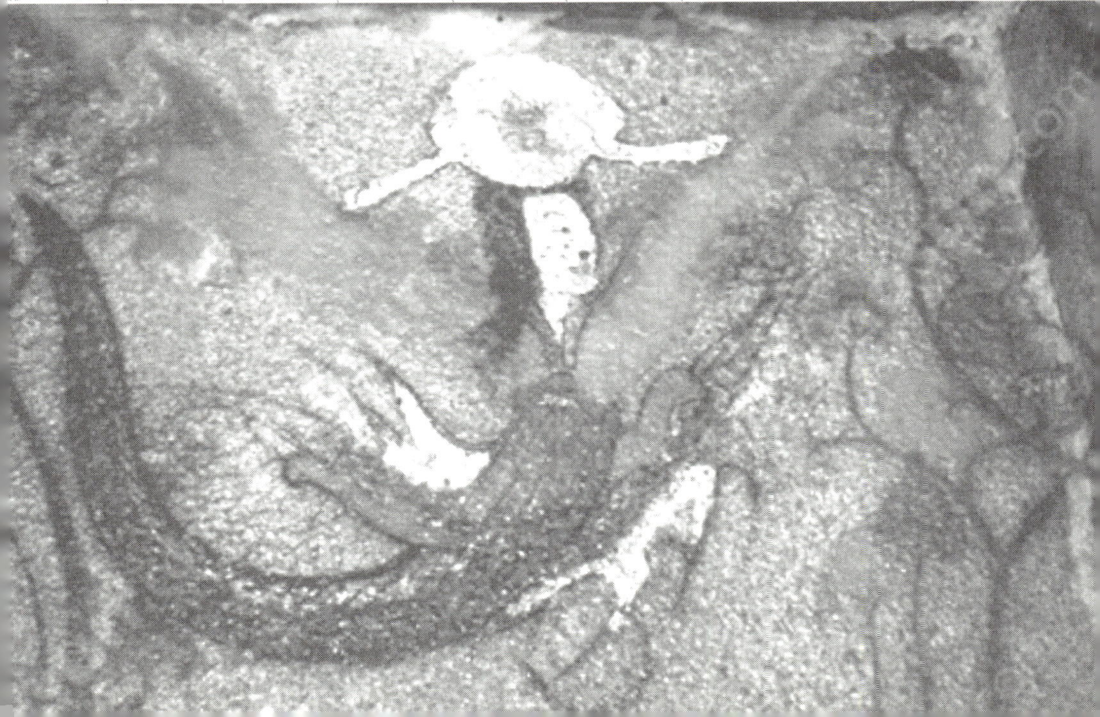

I. 들어가는 글

여자들은 아름답다. 그리고 여자들은 보다 아름다워지길 바란다. 아름다워지고 싶은 마음은 여인들의 보편적 특성이며, 나아가 아름다워지길 원하는 것은 여인들의 당연한 특권이랄 수도 있다. 머나먼 옛날부터 오늘날에까지 걸쳐, 그리고 지구 위의 어느 곳에 있어서도 여자들과 아름다움은 변함없이 깊은 관련을 맺어왔다.

생각건대 여자들의 아름다움은 때로는 크게, 때로는 작게 영향을 미치기는 했어도 남자들에게 끊임없이 영향을 주었다. 그로 인하여 인간의 정치생활에도 많은 영향을 미쳐 왔다. 우리나라의 정치사에 있어서도 여인들이 정치에 미치는 영향은 예나 지금이나 변함없이 계속되고 있다.

그런데 우리나라의 정치문화사를 먼 옛날부터 죽 이어놓고 살펴볼 때에, 결정적 의문을 갖게 만드는 여인의 장신구가 하나 있다. 그것은 귀고리이다. 그 의문을 다음과 같이 정리해 볼 수 있겠다.

첫째로 현재 우리들이 일반적으로 서양식 여성 장신구로 알고 있는 귀고리가, 삼국시대의 옛 유물에서 풍부하고 끈질기게 발견된다는 점이다. 국립중앙박물관은 물론이고 부여, 공주, 경주 등의 박물관에 휘황찬란한 황금 귀고리가 자랑스럽게 진열되어 있음은 누구나 아는 사실이다. 귀고리가 서양식 장신구만은 아님을 웅변으로 증명하고 있는 것이다. 우리 겨레의 귀고리 문화는 어떤 의미를 갖는 것인가?

둘째로 삼국시대의 귀고리 문화가 언제부터 단절되어 오늘에 이르렀으며, 그 공백 기간이 갖는 정치 문화적 의미는 무엇인가에 대해서 커다란 의문이 생긴다. 무엇인가 커다란 정치적 힘이 작용했기에 귀고리 문화가 깨끗하게 일소된 것은 아닌가? 어떤 것이든 간에 자연적인 현상으로는 문화가 그렇게 철저히 단절되기 어려운 일이라 하겠기 때문이다.

셋째로 현대에 서양을 통해서 수입된 귀고리 문화가 우리와는 전혀 관련이 없는 이질적 외래문화에 불과한 것이며, 일부 사람들이 생각하듯 서양식 퇴폐문화, 사치문화에 불과한 것인가? 끝으로 현대의 우리사회에 있어서 귀고리 문화를 앞으로 어떻게 발전시킬 것인가? 아니면 없애 버려야 할 것인가? 등에 대해서 관심을 갖고 논술을 전개하고자 한다.

Ⅱ. 삼국시대의 귀고리 문화

삼국시대의 귀고리 문화가 특히 발달된 지역은 신라라고 하겠다. 삼국시대 신라의 옛 무덤에서는 금관 또는 금동관과 더불어, 보편적으로 발견되면서 가장 특색 있는 유물이 눈부신 모습의 귀고리인 것이다. 인근 지역인 백제, 고구려, 일본 등지에서는 출토의 사례가 비교적 적은 편인데 신라 옛터에서는 엄청나게 그 유물이 많다.

더구나 그 꾸밈에서 보인 다양한 신라 양식과 의장, 기교의 빼어남으로 보아, 금귀고리가 특히 세련되게 발달된 고장은 역시 신라가 아닌가 한다.

그러나 수없이 도굴되고 잔류품이 거의 없는 고구려에서도 평안남도 영원(寧遠) 지구와 강동(江東) 고분에서 출토된 몇 가의 순금 귀고리가 있어서 신라 귀고리에 앞서는 양식을 보여 주고 있다.

이 고구려 귀고리들은 신라의 세환식(細環式) 금귀고리와 거의 같은 양식이지만, 신라 귀고리처럼 과다한 꾸밈이 없고 소박하며 간결한 것이 특색이다.[1] 다만 평양에서 발견된 영화(永和) 9년(AD 353년) 기록이 있는 고구려 고분에서는 태환식(太環式) 귀고리가 발견되기도 했다.

또한 고구려와 마찬가지로 도굴이 심해 잔류물이 거의 없는 백제에서도, 공주 고분에서 신라 금귀고리에 앞서는 세환식의 예스러운 것이 출토되기도 했다. 특히 백제의 무령왕릉에서는 빼어나게 찬란한 귀고리가 1971년에 발견되어 보는 이들을 놀라게 하고 있다.[2] 먼저 국보로 지정된 3개의 귀고리를 살펴보도록 한다.

1. 국보 90호 : 5, 6세기경의 신라시대 것이다. 순금제 귀고리로 길이가 8.7cm이며 국립중앙박물관에 소장되어 있다. 이 귀고리는 경주 보문동의 부부총(夫婦塚)의 부인무덤에서 출토된 것이다.

신라 귀고리 가운데 가장 빼어난 것의 하나이며 조금도 손상이 없는 완전한 것이다.[3] 태환식(太環式)으로서, 태환의 앞면은 금알맹이로 된 거북무늬에 가까운 6각형으로 나누어 장식하고, 이 6각형

1) 문화공보부 문화재관리국, 문화재 대관 : 국보편(서울 : 양서출판사, 1977), p.402.

2) 귀고리의 테가 굵은 것을 태환식, 가는 것을 세환식이라고 한다.

3) 한병삼 편저, 국보 1 : 고분금속(서울 : 예경산업사,1983), p.217.

안에는 3~4개의 풀잎무늬 같은 것을 금알맹이로 표현했다.

귀고리의 몸체가 되는 태환에는 가는 통쇠로 된 고리를 맞물려 달고 다시 2단으로 된 주반(珠盤) 모양의 둘레에 심엽형[4](心葉形 : heart style)의 작은 장식을 금실로 꼬아 많이 매달았다. 그 맨 밑에는 커다란 심엽형의 장식을 하나씩 달아서, 귀고리가 움직일 때마다 작은 심엽형 장식들이 미묘하게 금빛으로 반짝이게 다듬어진 것이다. 중간의 통쇠고리뿐만 아니라, 작은 심엽형의 장식에도 정교한 누금세공법(鏤金細工法)이 빠짐없이 가해진 빼어난 작품이다.[5]

2. 국보 156호 : 1971년에 발견된 백제의 25대 무령왕릉에서 발굴된 것이다. 9.8cm 길이의 순금제 귀고리로 6세기 전반의 작품이다. 현재 국립공주박물관에 있는 이 귀고리는 출토 당시 왕 쪽에서 발견되었다. 가는 고리의 세환식(細環式) 귀고리에 두 가닥의 장식이 달려있다. 하나는 속이 빈 원통형의 중간 장식 끝에 금판으로 된 심엽형 장식을 달았으며, 그리고 그 장식의 앞면에 술잔 모양의 작은 잎 하나씩을 붙였다. 이 술잔 모양의 장식은 심엽형이 평편함에 비해서 안으로 굽은 모양이다. 이를 귀고리와 연결한 원통형의 장식은 누금세공법으로 제작된 금선(金線)과 심엽형 장식을 돌렸다.

다른 한 가닥은 여러 개의 가는 고리로 이루어진 구슬 모양의 장식에, 5개의 구슬장식을 금실로 매어 단 것을 5개씩 연결시켰다. 맨 끝에 구슬장식 2개가 달린 금모자(金帽)를 씌운 푸른 곡옥(曲玉)을

4) 심엽형이란 ♡ 모양을 말한다.

5) ㉠ 누금세공법(Filigree)은 금실(金絲)이나 금싸라기를 붙여서 도안을 만들거나 장식하는 기법이다.
㉡ 문화공보부 문화재관리국, op.cit., p.191.

달아 순금과 조화를 이루게 하였다.

이러한 두 줄이 달린 귀고리는 경주의 신라 금령총에서도 발견된 사례가 있으나 이와 같이 대담하고 우수한 것은 아니었다. 짜임새가 복잡한 듯하지만 잘 조화되어 호화롭고 명랑하다.[6)]

3. 국보 157호 : 백제의 25대 무령왕릉에서 발굴된 왕비의 귀고리이다. 2쌍이 발견되었는데 6세기 전반의 작품이며 12cm와 9cm 길이의 순금제 귀고리로 국립공주박물관에 소장되어 있다.[7)]

큰 귀고리만을 설명해보면, 귀고리에는 작은 고리를 연결하여 하나는 길고 하나는 짧은 장식을 달았다. 긴 가닥에는 각각 4개씩의 둥근 구슬장식이 금으로 된 사슬에 7마디로 연결되었다. 그 아래에 8개의 둥근 구슬장식이 있으며, 맨 끝에는 둘레에 누금세공법으로 윤곽을 장식하여 폭(幅)의 효과를 낸, 밑으로 달린 원뿔형 고추 모양의 장식이 달린 형태이다.

짧은 가닥에는 둥근 고리 모양의 것이 맨 위에 달리고, 그 밑에 금사슬로 연결된 4개씩의 나뭇잎형 구슬장식을 3마디로 매단 다음에 비치는 모습의 금모자가 씌워진 연한 녹색의 둥근 구슬을 달았다. 그리고 다시 4개의 나뭇잎형 구슬장식을 2마디로 달고 맨 아래에는 두 개의 펜촉 모양의 장식을 곧게 교차시킨 네 날개 모양의 나무열매 모양이 밑으로 달려있는데 끝에는 작은 돌기가 달려 있다. 나뭇잎형 구슬장식과 나무열매 모양의 둘레는 모두 누금세공법으로 가장자리를 둘렀다.

그런데 고구려 지역에서 이와 같은 원뿔형 고추 모양이 두 줄 달

6) 한병삼, op.cit., p.218.

7) 문화공보부 문화재 관리국, op.cit., p.336.

린 형태의 세환식 귀고리가 출토된 사례가 있다.[8)]

이상 3가지의 국보급 귀고리를 살펴본 것을 중심으로, 삼국시대에는 귀고리 문화가 매우 발달되었고 보편적인 것이었다고 해석을 내려도 되리라고 본다.[9)]

왜냐하면 먼저 적석총에 의해서 비교적 도굴을 당하지 않은 신라에 있어서는 매우 널리 귀고리 문화가 발달되어 있었음을, 고분에서 보편적으로 발굴되는 귀고리에 의해서 깨닫게 된다. 신라 사람들에게 있어서 귀고리는 형태가 다양하고 예술적으로도 빼어난 모습으로 발달되어 있어서, 세계적 수준의 찬란한 귀고리 문화가 크게 발달되었음을 말해준다.

또 신라와 정치적으로 매우 가까운 관계에 있었던 가야에 있어서도 눈부신 귀고리 문화가 널리 발달되었음을 유물들은 말해준다.

그런데 거의 모든 것이 도굴된 백제나, 남은 것이 거의 없는 고구려라고 해서 그곳이 신라나 가야보다 귀고리 문화가 덜 발달되었다고 보는 것은 너무 가벼운 판단이 아닌가 한다.[10)]

왜냐하면 고구려나 백제에 있어서도 꾸밈없고 간단한 형태의 귀고리는 나름대로 발견되는 바가 있으며, 특히 1971년에 우연히 발견된 무령왕릉의 눈부신 귀고리를 보면 백제가 거의 모든 것이 철저히 도굴되고 훼손되어서 그렇지 귀고리 문화가 매우 발달되어 있

8) 한병삼, op.cit., p.218.

9) 삼국시대의 귀고리 문화는 세계 첨단수준의 빼어난 것이다. 삼국이 귀고리 문화의 세계적 절정을 이룬 지역이었음을 뜻한다.

10) 위경효, 한국 금속 장신구의 발전 과정과 현대 장신구의 개발 연구, 성신여자대학교 대학원 석사학위 논문, 1982, pp.8~9.

었음을 말한다.

고구려에 있어서도 반도 북쪽의 유물이 뚜렷하게 공개되고 정리된 것이 없어 그렇지, 민족교류가 활발해지면 앞으로 많은 귀고리가 공개되고 더 나올 것이라고 예상해도 잘못은 없으리라고 본다.

또한 일본의 규슈 지방이나 혼슈 지방에 있어서도 귀고리가 발견되는 바, 이것은 보편적이었던 삼국의 귀고리 문화가 당시에 전파되어 나갔음을 뜻한다. 많은 삼국 사람들이 그곳에 옮겨가서 살면서, 문화적인 뿌리를 내리며 옮겨졌다고 하겠다.

Ⅲ. 귀고리의 국제 정치적 순환

삼국시대에 있어서 귀고리 문화는 만발한 꽃과 같이 발달되어 있었다. 지금까지 발견된 귀고리의 숫자, 다양한 조각장식이나 눈부신 세공술 등에 의해서 명백히 깨달을 수 있음을 앞에서 지적하였다.

그러면 거기에서 생겨나는 당연한 의문이 있다. 그렇게 찬란했던 귀고리 문화가, 그 후 우리 겨레의 문화에서 왜 송두리째 자취를 감추게 되었으며 그것은 언제부터일까?

1. 귀고리 문화가 싹튼 장소

우선 귀고리 문화가 처음으로 시작된 발원지가 어디이며, 어떤 공간적 범위에서 최초의 꽃을 피웠는가 하는 것이다.

여기에 대한 의문점을 풀어주는 해답은 일단 고구려, 백제, 신라, 가야가 있었던 만주 벌판과 반도 지역 전체가 귀고리 문화의 분포범위임을 말할 수 있겠다. 또한 먼 옛날부터 꾸준히 일본열도로 건너갔던 우리민족에 의해 일본에까지도 귀고리 문화가 퍼져 나갔다고 말해 볼 수 있겠다.[11)]

그러면 한족(漢族) 지역에는 분포정도가 어떠했는가? 여기에 대해서는 현재 영국박물관에 소장된 당나라 유물에 신라의 태환식, 세환식 귀고리와 비슷한 모습의 황금귀고리가 전시되어 있는 것에서 생각하여, 한족 측에도 귀고리 문화가 뿌리내려 있었으리라고 가볍게 생각할 수 있겠기 때문이다. 그러나 그것은 경솔한 판단으로 말미암은 것이라고 본다. 왜냐하면 당나라는 고구려와 백제를 침략하여 당시에 약탈해 갈 범위에 노출된 것은 완전히 휩쓸어 가며, 고구려, 백제를 궤멸시켰는데, 눈부신 황금의 귀고리를 그냥 놔두었을 까닭이 없다. 그 귀고리들은 약탈 문화재이거나 신라와의 교류에 의해 얻어간 것이었다고 보아야 하겠다. 왜냐?

그것은 그 후 우리나라에서 귀고리를 다는 것을 금지하게 될 때에 한족식(漢族式)이 아닌 오랑캐 풍속(胡風)이라면서 우리의 전통적인 귀고리 문화를 말살시키는 정책을 썼던 기록이 있음에서 알 수

11) 귀고리는 원래 북방 민족의 습속이다. 일본에서 발견되는 귀고리는 거의 백제 것과 모양이 같다.

있다.[12] 한족들이 오랑캐 풍속이라고 없애는 귀고리를 한족들이 스스로 만들었다는 것은 잘못 생각한 것이다.

우리나라의 역사해석에서는 중국과 우리나라에 똑같이 있었던 것을 가볍게 생각하여, 모두 중국에서 온 것으로 생각하는 맹목적인 중화우월주의적 사고에 의한 것이 많다. 귀고리 문화는 우리 겨레의 원초적 문화임을 유의해야 하리라고 본다.

한때 우리나라의 관광객들이 중국에 가서 한약방의 우황청심원을 싹쓸이해와 국제적 웃음거리가 되었는데, 우황청심원은 원래 우리가 스스로 창안해 만든 우리의 고유 한약이다. 한족(漢族)이 최근에 우리 것이 좋아 그것을 흉내 내서 만든 우황청심원을, 관광객들이 한족의 고유 약재라고 잘못 생각하는 것과 똑같은 사례이다.

귀고리 문화는 북방족 계열의 문화유산이다. 우리민족과 피를 비슷하게 나눈 북방 계열 사람들의 생활 문화에 널리 펴져 있었던 것이며, 한족문화에는 원래 귀고리 문화가 없었던 것이다.[13]

2. 귀고리 문화의 시간적 변천

다음으로 생각할 것은 우리 겨레의 귀고리 문화를 시간적 전개과정에 의해 살펴볼 것이 요망된다. 그러면 먼저 귀고리 문화가 언제부터 시작되었는가?

그 시원적 시점을 명쾌히 말하기는 쉽지 않다. 다만 시기가 명확

12) 김용숙, 한국여속사(서울: 민음사, 1989), p.71.

13) 유희경, op.cit., p.105.

한 것의 하나가 무령왕릉이므로 지금부터 약 1,500년쯤 전인 5, 6세기에는 귀고리 문화가 활짝 꽃을 피워 있었으며, 그 출발은 훨씬 이전이었던 것만은 분명하다.

그러면 삼국시대 이전에도 귀고리 문화가 있었는가에 대한 의문인데, 아마도 예스러운 형태의 것들이 있었기도 했겠지만,[14] 재질이 닳아 없어지는 것이었거나 원시적이라 남은 것이 없으리라고 본다. 하지만 삼국시대에도 초보적인 단순한 형태의 귀고리가 발견되는 점으로 보아서, 귀고리는 삼국시대에 본격적으로 나타나며 특히 발달되었던 것이었다고 하겠다.

그런데 그렇게 찬란하게 꽃피워졌던 귀고리 문화가 언제부터 시들어 버렸는가? 일단 귀고리가 고려나 조선시대에는 문화적으로 관련이 적었던 점으로 보아서, 귀고리 문화의 쇠퇴는 통일신라의 시대였었음을 짐작하게 된다.

신라의 삼국통일은 민족사의 입장에서 볼 때에 국제정치적으로 엄청난 실책을 범한 것이다. 민족의 영원한 고향 땅인 민족 발상지 만주 땅을 내어주고, 민족의 활동무대를 대동강에서 원산으로 잇는 선으로 형편없이 위축시킨 것이다. 훗날의 역사에 있어서 어떤 명분으로도 변명이 어려운 것이다.

김춘추, 김유신 등은 정권적 차원의 승리자였지만 민족정치적 차원의 패배자였다. 민족을 왜소화시키는 출발점을 만든 우매한 행위자였음을 부인할 수는 없는 것이다. 그러나 삼국통일에 의한 정권적 차원의 수혜자들이 잠재적으로 득세하는 분위기가 당시부터 꾸준히 이어지다 보니, 지금까지 우리나라에서는 김춘추, 김유신을

14) 위경효, op.cit., p.4.

너무 높게 평가한 것이 아닌가 한다.

더군다나 삼국통일은 정치 문화적으로 볼 때에도, 우리민족에게 엄청난 피해를 준 출발이 된 것이다. 삼국통일은 한족(漢族)의 문화적 제국주의의 침략이 확실하게 출발된 계기가 된 것이다. 정치적으로뿐만 아니라 문화적으로도 확실한 종속국으로의 길로 접어들게 만들었으며, 피종속적 인간군상을 꾸준히 만들어 내는 출발점이 된 것이다.

삼국 쟁투시기에 있어서 삼국은 똑같이 황제를 칭하며, 당당한 천하사상을 갖고 중국을 비롯한 주변국의 간담을 서늘하게 하는 국력을 갖고 있었다. 그런데 통일신라시대부터 한족의 침략적 중화주의에 순화되는 길을 걷고, 한족의 향락적 퇴폐문화에 찌들다가 시간이 지나며 자멸하듯이 망한 것이 신라였다고 하겠다.[15)]

그리고 그때에 싹이 내려진 피종속적 인간군상은 고려와 조선으로도 이어지며, 우리민족 스스로의 발전적인 앞날에 꾸준히 헤살놓는 비열한 짓을 하면서, 우리민족을 내적으로 허약하게 만든 암적인 존재가 된 것이다.

당시의 우리민족에게 한족의 문화적 침략은 여러 방면으로 진행되었다. 우리 스스로의 고유한 문화유산은 무조건 부끄러운 것이라고 우습게 보는 분위기가 서서히 만들어지면서 귀고리 문화는 점차 자취를 감추어가게 되었던 것이다.

진덕여왕 2년에 김춘추는 당나라에 직접 찾아가 당나라의 생활

15) ㉠ 신복룡, 한국정치사론(서울: 박영사, 1978), pp.54~61.
㉡ 안 천, 만주는 우리땅이다: 거시국토통일론(서울:인간사랑 출판사,1990), pp.261~234.

법도를 따를 것을 고개 숙여 청하였다. 당 태종이 이를 허락하면서 겸하여 의대(衣帶)까지 주었다. 김춘추는 귀국하여 이를 시행하므로 이때부터 우리의 전통적 생활습속이 한족식(漢族式)으로 바뀌었다.[16] 그 후 문무왕 4년에는 또 부인의 의복제도까지 바꾸었으니, 신라 전체의 의관제도가 침략국인 당나라와 같게 된 것이다.[17]

우리민족에게는 스스로의 전통적 문화를 가볍게 여기고, 외국문물은 맹목적으로 받아들이는 흐름이 보이지 않게 많다.

예컨대 오늘날에 있어서 전통 가옥, 한복 등은 사라져가는 대표적인 것이다. 식사도 식탁에 앉아 먹어야 좋아 보이고, 화장실도 좌변식만이 좋게 보이며, 어린 세대에서는 점차 음식문화까지도 햄버거나 피자에 맛 들이는 등 속속 서양식으로 바뀌고 있는 우리의 현실은 아마도 통일신라 때부터의 습성이었는지도 모른다.

그러므로 온 국토가 서양화의 길을 급속히 걷고 있는 오늘의 모습은, 그 속성이 하루에 된 것은 아닌지도 모른다고도 하겠다.

우리민족의 아름답고 슬기로운 고유문화로서 없어진 것은 너무도 많다. 너무도 급속하게 현재도 없어져 가고 있다. 우리의 찬란했던 귀고리 문화는 김춘추 이후부터 시작하여, 한족의 문화적 제국주의에 의한 침략으로 없어져 버린 대표적인 풍습이라 하겠다.

국제정치적 변화가 선행되며 문화종속화는 급속히 이뤄졌고, 귀고리는 한족화(漢族化)를 강요당하는 직간접적 사회 분위기에 의해

---

16) 일연, 이병도 역주, 삼국유사(서울: 을유문화사, 1983), p.80.

17) ㉠ 윤세영, 고분출토 부장품 연구(서울: 고려대학교 민족문화연구소 출판부, 1988), pp.171~177 참조.
㉡ 이현희, 한민족의 풍속과 행사, 한국의 역사16(서울:함원출판공사,1988), p.34.

서 문화침략 피해를 입으며 자취를 감추어가고 말았던 것이다.

3. 귀고리 문화의 보존

소멸을 강요당하면서 없어진, 우리 겨레의 귀고리 문화는 그러나 끈질기게 살아남았다. 끈질긴 문화적 생명력을 자랑하면서 점차 확산되어 나간 것이다.

우리 겨레의 귀고리 문화는 귀고리의 본고장이었던 우리민족의 옛 국토가 분단되면서, 대동강과 원산을 잇는 선 이남의 통일신라 지역은 자취를 감추는 비운을 맞게 되었음을 앞에서 살펴보았다. 그러나 대동강과 원산을 잇는 북쪽은, 문화종속 정책을 추진한 우매한 신라 정권의 힘이 미칠 수 없는 범위였다. 고구려가 망한 뒤에 약 30년간에 걸친 고구려 유민의 피나는 투쟁에 의해, 당나라를 다시 쫓아내고 만주 땅에는 대진국(발해)이 섰다.

그렇지만 현재로서는 대진국의 유물이 남은 것이 거의 없다. 그곳에 귀고리 문화가 어떻게 뿌리를 내렸는가는 말할 수 없다. 다만 분명한 것은 고구려가 망하면서 고구려의 잔류민은 만주에 남기도 했지만, 멀리 몽골 고원으로까지 망명의 길을 떠났다는 점이다. 그곳에 귀고리 문화가 확산되어 갔던 것은 분명한 일이다. 물론 그곳은 예부터 우리와 같은 핏줄을 나눈 북방계 민족들이 살아 왔던 곳이었으며, 이미 귀고리 문화가 널리 퍼져 있었는지도 모른다.

그러나 무엇보다도 중요한 것은 북방의 초원에는 귀고리 문화를 모르는 한족(漢族)의 문화침략의 손길이 뻗치지 않았다는 점이다. 풀밭의 삶을 사랑하면서 원래의 순수한 북방민족의 모습대로의 삶에 충실하며, 말과 양과 염소를 기르는 유목민들의 삶에는 전혀 변화가 없었다.

그들에게는 한족의 문화침략이 있기는커녕, 한족을 가소롭게 볼 정도였다. 한족의 퇴폐한 문화를 단호히 거부하면서, 억세게 민족적 순수문화를 지켜나간 것이다.[18] 우리의 전통 귀고리 문화는 북방의 만주와 몽골초원에, 전혀 상처를 입지 않은 본래의 모습 그대로 남게 되어 보존된 것이다.[19]

4. 귀고리 문화의 국제적 확산

몽골족은 동양사에 있어서, 일종의 신비스런 민족으로 기록되고 있다. 몽골 제국의 창건자인 칭기스칸이 탄생할 무렵인 1167년경에도, 몽골족은 그들의 민족명칭도 갖고 있지 못하였다.

그들은 12세기경에야 별안간 세상에 알려지면서 역사의 앞면에 혜성과 같이 나타났다. 그들이 출현된 기원지도 역사에 있어서는 확실하지 않다.

다만 그들이 흑룡강 근처의 초원에서 세력을 얻은 것은 사실이다. 그들은 철과 구리가 무진장 생산되는 옛날 고구려의 계루부가 있던, 흑룡강 북부지방에서 국력을 길러가면서 무서운 민족으로 등

18) ㉠ 아주 먼 옛날에 고아시아족이 아메리카 대륙으로 건너가서 남긴 후손들인 오늘날의 인디안에게 있어서도 귀고리 문화는 분명히 남아있다.
㉡ 몽골족들은 현재도 한족(漢族)을 만나면 이를 갈며 증오하고 적대감을 보내다가, 우리민족을 보면 같은 핏줄이라고 대단히 반겨준다.

19) 최서면, 몽골기행(서울: 삼성출판사, 1990), p.90.

장한 것이다. 그들은 누구인가?

그것에 대한 답은 현재로서는 불분명하다. 그들은 거의 그들에 대한 기록을 남기지 않았기 때문이다. 그러나 그들이 고구려의 옛 북부 지역에서 자라서 그곳에서 힘을 얻었고, 그곳을 배경으로 아시아와 유럽에 이르는 세계 사상 유례없는 거대한 제국을 건설했던 것만은 사실이다.

고구려는 사라졌고 그 후 약 500년쯤 뒤에 그 터에서 그들이 나타나, 고구려가 남긴 민족적 아쉬움을 채워주며 한풀이를 하는 가운데, 막강한 국가를 건설한 것을 고구려의 화려한 재기라고 함은 너무 빠른 판단일까?

몽골족의 역사는 아직도 불명확한 것이 많다. 다만 분명한 것이 있다면 그들이 고구려의 옛터에서 나온 민족답게 막강하게 사나운 민족이었으며, 그들에게는 귀고리 문화가 확실하게 살아 있었다는 점이다.

귀고리 문화의 본토 지역에 있어서는 모두 다 귀고리가 한족의 문화침략으로 소멸되어 가는 비운을 겪었음에도 불구하고, 한족의 침략의 손길이 미치지 않았던 초원의 몽골족에게는 귀고리 문화가 전혀 변함없이 보존되어 있었다. 그들이 역사의 무대에 등장하며 귀고리는 찬란한 재기를 하는 것이다.

몽골족은 무서운 공격력을 갖고, 그리고 아름다운 귀고리를 달고 끝없이 뻗어갔다. 아랍 세계에도 갔고, 유태인의 세계에도 갔다. 한족도 지배했고, 북시베리아를 휩쓸었으며, 멀리 동유럽을 강타하였다.[20] 그리고 귀고리의 옛 본고장인 우리 겨레에게도 귀고리를 달

20) 여기서 오해하지 말아야 할 것이 하나 있다. 귀고리가 우리 겨레와 북방 민족만의 고

고 나타났다. 귀고리 문화는 강력한 힘을 바탕으로 강력하게 국제적 확산을 했다. 곳곳에 우리 겨레의 찬란한 귀고리 문화를 전파시켰다.

다만 몽골제국이 내분에 의해 한족에게 다시 밀리며 93년 만에 북방초원으로 되돌아가면서, 귀고리는 몽골족을 중심으로 한 북방지역을 제외하고는 잠깐 만에 다시 한족(漢族) 지역에서는 사라지게 되었다. 그리고 고려 말에 몽골족이 쇠퇴하며 물러갈 때는[21] 고려의 조정에서도 귀고리를 오랑캐 풍속이라고 하면서 국법으로 금지하게 되고, 귀고리는 우리의 문화에서 다시금 서서히 자취를 감춰가는 비운을 맛보게 된다.

그리하여 귀고리는 점차 없어져가다가 조선시대 중기에 들어서면서는 한족의 문화제국주의에 확실하게 종속되면서 자취를 감췄다. 그것이 오늘날에는 그리하여 우리의 전통적 고유문화라는 생각은 전혀 갖지도 못하는 어처구니없는 문화풍토가 되었다.

하지만 귀고리 풍속은 고려 말부터 조정에서 금했으나 사실상 조선중기까지는 이어졌었다. 그것이 확실히 없어진 것은 선조 5년의 일이다. 당시 임진왜란에 참전한 명나라 사신 동월(董越)이 "상류

유한 것인가 하는 점이다. 그러나 귀고리는 다른 곳에서도 원시적이고 단순한 모습이나마 발견되고 있다. 다만 분명한 것은 귀고리가 한족(漢族)과는 거리가 먼 것이고, 우리 겨레가 세계적으로 귀고리 문화가 가장 빼어나게 발달이 되었다는 점이다. 우리의 독보적 수준의 귀고리 문화는 몽골족을 통해 세계에 커다란 영향을 주며 확산되었다고 하겠다.

21) 그 무렵에 우리 문화가 몽골에 전파된 것을 고려양(高麗樣)이라고 불렀다. 만두를 비롯한 음식문화도 전해졌고 의복이나 생활기물이 많이 전해졌다. 특히 금속활자는 몽골을 통해 유럽에까지 가서 발달되며 종교개혁의 원동력이 되는 인쇄문화를 낳았다. 김광언, 고려양과 몽골풍: 몽골학술기행 28, 조선일보 1990년 12월 18일.

계급과 하류계급이 똑같이 이를 애용하니 어찌 부끄럽지 않은가"라며 비웃는 일이 있었다.

이에 선조 임금님은 "신체발부는 부모로부터 받았으니 감히 훼상하지 말라"고 금지령을 내려 이때부터 없어지게 된 것이다.[22] 마지막으로 귀고리에 내린 철퇴는 한족(漢族)의 문화침략 그것이었다.[23]

우스운 일의 하나는 당시 정부에서 귀뚫이를 못하게 금하자, 조선조 후반기에는 귀걸이를 만들어 귓바퀴에 걸게 되었으며, 그 장식도 단조롭고 때로는 단조로움을 덜기 위해서 5색의 술이 달려 있기도 하였다.[24]

조선조 선조 무렵까지 잔존되어 있었던 우리의 귀고리 문화는, 여자와 남자의 구별이 없이 귀를 뚫고서 귀고리를 장식으로 거는 것이었다. 하지만 이후부터는 귀고리에서 귀걸이로 변질된 것이다.

그렇지만 선조 5년의 귀고리 금지령이 있었음에도, 황해도와 평안도 이북에서는 남자까지도 귀를 뚫고 구리 귀고리를 달았는데, 이를 몽골 풍습(Mongolian custom)이 들어온 것으로 당시는 생각했다.

더군다나 그 후에도 사대부집의 초례 때에는 귀고리를 걸었고, 궁중의 국혼(國婚) 때에도 재간택(再揀擇)에서부터는 참가 소녀들에게 귀고리 착용을 허용했다. 비극의 황제인 융희(순종) 임금님이 황후를 맞을 때에 내린 패물 목록에도 귀고리가 있었다.

그러나 선조 5년 이후에 우리나라의 귀고리 문화가 강력한 철퇴

22) 선조실록 권 6, p.12.

23) 조효순, 한국 복식 풍속사 연구(서울: 일지사, 1988), p.255.

24) 유희경, 한국 복식 문화사(서울: 교문사, 1984), p.359.

를 맞은 것은 사실이다. 지나간 민족사에 있어서 눈물 나는 일이 한 두 가지가 아니었겠지만, 귀고리의 역사도 기구하기 짝이 없기는 마찬가지였다.[25)]

5. 귀고리 문화의 세계 일주와 금의환향

강력한 생명력을 갖고 끈질기게 살아오고 퍼져나간 귀고리 문화는, 그 후 기이하게도 지구를 한 바퀴 돌고 나서, 서양 세력이 동양으로 밀려온 근대 이후부터 시작하여 귀고리 문화의 본토에 다시 등장한다. 서양의 귀고리는 그것이 그들의 고유문화냐 아니냐에 관계없이, 몽골족에 의한 영향을 결정적으로 받은 것이었다.

생각하면 통일신라 이후부터는 1,000년도 훨씬 넘는 기간이다. 또한 고려 말의 몽골족이 물러난 이후부터는, 약 500년의 세월이 흘러간 뒤에 지구를 완전히 일주하여 재상륙한 것이다.

서양 사람들이 귀고리를 달고 나타났을 때에, 우리들은 일반적으로 그것이 전형적인 서양문물의 하나라고 생각했다. 우리 문화와는 전혀 관련이 없는 이질적인 것이라고 보았다. 보수적인 성향의 인사들에게 있어서는, 귀고리를 부착한 젊은 여자들은 서양의 문물을 무분별하게 받아들이는 몰지각한 것으로 이해하기도 했다.

그리하여 근현대 이후부터 다시 들어오기 시작한 귀고리는, 1960년대나 1970년대에까지도 그렇게 널리 퍼진 것은 아니었다.

그러나 1980년대에 접어들면서 우리의 생활수준이 높아지고 세

25) 김용숙, op.cit., pp.71~72.

계 각국과의 교류가 빈번해지면서, 젊은 세대들에 있어서는 귀고리의 부착률이 날로 높아지게 되었다. 요즈음의 젊은 여자들에게 있어서 귀고리는 매우 보편적인 장식품으로서 거의 확실하게 정착된 것이다. 세월이 흘러갈수록 그것은 보다 뚜렷해지리라고 본다.

귀고리 문화가 이렇게 다시 정립된 것을 어떻게 해석해야 할 것인가? 그것을 단순하게 서양문물의 유입으로 보아야 할 것인가?

아니다. 앞에서도 얘기했지만, 전통적인 우리의 귀고리 문화가 다시 고향집을 찾은 것이다. 잊히어졌던 원초적인 우리의 주체적 문화 한 가지가 다시 살아나는 것으로 이해되어야 할 것이다.

생각하면 감격스럽고 기쁘기까지 한 흐뭇한 일이다. 사라지고 잊히어졌던 우리의 고유문화 가운데, 귀고리가 찬란한 재기를 하며 오늘날에 다시 나타난 것이다. 우리 것이 수없이 사라지는 이때에, 귀고리의 재기는 너무도 감격적이다. 너무도 꿈같은 쾌거라고 하겠다.[26)]

Ⅳ. 귀고리 부착의 효능 분석

우리의 삼국시대 귀고리 문화는, 세계 제일의 높은 수준으로 발

26) 현재 북한 지역에 있어서는, 그곳에서 나오는 자료들을 종합해 볼 때에 귀고리가 장신구로 거의 쓰이지 않는 듯하다. 따라서 귀고리의 재기는, 현재는 우리민족이 사는 반도 이남에 국한된 것이라고 하겠다.

달된 것이었다.[27] 우리 조상들의 귀고리 문화가 그렇게 발달했던 까닭은 무엇인가? 귀고리가 어떤 기능이나 효능을 가졌기에, 우리 조상들이 그토록 열심히 귀고리를 달고 다녔을까?

이러한 물음에 답하기에 앞서서 우리가 귀고리에 대해 갖고 있는 몇 가지의 고정관념(固定觀念)에 대해 살펴보고, 그것을 바탕으로 효능을 논하기로 한다.

1. 귀고리에 대한 고정관념

1) 귀고리는 여성전용이라는 생각

일반적으로 우리나라에서는 귀고리가 당연히 여성전용 문화라고 생각한다. 이것은 서양에서도 마찬가지이다. 반문명(反文明)의 흐름을 타는 히피족 등에게나 남성용으로 귀고리가 부착되지 귀고리는 여성용임이 정상적인 것이다. 세계 문명국의 귀고리 문화는 일반적으로 여성문화이다.

그러나 1971년에 발견된 무령왕릉에서는 찬란한 형태의 남성용 귀고리가 당당하게 발견되었다. 왕비에게서도 물론 나왔지만 왕의 시신이 놓여있던 자리에서도, 눈부시게 아름다운 국보 156호의 황금 귀고리가 정식으로 발견된 것이다.

따라서 원초적 귀고리 문화는 오늘날과는 아주 다른 것임이 뚜렷하게 증명된다. 귀고리 문화의 원형은 여자나 남자에게 평등한 것이었다. 사실상 우리의 귀고리 문화는, 오랜 동안에 걸쳐서 여자

27) 김동욱, op.cit., p.118.

와 남자의 공용이었다.

오랑캐 풍속이라고 한편으로 배격을 받았으면서도, 고려를 거쳐 조선 중기까지도 여자와 남자가 똑같이 귀고리를 사용하였다. 여자나 남자나 똑같이 귀를 뚫어 귀고리를 해 주었던 것으로 보인다.[28]

2) 귀고리는 장식용이라는 생각

귀고리를 왜 다는가? 그에 대한 우리나라 사람들의 통상적인 대답은 현재로는 모두가 장식용이라고 말한다. 몸에 붙이는 장신구로서, 아름답게 돋보이려는 욕구에 의해 부착하는 것이라고 함에는 다른 말을 하기가 어렵다.

통상적인 관례로서 서양의 여자들에게 있어서도, 그들의 귀고리 문화를 볼 때에 귀고리는 장식용이라고 생각하는 것이 일반적이라고 할 수 있겠다.

그렇지만 삼국시대의 귀고리가 갖고 있는 모양이나 장식 등을 볼 때에, 귀고리를 단순하게 장식용으로만 보는 것은 너무 속단하는 것이 아닌가 한다. 귀고리는 장식용 이상의 다른 기능을 분명하게 갖고 있었다고 봄이 옳다고 하겠다.

그렇기에 여자나 남자나 공통으로 달았던 것일 수 있으며, 또한 그렇게 열심히 달았던 것일 수도 있을 것이다. 그것이 어떤 것일까에 대해 앞으로 많은 연구가 기대된다.

28) 조효순, op.cit., p.255.

2. 귀고리 부착의 효능

귀고리가 단순한 장신구의 수준을 넘는 기능을 갖고 있었다고 할 때에, 그것들은 어떤 것일까? 어떤 이유에서 그렇게 우리 조상들이 귀고리를 열심히 달았을까? 그에 대한 확실한 해답을 말해 줄 견해는 현재로서 연구된 것이 흔하지 않다.

외국의 정치문화가 유입되면서 잊히어지고 스러져가는 고유한 생활문화가, 왜 사라지고 왜 예전에는 존재했는가 등에 대해서 세심하게 관심을 갖는 바가 없다 보니까, 예컨대 귀고리 같은 것은 사소하기 짝이 없는 것이라고 보아서 연구결과가 거의 없는 것이라고 보아야 하겠다.

이하 나열하는 이론들은, 가능한 학설들을 망라한 차원의 것이다. 한두 가지는 아직 가설적인 학설이라고 하겠으며, 훗날의 보다 나은 연구에 의해 보완되길 기대한다.

1) 장식설(裝飾說)

귀고리를 장식용 물건으로 보는 것은 보편적이고 대표적인 견해이다. 그것은 동서고금의 일반적 귀고리의 용도였다고 생각된다.

삼국시대의 귀고리를 보면 어떤 것들은 사치스러울 정도로 호화스러운 장식을 하였다. 그것은 당시의 귀고리 문화가 아름다움을 부각시키려는 미용의식에 강하게 뒷받침되었음을 말한다고 하겠다.[29] 그 가운데에서도 신라의 귀고리는 예술적 아름다움의 빼어난

29) 그러나 삼국시대 고분에서 출토된 귀고리는 장식용이라기보다는 장례용이라고 보는 견해도 있다.

극치를 보여주는 것이다. 장식성이 매우 두드러지는 성향을 갖고, 우리나라 귀고리 양식의 완성을 이루었다고 하겠다.[30]

특히 서양문화의 유입에 의한 오늘날의 귀고리는, 귀고리의 장신구로서의 기능에 전적인 의의와 가치를 부여함이 당연한 일반론이라고 본다. 귀고리는 예나 지금이나 아름다워지려는 인간의 욕구를 충족시키려는 물건으로서의 전형적인 존재라 하겠다. 오늘날에 있어서 귀고리는 예뻐지려는 여인의 마음을 강하게 말해준다.

2) 주술설(呪術說)

귀고리가 악령을 쫓고 부착자의 생명을 보호하는 부적의 기능으로 쓰이던가, 무언가 주술적인 힘을 주는 것으로 본 학설이다.[31] 예전의 정치적 지도자는 기능적 분화가 오늘날의 사회와 같이 뚜렷한 것은 아니었다. 특히 정치지도자는 종교지도자로서의 기능이 많이 부여되어 있었다.

고조선 시대의 단군왕검이나 삼국시대의 왕들은, 모두가 정치지도자이면서 종교지도자를 겸한 일종의 무당왕들이었다. 실제로 신라 때의 자충(慈充) 혹은 차차웅(次次雄)은 왕과 무당을 부르는 공통의 단어였다.

우리가 주목해야 될 것은 무엇보다도 신라 임금님의 금관이, 시베리아 무당의 모자와 같은 점이다. 사슴뿔 형태에 산(山)자 모양의

30) 윤영수, 한국 금속 장신구의 수하식에 대한 조형적 연구, 성신여자대학교 대학원 석사학위 논문, 1982, p.20.

31) 박혜전, 귀금속 공예로서 표현되는 장신구 연구, 이화여자대학교 석사학위논문, 1984, p.4.

장식을 달고 있는 것 등이 그대로 일치하고 있다.

그런데 더군다나 모자에 달린 장식과 귀고리에 달린 장식이 일치하는 것이 많다는 점에 주목을 하게 되면, 귀고리 장식은 무당의 주술적 뜻을 짙게 내포하고 있는 것이라는 해석이 가능하다.[32)]

신라 임금님의 금관에 있는 산(山)자 모양의 장식에 대한 해석은 종래 구구했다. 그런데 그것은 불을 뜻하며, 불은 고대사회에 있어서 너무도 귀하고 성스러운 것의 상징이었으며, 그것을 임금님이 다스렸음을 뜻한다는 해석이 요즈음 등장하였다.

그것은 무령왕의 금관에 나타난, 생동하는 힘을 갖고 용솟음치듯 살아있는 불길 모양에서도 뚜렷하다. 불은 고대 우리 조상에게는 광명, 이상, 절대적 힘을 뜻하며 동시에 신성한 종교성을 뜻했다.

3) 권위설(權威說)

삼국시대의 귀고리는 피지배층에게도 있었겠지만, 임금님을 비롯한 지배층의 무덤에서 많이 발견된다는 점이 주목된다.[33)] 귀고리가 지배층의 높은 신분을 표시하며 정치적 권위를 강화해주기 위한 정치적 상징물이었다고 보는 해석이 가능하다.

더군다나 무령왕릉에서 발굴된 남자용의 귀고리를 보면, 그것은 귀고리가 오늘날과 같이 여자들의 미용을 위해 장식으로 다는 것만이 아니었다는 해석을 강하게 뒷받침해주는 것이다. 귀고리는 정치지배의 정당성을 부여해 주기 위한, 지배자의 권위 구축용이었다고

32) 윤세영, op.cit., p.241.

33) Ibid., p.86.

도 생각되는 것이다.

그러나 고려시대 평민층의 무덤에서 귀고리가 발견되며, 조선시대에는 귀고리가 하층민에게까지 널리 퍼졌던 것으로 보아서 서민에게도 보편적인 문화였음도 사실이다.[34] 그런데 귀고리의 질, 크기, 문양 등에서 지배층은 보다 권위적이었으리라고 보는 것이다.

특히 태환식 귀고리는 세환식이 평민적이었음에 비해서 귀족적인 것이었으니, 지배계급의 힘과 재산을 과시하는 데 사용되었던 것이라고 믿어진다.[35]

정치에 있어서 정치지도자의 지위는 다른 사람의 마음에 새겨진 심상에 의해서 결정되는 것이다.[36] 따라서 어떤 정치체가 가진 힘, 또는 가졌다고 믿는 힘, 혹은 다른 국가들이 그 정치체가 가졌다고 믿어주기를 원하는 힘을 가지고 있다는 인상을 피지배자에게 주는 것은 매우 중요하다. 당시의 귀고리가 그와 같은 구실을 많이 했다고 보는 것은 정당할 수 있겠다.[37]

4) 신표설(信表說)

여자와 남자 사이에 사랑이 무르익으면, 믿음의 정표(情表)나 신표를 주고받는 것은 예나 지금이나 보편적인 일이다. 오늘날에 있어서 약혼이나 결혼에 즈음하여 반지를 주고받는 일은 매우 일반적

34) 김동욱, op.cit., p.119.

35) 유희경, 한국 복식 문화사, op.cit., p.83.

36) H. J. Morgenthau, Politics among Nations(New York: A. A. Knopf, 1967), p.70.

37) 박혜전, op.cit., pp.4~5.

인데, 고대사회에 있어서도 사랑의 표시물을 주고받는 일은 당연히 있었을 것이다.

귀고리는 일종의 신표 혹은 예물이었을 가능성도 높다. 사랑하는 사람에게 사랑을 고백할 때나 장래를 약속할 때 등에 쓰였으리라고 보는 것이다. 그 까닭은 거의 모든 귀고리의 모양이나 문양이 펜촉형, 심엽형(하트형), 은행잎형, 열매형 등의 몇 가지로 단순하게 유별되는 모습을 보이고 있으며, 그 가운데는 심엽형이 단연 다수를 차지하고 있음이다. 옛날에도 그 모양들이 오늘과 같은 것을 뜻했다고 할 수는 없겠지만, 유사한 뜻이 있었으리라고 생각해도 잘못은 없을 것이다. 다만 특기할 것은 그 모양이 성적(性的)인 것을 느끼게 만드는 듯한 장식들이었음이 강하게 나타나는 점이다.

귀고리에는 행운을 상징하는 곡옥(曲玉)이 많이 쓰였으며, 결혼에 즈음하여 곡옥을 귀고리에 담아서 주고받았다고 해석해 보는 것도 자연스러운 일이라 하겠다.[38)]

그런데 여기서 꼭 유의할 점은 우리민족이 살던 곳에서 널리 발견되는 곡옥은, 우리민족의 활동무대였던 만주와 반도지역 그리고

38) ㉠ 곡옥의 용도에 대해서는 다음과 같은 학설이 있다.
① 힘자랑설: 맹수를 잡아 치아를 차고 다니며 힘자랑했다는 설.
② 장식설: 맹수를 잡아 치아를 차고 다니며 장식용으로 썼다는 설.
③ 안전설: 안녕과 편안을 기원하는 부적과 같았다는 설.
④ 주술설: 주술적 의식용구였다는 설.
⑤ 달(月)신앙설: 달님(초승달)을 숭상함에서 비롯됐다는 설.
⑥ 재력설: 재력이 많고 부유함을 뜻했다는 설.
⑦ 의례설: 제사 지낼 때의 공헌물이었다는 설.
㉡ 곡옥의 모양은 짐승의 태아 모양이라는 견해, 태극의 음양 모양이라는 견해 등이 있다. 한국정신문화연구원, 한국민족문화대백과사전 2권, 1988, p.718.
㉢ 최근에 몽골 현지조사에서 얻어진 바에 의하면, 곡옥이 행운을 뜻하는 부적이란 견해가 강하다.

일본에서만 집중적으로 발견된다는 점이다. 한족(漢族)이 살던 지역에서는 발견되지 않는 우리민족의 독특한 문화유산인 것이다.

5) 다산설(多産說)

인구가 희소했던 고대사회에 있어서, 아기를 많이 낳는다는 것은 축복이고 매우 소망스러운 일이었다. 고대사회의 사람들이 출산을 경사스러운 일로 받아들이고, 다산을 기원했던 생활문화의 잔재는 지금도 많다.

남자의 생식기를 닮은 바위나 나무에 가서 임산부가 기도를 하고, 여자의 생식기를 닮은 바위나 장소를 영험하게 생각하며,[39] 달밤에 부부가 나체로 밭을 갈며 다산을 기원하는 등의 풍습은 예를 수없이 들 수 있다.[40]

지금까지도 남아있는 몽골족의 과객혼(過客婚)은, 지나는 길손에 의해서라도 씨를 받는 등 어떻게 해서라도 출산의 기회를 늘리려는 생활습속의 유습이다.[41] 아기를 많이 낳는다는 것은 행복의 기본조건이었다. 그리고 아기를 못 낳는다는 것은 일종의 치욕이었다.

그런데 삼국시대의 귀고리 문화에 있어서도 그것은 짙게 나타난다. 앞에서도 말한 곡옥뿐만 아니라,[42] 모든 귀고리의 끝에 달린 장식은 거의 대부분이 기이하게도 단순성을 갖고 일치한다.

39) 김태곤, 한국 민간 신앙 연구(서울: 집문당,1983), pp.152~165.

40) 이규태, 한국인의 기속(서울: 기린원,1980), pp.49~59, 125~135, 219~229.

41) 최서면, 몽골기행(서울: 삼성출판사,1990), pp.91~92.

42) 한국정신문화연구원, op.cit.

무령왕릉에서 나온 왕비의 귀고리에 달린 장식은 거의 틀림없이 남자와 여자의 생식기를 상징하는 듯하며, 여타의 거의 모든 삼국시대의 귀고리도 많은 것이 뚜렷하게 남녀의 생식기를 상징적으로 나타내주는 듯하다. 귀고리 문화에는 다산을 기원하는 생각이 매우 뚜렷하게 남아있다고 생각된다.

6) 성인설(成人說)

현대사회보다도 고대사회는 어른이 되는 의식을 분명하게 거쳤다. 어른이 되는 데에는 요구되는 능력과 주어지는 시련이 공통적으로 존재했다. 이를 통해서 젊은이들은 어른이 된 것이다.[43] 우리나라의 고대사회에서도 이것은 예외가 아니었다.[44]

어른이 되면 어린이와는 다른 형태의 복장을 하게 된다. 조선시대의 남자들에게는 상투를 틀고 갓을 쓰게 했으며, 여자들에게 쪽을 짓고 비녀를 꽂게 했던 것 등은 어린이와는 다른 구별점을 외형적으로 분명히 해 준 것이다. 그러나 조선시대의 풍습은 많은 것이 한족화(漢族化)된 것이었고, 고유한 우리의 순수문화는 아니었다.

귀고리 문화는 삼국시대에 있어서 성인을 어린이와 구별 지어 성인으로 인정하는 징표였으리라고도 하겠다. 귀고리에 강하게 나타난 성적인 상징성은 그것이 어린이들의 것일 수가 없었음을 보여준다고도 하겠다.

---

43) Carol Tarris & Carole Offir, The longest war: Sex difference in perspective(New York: Harcourt Brace Jovanovich, Inc.,1977), pp.147~148.

44) 김태곤, 한국 무속 연구(서울: 집문당,1981), p.463.

7) 건강설(健康說)

귀고리를 차면 건강에 좋다는 것은 아직 과학적으로 증명된 이론일 수는 없다. 그러나 귀고리를 하면 혈액순환이 잘되며, 두통이나 신경통이 없어진다는 등의 민간전승 속설이 현대에 있어서도 여자들 사이에는 꾸준히 이야기되고 있다. 그래서 귀고리를 찬다는 말은 흔하게 듣는 일이다.

그런데 예전의 귀고리에 곡옥이 많이 달렸고, 앞의 각주 38에서도 보았듯이 곡옥은 행운, 안전을 상징한다면 그것은 활기찬 건강을 보증하는 것이라고 하겠다. 오늘날에도 건강을 위해 찬다는 것은 옳은 말일 수 있겠다.

통상 비과학적이면서 경우에 따라서는 주술성까지도 가미한 무엇인지 좋은 것이 있으리라고 믿는 믿음은, 최초에는 허약하겠지만 그것이 시간이 갈수록 신념화되고 내면화되면서 강한 힘을 사회적으로 발휘하게 한다.

엿이나 찹쌀떡을 먹으면 입학시험에 합격된다는 등의 생각이 그러한 유형이다. 그것이 비과학적이지만 꼭 틀린 것이라고 할 것도 없다면, 행동화한다는 생각이 쌓여 점차 신념화되는 것이다. 귀고리가 건강에 좋다는 생각도 혹시 처음에는 장난기 있는 혹은 가볍게 시작된 것이 의미 있는 행동이라고 점차 믿게 된 것은 아닐까 하기도 한다.

8) 행운설(幸運說)

인간은 항상 인간일 뿐이다. 절대적 존재일 수가 없다. 절대적일 수가 없는 인간 존재이므로 합리적(合理的) 이성에 의해서 삶을 살아야 한다는 것을 뻔히 알고 있음에도, 때로는 허약해지며 점을 치기도 하고 절대적 힘에 의지하여 행운을 빌기도 한다.

아무리 냉정하고 매몰찬 인간이라도 그 내면을 엄밀히 분석하면, 예외 없이 허약한 심서(心緒)가 마음속에 엄연히 도사리고 있다.

삼국시대 사람들도 그들의 행운을 빌거나, 절대적인 힘에 의지하는 마음을 갖고 있었음은 물론이다. 무엇인가 짜릿한 기쁨을 주는 복스러운 행운의 열매가 듬뿍 안겨지길 기대하는 마음은 오늘날보다 더했을 가능성이 크다. 귀고리가 그러한 심정의 갈증을 풀어주는 구실을 했다고 볼 수도 있다.

귀고리를 생활화할 정도의 열성은, 행운을 열망하는 심정과도 비슷할 것이기 때문이다. 국보 90호 귀고리에 있는 거북 문양은 생각건대 행운을 상징하는 것이라 하겠다. 특히 요즘 등장하는, 곡옥이 행운의 부적이라는 설에 연결시켜도 그것은 이해가 될 것이다.

Ⅴ. 맺는 글

1. 마무리

인간의 문화는 만들어지기도 하며, 만들기도 하는 것이다. 우리의 귀고리 문화는 먼 옛날의 고대국가 시대에 만들어진 우리의 고유문화이다. 그런데 그것이 자라고 이어오면서 단절되었다가 이어졌다 다시 끊어지기도 하고, 다시 지구를 한 바퀴 돌아서 서양문화와 같게 만들어져 다시 재기했다. 이제부터 귀고리 문화를 보는 우리의 입장은 어떠해야 할 것인가를 생각해보자.

첫째로, 귀고리 문화의 주인은 바로 우리 겨레라는 생각을 가져야 하겠다. 요즈음 여인들이 귀고리를 차고 있는 것을 볼 때에, 그것이 서양에서 온 서양문물이라고 생각하는 인식은 버려져야 하겠다. 귀고리 문화는 우리가 확실하게 주인이다. 우리들의 고유문화인 만큼, 귀고리를 다는 마음자세는 당당하고 떳떳한 것이어야 한다. 귀고리가 사치스러우며 퇴폐한 것만 아니면, 그것을 달고 있는 여인들이 얼마나 예쁘고 돋보이는 것인가? 뿌듯한 기쁨으로 귀고리를 달고 있는 여인의 마음을 이해해주고, 그 모습을 너그럽고 사랑스러우며 미쁘게 보아주는 사회풍토가 되어야 하겠다.

둘째로, 귀고리 문화를 확실하게 뿌리내리게 함에 있어서, 이것을 외국의 문화 제국주의를 막는 일환으로 폭넓게 생각해주어야 하겠다. 그리고 잊히어졌던 우리의 고유문화를 다시 찾아서 발굴하는 계기로 삼아야 할 것이다.

특히 유의할 것은 귀고리는 우리민족사에 있어서, 가장 막강한 국력을 자랑하던 삼국시대에 아주 찬란한 꽃을 피운 것이다. 우리 민족의 막강한 힘을 상징하는 것이 귀고리라고 볼 수 있다는 점이다. 해외세력의 문화침략에 의해서 국제 정치적 수모를 겪고, 민족적 궤멸의 직전에 몰렸던 최근세사는 이제부터 문화적 독립운동의 형태로 다시 쓰여져야 하겠다. 그 독립운동의 불길은 계속 타올라야 할 것이다.

그러므로 귀고리를 다는 것이 단순한 장신구로서만 아니라, 문화적 독립운동의 횃불을 든다는 자부심과 긍지에 뒷받침된 것이어야 할 것이다. 다시 말하면 귀고리 부착은 잃어버린 우리의 고유문화를 찾는 일종의 애국운동과 같은 것이다. 1945년의 조국탈환은 일제의 정치적 침략에서만의 것이었지, 문화침략에서의 조국을 다시 찾음이 완전히 이룩되었던 것은 아니었음이 유의되어야 할 것이다.

셋째로 귀고리 문화의 토착화를 위한 노력이 있어야 할 것이다. 삼국시대의 귀고리 문화는, 세계에서 아직까지 그렇게 빼어나게 발달된 것을 본 사례가 없는 독보적인 것이다.[45)]

첨성대, 측우기, 한글, 금속활자나 팔만대장경 등과 같이 자랑스러운 것이다. 귀고리 문화에 있어서는 우리 겨레가 세계적 정통성을 가졌다고 말해도 과언이 아닌 것이다.

그러므로 귀고리를 중심으로 한 보석 산업에 종사하는 사람들은, 단순한 보석 상인이나 보석공장 사람이 아니다. 민족문화를 가꾸고 지키는 문화인이라는 점이 유념되어야 하겠다. 보석철학이 확립된 산업 역군이 되어야 할 것이다.

따라서 외국의 관광객에게 토산품을 관광기념품으로 내놓을 때에, 귀고리가 그 가운데에 확실하게 포함되어 있어야 하겠다. 그것이 기와집에 온돌, 김치, 깍두기, 한복 등과 같이 우리의 전통적 고유문화임을 당당하게 자랑해야 될 것이다. 그리고 귀고리 문화의 원초적 원형을 재개발하여 우리 생활에 튼튼하게 뿌리내리도록 해야 할 것이다. 삼국시대의 귀고리를 철저히 연구하여 그것을 오늘에 되살리려는 노력이 매우 긴요하다 하겠다.

45) 유희경, 한국복식 문화사, op.cit., p.84.

넷째로 귀고리 문화의 다양화가 요망된다. 요즈음의 우리 생활에 있어서는 귀고리가 단순히 여인의 장식용으로만 쓰인다. 그러나 그것을 보다 다변화된 용도로 개발하여 쓸 수 있으리라고 본다.

사치스럽고 낭비적인 것을 조장하는 것만을 막으면서, 행운의 귀고리, 사랑의 귀고리, 건강의 귀고리, 약속의 귀고리, 어른이 된 것을 축하하는 귀고리, 임신을 축복하는 귀고리, 성공을 비는 귀고리, 회갑 귀고리, 약혼이나 결혼 귀고리 등을 다양하게 개발하여 귀고리 문화의 본고장다운 모습을 과시해야 할 것이다. 귀고리 문화는 재질, 문양, 크기 등의 모든 면에 걸쳐서 우리가 갈고닦으며 만들어가는 우리의 고유문화인 것이다.

다섯째로 우리민족이 귀고리 문화의 독보적 수준의 발달을 이루었던, 원초적 우수성에 걸맞는 산업발달을 이룰 것이 요망된다. 우리는 종종 세계 최고 수준의 역사적 걸작을 이룬 인쇄술이나 도자기 등을 자랑하지만, 그것을 오늘날에 되살리지는 못하고 있다.

세계 최고 인쇄문화나 세계 굴지의 도자기 산업은 외국에게 빼앗겼다. 뿐만 아니라 많은 산업이 남이 해놓은 것의 모방이나 외국을 뒤따라감에 머물고 있다.

그런데 더욱 부끄러운 일은 우리들이 지금까지 귀고리를 중심으로, 장신구나 귀금속 공예산업의 실질적 원조에 해당하는 수준을 가진 민족이 우리 겨레인 것조차 망각하고 살아왔다는 점이다.

현대의 우리나라 대기업 가운데에서 귀금속 산업이나 귀금속 공예에 관심을 집중시키고 있는 업체가 하나도 없다는 것은 너무도 부끄러운 일이다.

귀금속 공예는 보석 산업만이 아닌 첨단 공업에도 매우 중요한 것임을 생각할 때에 매우 아쉬운 일이라 하겠다. 물론 요즘 들어서 약간 달라지는 기업도 있지만, 이제는 기업운영도 학술적 정통성을 배경으로 한 첨단과학에 의한 기술발달과 인문사회과학에 의한 정통성이나 학술성의 뒷받침을 가져올 때에 세계 제일의 산업체가 만들어지는 것이다.

귀고리는 말한다. "우리민족의 귀금속 공예산업은 세계를 석권할 독보적 정통성을 확실하게 가지고 있다." 그리고 귀고리는 우리나라의 기업인에게 다음과 같이 재촉하고 있다. "찬란했던 나의 옛 모습을 확실하게 되살려 달라."

여섯째로, 정부에서는 귀고리를 중심으로 한 장신구 산업, 그리고 귀금속 공예산업에 대한 적극적 지원이 있어야 할 것이다. 귀금속 공예산업은 잘만 운영하면 외화 가득률이 매우 높을 뿐만 아니라, 화장품이나 마찬가지로 세계 각국의 여성들이 두루 애용하는 것이란 점에 주목해야 한다.

그런데 우리나라의 귀금속 공예산업이 대부분 영세하다. 첨단과학의 학술적 뒷받침이 없다 보니, 수출품도 대부분 조잡하고 외국에 계속 뒤지고 있는 것이 오늘의 실정이다. 귀금속 보석은 고급품이라야 수출경쟁력이 있다. 귀금속 보석은 세계 각국의 돈을 많이 가진 사람이 주요 고객이기 때문이다.[46]

공과대학이나 미술대학, 전문대학, 공업고등학교 등에서, 귀금속 공예에 종사할 인력자원을 충분히 확충해 주도록 교육적 배려가 있어야 하겠다. 학자들의 연구도 확실하게 뒷받침되어야 하겠

46) 홍지영, 국제정치 경제를 제패하는 유태민족: 돈으로 목을 조여라(서울: 두산출판사, 1986), pp.196~202 참조.

다. 그리고 기업의 운영에도 충분한 뒷받침을 해주면, 귀금속 공예에 있어서는 크게 힘을 들이지 않고도 세계를 장악할 수 있다고 하겠다.

그것은 귀고리를 중심으로 조상들의 업적을 세계에 알리면서, 우리가 귀금속 공예의 정통성이 뚜렷한 실질적 모국임을 외교적, 상업적으로 세계 각국에 확실히 인식시킨 뒤에, 그에 걸맞는 멋진 고급 제품을 신용 있게 세계 각국에 공급함에 의해 이뤄질 수 있다. 어찌 보면 매우 쉬운 일이다.

시계가 스위스의 간판이듯 국보 90호, 국보 156호, 국보 157호를 우리의 간판 상징으로 만들자. 찬란한 황금 귀고리는 우리의 얼굴이 되고도 남을 것이다. 1,300여 년 전에 만들어진 눈부신 귀고리를 보고 놀라며 감탄하지 않을 외국인은 없을 것이다.

귀금속 공예에 있어서는 조상의 은덕에 충분한 감사를 드려야 할 것이다. 그리고 귀금속 공예 하면 우리나라가 떠오르고, 그에 맞는 대표기업이 국가적으로 육성되어야 하겠다.

2. 밝은 내일을 기다리는 글

어두웠던 지난 세월! 생각하면 특히 조선시대 후반기 이후부터 지난날의 우리 역사는 너무나 어두웠었다. 잊으려고 애써도 지워지지 않는 어두움의 나날이 많았다.

1945년 이후 짧은 사이에 남북으로 나뉜 동족이 총부리를 겨누고 원한이라도 맺힌 듯이 피 흘려 싸운 부끄러운 세월들, 수많은 정치싸움에 시퍼렇게 멍든 국민들의 일그러진 마음, 그리고 오랫동안

정치인들의 거짓과 심각한 부정부패에 찌들 대로 찌든 어두운 밤의 날들이 많았다.

오랜만에 부푼 가슴을 안고 이 땅을 다시 찾은 귀고리가 본, 지난 시간의 우리 땅은 사실상 추운 겨울의 어두움의 땅이었다. 고난과 슬픔에 찌든 강토로 이리 나뉘고, 저리 다투는 한심한 모습의 갈등과 질곡의 땅이었다. 언제 다시 이 땅에 찬란한 희망의 봄은 다시 오려나? 언제 다시 푸근한 마음으로 이웃과 웃으며 살려나?

이 어둠의 땅을 다시 찾아온 귀고리 문화의 의미를 잘 헤아려야 할 것이다. 동아시아 땅을 호령하는 동방의 강대국이었던 고대시대를 잊지 말면서, 실망하지 말고 밝은 얼굴로 항상 귀고리를 달아야 할 것이다.

옛날 우리민족사회에 귀고리 문화가 흐드러지게 발달되었던 삼국시대는, 우리 겨레의 민족사에서 가장 씩씩하고 당당했던 시기였다. 강대국으로 찬란한 국력을 자랑했던 때였다.

귀고리는 우리민족의 국력과 함께 살아 왔고, 오늘날 우리의 국력이 강해짐과 함께 귀고리 문화가 되살아나는 것은 당연한 일이다. 우리민족이 강할 때에 흥했던 귀고리 문화가 이 땅에 다시 꽃피워짐은 무엇을 뜻하는가?

예부터 우리 겨레의 강력함을 상징했던 귀고리를 당당하게 달고 일터로 나가고 세계로 뻗어가자. 찌들었던 얼굴은 말끔히 씻어내어 정성껏 화장을 하고, 자랑스럽고 막강한 민족이었음을 상징하는 멋진 귀고리를 달자.

미움도 훌훌 털고, 괴로움도 씻어내자. 좁은 마음으로 싸우던 이웃도 두 손을 꼭 잡자. 일터도 학교도 이웃도 나라도 행복이 넘치는 삶터로 만들자. 아름다운 귀고리를 달고 자랑스럽고 뿌듯한 마음으로 미래를 열어 나가는 우리의 내일은 밝고 신나는 영원한 아침이리라.

귀고리를 단 사랑하는 사람아! 함박꽃 같은 밝은 얼굴에 사뭇 어울리는 귀고리를 달고 태양을 맞는 너의 얼굴에서, 호기롭게 만주벌을 달리던 막강한 힘을 가진 고구려 여인의 야성미가 넘쳐흐르고, 동아시아 바다의 제해권을 가졌던 해 뜨는 나라의 바이킹 백제처녀의 옹골찬 기백이 넘치며, 흐드러진 삼국통일 문화를 꽃피운 신라 아주머니의 예술성이 넘친다.

너의 활기차게 걷는 당당한 모습에서, 새로운 강대국인 우리나라의 내일을 본다. 온 누리에 귀고리 문화가 활짝 피었던 때의 우리나라는, 언제나 넘치는 힘을 가진 강대국이었다.

"가슴을 활짝 펴자! 내일을 힘차게 노래하자! 귀고리를 달자!"

둘째 주제

개고기 음식과 국제정치문화

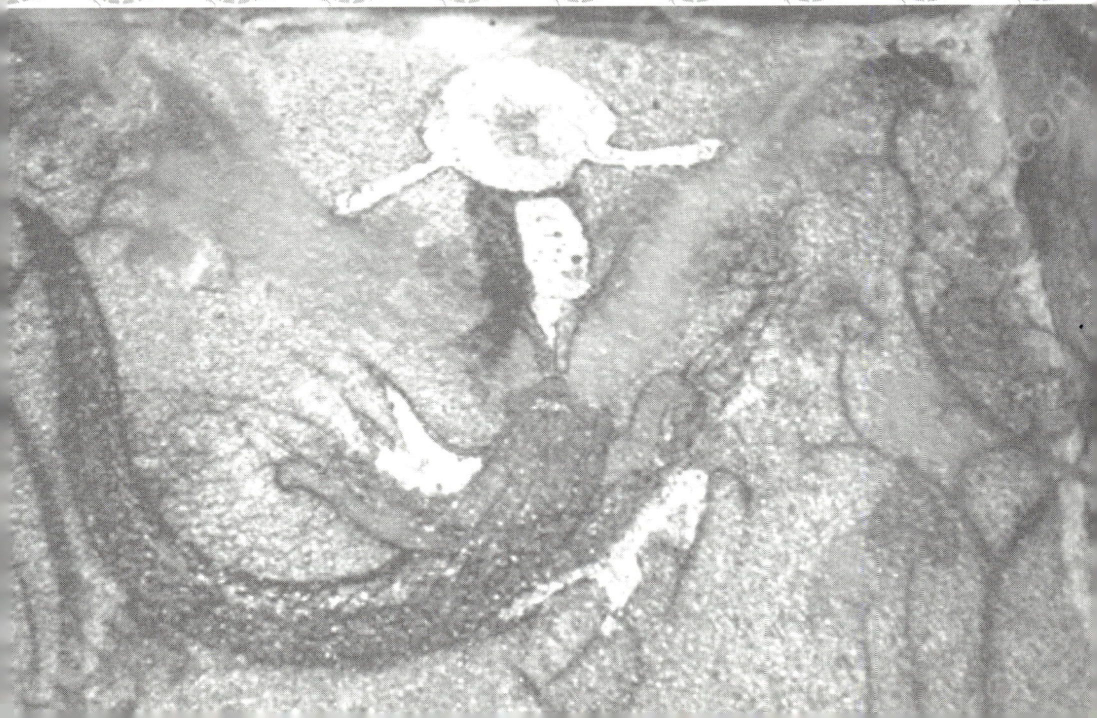

I. 들어가는 글

나는 원래의 순수한 우리민족인가? 우리 겨레는 원초적 옛 모습을 갖고 사는 민족인가? 아니다. 우리 겨레는 원래의 우리민족이 아니다. 예부터 가지고 있었던 우리 고유문화는 수없이 바뀌고 고쳐졌다. 심지어는 전혀 새로운 것으로 대체되기도 하면서, 많은 것이 원래의 우리 것이 아니다.

우리가 갖고 있는 의식이나 태도에 있어서, 우리 겨레의 고유한 것이 얼마나 남아 있는가? 많은 경우 무의식중에 잊고 살았고, 모르고 살아왔으며, 애써 잊으려고 하면서 살기도 했기에 원래의 우리 겨레는 엄청나게 본모습을 잃은 모습이다. 몇천 년, 아니 몇백 년 전의 우리 조상들이 다시 나타나 우리를 보고 직계 후손이라고 생각하기가 어려울 정도로 너무나 본모습을 잃었다.

우리의 고유문화 가운데에서 삶의 핵심인자인 의식주에 대해서 살펴볼 때에도 잃고 바뀐 것 투성이다. 그런데 옷이나 집에 있어서 보다는, 유독 음식만은 나름대로 상당히 완강하게 우리 것을 지키려는 흐름이 있는 것 같다.

첫째로 옷에 대해서 생각해보면, 한복의 수난은 처절하기만 하다. 우리 주변에서 한복을 입는 사례가 너무나 희소해지고 있다. 어느 정도의 세대가 지나면 혹시 완전히 잊히어지는 것은 아닌지 모를 정도이다.

특히 남자들의 옷은 거의 전멸 상태에 가깝다. 명절날에나 약간 입는 옷이 되어 버렸다. 오히려 한복을 입은 사람이 색다르게 보일 정도가 되었다. 다만 여자들의 옷은 남자들보다는 그래도 아직 선호도가 존재한다. 그러나 여자들의 옷이라고 상황이 좋은 것은 아니다. 여자들이 남자들보다 한복을 약간 더 입을 뿐이다.

여자들의 한복도 신혼 초에 예복으로 입거나, 명절, 회갑연 등의 잔치 때에나 주로 입는 옷이 되었다. 또 중년 이상의 아주머니, 할머니들에게 약간 생활화되어 있는 정도이다. 현재 한복이 그래도 확실히 입혀지는 곳은 꼴사납게도 일부 술집이 아닌가 한다. 이렇게 볼 때의 한복은 술집 옷으로 전락된 비운의 민족 옷이 되어버린 것이다.

둘째로 집에 대해서 살펴보아도, 전통 가옥의 수난은 옷과 마찬가지다. 외국 관광객이 우리나라에 와서 겪고 싶은 것은 우리 겨레의 고유방식으로 따끈따끈한 온돌에 밥상을 마주 대하고 앉아 보는 것이다. 그렇게 앉아서 얘기를 나눠도 보고, 대청마루에 둘러앉아 윷놀이도 해보고, 저녁에는 따듯한 이부자리에서 우리 방식으로 잠을 자보는 등의 색다른 경험을 갖는 것일 것이다.

하지만 그런 곳을 보여주기가 쉽지 않은 곤란한 상황이 되었다. 전형적인 우리의 순수한 주거문화는 민속촌에나 가야 겨우 보여 주게 되었고, 실제의 고유한 전통 방식으로 생활하는 모습을 보여 주기가 매우 어렵다.

그러나 아직도 우리의 고유양식인 온돌방만은 아파트에도 온돌식이 선호되는 등 끈질긴 전통을 갖고 있는 것은 신기하다. 하지만 우리의 주거문화는 꾸준히 본모습을 잃어가고 있다. 고층아파트의 확산은 이러한 흐름을 가속화시키고 있다.

옷보다는 약간 덜하지만 집에 있어서도, 우리 것을 찾기가 몇 세대 지나면 거의 어려울 것이란 진단이 내려지는 것은 당연한 상태가 되었다. 우리 것을 모두 잃는다는 것을 생각하면, 서글프고 끔찍한 생각이 드는 지경에 이르렀다.

그런데 셋째로 음식만은 나름대로 우리의 고유한 전통을 지키려는 모습이 역연하여 불행 중 다행이라 하겠다. 생각건대 옷이나 집이 우리의 신체 밖에 소용되는 것에 해당한다면, 음식은 몸속에 직접 들여보내는 것이므로 변화가 쉽지 않아서 그런지도 모르겠다. 아마도 밥이나 김치, 고추장, 된장을 멀리하고, 구수한 찌개 맛을 잊은 우리민족은 하나도 없을 것이다. 또한 마늘 같은 기호식품은 단군시대 이래로 끈질기게 애용되고 있다.

서양식, 중국식, 일본식 요리가 널리 퍼져 있어도, 그것은 특별한 경우에 밖에 나가서나 먹는 음식이다. 음식만은 우리의 고유한 흐름이 그런대로 확실하게 살아 있어 즐겁고 고마운 일이다.

그렇지만 우리의 고유한 음식문화에 대한 외세의 공격도 만만치 않다. 특히 일부 겉멋이 든 계층의 자녀들에 서서히 등장하는 생각이 부족한 모습인데, 햄버거, 피자, 핫도그나 빵을 가까이하고, 우리 것보다는 외래품이나 외래문화에 쉽게 현혹되는 한심한 모습은 없어져야 할 일이 아닐까 한다.

그리고 예부터의 우리 명절음식 혹은 전통음식인 떡국, 송편, 만두국, 오곡밥, 동지팥죽, 시루떡, 인절미, 식혜, 수정과, 약식, 유과, 약과, 강정 등의 음식은 꾸준히 개발되고 보존되어야 할 것이다.

본 논문의 주제인 개고기 음식문화는, 해외에서 물밀듯이 밀려오는 외세문화에 우리의 전통문화가 어떻게 대응되었는가를 보여주는 매우 독특한 사례의 하나이다.

아마도 개고기 음식문화는 외세와 가장 처절한 혈투를 벌이면서도 꾸준히 살아남은 거의 대표적인 것일 것이다. 세상에 개고기 음식문화와 같이 끈질기고 기막히게 공격을 받은 것이 또 있을까? 거기에는 엄청난 정치적 압력까지 더해지며, 너무나도 집요한 공격이 가해져 왔던 것이다.

우리들 각자는 개고기 음식문화에 대해서 그것을 좋아하는 사람도 있고, 혐오감을 갖는 사람도 있는 등 나름대로의 개인적 관점 혹은 입장이 정해져 있다. 그것은 각자마다 보다 강한 것일 수도 있고, 덜 확립되어 있는 것일 수도 있다.

그런데 그 관점이 어떻게 형성되어서 나의 마음에 자리 잡고 있는가를 엄밀히 분석해 본 적은 드물다. 본 장은 우리들의 마음속에 자리 잡은 개고기 음식문화에 대한 심상을 체계적으로 분석하면서, 그것을 구성하는 정치학적 의미를 헤아려 보려는 것이다.

Ⅱ. 개고기 음식문화와 2대 정치충격

개고기 음식은 우리나라의 역사에 있어서 가장 큰 정치충격을 경험한 기구한 운명을 가진 음식이다.

그러나 이에 대해서 일반인들은 대체로 모르고 있다. 개고기가 어떤 존재이기에 그렇게 커다란 정치적, 행정적 압력까지 받으며 오늘에 이르렀고, 그것이 갖는 정치사회적 의미는 무엇인가?

1. 프란체스카 여사 : 제1 정치충격

개고기 음식에 대해서 최초의 정치적 결정타를 안겨준 것은 여인의 힘이었다. 그것도 한 사람의 여인의 힘이었다.

다만 그가 막강한 힘을 발휘할 상황에 놓인 여인으로서, 초대 이승만 대통령의 영부인(first lady)의 지위에 있었다는 데에서 개고기 음식의 비극은 시작된다.

당시 자유당의 전성기를 말해서, 특히 이승만 대통령의 정치방식을 민주독재라고 불렀다. 모든 것은 관제적 민주 언론에 의해 조작되고 합리화되었다. 어떤 정책결정들은 합리화라는 과정도 없이 마음대로 이뤄지는 것이 예사였다. 큰 일이든 작은 일이든 거의 모든 결재는 대통령에게 품의되었고, 대통령 개인의 일방적 명령에 의해 일은 처리되었다.[1]

대통령과 장관이 솔직하고 기탄없이 정책 결정에 관한 대화를 나눈다는 것은 거의 불가능했다. 심지어는 장관들이 자주 바뀌어 장관들끼리도 낯이 설 정도였다.

다만 이승만 대통령의 독재적 정책결정을 도운 사람은 자유당 부총재 이기붕 씨와 부인 프란체스카 여사뿐이었다고 할 정도였다.[2] 그러므로 자유당시대에 프란체스카 여사의 힘은 막강한 것이었다. 더군다나 이승만 대통령은 슬하에 자식이 없었다. 그렇다 보니 그의 인간됨의 폭이나 탄력성도 일반인들과는 달리 좁고 경직된 바가 있었다. 프란체스카 여사의 의견은 매우 직접적으로 대통령에

1) 이정식, 한국정치상황의 제 단면(서울: 고려원, 1983), p.323.

2) 안천, 한국민주화운동사 I (서울: 민족문화사, 1988), pp.173~174.

게 영향을 미쳤다.

거의 모든 것이 정치적으로 제도화된 정책결정보다는 이승만 대통령의 개인화된 정책결정이라, 유일한 가족인 프란체스카 여사의 정치적 영향력에 의해 되지 않는 일은 거의 없다고 할 정도였다.

프란체스카가 남편의 나라에 첫발을 디딘 것은 1946년 봄 무렵이었다. 당시까지 우리나라에서는 개고기 음식을 개장국이라고 불렀다. 아마도 개장국은 육개장, 설렁탕, 해장국, 냉면 등과 같은 보편적이고 전통적인 우리 겨레의 음식 명칭이었을 것이다.

그런데 오스트리아 출신의 푸른 눈의 영부인이 남편인 이승만 박사를 따라와서, 남편의 나라가 개고기를 끓여서 개장국을 만들어 먹는 야만적(?) 음식문화를 갖고 있다는 기절초풍할 얘기를 들었을 때의 놀라움은 대단한 것이었다.

개를 가까운 가족이나 마찬가지로 생각하고 집안에서 같이 생활을 하며, 아기를 키우듯 애지중지하여 다루고, 심지어는 잠까지 같이 자는 유럽 사람의 의식으로 볼 때에, 우리나라 사람들이 그렇게 귀여운 개를 잡아서 먹는다는 것은 도저히 이해할 수 없고 용납이 안 되는 일이었다.

당장 경무대(청와대의 옛 호칭)가 발칵 뒤집힐 정도의 소동이 일어났다. 개고기를 먹지 못하게 하라는 추상같은 명령이 떨어졌다.[3)]

그러나 다른 무엇보다도 어려운 일은 전국적으로 국민들이 널리 즐겨 먹고 있는 음식을 금하라는 명령으로서, 아무리 자유당의 힘이 막강하다고 해도 쉽게 되는 일이 아니었다.

---

3) 프란체스카는 원래부터 개를 좋아하였다. 주부생활사, 한국여성 30년, 주부생활 창간 10주년 특집호, 1975년 4월호 부록, p.162.

내일부터 개고기 음식을 먹지 말라고 법을 제정할 수도 없는 일이고, 경찰들이 개장국집의 앞을 가로막고 경비를 설 수도 없는 일이었다. 못살아 헐벗고 가난하던 당시에는 그나마 개고기는 주요한 단백질 취득원이었다. 경찰 가운데에서도 개고기를 즐기는 사람은 많았을 것이며, 어떤 명분으로도 별안간 국민을 설득할 방안이 없는 곤란한 문제가 경찰의 과제로 떠맡겨진 것이다.

이와 같은 곤란하기 짝이 없는 추상명령을 놓고, 당시의 치안국 간부회의는 난감한 상황에서 대책을 논의하게 되었다. 도저히 금지령을 내릴 명분과 방안을 찾을 길이 없었다. 이때에 한 간부가 기발한 묘안을 짜낸 것이 개장국의 호칭을 바꾸는 것이었다.

그것은 프란체스카 여사가 나들이를 나왔다가 개장국 간판을 보고, 우리나라 사람들이 개고기를 먹는다는 것을 처음으로 알게 되었기 때문이다. 그러면 개장국을 무엇이라고 고칠 것인가? 경찰 간부들이 심각하게 논의를 하면서 작명해 낸 새로운 이름이 바로 보신탕(補身湯)인 것이다.[4)]

보신탕? 그 뜻은 몸을 잘 가꾸고 살찌워주는 보약과 같은 음식이라는 말이다. 지나치게 과분한 좋은 이름이라고 해도 과언은 아닐 것이다.[5)] 개장국만이 몸에 특별히 좋은 음식일 수는 없는데도

4) 1966년에 발간된 학원사의 세계 백과대사전에는 다음과 같이 쓰여 있다. 개장국 : 개고기를 고아 끓인 국. 개고기를 슬쩍 삶아 내어 된장국에 고춧가루, 파, 마늘, 새앙 등의 양념을 하여 푹 끓인 것으로 여름철의 보신용으로 하층사회뿐만 아니라 널리 일반에게 애용되고 있으며 예부터 삼복지절에 이를 먹는 풍습이 있다. 원기가 부족한 병자에게는 약으로 쓰이며 누렁개(黃狗)를 상등품으로 여긴다. 근년 외국인의 출입이 많은 도시에서는 관청에서 비문화적이라고 하여 금하고 있다. 보신탕, 구장(狗醬), 지양탕(地羊湯), 개장이라고도 한다. 학원사, 세계백과대사전 1, 1966, p.284.

5) 북한에서는 개고기 음식을 단고기국이라고 부른다. 그곳에서 발간된 요리집에는 단고

불구하고, 개고기 음식은 유달리 좋은 이름을 프란체스카 여사 덕분에 별안간 갖게 된 것이다.

전국의 개장국집 간판을 보신탕으로 바꾸라는 경찰의 긴급명령은 하룻밤 사이에 전국으로 퍼져 나갔다. 전국 방방곡곡의 모든 개장국집 간판은 한꺼번에 보신탕으로 고쳐졌다.

그것이 모두 고쳐진 것은 정말 하루 이틀 사이의 일이었다. 개장국집 주인이 게으른 음식점은 경찰이 직접 찾아가 페인트로 강제로 지우기까지 했다. 일개 음식 이름이 이렇게 신속히 고쳐진 사례는 세계적으로 유례가 없는 일이 분명하다. 당시의 자유당 정권과 같은 초권위주의적 독재상황 아래에서나 있을 기막힌 광경이었던 것이다.[6)]

2. 서울 올림픽 대회 : 제2 정치충격

개고기 음식문화에 대한 두 번째의 정치적 충격은 해외로부터 날아왔다. 그것은 1988년의 제24회 서울 올림픽대회 개최에 즈음하여, 해외의 동물애호 협회로부터 날아온 것이었다. 일종의 국제정치적 압력이 날아든 것이었다.

생각건대 개고기 음식에 대한 프란체스카 충격 이후에, 오히려

기국을 다음과 같이 설명하고 있다. "단고기를 삶아서 만든 영양가 높은 국이다. 맛은 구수하고 진하다. 단고기국은 식성에 따라 된장을 넣을 수도 있고 국물을 뽀얗게 고아서 소금으로 간을 맞추기도 한다. 방아잎이나 고사리를 넣으면 고기 비린내를 없앨 수 있다."

6) 안천, op.cit., p.174.

개고기 음식은 평온함과 함께 보이지 않는 확산력을 갖고 보다 넓게 퍼져 나가게 되었다.

그 까닭은 첫째로 너무 좋은 음식 명칭에 의해서, 먹는 사람들에게 공연히 보약이라도 먹는 듯 허황된 심리를 형성시켜 주게 되었기 때문이다. 일종의 인삼, 녹용을 먹는 듯 묘한 분위기를 애호가들에게 뿌리내려주는 의외의 결과를 가져온 것이다. 프란체스카 여사의 개사랑 정신은, 오히려 개를 더 많이 죽게 만드는 흐름을 만든 것이다.

둘째로 프란체스카 충격 이후부터, 암암리에 개고기를 먹는 것이 이상한 것인 듯 생각하는 사회적 흐름이 생겼다. 그것은 아마도 여자들 쪽이 더 많은 듯하다. 그러나 이것에 대한 반작용으로, 개고기를 먹는 것이 나름대로의 금지된 장난이라도 하는 듯 야릇한 사회적 풍토가 형성되었다. 그리하여 먹는 사람은 오히려 더 열심히 먹는 분위기가 만들어진 것이다.

셋째로 개고기 음식에 대한 야릇한 분위기 속에 점차 동양문화권이 개고기를 즐겨 먹는다는 것이 서양에 알려지면서, 범동물애호론자 차원의 파상적인 공격이 계속되게 만들었다.

이에 따라 필리핀의 개고기 음식은 국제여론의 집중적 화살을 받는 사태까지 발생되었다. 그리하여 보신탕을 즐기는 우리나라 사람들의 보신탕에 대한 애호 태도는, 한편으로는 일종의 반외세 독립운동이라도 벌이는 주체성의 표현인 듯 의외의 생각으로까지 비화되며 꾸준히 확산되어 나갔다.

사실상 최근에 들어서는 개고기를 먹는 사람과 먹지 않는 사람 사이에, 나름대로 뚜렷한 경계선이 그어진 듯 기묘한 사회 분위기가 조성되었다. 하지만 개고기 음식은 먹는 사람도 의외로 많고, 꾸준히 확산일로에 있는 특별한 음식이 되고 말았다.

그런데 이러한 사회 분위기에 제2의 결정타를 가하게 된 것은 서울 올림픽대회였다. 서울 올림픽대회는 현대 국제정치의 커다란 분수령이 된 국제행사였다. 사상 최대 국가가 참가한 서울 올림픽대회에 의해서, 동서 양 진영의 냉전 체제는 극적인 전환점을 마련하게 되었다. 동유럽 공산국가의 연쇄적 붕괴를 가져오는 씨앗이 되는 등 세계사에 남을 중요한 계기가 된 것이다.

그러나 서울 올림픽대회가 개최되면서 공교롭게도 우리나라의 개고기 음식문화에 통렬한 일격을 가하는 상황이 전개되었다.

서울 올림픽대회의 축제 준비가 국제적으로 점차 무르익어 가면서, 우리나라의 모든 것은 세계 각국 사람들의 주목을 집중적으로 받게 되는 입장이 되었다. 이러한 국제 분위기에 곁들여 우리의 개고기 음식문화가 세계에 뚜렷이 노출되게 된 것이다.

사실상 제24회 서울 올림픽대회가 열리는 1988년 무렵에는, 동양문화권의 개고기 음식은 세계 각국에 알려질 만큼은 널리 알려진 공공연히 공개된 비밀이나 마찬가지였다. 하지만 서울 올림픽을 계기로 세계 동물애호론자들은, 우리나라의 개고기 음식문화에 확실한 일격을 가하려고 백방으로 노력하였다. 우리나라의 보신탕집들을 현지답사까지 하면서 집요하게 여론화를 시도하게 되었다.

이러한 공세에 직면한 보건사회부에서는 생각하다 못하여, 개고기 음식에는 인체에 치명적 해로움이 있는 비브리오균이 있다는 발표까지 하여, 신문의 사회면을 장식하는 등의 방법으로 안간힘을

다하게 되었다. 그렇다고 그 효과가 크게 나타나지도 않았다.[7)]

정부로서는 진퇴양난의 난국에 빠진 격이 되고 말았다. 이러한 난국 상황에 덧붙여 엎친 데 덮친 꼴로 이 무렵에 우리나라의 보신탕집은 유럽이나 미국의 대중매체에서 집중적으로 다뤄지게 되었으며, 급기야 우리나라의 야만적인 개 잡는 모습이 유럽 텔레비전에 적나라하게 공개되는 최대의 불상사까지 맞게 되었다.

정말 우리나라의 전통적인 개 잡는 법은, 지탄받아 마땅한 천하에 짝을 찾기 어려울 야만행위의 표본이었다. 개를 목매달아 나무에 걸어놓고 밑에서 불을 때며, 몽둥이로 죽을 때까지 실컷 두들겨 패서 죽이는 잔인하기 짝이 없는 경악할 짓이었다.

그 모습은 누가 보아도 저주받을 몹쓸 행위인 것이다. 한 번에 죽이지 않고 온몸을 골고루 두들겨 기진맥진시켜 죽여야, 고기가 연하고 맛이 있다는 천하에 없을 못된 도살법인 것이다.

지구상에서 이렇게 잔인한 동물학대 행위가 또 있을까 할 정도로 눈 뜨고 못 볼 짓인 것이다. 그런데 이것이 그대로 텔레비전 카메라에 찍혀서 유럽 사람들의 안방에서 방영되었다. 개고기 음식문화 자체가 문제가 아니라, 개를 잡는 법의 야만성 때문에 세계를 충격의 도가니로 몰아넣은 것이다. 심지어 서울 올림픽대회의 거부 움직임이 일어나는 긴박한 상황이 벌어진 것이다.

이에 외무(교)부 전체가 외교적 대책을 마련하고, 내무부에서는 긴급 경찰명령에 의해서 보신탕 영업을 규제하는 사태로까지 발전되고 말았다. 이에 전국의 보신탕집은 강제로 문을 닫지 않으면 안

7) 비브리오균은 모든 동물에 공통된 것이다. 유독 개고기에만 있는 것은 아니며, 보건사회부의 여론 조작의 하나였다.

되는 국제정치 혹은 국내정치적 긴급압력이 서울 올림픽의 성패를 걸고 급박하게 펼쳐졌다.

이로 인해서 전국의 개고기 음식은 두 번째로 이름이 바뀌는 등 심각한 정치충격을 받는 비운을 맞게 된 것이다. 그런데 이번의 제2차 개명작업은 프란체스카 충격과는 달랐다.

제1차 때에는 치안국에서 손수 보신탕으로 이름을 바꿔주어 간판만 일사불란하게 바꾸는 것이었다. 그런데 이번의 서울 올림픽 충격은 경찰에서 올림픽의 성공을 위해 보신탕집의 영업까지 못하게 하는 강력하기 짝이 없는 것이었다. 국제여론이 워낙 거세어 도리가 없는 일이었다. 이에 따라서 두 가지 현상이 나타났다.

하나는 보신탕집들이 도시 근처의 은밀한 푸른 띠(green belt) 숲지대로 숨어들거나, 뒷골목으로 잠적하기도 하는 도피 형태였다. 심지어는 아예 간판을 떼고 영업을 하는 모습을 보이게도 되었다.

조선시대 초기에 불교를 탄압하자, 오늘날의 교회와 같이 집 근처에서 가깝게 번성하며 도시 가운데의 좋은 자리를 차지하고 있던 절들이 산속으로 숨어 옮겨간 것과 비슷한 상황이 되었다.

그리고 다른 하나는 보신탕의 이름을 바꾸는 형태로 나타난 것이다. 그런데 이번의 개명은 제1차 때와는 달리 보신탕 업자들이 스스로 바꿔 달았다. 그러니 바뀐 이름도 다양하고 기기묘묘했다.

제1차가 하향적이라면 제2차는 상향적이랄까? 어떻든 이번에 나온 이름 가운데 많이 붙여진 간판은 사철탕, 영양탕, 자연탕 등이었다.[8] 그 이외에 멍멍탕, 보양탕, 보탕 등이 있다.

생각하면 개고기 음식은 제2차까지의 정치충격을 받으면서 이름

8) 안천, op.cit., p.174.

이 두 번씩이나 바뀌며, 국내외적인 수많은 압력과 견해를 수용하며 오늘에 살아남았다.

그러하니 생명력도 모질기 짝이 없고, 갖고 있는 심상(心像: image)도 복잡하고 기묘한 존재가 되었다. 우리나라의 전통적인 생활문화 가운데 이렇게 기구한 운명을 가진 음식이 또 있을까?

Ⅲ. 개고기 음식문화에 대한 정치충격의 성격

개고기 음식에 대한 이상과 같은 끈질긴 정치공세에 의해서, 일반인들에게 있어서는 이에 대한 뚜렷한 의식이 정립되어 있지 못하다 보니, 개고기 음식 자체에 대해서 전혀 생각지도 못할 복잡하고 이상야릇한 관점이 만들어지게 되었다. 두 번에 걸친 개고기 음식문화에 대한 정치적 결정타는 어떤 의미를 갖는 것인가?

1. 프란체스카 충격의 정치적 의미

개고기 음식문화에 미친 프란체스카 여사의 정치적 압력은, 무엇보다도 우선 대통령 영부인(first lady)의 지위가 갖는 정치적 중요성을 다시금 되새기게 한다.

대통령의 부인이라는 지위는 대통령의 합리적 정책결정을, 경우에 따라서는 상당히 무디게 만들고 오도하는 결과를 낳는다는 주요한 사례인 것이다.

개인적 불쾌감을 국가적인 일에까지 확산시키게 만들고, 그로 인해서 국가의 최고의사를 결정하는 대통령에게 의외의 실책을 저지르게 만들 수도 있는 자리가 영부인인 것이다.

대통령의 부인이 식견이 좁고 부족할 경우에, 대통령의 개인철학이 분명하고 확고하게 중심이 잡힌 사람이라면 문제가 그래도 덜 생긴다. 그러나 대통령이 부인에게 인간적인 부채가 많거나, 부인에게 쥐여 지내거나, 부인을 줏대 없이 사랑하는 어쭙잖은 애처가이거나 한 경우에는, 언젠가 크고 작은 결정적 실책을 저지르게 되는 것이다. 우리나라의 역사에 있어서도 되돌아보면 그러한 생생한 사례가 많았었다.

다음으로 일반인으로 사는 데에는 별로 문제될 것이 없겠지만, 공무를 집행하는 중요한 자리에 있는 사람의 부인이 외국인이라는 것은 재고되어야 할 일이다.[9] 더군다나 대통령 영부인의 경우에는 더욱 그렇다.

프란체스카 여사를 인간적으로는 전혀 나무랄 것이 없다. 그러나 우리나라의 초대 대통령의 부인이 외국인이었다는 관점에서는 프란체스카 여사도 문제가 크다. 우리나라의 많은 정치문화에 기초적 뿌리를 흔들리게 만들었고, 사회 전체의 주체성에 결정적 허점을 안겨주는 정책결정을 이승만 대통령은 사랑하는 부인에 의해 전혀 깨닫지도 못한 채 꾸준히 저질렀다.

9) 물론 이 경우는 부인만을 대상으로 썼지만, 언젠가는 훗날에 우리나라에도 여성 최고 지도자가 등장할 때가 있을 텐데, 그때에는 그 남편이 외국인일 경우에 똑같은 문제가 생길 것이다.

특히 문화적 측면에서 우리의 서구문화에 대한 피종속성은, 일본침략의 쇠사슬에서 벗어나서 나라가 세워진 첫출발부터 이승만 대통령으로 인해 상당한 부문에 심각하게 뿌리내려졌다. 이승만 대통령 같은 사람이 우리나라의 초대 대통령이었다는 것은 이러한 측면에서도 더욱 비극적이다.

우리민족이 갖고 있었던 원래의 순수한 모습을 잃게 만드는 데, 이승만 대통령은 많은 기여를 했다. 그러한 뒷면에는 프란체스카 여사가 도사리고 있었다. 서양 관점에서 볼 때에 우리 문화가 옳게 보일 것이 무엇이 있겠는가?

우리 눈으로 볼 때에라야 짚신도 사랑스럽고, 요강도 정이 가며, 두레박도 친근한 것이고, 키가 작고 동근 얼굴의 아내도 미쁘고 귀엽기만 한 것이다.

2. 서울 올림픽 충격의 정치적 의미

프란체스카 충격이 시집을 온 외국 여인에 의한 간접적 외세에 따른 국제정치적 압력이었던 데 비하여, 서울올림픽 충격은 우선적으로 외국의 동물보호협회 등이 중심이 된 직접적인 국제정치적 압력이었음이 지적되어야 하겠다. 우리는 국제 동물보호협회의 끈질긴 국제적 압력을 일단 겸허하게 받아들여야 한다. 왜냐? 그것은 우리들이 동물들에 대해서 몹쓸 짓을 너무 많이 해왔기 때문이다.

동물들을 사랑하거나 보호하기는커녕, 곳곳에서 우리는 동물을 너무나 학대하며 잔인하게 죽이고 있다. 생업으로 어부가 된 것은 몰라도, 빛 좋은 개살구 같은 변명이나 늘어놓으며 정신수양을 하고 취미를 살린다면서 낚싯대를 드리우고 물고기를 잡는 모습에서[10] 무엇을 느끼는가? 도살장에 끌려가 마지막 눈물을 줄줄 흘리며, 목메어 절규하는 소의 울음을 들어보고 무엇을 느끼는가?

사료의 낭비를 막는다고 어려서 부리를 싹둑 잘라내고, 백열전등 밑에서 잠 한번 제대로 못 자고 24시간을 먹이를 먹게 해놓고, 몸도 제대로 못 가눌 작은 닭장에서 알만 낳다 그대로 죽는 닭의 일생에서 무엇을 느끼는가? 더군다나 요즈음 개나 소에게 강제로 물을 먹여 죽기 전의 불쌍한 짐승에게 천하에 없는 몹쓸 짓을 하는 소수사례 등은 정말 겸손하게 바로잡고 고쳐야 한다.

본 장의 주제인 개에 대해서도 세상에 개같이 충성스럽고 귀여우며 거짓과 배신을 모르는 훌륭한 짐승이 없건만 우리는 너무 몹쓸 짓을 가하고 있다. 예전에는 개 팔자가 상(上)팔자라고 했는데, 요즈음의 개는 비참하기 짝이 없다. 가장 비참한 사례겠지만 평생을 우리에 갇혀 지내고, 고막을 파열시켜 짖지도 못하게 만들고, 살이 오를 만하면 강제로 물을 먹인 가운데 모질게 죽임을 당하는 모진 운명을 갖고 태어난 개의 신세는 너무도 안됐다.

그러한 개가 아마도 말을 한다면 "조물주가 만든 최고의 실패작은 인간이며, 지옥보다도 더한 곳에 가야 할 인간들이 온갖 교활한 모습으로 스스로를 속이며 극락이나 천당에 가려 한다."라고 모든 동물을 대신하여 확언할 것이다.

스위스에서는 헌법에까지 모든 동물은 마취시켜 도살해야 하고,

---

10) 초대 대통령 이승만은 낚시질을 즐기되 꼭 고기는 도로 놓아주었다. 그는 아내에게 "나는 고기를 잡으려고 낚시질을 하지 않고 낚시를 즐기려고 낚시질을 한다"고 말했다. 리 프란체스카 지음, 조혜자 옮김, 대통령의 건강(서울: 보건신문사, 1988), pp.27~28.

인도적으로 도살해야 함을 규정하기까지 하고 있는데,[11] 우리나라의 동물에 대한 행동은 정말 많이 고쳐져야 한다.

그러나 다음으로 생각할 것은 개고기 음식문화 자체를 비인도적이고, 야만적이라며 국제정치적 압력을 행사하는 행위는 이해하기 어려운 일이다. 인간은 어쩔 수 없이 동물을 잡아먹고 살게 생물학적 먹이사슬이 조물주에 의해 만들어졌다. 그것을 벗어날 수 없음은 숙명적이다.

인간의 문화는 정신과 물질의 계속적인 교체과정을[12] 통해 독자적 생명력을 갖고 형성되는 것이다. 따라서 각 민족에게는 고유의 음식이 있다. 그럼에도 우리민족이 개고기 음식을 먹는 것이 유럽 사람들과 다르다고 야만적이라고 몰아치는 것은 잘못이다.

우리는 프랑스인이 개구리나 달팽이 고기를 먹고, 태국인이 원숭이 골을 먹으며, 몽골족들의 유목민들이 말이나 양고기를 즐기고, 일본인이 말고기와 물고기를 날로 잘 먹고, 중국인이 오리 알과 오리고기를 잘 먹는 것을 일방적으로 탓할 수는 없다.

각 민족 나름의 음식문화일 뿐이다. 또한 인도인이 소고기를 먹지 않는 것이나 몽골인이 물고기를 먹지 않고 아랍인이 돼지고기를 먹지 않는 것도 그들의 문화일 뿐이다. 만약에 서양 사람들이 우리들이 개고기 음식을 먹는 것이 야만적이라고 할 때에, 우리가 그들이 먹는 칠면조 고기 음식을 야만적이라며 강제로 먹지 말라고 하면 그것을 순순히 받아들일 것인가?

11) 정요섭, 선거론(서울: 박영사, 1965), p.316.

12) 박정진, 한국 문화 심정 문화: 예술인류학 서설(서울: 미래 문화사, 1990), p.270.

우리는 개고기 음식문화에 대한 서양의 문화제국주의적 압력[13]에 대해서 의연한 자세를 갖고 주체성 있는 마음가짐을 가져야 할 것이다. 현대 정치인류학에서도 다른 민족의 정치문화나 삶은 그 민족의 입장에서 이해해주어야지, 연구하는 사람의 고정된 안목으로만 보면 절대로 안 된다는 점을 분명히 하고 있다.[14]

개를 식용으로 하는 대표적인 민족은 우리민족과 한족(漢族), 인디안, 폴리네시아인, 아프리카의 망구베츠족 등이다. 대부분의 수렵 유목민족과 서유럽사람들은 개를 신으로 숭배하거나 애완용으로 길러 개고기를 먹지 않는다.

인류학자 해리스에 따르면 어떤 민족이 개고기를 먹느냐 안 먹느냐의 결정은 개의 이용성에 달려있다고 한다. 그것은 살아서의 이용성과 죽어서의 이용성으로 갈라진다.

다시 말해서 집지키기, 가축몰이, 애완견 등의 살아서의 이용성이 강하면 강할수록 개고기를 먹지 않고, 반대로 죽어서 고기나 털, 가죽 등으로의 이용성이 높은 사회에서는 개고기를 먹는다고 한다. 그러나 개고기를 먹지 않아도 육류가 풍부한 식량구조를 가진 문화에서는 개고기를 먹지 않으며, 육류를 구하기 어려운 곳에서는 개고기를 먹는다고 한다.[15] 모든 것이 생활문화의 차이일 뿐이다.[16]

---

13) H.J.Morgenthau, Politics among nations: The struggle for power & peace(New York: A. A. knopf, 1966), pp.57~60.

14) Samuel L.Long ed., The handbook of political behavior vol.3(New York: Plenum press, 1981), p.335.

15) ㉠ 최길성, 몽골개「노헤」,조선일보 1990.9.22, Harris, Good to eat, 1985(재인용).
㉡ Marvin Harris, 서진영 옮김, 음식문화의 수수께끼(서울: 한길사, 1992), pp.214~221.

16) 한자 문화권에서는 삼복더위에 즈음하여 개고기를 특히 즐겼음이, 복(伏)이라는 한자

그리고 끝으로 곁들여 지적할 것은 개고기 음식의 요리행태에 대해서도 분명한 개선이 있어야 할 점이다. 요즈음 개고기 음식을 요리하는 적지 않은 곳에서는, 물론 청결한 곳도 있지만 아직까지 너무도 비위생적이다.

요리과정을 눈으로 본다면 전혀 먹을 수가 없는 상황에 처해있다. 요즈음의 보건행정에 있어서, 상당수의 국민이 먹는 음식이란 점에서 확실한 개고기 음식철학을 가진 보건대책이 있어야 되겠다.

어차피 국민들의 상당한 숫자가 먹는 음식이라면 뚜렷한 정책을 세워, 시설 조건을 갖추게 하고 법으로 정해진 가운데 영업을 공식적으로 당당하게 하게 하여야 한다. 물론 개고기 음식에 관련된 법에는 사육방법, 도살방법, 유통방법도 요리방법이나 음식점 시설기준과 함께 명쾌하게 포함되어 있어야 할 것이다.

그리고 개고기 음식업을 하는 사람들도 무조건 돈만 번다는 생각보다는, 자발적으로 모든 면에 걸쳐 개고기 음식문화의 수준을 높게 만들기 위한 창조적 노력이 솔선해서 있어야 할 것이다.

Ⅳ. 민족문화와 외세의 문화제국주의

외세의 문화침략에 맞서서 싸우며 살아남은, 개고기 음식의 혈

가 인(人)과 견(犬)이 합해진 글자임에서 더욱 잘 드러난다. 우리나라 사람들도 삼복날에는 개고기를 즐기는데 일본인들은 뱀장어 고기를 특히 즐긴다.

투는 가상스러운 쾌거이다. 개고기 음식을 먹는 것 자체는 자랑스러운 것도 아니고, 그렇다고 부끄러울 것도 없는 담담한 입장에서의 하나의 음식문화에 불과한 것이다.

그런데도 이에 대해서 서양 사람들의 국제적 압력이 거세다 보니까, 우리나라 사람들이 요즈음 개고기 음식에 대해서는 기묘한 생각이나 입장을 갖게 되었는데 전혀 그럴 필요가 없다. 개고기 음식도 소고기, 닭고기, 돼지고기와 전혀 다를 것이 없는 것이다.

그것만이 유독 우리 몸에 보다 이로움을 주는 보신탕일 수도 없으며, 그것만이 유독 자연 그대로의 자연탕도 아니고, 사철 가리지 않고 먹는 사철탕일 수도 없는 것이다.

담담한 하나의 음식일 뿐이다. 개고기 음식의 혈투와 개고기 음식의 쾌거는, 민족문화를 외세의 정치적 압력으로부터 어떻게 지켜내야 할 것인가를 뚜렷이 가르쳐 준다.

국제정치사는 분명히 말한다. 정치적 패배도, 군사적 패배도 만회가 가능한 것이고, 경제적 종속도 쉽지는 않지만 만회가 가능한데, 문화적으로 패배하면 스스로의 모든 것을 잃는다는 것을 분명히 증언하고 있다.

지나간 역사의 흐름을 되돌아볼 때에, 우리민족을 뿌리째 뽑아 궤멸시키려던 문화제국주의의 침략은 크게 보아 3번 있었다. 우리의 민족문화는 3층 구조에 의해 복잡하게 얽혀진, 피식민 문화의 성향이 강한 야릇한 모습의 문화인 것이다.

1. 한족(漢族)의 중화 제국주의

우리민족을 최초로 버려놓기 시작한 것은, 우리를 침략한 당나라의 문화제국주의이다. 한족(漢族)의 국민철학인 중화주의는 동양사회뿐 아니라 세계적으로 짝을 찾기 어려운 주관적이고, 편협하며, 일방적이고, 노골적인 침략사상이며, 이민족 천시의 사상이다.

그런데 신라가 이민족인 당나라와 손잡고 동족인 고구려와 백제를 궤멸시킨 뒤에 민족발상지인 만주벌을 모두 내주고, 대동강과 원산 이남의 손바닥만 한 땅을 차지하고는 모든 것을 침략자들과 같게 바꿔나가기 시작한 것이다.

우리민족 스스로의 국민철학인 가우(자)리 사상은 송두리째 내버리고, 우리는 변두리의 가장자리 종속국이라고 고개 숙이며 침략자들의 것을 받아들인 것이다.[17)]

우리의 정치, 경제, 사회제도의 막대한 부분이 빛 좋은 개살구 같은 삼국통일 이후부터 중국식으로 바뀌었다. 우리의 성도, 이름도, 침략자와 같게 완전히 바꿨다. 도시, 산, 강, 들의 이름도 모두 바꿨다. 제사방식도 바꿨고, 장례방식도 바꾸는 등 온통 다 바꿔나갔다.

이렇게 바꾸기에 앞장섰던 신라의 피종속 지향 인사의 직계들이 고려에도 많이 이어졌고, 조선에도 뚜렷이 이어지며 조선시대에는 거의 확실한 문화적 종속국가가 된 것이다.[18)]

17) 안천, 만주는 우리 땅이다: 거시국토통일론(서울: 인간사랑, 1990), pp.261~333.

18) 종속(dependancy)은 의존(dependence)과 다르다. 의존은 대등 개념인데, 종속은 차별적 관계 개념이다. 염홍철 편저, 제3세계와 종속이론(서울: 한길사, 1980), p.15.

2. 일본의 제국주의 침략

일본에 의한 우리문화 침략은 혹독하기 짝이 없는 것이었다. 거의 모든 것에서 전통의 맥을 끊고 문화적 말살을 꾀하려 하였다. 아마도 약간만 더 침략정치가 진행되었어도, 우리민족은 일본에 완전히 동화되고 말았을지도 모를 끔찍한 일이었다.

창씨개명, 단발령부터 시작하여, 언어말살 정책까지 자행하면서 모든 것을 일본식으로 바꿔나간 것이다. 정치적으로 전통의 맥을 끊기 위해 경복궁을 헐고 조선총독부를 세우고, 황실의 맥을 끊기 위한 온갖 획책을 꾀해 나갔으며, 법이나 제도를 비롯한 모든 흐름을 일본식으로 바꿔나갔다.

경제적으로는 광공업 이권을 독점했을 뿐만 아니라, 동양척식회사를 세워 수많은 농민을 소작농화시키며 경제권을 빼앗았다.

그리고 역사를 완전히 그들의 침략을 합리화하는 방식으로 기술하고, 쓸 만한 문화재는 몽땅 일본으로 가져갔다. 사회 문화적으로는 완전히 일본인을 만드는 가혹한 정책을 폈던 것이다.

지금도 일제 침략의 잔재는 무수히 남아있다. 수많은 것이 일본 침략에 의해 꼬이고 뒤틀린 상태로 있다. 그것을 완전히 극복하고 바로잡는 데에는 앞으로도 많은 노력과 시간이 걸릴 것이다. 어떤 부분은 아예 불가능할지도 모른다.

요즈음 우리가 민족분단이 되어 민족적 아픔을 겪고 있는 것도 궁극적으로는 일본 침략의 결과이다.[19] 2차 대전의 전범인 독일은 45년간에 걸친 징벌 분단의 벌을 받았는데, 오히려 전범국 일본은

19) 한배호, 한국의 정치(서울: 박영사, 1984), p.77.

벌을 받지 않고 애꿎게 우리가 대신 벌을 받고 있다.[20] 국제정치가 잘못되어도 엄청나게 잘못된 것이다. 국제 사회에 정의가 있다는 말이 거짓말임은 이것으로도 분명히 증명된다.

훗날 우리 겨레가 민족 분단을 극복하고 난 뒤에, 일본은 우리민족의 분단과 그에 따른 고통에 대해서 분명하게 정치적, 경제적 배상을 다시 해야 한다. 강탈문화재도 깨끗이 반환되어야 한다. 일본이 국제사회에서 고개를 들고 떳떳하게 살려면 그러한 배상행위는 지금 당장에, 그렇지 않으면 가능한 한 빠르게 실천되어야 한다.

그런데 일본 제국주의의 침략을 논함에 있어서 잠깐 일본 사람들의 개고기 음식문화를 덧붙여 생각해 보자. 일본인이 현재 전혀 개고기 음식을 먹지 않는 것도 일종의 해외문화에 피종속되며 일어난 것이란 점에서 우습고 흥미 있는 사례라 하겠다.

일본인들은 원래 예부터 돼지, 소, 말, 개, 원숭이, 닭고기 등을 식용으로 먹은 육식 민족이었다. 그들의 패총 등에서 발굴되는 뼈로 인해 증명된다. 또한 만엽집, 고사기, 일본서기에도 육식을 했음이 뚜렷이 기록되어 있다. 일본서기 안한천황 조에는 나라에서 개를 직접 기르는 견양부(犬養部)까지 두었을 정도였다.

그런데 그들은 불교의 영향으로 임신란 이후 집권한 천무천황이 육식금지령을 내림에 의해, 육식문화가 결정적으로 끊어지는 것이다. 그 후 여성인 원정(元正)천황은 모든 개, 돼지, 닭을 아예 기르지도 못하고 놓아주도록 하기까지 하였으니, 일본에 육식문화가 뿌

20) 분단원인과 과정에 대해서는 여러 가지 학설이 있다. 그러나 그 근본적 원인 제공은 일본의 식민지배에서 비롯된 것이다. 분단의 현실화는 미국과 소련의 분할 점령에서 비롯된 것이다. 김학준, 한국 문제와 국제정치(서울: 박영사, 1987) 참조.

리를 내릴 수는 전혀 없었던 것이었다.[21)]

요즈음 일본인들이 육식문화가 거의 없음을 이상하게 생각하며, 더군다나 개고기 음식을 먹는다는 것은 생각도 못할 일이라는 견해를 가진 유학생이나 관광객 등 일본에 다녀온 인사들이 많다. 하지만 그들의 육식문화 단절이 어디서 비롯되었나를 아는 사람은 거의 없다는 것은 재미있는 일이다.

더군다나 일본인들 스스로는 그들도 예전에는 개고기를 아주 잘 먹었다는 사실을 전혀 생각도 못한다. 이웃 나라들에서 개고기 음식을 먹는 것을 서양 사람들과 마찬가지로 비웃기까지 한다.

그것은 너무도 역사의 속 모습을 모르는 겉보기의 식견에 의한 잔망한 처신인 것이다. 그들 대다수가 고대시대에 반도지역에서 건너간 우리의 한 핏줄인데[22)] 개고기를 안 먹었을 까닭이 있겠는가?

3. 서양세력의 문화제국주의

본 논문의 주제인 개고기 음식문화에 대한 외세의 국제정치적 압력은, 바로 서양세력의 문화제국주의의 대표적 사례이다. 그러한 문화제국주의는 우리의 삶과 정신을 크게 지배하는 것이다.[23)]

오늘날 동서양의 문화를 비교할 때 인류 구성원 사이에는 문화

---

21) 大塚滋, 食의 文化史(동경: 중앙공론사, 소화 56년), pp.5~14.

22) 일본의 천황가는 물론 앞의 안한천황이 백제 사람이라는 학설이 있다. 그렇다면 천무천황 이전까지 일본인이 개고기 음식을 먹은 것은 보다 당연한 일이다. 최재석, 백제의 대화왜와 일본화과정(서울: 일지사, 1990), p.116 참조.

23) 조재관, 국제 정치학(서울: 법문사, 1964), p.108.

의 공통점(보편성)과 차이점(특수성)이 있는데,[24] 서양 사람들은 그들의 문화와 다른 문화를 그들의 기준으로 보아 무조건 매도하는 잘못을 저지른 것이다.[25]

우리는 지난날 우리가 경제적으로 헐벗고 굶주렸으며, 일제 식민지에서 신음하는 세월을 겪다 보니, 일본이 물러간 자리에 나타난 서양세력의 본질적 모습을 꿰뚫어 보지 못한 면이 많았다.

그리하여 40여 년의 짧은 시간이 흐른 오늘날에, 벌써 서양세력에 과도하게 피종속화된 인간상을 많이 대한다. 정치도 경제도, 그리고 문화와 사회를 비롯한 거의 모든 것을 서양식으로만 생각하고 행동하는 몰지각한 인간상을 많이 대한다.[26]

요즘에는 중국식을 고치자고 하면 반대하는 사람보다도, 서양식을 고치자면 온갖 교활한 이론과 심지어 폭력까지 내세우며 서양문화를 수호하려는 인간 군상을 적지 않게 보게 되었다. 서양문물이 우리에게 본격적으로 들어오기 시작한 것이 아무리 길어도 100년 혹은 200년일 텐데, 우리 겨레가 이렇게 쉽게 급변하는가 하고 통탄하고 놀랄 일이다.

그렇다 보니 개고기 음식문화도 외세의 압력도 문제지만, 내부의 우리민족에서 개고기에 혐오감을 더욱 갖는 사람까지 나타나게 되었다. 개고기를 먹는 것을 야만적이라고 비방하는 모습도 심심치

24) 한정일, 한국 정치 발전론(서울: 전예원, 1982), p.107.

25) 나창주, 비교 정치론(서울: 일조각, 1985), p.259.

26) 미국인을 지나치게 추앙하는 사람은 변태적 열등의식이나 의타심에 사로잡힌 사람들로서, 언젠가는 미국인들도 불완전한 인간이라는 것을 발견하고는 낙심하는 나머지 극단의 반미주의자가 되기 쉽다. 함병춘, 한국인과 미국인, 신동아 1965년 7월호, p.58.

않게 보게 되었다. 개고기가 웃을 상황이 된 것이다.

서양 기독교문명을 국제정치적 입장에서 분석해보면, 그렇게 모질고 비인도적이며 야만적일 수가 없었다. 그들은 온 지구를 자기들 뜻대로 만들면서, 그것에 어긋나는 비서양 사회의 문화는 야만적인 것이라고 몰아쳐 버리는 것이다. 지구의 곳곳에 영국, 프랑스, 스페인, 포르투갈, 네덜란드, 러시아가 침략의 손을 무자비하게 뻗치며 지구를 버려 놓은 것이 근대 이후의 국제 정치사였다.[27)]

정답게 사는 흑인 가족을 무자비하게 잡아다 노예로 팔거나 부려먹고, 지배받기를 거부하는 북아메리카나 오스트레일리아의 원주민은 씨를 말릴 정도로 죽여 없애고 나서 그곳을 차지했다. 남아메리카의 원주민은 죽이고 혼혈민족을 만들어 부려먹으면서 그곳을 차지하고, 시베리아 원주민의 삶을 송두리째 빼앗으며 그곳을 차지하는 등 온갖 몹쓸 짓을 다하면서 겉으로는 자유, 평화, 정의를 내세우고 다니는 것이다.

서양 기독교도들이 사랑과 평화와 정의를 내세우는 것은, 국제정치사를 통해서 본다면 모두 거짓말이다. 오로지 그들만을 위한 철저한 이기적인 사랑, 평화, 정의일 뿐이다.

우리는 개고기 음식문화가 무엇 때문에, 그렇게 처절한 외세 문화침략에 의한 고투를 겪어왔는가를 명쾌하게 헤아릴 필요가 있다. 우리가 갖고 있는 일부 사람들의 개고기 음식에 대한 혐오감은, 서양인의 침략의식에 감염된 것임을 분명히 인식해야 할 것이다. 개고기도 소고기, 돼지고기, 닭고기나 같은 것이다. 그것만 유독 혐오감을 갖고 볼 필요가 없는 것이며, 반대로 그것만 유독 몸에 보다

27) 신홍범, 김종철 역, J. A. Hobson, 제국주의론(서울: 창작과 비평사, 1983) 참조.

좋은 보신음식도 아닌 것이다.

생각건대 어떤 한 국민이 다른 나라의 국민에 대해 가지고 있는 고정관념은, 대부분 그 나라들 사이의 현재 관계의 결과이지 원인은 아니다. 즉 한 나라의 국민이 다른 나라의 국민을 적대시하는 것은, 그들이 좋아하지 않는 고정관념을 가진 것이 아니라 오히려 다른 나라의 국민이 그들 나라의 목표에 방해가 된다고 보기 때문에 생긴 고정관념인 것이다.[28)]

서양세력이 개고기 음식문화를 포함하여, 우리 겨레의 삶에 대해 가진 나쁜 고정관념들은 무엇을 겨냥한 것인가? 개고기 음식문화의 본질을 모르고, 그것을 비난하는 사람의 의식구조는 궁극적으로 무엇을 뜻하는가?[29)]

Ⅴ. 맺는 글

개는 우리 겨레와 오랜 삶을 함께 살아온 짐승이다. 우리나라에

28) 최창윤 역, J. E. Dougherty & R. L. Pfaltzgraff, 국제정치론: 이론과 접근법(서울: 박영사, 1978), p.303.

29) 필자가 본 장에서 다룬 개고기 음식문화는 해외문화와 전통문화의 대결에서 문화갈등을 유발하는 대표적 사례이다. 예컨대 우리의 전통문화 가운데 정부에서 아무리 바꾸려고 해도 신정 대신에 구정을 명절로 지키며 국민적 일체감을 보이는 사례가 있나 하면, 제3공화국 때에 정부에서 바꾸란다고 단군기원을 일시에 서력기원으로 바꾸고도 전혀 갈등을 느끼지 않는 창피한 것도 있다. [오히려 간 쓸개도 없이 탈아입구(脫亜入欧) 정책으로 유럽의 나쁜 길을 추구하여, 다분히 서양화된 일본은 지금드 서기를 쓰지 않는다.]

서 후기 구석기시대 석기류가 발견되어 유명한, 함경북도 웅기 굴포리에 있는 서포항 패총에서는 개의 유골이 함께 출토되고 있다.[30)]개는 우리의 민족사와 맥을 함께하는 매우 친숙한 동물임을 알 수 있다.

그리고 옛날 부여에서는 유력한 부족장에 가축 이름을 붙였는데, 거기에 구가(狗加: 개 부족장)가 있는 것을 보아도 개가 우리민족과 얼마나 가까웠는가를 짐작할 수 있겠다.[31)]

우리민족이 개고기 음식을 먹기 시작한 것은 구석기 혹은 그 이전부터의 오랜 것일 것이다. 조개무지에서 발견되는 개의 뼈는 그것을 증명하는 것이라 하겠다. 그리고 개고기 음식을 먹는 것은 역사가 시작되어 오늘에 이르도록 당연한 것이었을 것이다.

현재도 전라남도, 경상남도 등 해안도서 지방과 제주도에는, 개털 두루마기와 개털모자, 개털조끼 등이 입혀지고 있다. 이는 예부터의 옷 문화와 함께 개고기 음식의 친숙성을 증명하는 것이라고 본다.[32)] 그리고 현재 전국의 농촌에서는 널리 개고기 음식을 즐기는 모습을 쉽게 볼 수 있다. 요컨대 개고기 음식은 우리 겨레의 역사와 항상 같이 이어진, 우리민족의 고유음식인 것이다.[33)]

이렇게 우리 겨레와 친숙한 개고기 음식을 놓고 서양문물이 들어오며 야만적이라면서 비판하기 시작하고, 국내적 혹은 국제적 정치문제를 만든 것은 생각하면 쉽게 납득하기 어려운 일이다. 서양

30) 김원룡, 한국 고고학 연구(서울: 일지사, 1987), p.127.

31) 이기백, 한국사신론(서울: 일조각, 1974), p.38.

32) 경상북도 교육위원회, 전통문화의 맥, 1987, p.172.

33) 동아출판사, 동아원색세계 대백과 사전 2, 1985, p.14.

세력의 문화제국주의의 전형적 사례의 하나가 개고기 음식문화에 대한 공격이라고 하겠다.

서양세력이 우리에게 밀려들어오기 시작한 짧은 최근세사에 있어서, 우리는 우리의 원초적 모습을 너무도 많이 잃었다. 그동안 우리들은 우리 것에 대해서 무조건 야만적이다, 비과학적이다, 미신이다, 우스꽝스럽다, 거추장스럽다, 보기 싫다는 등의 표현을 쓰며 얼마나 우리 스스로를 깔보고 깎아내려 왔는가?

그리하여 자라나는 우리의 아들딸들에게 얼마나 열등의식을 잠재화시켰으며, 우리민족으로 태어난 것을 때로는 부끄럽다고 생각하게까지 만들지 않았는가? 정말 어처구니없는 일이다.[34)]

물론 맹목적으로 너무나 폐쇄적인 자민족문화 제일주의에 빠져서는 안 된다. 그러나 해외문물을 받아들이는 자세가 문제이다. 외국에서 받아들일 것은 적절하고 주체성 있게 받고 소화시켜서 우리 것을 만들어야 한다.

그리고 우리 것을 지킬 것은 확실하게 지켜야 한다. 요즈음 외래품에, 외래사고와, 외래 생활풍습에 빠져들어, 스스로의 많은 것을 잃고 준외국화되어 나가는 일부 사람들은 분명히 고쳐져야 한다.

도도히 흘러오는 서구세력의 정치경제적, 사회문화적 압력에 맞서서 의연한 자세로 민족문화의 정체성을 확립하고, 민족 본래의 자존심을 확고히 수립하려는 주체성 있는 애국적 자세를 온 국민이 일치하여 유지시킨 대표적인 사례가, 바로 개고기 음식문화를 수호

34) 식민잔재의 탈피와 미국식 교육에의 과도한 의존성을 벗어나는 것은 우리나라 현대 교육의 핵심과제이다. 이택휘, 교육과 정치 사회화, 한국 정치학회, 한국정치와 복지국가(서울: 삼영사, 1981), p.346.

하기 위한 투쟁이었음을 재확인하며 결론을 삼고자 한다.

개고기 음식문화를 유지하려는 보이지 않는 민족적 단결은 누가 강요하고 시킨 것이 아니다. 아마도 일제침략에 맞서서 금반지, 금목걸이 등을 흔쾌히 내던지며 자발적으로 국채보상운동을 벌인 것과 같은 애국적 마음가짐을 가진 멋진 민족운동이라고 하겠다.

그리고 먼 훗날에 후손들에게 자랑스럽고 분명하게 확언할 수 있을 것이다.

"여러분의 조상들은 외세의 문화침략에 맞서서, 개고기 음식문화를 살리기 위해 결연히 뭉치고 한뜻으로 열심히 개고기를 먹은 훌륭한 어른들이다. 개고기 음식문화를 지키기 위한 문화적 혈투는 우리민족의 찬란한 승리로 끝났다."

※ 참고사항

2002년의 월드컵 개최를 앞두고, 서울올림픽 때와 같은 상황이 다시 벌어지고 있다. 그러나 우리민족과 우리사회도 이제는 지난 번과는 다르다. 매우 의연히 대처하고 있는 모습이 대견스럽다.

금번에는 심지어 '당당해진 개고기'라는 신문기사가 나올 정도로 상황이 크게 바뀌었다. 우리문화가 세계적으로 높은 위상을 갖게 되었음을, 언론에서 새롭게 지적하고도 있다.[35]

민족문화도 성숙되는 성장과정을 거치고, 연륜이 쌓여야 함을 개고기음식 문화에서 뚜렷하게 발견하게 된다. 앞으로 우리는 월드컵 대회를 치르는 나라답게, 민족문화를 아끼고 지키려는 노력이 보다 성숙해지도록 해야 하겠다. (2002년 3월 20일)

35) 이규태, 당당해진 개고기, 조선일보, 2000.1.5.

셋째 주제

사회적 궁합과 최고정치지도자

Ⅰ. 들어가는 글

Ⅱ. 사회적 궁합과 정치인

Ⅲ. 기존 대통령의 사회적 궁합 분석

Ⅳ. 앞으로 있을 최고정치지도자의 사회적 궁합 유형

Ⅴ. 사회적 궁합의 유형과 정치적 삶

Ⅵ. 맺는 글

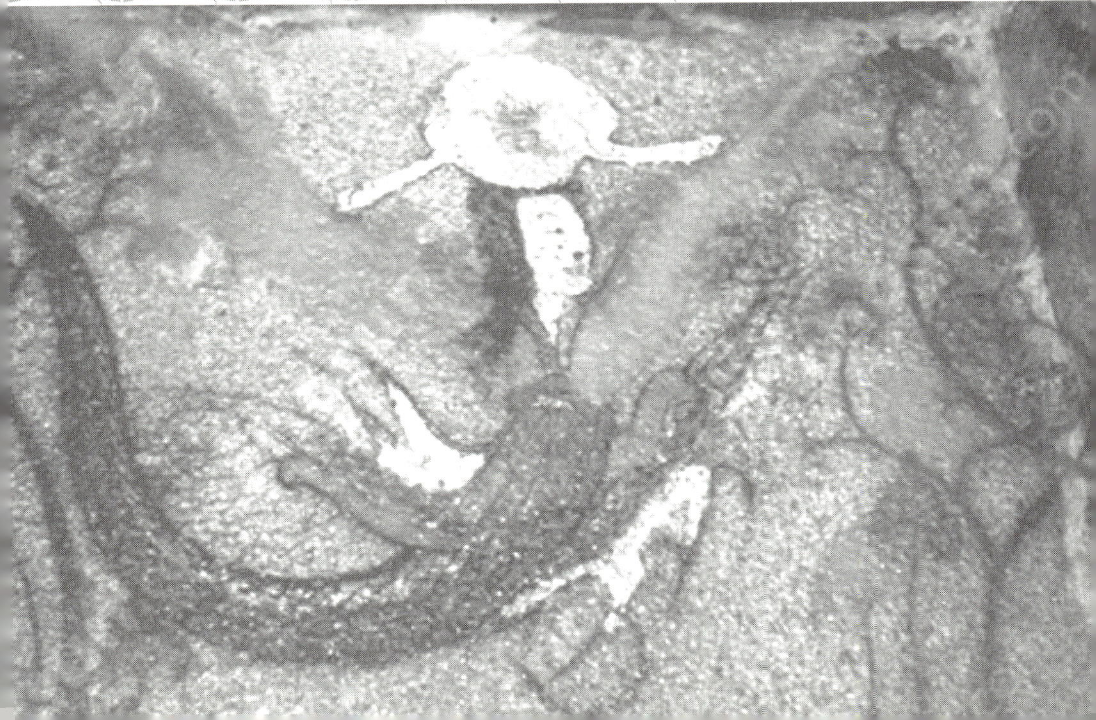

Ⅰ. 들어가는 글

정치는 정(情)을 잘 다스려야 성공한다. 정치는 많은 경우에 머리로 하는 것이 아니다. 가슴으로 하는 것이다. 말하자면 정치(政治)는 정치(情治)를 잘해야 제대로 열매를 맺게 된다는 뜻이다.

우리는 주변에서 여자의 치마폭에 휩싸여 제정신이 없는 인간이나, 남자의 바지 자락에 휩쓸려 정신 나간 여자를 의외로 심심치 않게 발견할 수 있다. 이것은 인간이 사랑에 눈이 멀면, 세상일을 이지적으로 처리하지 못하게 됨에서 나타나게 되는 현상이다.

정치인들에게 있어서도 정(情)을 다스림에, 나라를 다스림보다 우선적으로 성공해야 한다는 것은 고금에 변할 수 없는 진리이다. 사람이란 사람이기 이전에 어차피 생물학적으로는 동물이다. 배우자를 만나서 결혼생활을 해야 하는 것이 숙명적인 삶의 길이라면, 그러한 원초적 삶에 성공하는 것은 정치인의 원초적 토대가 된다.

본 장에서 다룰 내용은 정치인에게 있어서 배우자의 위치란 무엇인가를, 현대 우리나라 정치사에 있어서 최고 정치지도자의 사례를 중심으로 살펴보고자 한다. 그런데 현대 우리나라 정치사에 있어서는 최고 정치지도자가 모두 남자이므로, 본 논문에서는 대통령과 영부인의 관계가 주로 다뤄지게 되겠다.

그런데 꼭 영부인만이 아니라, 대통령의 첫사랑은 누구인가에 초점을 맞추는 면도 크다. 왜냐하면 대통령이 언제 누구에게서 사랑을 느끼고, 누구와 특히 인간적으로 깊은 마음을 주고받으며 인생을 살았는가는 매우 중요한 것이기 때문이다.

요컨대 사람은 합리적이고 이성적인 사회적 동물이라고 볼 수도 있지만, 근본적으로는 동물이나 다를 것이 없다. 비합리적이고 비이성적인 사회활동도 하는 동물이다. 배우자를 잘못 만나면 인간적 사회활동이 아니라, 동물적 사회활동을 하는 사람으로 전락되기 쉽다는 것을 지적하는 것이다.

모름지기 정치인은 배우자를 잘 만나야 하고, 정(情)을 다스림에 무엇보다도 우선적으로 성공해야만 한다. 정(情)이란 의외로 모질고 끈질기며 다분히 동물적인 것이기에 더욱 그렇다.

Ⅱ. 사회적 궁합과 정치인

여자와 남자 사이에 짝이 잘 맞을 경우에 궁합이 잘 맞는다고 한다. 그런데 궁합을 규정하는 것은 예부터의 전통적 방법에 의하는 것이 일반적인 것이다. 요즈음에는 그것을 생물학적으로 해석하는 견해도 약간은 있다.

하지만 사회적 궁합이라는 입장에서 여자와 남자 사이에 어떻게 짝을 이뤄야 조화 있는 결혼생활을 하게 될 것인가에 대한 연구는 거의 없다.

결혼이란 여자와 남자라는 두 사람이 만나는 사회적 관계이면서, 한편으로는 여자 측 가족집단, 친구집단, 직장집단과 남자 측 가족집단, 친구집단 및 직장집단 등이 직간접적으로 마주치는 것을 뜻한다. 그러므로 둘 사이에 사회적으로 조화가 잘 맞아야 할 것이다. 그래야만 결혼생활이 원만하고 사회적으로도 성공할 것이다. 이러한 측면에서 사회적 궁합이라는 개념은 체계적 정리가 요망된다.

1. 사회적 궁합의 형성변인

사회적 궁합을 이루는 형성변인이 연구되어 있는 바는 현재로서 두드러진 것이 없다. 다만 결혼의 사회적 측면이라는 관점을 바탕으로, 결혼에 영향을 주는 변인 분석이라는 입장에서 이를 파악해야 할 것이다.

1) 경제적 변인

자본주의 사회인 우리나라에 있어서 신부와 신랑 사이에 경제생활 수준이 상호 간에 얼마나 조화로운가는 매우 중요한 측면이다. 일반적으로 우리나라에 현재로서 신분이나 계급적 질서는 없지만, 재산 정도는 보이지 않는 신분계층을 만들고 있는 것이 우리의 현실이다.

예외도 있기는 하지만 현격한 재산 차이를 내며 생활수준에 큰 장벽이 있는 여자와 남자 사이에 결혼이 성립되기는 쉬운 일이 아니다. 현격한 차이가 있다면 그것은 무언가 다른 변인이라도 뛰어나야만 한다. 현재 우리사회가 날로 고도화되고 경제수준이 높아지면서 경제적 변인은 사회적 궁합에 더욱 커다란 변인으로서 나타나게 될 것이다.

2) 교육적 변인

인간의 사회적 성장에 미치는 교육수준의 영향력은 대단하다. 이것은 동서고금에 변함이 없는 것이다.

많이 배우고 머리가 뛰어난 총명한 인재가 결혼에 있어서 우위에 서는 것은 막을 수 없는 사실이다. 더군다나 우리나라에는 요즈음 상류사회가 특히 그러한데 학맥 파벌의 병적인 피해가 극심하다. 이러한 여파로 인하여 신부와 신랑은 장식적 학벌이라도 가져야 행세를 한다. 그렇지 않으면 결혼상대를 제대로 만나기 쉽지 않다.

전통적으로 계급이나 신분의식이 강하여 오늘날에도 그 뿌리가 깊은 영국에서도, 신발가게를 하는 삼촌 밑에서 눈칫밥을 먹으며 초등학교만 나온 로이드 조지, 어촌의 과부에게서 태어난 서자로서 초등학교만 나온 램지 맥도날드, 유태인 출신으로 평범하고 이름 없는 중학교를 나온 디스레리, 그리고 서커스 그네타기 곡예사가 환갑 근처가 되어서야 늦게 낳아 고등학교도 제대로 못 나오고 중퇴한 메이저 수상 등이 줄줄이 나오고 있다.

하지만 우리나라에서는 요즈음의 풍토로는 초등학교나 중학교만 나오고 대통령이 되기는 하늘이 무너져도 어려울 나라가 되었다. 무언가 잘못되어도 엄청나게 잘못된 사회이다. 확실하게 실적주의로 고쳐져야 할 것이다.

도대체 인간평가의 준거기준이 못나도 내 선배, 멍청해도 내 후배, 그리고 바보라도 내 형님, 잘못을 저질러도 오로지 내 동생이라는 풍토가 잠재적으로 요지부동인 사회에서 어떻게 훌륭한 인간이 만들어지고 어떻게 정상적인 결혼이 이루어지겠는가?

3) 권력적 변인

신부와 신랑 집 사이에 권력적 배경이 사회적 궁합에 중요한 형성변인인 것도 어떤 사회에 있어서나 보편적이다. 신분질서를 중시한 예전에는 이것이 보다 더 강한 것이었지만, 오늘날이라고 이것이 약화된 것은 아니다.

예부터 이러한 변인에 치중한 결혼을 일컬어 정략결혼이라고 했는데, 그 용어는 지금도 엄연히 살아있다. 요즈음의 약아빠진 일부 젊은이는 결혼을 함에 있어서 정략성을 꽤 높게 나타내고 있는 경우도 많이 보인다.

어떻든 요즈음의 우리사회에 권력적 수준이 여자와 남자 사이에 웬만큼 일치해야 결혼의 성공률이 높은 사례는 많다. 신문지상에 오르내리는 그러한 결혼사례는, 결혼성립에 있어 권력이나 사회적 배경이 중요함을 뜻한다.

4) 신체적 변인

신체적 변인이 사회적 궁합에 얼마나 영향을 미칠까? 그러나 신체적인 요소도 사회적 궁합에는 매우 많이 작용한다.

인간의 결혼은 다른 남자나 다른 여자와 함께 사는 2인형 사회생활이고, 결혼을 하고 나서는 필연적으로 사회 속에 어울려 함께 살아야 한다. 그러므로 신부나 신랑의 외모가 남보다 우위에 있다는 것은 사회생활을 함에 많은 영향을 준다.

인간은 합리적 동물이라고 하지만, 많은 경우에 비합리적 사회생활을 한다. 얼굴이 잘생기고 몸매가 아름다운 여인은 마음도 그렇다고 잘못 생각할 경우가 많다. 허우대가 잘 생긴 남자는 그릇이 크다고 생각해 버리는 경우도 많다.

그래서 결혼상대를 고를 때 얼굴이 잘생기고 신체가 그럴듯한 상대자를 고르는 것도 많은 사회현상이다. 하지만 그것에만 너무 치중하다 훗날 고생을 톡톡히 하는 사례 또한 드물지 않은 것이다.

5) 정서적 변인

심리적 요인, 정서적 요인, 기질적 요인 등은 사회생활에 의외로 많은 영향을 준다. 보다 활동적이며 적극적이고, 밝고 명랑한 사람이 사회생활을 더욱 능동적으로 할 것이란 점은 대체로 누구나 인정하는 일이다.

그러나 부부가 모두 그래야만 한다는 얘기는 성립되지 않는다. 한쪽이 적극적이면 다른 쪽이 조용하고 세심하며 안정성이 높은 경우에 더욱 조화가 맞는 것일 수도 있겠다. 어떻든 여자와 남자 사이에 사회적 궁합을 봄에 있어서 정서적, 심리적 요인도 가볍게 볼 일은 아니라 하겠다.

6) 문화적 변인

문화적 변인은 사회적 궁합의 형성에서 앞에 나열된 것들보다는 적게 작용하는 것이라고도 볼 수 있다. 그러나 경우에 따라서는 결혼성립에 매우 결정적인 작용을 하는 경우도 적지 않다.

특히 문화적인 삶에 관련된 작가, 예술가, 체육인이나 전문직업인 그리고 이와 비슷한 유형의 삶에 종사하는 사람들에게 있어서는 결혼을 함에 있어서 상대방의 문화적 수준이 알맞을 것을 요구하게 됨은 당연할 것이다.

2. 사회적 궁합 유형과 정치인

사회적 궁합유형을 어떻게 구체화할 것인가에 대한 답변은 다양할 것이다. 그러나 여기서는 표1과 같이 여성과 남성의 궁합변인이 각각 완전한가, 중간인가, 결여되어 있는가를 조합하여 9개의 유형으로 단순화하여 나누고자 한다.

그리고 그것을 다시 균형형과 불균형형으로 나누되, 불균형형은 또 다시 여성우월형과 남성우월형으로 나누도록 한다.

표 1 : 사회적 궁합 유형표

		여자		
		완전	중간	결여
남자	완전	① 여완남완형	② 여중남완형	③ 여결남완형
	중간	④ 여완남중형	⑤ 여중남중형	⑥ 여결남중형
	결여	⑦ 여완남결형	⑧ 여중남결형	⑨ 여결남결형

이상의 사회적 궁합유형표에서 균형형은 ① 여완남완형, ⑤ 여중남중형, ⑨ 여결남결형으로 분류할 수 있다.

그리고 나머지는 모두가 불균형형이 되겠다. 여기서 ④ 여완남중형, ⑦ 여완남결형, ⑧ 여중남결형의 세 가지는 여성우월형으로, 다시 ② 여중남완형, ③ 여결남완형, ⑥ 여결남중형의 세 가지는 남성우월형으로 분류해 볼 수 있겠다.

그런데 이상의 9가지 이념형을 보는 입장의 정리가 선행되어야 하겠는데, 현실적으로 이에 꼭 맞는 정치적 인간상이 그대로 존재하기는 어렵다. 9가지에 비교적 가까운 정치인들이 존재할 뿐이다. 예컨대 제1유형인 여완남완형은 여성 측이나 남성 측이 모두 경제적, 권력적, 교육적, 신체적, 정서적, 문화적 제 변인이 완벽한 경우를 말하는 것이다. 하지만 그러한 개인도 현실적으로는 거의 없고, 그러한 부부가 만들어지는 것은 거의 불가능한 것이다. 연구를 위한 이론적 이념형으로만 존재한다고 하겠다.

생각건대 어떤 정치인이나 거의 예외 없이 모두 결혼을 하는 것이고, 결혼생활의 많은 시간은 배우자와 삶을 살며 엄청난 영향을 부부 사이에 주고받는 것이다. 결혼생활은 정치인의 정치의식이나 정치심리의 기초적 밑바탕이라고 하겠다.

따라서 결혼관계가 정치인에게 미치는 영향을 분석함은 매우 긴요한 것이나, 우리나라에는 그러한 연구가 별로 없다. 본 논문은 그러한 분야를 새로 개척하는 입장에서 쓰는 글이란 성격이 있음을 미리 밝혀둔다.

Ⅲ. 기존 대통령의 사회적 궁합 분석

여기서 기존 대통령이라 했지만 사실상 여러 가지 상황이 여의치 않은 면도 있고 하여, 일단 그 범위를 작고한 대통령으로 제한하여 분석을 하도록 한다.

1. 이승만 : 여결남완형

초대 대통령 이승만은 여자에 관한 면으로는 세상에 짝을 찾기 어려운 불행한 사람이다. 어떤 면으로 보아도 그는 가정에서 행복을 찾을 것이 없다고 말할 정도로 외로운 사람이었다. 그가 경무대(옛 청와대 명칭)에 삽살개를 두고 애지중지하며 키운 것은, 그의 극심한 외로움을 노골적으로 상징하는 바라고 하겠다.

우선 이승만에게서는 첫사랑의 대상자가 누구였던가를 밝히기가 대단히 어렵다. 사람들마다 첫사랑은 매우 인상 깊게 마음속에 자리 잡고, 훗날의 삶에 심정적인 영향을 많이 준다.

그런데 이승만에게서는 그것을 찾기 어렵다. 그것은 그의 정치의식의 밑바탕이 삭막하고 공허한 것이었음을 뜻한다. 실종된 첫사랑, 그것이 바로 이승만의 대인관계의 초석이 된 것이다.

그렇다 보니 인간관계에 있어서 안정성과 깊이가 결여되게 되고, 불안정 인간관계에 의한 정치 행위를 하게 된다. 더군다나 첫사랑에 실패한 사람은 그 후의 사랑에 의해 보상을 받음으로써 나름대로의 안정을 찾게 되는데, 그는 그것이 거의 없다시피 된 상황이다.

좀 지나치지만 삽살개에 의해 보상을 받았다고나 할까? 그리하여 강아지에 의해 보상받은 동물적 인간관계가 내면적 뿌리에 잠재되어 있었다고 하면 과한 표현일까? 그의 사회적 궁합형을 살펴보자.

*　　　　*　　　　*

이승만은 그의 전기에 쓰이길 1875년에 황해도 평산에서, 양녕대군의 후예인 이경선의 3남매 중 6대 독자로 태어나 어려서 서울로 가족이 모두 옮겨 왔다고 한다.

이승만은 예전에는 대부분이 그랬듯이 부친이 알아서 정혼한, 2년 연상의 박승선(朴承善) 여인과 1891년 16살 때에 첫 번째 결혼을 했다. 하지만 두터운 정이 없어서 사실상 이혼을 한 것과 비슷한 몸이었다. 그러나 박승선은 이승만의 망명 기간에 친정조카를 양자로 맞아들여, 외롭게 남편을 기다리면서 친척집을 전전하며 살다가 6 · 25동란 때에 납치당했다고 한다.

혼자 살던 박씨는 이승만의 환국 소식을 듣고 마포장, 돈암장 등으로 찾아갔으나 끝내 비서들이 따돌려 면회조차 할 수 없었다. 이승만은 사실상 박승선에게는 인간적으로 잘못한 것 같다.

박승선은 풍문에 나돌듯이 개가한 것도 아니다. 홀로 남은 시아버지를 돌아가실 때까지 모시고, 남편이 돌아오기만을 외롭게 기다리며 평생을 수절하며 억세게 살아남은 것이다.

그러나 이승만이 조강지처가 마음에 꼭 들지 않는다고 그녀가 재가했다고 말하며, 훗날 여러 번 결혼을 시도하고 끝내 프란체스카와 결혼한 것은 좋은 평가를 해주기가 어렵다고 본다.

박승선은 이승만을 찾았다가 쫓겨나 혼자 살다가 6 · 25 전쟁 때 납치된 후 대전 근처에서 총살을 당했다는 소문이 있다. 어떻든 비극과 외로움으로 평생을 산 것이다.[1)]

1) 김교식, 이승만의 첫 부인 박승선 스토리, 동광출판사, 정풍12, 1987, pp.213~223.

지금까지 너무 이승만 위주로만 쓰여 불쌍한 여인을 몹쓸 여인으로까지 만든 것이다. 그들 사이엔 태산이라는 아들도 있었다.

이승만은 그 아이를 미국으로 데려갔으나 제대로 돌보지 못한 채, 객지인 미국 필라델피아의 한 병원에서 장티푸스로 격리되어 홀로 죽고 말았다. 죽을 때 나이는 14세였다.[2)]

이승만은 그 아이를 몹시 사랑하여 단 하나의 사랑하는 혈육을 여읜, 슬픔의 절규를 [태산아! 태산아!]하고 일기장에 적어 놓았다. 훗날 그것을 본 프란체스카는 가슴이 철렁 내려앉기도 했다 한다.

이승만은 일찍부터 유학(儒學)을 공부하다 과거시험에 여러 번을 연속 떨어졌다. 그래서 할 수 없이 1894년에 배재학당에 입학하여, 신학문을 배워 배재학당의 영어 선생님이 되었다.

21세인 1896년부터는 정치에 투신해서 협성회를 조직하고 협성회보의 주필로 있었다. 1898년에는 독립협회에 참여했는데, 독립협회 사건에 연루되어 1904년까지 7년간 옥중에서 고초를 겪었다.

러일 전쟁이 일어난 직후 석방되어서, 미국에 건너가 워싱턴, 하버드 대학을 거쳐 프린스턴 대학에서 1910년에 철학 박사학위를 받고 귀국하였다.

이승만의 두 번째 여인은 외국인인 우드로 윌슨의 장녀로, 프린스턴 대학 시절부터 서로 사랑하는 사이였다고 한다. 그러나 망국을 향해 달리는 비참한 조국도, 본처가 있는 몸이란 엄연한 사실도 모두 외면하고, 과감히 빠져든 사랑은 윌슨(훗날 대통령)의 반대 때문에 이루어질 수 없었다. 두 번째 여인도 실패로 끝난 것이다.[3)]

2) 아들 이름은 일명 봉수였다.

3) 임병직, 임병직 회고록(서울: 여원사, 1964), p.132.

그는 허망한 마음으로 귀국하여 1년 반쯤 독립운동과 육영사업에 종사하다, 일본경찰에 주목을 받는 신세가 되어 있었다. 1912년에 세계 감리교회 총회 참가 차 다시 출국하여 그 후 미국에서 체류하던 중, 3 · 1운동 후 상해 임시정부의 초대 국무총리가 되었다.

하지만 잠시 후 임정세력들과의 불화로 상해에 있지 못하고, 자신이 조직한 임시정부 구미위원회를 중심으로 미국에서 외교 · 저술 · 언론을 통한 독립운동을 했다.

이승만의 세 번째 여인은 하와이 교포 2세 에리스 황이었다. 그리고 네 번째도 역시 하와이 교포인 노디 김이었다. 노디 김은 이승만과 그의 일행이 매사추세츠에 전셋집을 얻어, 공관의 면모를 지키고 있을 때 하와이 교포들이 선발해 보낸 아가씨였다.

집도 크고 서재필, 김규식 등 독립운동가들이 자주 드나들며 기거했기에, 누군가 안살림을 맡아야 할 여자가 필요했던 것이다.

그녀가 공관 안주인 노릇을 하고 매일 이승만과 가깝게 있다 보니, 혼사문제까지로 발전되었으나 최종적인 성사는 이루어지지 않았다. 그 외에도 이승만의 여자관계는 잘 알려지지 않아 그렇지, 외교능력이 뛰어난 사람답게 여자외교에도 약한 사람은 아니었다.

그리고 임영신이 다섯 번째 여인이다. 1931년 무렵의 임영신은 남캘리포니아 대학에서 신학석사 학위를 받을 상황에 있었다.

임영신에게 마음이 들뜬 이승만은 임영신의 단짝인 강신애를 통해 둘 사이의 중매를 부탁했다. 그러나 임영신은 이승만의 결혼신청을 거절했다. 대신 한평생 처녀의 몸으로 존경하며 총애하는 사이로 살아갈 결심을 한다. 다섯 번째도 또다시 실패를 한 것이다.

그로부터 5년이 지난 후 어느 날 임영신은 이승만으로부터 놀라운 편지 한 통을 받는다.

「사랑하는 루이사(이 박사가 불러주는 임영신의 애칭)

나는 오늘 내 생애에서 아주 중요한 결정을 지었어. 나는 이번의 유럽 여행에서 이와 같은 결정을 하게 된 것을 기쁘게 생각해. 나는 이곳에서 한 아름다운 오스트리아 여성(프란체스카 여사)을 만났으며 그녀와 결혼할 것을 결심했어.」라는 내용이었다. 스위스에서 보낸 이 편지를 읽고 임영신은 큰 충격을 받았다.

이승만이 하와이에서 독립운동을 하고 있던 1929년 스위스의 제네바에서 군축회의가 열렸다. 마침 일본이 만주사변을 일으켜 중국대륙을 침략할 기운이 무르익던 때였다. 이승만은 우리 임시정부 대표 자격으로 일본의 행동이 위험하다는 것을 폭로하고, 우리를 도와달라고 하기 위해 초청도 받지 않았으나 제네바에 갔다. [루시 호텔]에 묵으면서 각국 대표와 접촉하였다. 그의 나이 57세 때였다.

어느 날 아침 호텔식당에서 젊은 모녀를 만났는데, 그 젊은 여인이 프란체스카였다. "자리가 없으니 합석을 해도 좋겠느냐?"는 호텔 종업원의 제의를 승낙한 것이 계기가 되어, 함께 앉아 아침을 든 후 서로의 신변을 이야기하고 친근해지면서 더욱 급속도로 가까워져 나갔다.[4)]

당시 이승만은 한 나라의 외국대표라면서 저녁식사가 삶은 감자 2개, 소시지 1개, 사우어 크라우트(독일식 배추절임)가 전부였다.

이것을 본 때부터 프란체스카는 가난한 약소국의 독립운동가에 동정과 관심을 갖게 되었는지도 모른다. 프란체스카는 홀로 와 있

4) 프란체스카의 자서전에는 프란체스카가 먼저 접근한 것으로 되어 있다. 리 프란체스카 지음, 조혜자 옮김, 대통령의 건강(서울: 보건신문사, 1988), p.16.

는 이승만의 타자수가 되는 등 군축회의가 끝날 때까지의 기간에 사랑이 깊어져, 서로가 서로의 과거를 묻지 않기로 하고 결혼을 약속하게 되었다. 어찌 보면 너무 급히 이뤄진 결혼인 것이다.

이승만이 푸른 눈의 서양인 프란체스카와 제네바에서 약혼하고 돌아왔다는 것을 안 재미교포들은 동요하며 수군거리기 시작했다. 이승만은 그 당시로서는 상해 임시정부의 요인인 데다가, 장차 한국 지도자로 널리 알려져 있었던 차에 그것은 커다란 충격이었다.

교포들은 합심하여 약혼을 취소시키려고 애썼다. 서재필도 자신이 외국 여자와 결혼하여 실패한 경험도 있었으므로, 이승만이 서양 여자와 결혼하는 것을 극구 반대했다고 전한다.

그러나 프란체스카에 대한 이승만의 애정은 더욱 뜨거워졌다. 그는 프란체스카가 오스트리아 사람이긴 해도, 집안이 좋고 5개국 말을 하니 비서로도 좋다고 고집해서, 마침내 뉴욕에 있는 한인교회에서 결혼식을 올렸다. 두 사람은 하와이로 건너가 사랑의 둥지를 튼다. 이승만이 60세요, 프란체스카는 35세였다.

한편 임영신은 1933년 1월 남캘리포니아 대학을 졸업하고 귀국했다. 임영신은 귀국 후 YWCA 총무로 있으면서 육영사업에 바쁘게 시간을 보내고 있었다.

그 후 1945년 10월 16일에 이승만이 미국으로부터 귀국하게 된다.[5] 프란체스카를 로스앤젤레스에 두고 온 칠순 나이의 이승만은, 돈암장에서 기거하지만 역시 외롭고 쓸쓸해진다. 그래서 윤치영의 부인 이은혜와 임영신은 정성껏 이승만의 뒷바라지를 해준다.

---

5) 임영신은 이 무렵(1945. 10. 3) 한국 최초 여자정당인 여자국민당을 창당한다. 주부생활사, 한국여성 30년, 주부생활 창간 10주년 특집호, 1975년 4월호 별책, p.81.

새벽부터 이승만의 기상과 더불어, 그날의 일정을 잡고 음식을 마련하였다. 그리고 밤에는 이승만이 잠자리에 들어가 잠들기까지, 그를 지켜보다가 불을 끄고 나오는 일이 임영신의 일과였다.

그러나 젊고 늙고를 불문하고 여자와 남자가 자주 가까이하면 가끔 색안경을 쓰고 보는 경우가 있다. 이승만과 임영신에 대한 막연한 뜬소문이 항간에 떠돌았다. 사랑에는 나이라는 장벽이 있을 수 없는 것이기에 더욱 그랬다. 한때 이승만은 임영신에게 돈암장 출입을 하지 말라고 당부하기도 했을 정도였다.[6)]

1946년 3월 25일에 프란체스카는 임영신과 이승만의 묘한 관계를 전해 주는 긴급 편지를 받고, 졸도할 뻔하며 급히 미국에서 들아온다. 그때부터 임영신은 전처럼 자주 이승만을 찾아가기도 어려웠고, 돈암장 살림도 프란체스카가 맡아서 하게 된다.

이승만은 내각을 구성하면서 임영신에게 국무총리라도 시킬 파격적인 생각까지 했지만, 여자에 대한 우리나라의 보수적인 인습 때문에 초대 상공 장관에 임명한다. 이승만이 옛 애인 임영신에게는 각별히 신경을 써준 것이다.

이승만은 그의 대통령 취임사에서 그 구절을 빼라는 주위 사람의 권고를 무시하고, "국민의 이름으로 국제무대에서 한국의 운명을 건져낸 임영신에게 고마움을 표한다"고 말했을 정도였다.

그리고 당시 미국에서 정부수립 지원 외교를 마치고 귀국한 임영신을 맞이하기 위해 비서를 시켜 자기 차를 보냈다. 공항에서 이화장까지의 50리 길을 수많은 인파를 동원하여 열렬히 환영하게까

---

6) 임영신은 당시 돈암장에서 유숙한 일도 여러 번 있어 소문을 증폭시켰다. 박용만, 경무대 비화, 신동아 1965년 2월호, p.299.

지 하였다. 김포공항이 생기고 최초의 거창한 환영행사는 이승만의 옛 애인에게 베풀어진 것이었다.

그 후 임영신은 당시를 회상하며 "나는 나의 온 정력을 기울여 아버지 같기도 하고 남편 같기도 하고 오빠 같기도 한 나의 영원한 이상인 이 박사를 위해 헌신했다."고 말하고 있다.[7] 그 후 최초의 여성장관이 된 임영신은, 안동 을구 보궐선거에서 국회의원에 당선된다. 최초의 여성의원으로서 장관을 겸직하는 영광까지도 누렸다.

프란체스카는 이승만과 결혼하기 전에 이미 결혼의 전력이 있었다. 떳떳치 못한 과거를 가진 여자는 남편에게 과잉 내조를 하는 경우가 많다. 더구나 프란체스카는 외국인으로서의 약점을 만회하기 위해, 분에 넘치는 내조를 하게 되며 우리나라 문화에 맞지 않는 내조를 하게도 된다.[8]

프란체스카의 첫 남편은 오스트리아에서 손꼽히는 잘생긴 자동차 경주 선수였다. 그가 19세 될 때에 결혼하였다. 그러나 그들 부부는 종교 및 생활방식이 달랐고, 남편은 인기직업인으로 계속 출장이 잦았다. 남편은 곳곳에 염문을 뿌리고 다녔고, 자주 여자 친구를 집으로 데려 왔다.

그때마다 극진한 대접을 해 주었지만, 남편은 여러 이유로 해외여행을 자주 떠나곤 했다. 매번 새로운 신혼여행을 떠나는 것이었다. 결국 4년이 못 가 파경으로 끝나고 말았는데, 프란체스카는 경무대를 자주 찾아오는 임영신에게서, 자기의 괴롭고 처참했던 과거

7) Ibid., p.84, p.164.

8) 프란체스카의 내조는 정신병리학적으로도 문제가 있었다. 이병윤, 정신의학자가 본 이승만 박사, 신동아 1965년 9월호, p.211.

를 보는 것 같아 임영신을 매우 싫어했던 것이다.

사실상 임영신과 이승만 사이에는, 옛 애인 사이로서의 짙은 감정이 숨겨진 인간관계일 것은 당연한 것이다. 프란체스카와의 삼각관계 형성은 긴장감을 불러일으키기에 알맞은 것이었다.

그 후 임영신은 감찰위원회로부터 소추당해 상공장관직을 물러나 국회의원직만 갖게 되는데, 경무대 출입을 놓고 프란체스카와 말싸움을 벌이기도 했다. 프란체스카는 "당신은 상공장관직을 그만두었으니, 더 이상 경무대를 찾아올 이유가 없다"는 것이었다.

그리고 프란체스카는 침실에서 나오지 않는 등의 방법으로 이승만에게 한동안 무언의 시위를 계속했다.

이 무렵에 외국 땅에 시집와서 우리말을 모르며 낯설고 외로운 프란체스카 앞에, 이기붕의 부인 박마리아가 찾아오기 시작했다. 박마리아는 영어를 잘했고, 처음 오면서 프란체스카의 한복을 지어와서 처음부터 이박사 내외의 환심을 불러일으켰다.

한편 이승만이 대통령이 되어 경무대에 들어간 뒤에도, 프란체스카 여사가 이승만을 성심껏 보살핌은 예전이나 변함이 없었다. 더욱 건강에 애를 써서 주위에서는 프란체스카를 일컬어 「대통령 영부인 겸 간호원」이라고까지 말하였었다.

아침 6시에 일어나 7시~8시에 간단한 양식 아침식사를 하고 12~13시에 부인이 분량을 정확히 가늠한 점심식사를 했다. 퇴근시간을 대통령이 직접 알리면 현관까지 마중하여 오후 5시부터 한 시간을 규칙적으로 정원을 산책했다.

저녁식사는 가급적 고기를 곁들인 식사를 하고, 밤 11시에 취침하는 등 이러한 일과는 부인에 의하여 규칙적으로 이루어졌다. 산

책에는 부인이 동반하고 비가 올 때에는 부인이 손수 우산을 받고 함께 따랐다. 부인에 의한 이승만의 독점체제가 꾸준히 이어졌다.

부인은 이승만의 면도도 이발사에게 맡기지 않고 손수 했다. 식탁에 놓는 음식은 직접 맛보지 않은 것은 놓지도 못하게 했다. 이러한 독점체제는 무엇보다도 임영신을 경계하는 것은 아니었을까? 프란체스카는 이승만의 기분과 표정을 읽는 데 거의 천재적이었다고 한다.[9] 대통령이 기분이 언짢아졌을 때 태연히 위장하려 해도 부인은 용하게 알아내 캐물었다. 원인을 알게 되면 비서들을 혼을 내며 기분 나쁜 얘기는 못하게 하고, 신경 건드릴 사람은 만나지도 못하게 했다. 이런 상황을 사람들은 "인(人)의 장막"이라 불렀다.[10] 그 이유는 건강에 해롭다는 것이었다. 이렇게 되니 이승만에게는 바른 말이나 귀에 쓴 말을 하는 사람은 사라졌다. 비위에 맞는 얘기를 하는 사람만이 곁에 있게 되어 나갔다.

당시 자유당 국회의원들은 이승만을 만날 때에, 초기에는 경무대에서 이승만이 나올 때까지 경건히 무릎을 꿇고 앉아 기다릴 한심한 정도였다.[11] 이렇게 되니 그는 말년에 모든 정치가 뜻대로 잘 되고 있는 줄 알았으며, 나랏일은 모두가 측근 몇 사람이 주물렀다. 이러한 곤혹스런 상황은 대통령의 건강을 위한다는 프란체스카의 실책에서 결정적 싹이 트는 것이다. 부인은 김치 냄새, 담배 연기, 된장, 멸치 냄새를 무척 싫어했다. 한약은 인삼, 녹용까지도 싫어했다. 이승만은 함흥냉면, 곰탕 등을 좋아했지만 부인이 싫어해서 잘

9) 박용만, op.cit., pp.305~306.

10) 허정, 내일을 위한 증언(서울: 샘터사 출판부, 1979), pp.196~208.

11) 김두한, 피로 물들인 건국 전야(서울: 연우 출판사, 1963), p.296.

들지 못했다.

그러나 내외 모두 동물을 좋아해서, 발바리(개 이름)는 4대째 이승만 곁에서 재롱을 떨었다. 이승만이 자식이 없었던 탓이기도 했다.

이승만은 항상 6대 독자인 자기에게 자손이 없어 앞으로 조상 일을 못 보게 될 것을 안타까워했는데, 당시 무상출입을 하던 박마리아가 아들 강석을 자주 경무대로 데리고 왔다. 이승만 내외가 처음에는 귀여워하다가 차츰 사랑하게 되어, 부인이 먼저 강석을 양자로 맞자고 해서 이승만이 그 뜻을 받아 강석을 친척들과의 의논도 없이 양자로 맞았다.

이기붕은 이승만으로부터 강석을 양자로 하겠다는 말을 처음 듣고는 장남을 어떻게 양자로 줄까 고민했으나, 박마리아가 대통령의 부탁을 거절하기 힘들고 그렇게 하는 것이 여러 가지로 좋을 것이라 권유해서 입양이 결정되었다.

1957년 3월 26일, 이승만의 82회 생신에 3부요인 및 전 국무위원이 참석한 가운데 입양선언을 하고 헌수케 하였다. 이때 이기붕은 이승만의 후계자가 되려고 아들까지 바쳤다는 많은 비난을 받았다.[12] 정치권력의 경직성이 날로 심화되는 때이므로 그 비난의 화살은 매우 거친 것이었다.

이승만은 물가에 대한 관심이 대단했다. 물가가 오를 때마다 항상 민생문제를 걱정하여, 관계 장관을 불러 야단을 치곤 했다. 부인은 이승만이 걱정할 일은 되도록 보고하지 않는 것이 좋겠다 하여, 이승만은 물가가 오르는 것을 모르는 가운데 많이 속고 있었다.

프란체스카는 이승만을 대통령이 아닌 하나의 평범한 인물로 알

12) 최산내, 겨레의 반려 이기붕 선생(서울: 의회 평론사, 1959) 참조.

았던 것이라고나 할까? 한 번은 이승만이 시장과 백화점에서 직접 물건을 샀는데, 비서들이 먼저 손을 써서 실제 물가의 1/3 정도를 주고 샀다. 나머지 2/3값은 나중에 비서들이 이승만 모르게 지불했었다. 세계 어느 곳에서도 있기 어려운 한심한 일을 비서들이 감히 행한 것이다.

이승만이 어찌나 물가를 몰랐던지 한번은 경무대를 그만둔 사람에게, 돈 20만 환을 주면서 집도 마련하고 살림도 마련하라 했는데 그 돈으로는 전셋집조차도 얻을 수 없었다.

생신 때가 되면 비서들에게 하사금으로 일률적으로 2,000환씩 주었다. 그것은 매우 적은 돈이었음에도 물가대책이 잘돼 있는 것으로 속아 온 이승만은 큰돈인 줄 알았던 것이다.

이승만은 국내신문을 거의 읽지 않았다. 국내신문에는 이승만을 비난하고 정부시책을 비판하는 기사가 많아 화를 자주 내서 부인이 꺼려했다. 이승만 자신도 자신에 대한 비판기사를 무조건 읽기 싫어하고, 한글 맞춤법까지 까다로워 괴롭힌다고 국내신문을 거의 읽지 않았다. 이는 돌이킬 수 없는 이승만의 큰 실수였다.[13] 그는 꼬인 정보에 의해 꼬인 판단만을 하다가, 스스로와 국가를 결정적으로 꼬인 길을 걷게 만들어 나가는 우매한 생활을 한 것이다.

또 이승만은 자신이 대한황실 황족이라는 생각을 갖고 있었다. 항상 백성 앞에 군림하는 전제군주의 입장을 견지하였으며[14] 아무리 유명한 국내 학자라도 어린애 취급을 해 좀처럼 중지를 모으려

13) 이승만은 영어신문인 코리안 리퍼블릭만을 읽었다. 강인섭, 이승만 일화들, 신동아 1965년 9월호, p.268.

14) 여운홍, 몽양 여운형(서울: 청하각, 1967), p.190.

하지 않았다. 특히 외교는 거의 독단적으로 하였다. 부인과 박찬일 비서만이 겨우 대통령의 외교활동을 눈치챌 수 있을 정도였다.

프란체스카는 대통령의 건강에만 신경을 너무 쓴 나머지, 평범한 집안의 남편이 아닌 대통령을 국내사정과 여론에서 거의 완벽하게 차단하기에 이르렀다. 말기에는 자유당과 행정부의 몇몇 사람이나, 한두 사람의 비서가 감히 국가권력을 갖고 놀 수 있는 여지를 자신도 모르는 가운데 만들고 있었던 것이다.

이승만은 처음에는 영부인 프란체스카를 보는 균형감각을 가졌던 듯하다. 그는 장관이나 측근에게 가끔 "여자는 보는 대상이지 듣는 대상이 아니다(A lady isn't to be heard, but to be seen)."라고 말해 프란체스카의 말을 맹목적으로 받아들이지 않는 듯했다.

그러나 그의 독재체제가 강화되고 나이가 들면서, 그리고 권력의 마력에 중독되면서 균형 감각은 날로 무뎌졌다. 아내와 가까운 측근의 말만이 그의 귀에 들어오는 경직된 사람으로 변한 것이다.

이승만이 4 · 19혁명으로 권좌에서 물러나 이화장에 옮긴 5월 어느 날, NANA통신을 옮겨 쓴 「이승만 정권 12년 폭정사」가 연합신문에 실렸다.

「……마담은 이대통령의 건강만 걱정하느라 연로한 대통령 주위에서 침묵의 벽을 둘러쌌다. 마음이 편치 않은 일이나 정치현실을 보고하지 못하도록 했다. 박마리아는 남편보다 야심이 커서 국회의장보다 더 큰 권력을 갖고 있었다. '마리 앙트와네트'와 '라 파트주' 부인 이상의 권력을 휘둘렀다……」

이승만은 이 기사를 읽고 또 읽었으며, 부인은 이 기사를 읽다

말고 울음을 터뜨리고 구두를 신은 채 방으로 뛰어들었다 한다.[15)]

* * *

이승만은 뛰어난 독립운동가요 민족지도자였으나, 조국에 돌아와 초대 대통령이 된 이후의 정치생활은 그의 인생을 실패작으로 끝내게 만들었다.

그가 그의 정치생활을 오욕 속에서 끝내며 4·19혁명으로 쫓겨나 이역만리 하와이에서 외롭게 죽게 만든 원인은 여러 가지 해석이 가능하겠지만, 그가 세상에 드물게 여자를 잘못 만나 여자 운(女子運)이 너무나 없었기 때문이란 해석은 매우 설득력이 높다.

그는 자기가 미국의 워싱턴과 같은 국부(國父)임을 자부하면서, 자기가 아니면 나라를 이끌 사람이 없다고 진실로 믿고 있었다.

그는 하나부터 열까지 국사에 관한 모든 일을 스스로 풀어나가지 않으면 직성이 풀리지 않는 성격이었다. 그런데 이런 정치형태는 그가 완벽하고 유능하면 좋은데, 그렇지 않을 때는 결정적 실수를 하게 된다. 그 실수의 배경은 프란체스카의 남편 독점이었다.

15) 이승만의 사회적 궁합형은 다음 자료들을 종합한 것이다.
이옥수, 한국 근세여성사화 하권(서울: 규문각, 1985), pp.17~43.
조명구, 우의 마의 민의(서울: 일월서각, 1984), pp.123~125.
이정식, 한국 정치상황의 제단면(서울: 고려원, 1983), pp.322~341.
송건호, 강민길 편, 한국 민족주의론 Ⅱ(서울: 창작과 비평사, 1983), pp.222~271.
진덕규 외, 1950년대의 인식(서울: 한길사, 1981), pp.11~88.
김종오, 한국 현대사의 실상(서울: 종소리, 1989), pp.285~296.
이상우, 퍼스트레이디들의 정치내조 스타일, 동광출판사, 정풍11, 1987, pp.135~142.
김교식, 이승만-임영신에게 청혼, 동광출판사, 정풍12, pp.155~209.
박용만, 경무대비화, 신동아 1965년 2월호, pp.280~308.

이승만은 원래 집안을 별로 돌보지 않는 게으른 아버지를 만났다. 그에 대한 반작용으로 모친에 지나치게 매달려 성장하였다. 그렇게 자란 결과로 남을 생각 못 하는 권위적이고 고집 세며 독선적인 성격을 갖게 되었다.[16)]

그런데 그러한 그의 마음이 결혼에 성공하여 아내에 의해 따뜻이 감싸졌으면 좋았을 텐데, 그는 전적으로 여자 운이 없었다. 그는 가정에서 마음을 붙이고 안정을 찾을 것이, 삽살개 외에는 전혀 없다고 할 만큼 처절하게 외로운 사람이었다. 만나는 여인마다 연이어 사랑에 실패하며, 마음의 고향을 완전히 상실한 사람이었다.

그의 정치의식에 균형을 잡아줄 가족 분위기가 전혀 없었던 것이다. 그런 그가 쓰린 마음을 가누면서 여섯 번째이자 마지막으로 택한 프란체스카는, 그의 정치생활에 결정적인 악영향을 미친 여인이었다. 프란체스카는 개인적으로 결코 흠 잡을 데가 없는 여인이었다. 그는 정치에는 관심이 없고 조용히 남편만을 위하는 소위 말하는 현모양처였다. 그는 경무대 비서들에게 이승만을 말하길 "대통령이기 이전에 그분은 내 남편(Before your President, he is my husband)"이라고 누누이 말했다.

너무나 남편에게 헌신적으로 봉사했다. 그리고 인품도 훌륭했고, 가정에 충실하고 헌 양말을 손수 꿰매 신을 만큼 검소했다.

그러나 프란체스카는 초대 대통령의 영부인으로서는 결정적 문제점을 가진 여자였다. 이승만의 대통령으로서의 외국 여인 선택은, 자멸의 길을 걷기 위한 선택이었다고 해도 과언은 아니다.[17)]

---

16) 김운태 편, 한국 정치론(서울: 박영사, 1977), p.511.

17) 박용만, op.cit., p.308.

무엇보다도 프란체스카는 우리나라의 실정을 전혀 모르는 여인이었다. 그리고 국민들도 그랬고, 프란체스카 자신도 서로 생긴 모습이 다른 이방인에게 심정적 친근감을 가질 수 없었다.

그러니 넘을 수 없는 벽이 놓여 있었다. 오랫동안을 해외에 나가 독립운동을 한 이승만은 국내실정을 잘 모르는 결정적 약점을 갖고 있었는데, 프란체스카는 그것을 보완해 주기는커녕 더욱 악화시키는 상황이었다.

이승만의 정치가 현실감각을 잃을 것은 당연한 일이었다. 국민의 생생한 한숨과 웃음을 피부에 직결시키기는커녕, 무감각하기 짝이 없었으니 제대로 정치가 될 수 없는 일이었다. 그것은 이승만 스스로의 비극이었고, 결과적으로 국가를 도탄으로 몰았다.

다음으로 프란체스카가 여자로서는 개인적으로 나무랄 데가 없어서, 열심히 내조를 한 것이 이승만의 정치생명을 파탄으로 몰고 간 결정적 요인이 되었다. 프란체스카가 오로지 남편 하나에만 집착하면서, 열심히 내조를 한다고 하면 할수록 이승만을 바보로 만든 꼴이 되었다. 왜냐?

국내문제를 포함하여 정치를 모르는 프란체스카가, 이승만을 위해 내조할 것은 거의 건강문제밖에는 없었을 것이다.[18] 이승만의 사랑을 독점하려고 다른 정보를 계속 차단한 상태에서, 이승만이 정치적 장님이나 정치적 귀머거리가 되는 길을 간 것이다.

이승만은 첫사랑에 실패한 허무한 마음으로, 연이은 보상 사랑에서도 외면을 당했다. 나이 들어 허겁지겁 맞아들인 푸른 눈의 여

18) 프란체스카는 대통령의 건강이라는 제목을, 그의 간략한 자서전의 제목으로 붙였을 정도였다. 리 프란체스카, 조혜자 옮김, 대통령의 건강(서울: 보건신문사, 1988).

인에 의해, 정치권력은 계속적으로 독선적 권위주의화가 가속되면서[19] 정치적 파멸의 길을 간 것이다.

프란체스카는 개인 이승만에게는 최선의 여인이었고, 공인(公人) 이승만에게는 최악의 여인이었다. 정치가가 되려면 제대로 결혼을 했어야 했는데, 그로 인해 국가와 국민에게 준 엄청난 상처는 누가 고쳐줄 것인가?

초대 대통령의 사랑의 실패는, 우리나라 현대 정치사의 출발부터를 너무나 어둡게 만들고야 말았다. 4.19혁명의 발발 조건은, 일찍이 이승만의 여인들에 의해 착착 준비되고 있었다 하겠다.

2. 윤보선 : 여완남완형

윤보선의 일생을 정치사적으로 결산할 경우에, 성공적인 삶이었다고 말하기는 어렵다. 그러나 현대 우리나라 정치사에 있어서, 야당 정치인으로 윤보선만큼 굵은 발자취를 남긴 인물도 쉽지 않다. 실권은 거의 없는 상징적 지위에 있었으나 짧지만 제2공화국의 대통령이었고, 제3공화국에 들어와서는 2번에 걸쳐 박정희와 대통령 후보가 되어 맞대결하여 차점으로 낙선되는 등 야당가를 주름잡았다. 윤보선의 일생은 정치적으로 아주 굵은 발자취는 아니라도, 나름대로는 성공적이라고 말할 수도 있겠다.

윤보선이 야당 정치인으로서 굵고 안정된 정치생활을 했던 원인을 여러 가지 변인에 의해 설명할 수 있겠으나, 그의 결혼생활에 의

19) 장을병, 한국 정치론(서울: 범우사, 1977), pp.206~207 참조.

해서 해석해 보아도 그는 당연히 안정된 정치인이 되고도 남을 상황이었음을 쉽게 확인하게 된다.

그는 현대정치사에 명멸했던 여러 정치인 중에서, 대표적이라 할 만큼 여완남완형에 근접된 사회적 궁합형을 갖고 있었다.

* * *

윤보선은 1897년에 충남 아산에서 우리나라 현대 정치사상 가장 행복하고 남부러울 것이 없게 태어난 정치인이다. 윤보선 이상 가게 잘 태어난 정치가는 거의 없을 것이다. 명문 가문에 태어나서 곱게 길러졌고, 제2공화국의 대통령까지 된 행운아 중의 행운아가 윤보선이라고 하겠다.

조선시대의 명재상 윤두수를 조상으로 하고, 삼남포도사란 벼슬을 한 할아버지 윤영렬, 아버지는 윤치소이고, 자유당 때의 실력자 윤치영이 삼촌이다. 한말의 윤치호는 당숙이다. 덧붙여 재산도 아주 넉넉한 집에서 태어났으니 무엇이 부러울 것이 있겠는가?

그의 아버지는 일제침략의 어렵고 어려운 시기에, 그에게 아주 풍부한 학자금을 주어 영국의 에딘버러 대학에 유학까지 시켜주었다. 무엇 하나 아쉬운 것이 없게 성장한 사람이다.

당시로서는 우리나라 사람들에게 생소하기까지 한 고고학을 전공했다. 10년 만에 귀국하여 집에 머물다가 인재가 없던 그 무렵에 이승만에게 발탁되어, 서울시장을 역임하고 나중에는 국회에까지 진출하였으며 4·19혁명 뒤에는 대통령까지 되는 것이다.

그러나 윤보선은 곱게 큰 집의 아들답지 않게 젊어서는 독립운동을 하러 상해에 망명하여, 최연소 임시의정원 의원이 되었다가 영국으로 유학을 갔다. 일제패망 후에는 한민당 결성에 앞장서고 다시 민중일보사를 경영하였고, 고향 아산에서 제헌국회에 출마하여 낙선하기도 하다가 서울시장이 된다.

그렇지만 그 후 상공장관 시절에부터 이승만과 거리가 멀어진다. 특히 국민방위군 사건, 부산 정치파동을 맞고는 완전히 결별을 하였다. 그리고는 야당의 길을 가게 되며, 점차 야당 지도자로 성장하여 민주당 구파의 최고지도자가 된다.

윤보선은 귀한 집에 태어나 영국 유학 후에 귀국하여, 일제침략자에게 사실상 20년간 안국동 자택에 연금된 상태에 있을 때에 결혼을 하였다. 하지만 첫 부인과 사별하였다. 그러다 훗날 서울시장으로 재임할 때에 공덕귀와 재혼한다.

윤보선의 정치생활은 일제패망 후에 특히 본격화된 것이다. 따라서 그의 정치생활에 직접적 영향을 미친 부인은 공덕귀이다. 공덕귀와의 결혼생활이 비교적 원만하여, 그의 정치생활을 안정적으로 뒷받침해주었다고 보아야 하겠다.

공덕귀는 본래 신학에 일가견을 갖춘 뒤, 전교와 교회 봉사활동에 일생을 바치기로 마음먹은 신앙인이었다. 젊었을 때에는 가끔 열렬한 구애를 받기도 했으나, 정작 누구와 결혼하겠다는 생각을 품어 본 적은 없었다.

그렇다고 처음부터 골수 독신주의 신봉자는 아니었지만, 30대가 다 기울도록 결혼생활을 꿈꾸는 일이 없는 나이 든 독신녀였다.

1911년에 경남 충무에서 공도빈의 차녀로 태어난 공덕귀는, 17세에 고향을 떠나 부산으로 유학하였다. 호주 장로교 선교회가 세운 일신여학교에서 꿈 많은 학창 시절을 보냈다.

박순천, 김말봉은 공덕귀의 15년 선배가 되고, 의열단 김원봉의 부인인 항일 여걸 박차정 또한 일신의 선배들이다. 재학 시절 박차정은 학예부 활동이 두드러졌는데 중국 곤륜산 항일 전투에 참전하여 순국하는 비장한 최후를 장식했다.

공덕귀는 일신학교를 마치고 일본에 건너가 요코하마 공립여자신학교에서 신학 공부를 하고, 4년 만에 돌아와 김천에서 1년 반 선교 활동에 열을 올리게 되었다. 하지만 다시 일본에 건너가 문부성 동경 여자 신학 전문학교에 적을 두고, 신학에 몰두하다가 귀국한 것은 1945년 4월이었다.

그리고 12월 31일에 상경하여 신학 운동을 하려 했다가, 이듬해 1월 15일 남대문 조선 신학교에 강사로 취임하여 중고생의 특별지도를 맡게 되었다. 그러나 실력이 미비함을 자각한 공덕귀는, 프린스턴 대학에 유학 갈 준비를 서서히 해나가고 있었다. 이 대학이 처음 남녀 공학을 하려 할 즈음이었다.

전액 장학금(full scholarship)을 받고 영어 실력만 쌓아 몸만 떠나가면 되는 판이었으니, 공덕귀의 마음은 프린스턴으로 완전하게 굳혀져 1948년 9월에 서류 마련도 다 하여 놓았었다.

앞으로 신학 운동에 한 생애를 바치려고 했는데, 때 아닌 청혼이 거듭된 나머지 안국동 8번지의 주부가 되고 말았다. 공덕귀의 나이 39세 때였으며, 윤보선은 50이 넘은 때였다.

지방 출신인 공덕귀로서 윤보선 서울시장을 알 리가 없었다. 몇몇 가까운 분의 권유대로 "해외 유학은 뒤로 돌릴 수 있겠고, 명문 가정에 들어가 훌륭한 내조를 하는 것도 빛과 소금의 구실을 다하는 큰일인 셈이지."라는 말에 망설이며 마지못해 따른 것이 공덕귀의 운명을 결정짓게 되었다.

안국동 유서 깊은 고가의 대청마루에서 1949년에 윤보선과의 결혼식을 올린 뒤, 프린스턴 대학도, 신학 연구도 온데간데없이 사라져 버리고 말았다. 그들의 결혼생활은 조용한 것이었다.

윤보선은 4대조 조부가 약주로 가세를 기울게 했다는, 조부의 가르침을 확실히 실천했다. 술, 담배, 여자를 금기시하는 청교도적 사상을 철저히 지키며 생활했기 때문에, 공덕귀는 정치가의 아내이면서도 그 흔한 '여자 문제'로 신경을 써 본 적도 없었다.

공덕귀와의 신혼 때 서울시장과 상공부 장관을 거쳐, 그 뒤 국회의원 3선에 이어 명예뿐이기는 하나 일약 대통령의 자리에 오른 윤보선이었다. 윤보선이 민주당 정권의 대통령이 되어 그때까지 살고 있던 안국동 사저에서 청와대로 이사할 때, 공덕귀는 주변의 만류를 뿌리치고 먹고 있던 된장 항아리까지 옮겨갔다.

측근들이 '제발 냄새 나는 장독은 옮기지 말자'고 간곡히 부탁했으나, 공덕귀는 된장찌개를 먹고 사는 우리가 어떻게 장독을 옮기지 않겠느냐고 끝내 그 거창한 장독을 몽땅 옮겼다. 청와대 뒤뜰에 서슴없이 빨래를 널었고, 가정부까지도 안국동에서 데리고 갔다.

그러면서 청와대는 일반에게 자유롭게 공개해 두었다. 공덕귀는 청와대 거주 1년 8개월 동안 성격이 아주 다른 두 정권을 겪게 되었다. 그 전반은 합헌적인 절차에 의한 내각책임제 정권이요, 나머지 후반은 군사정부 정권이었다.

윤보선은 취임 9개월 만에 5 · 16혁명을 만나, 곧 대통령직에서 물러나 안국동으로 돌아오려 했다.[20] 하지만 나라 안팎 여건에 따라 할 수 없이 유일한 헌법 기관으로 남아 9개월을 더 연장해야 했다. 후반의 9개월은 청와대에 유폐된 연금 생활과 다를 게 없었다.

이처럼 불운한 악몽에 어떻게 종지부를 찍느냐 고심하던 중, 소위 정치정화법의 횡포를 둘러싸고 최고회의 측과 청와대 사이에는 급기야 마찰이 빚어졌다. 구정치인들이라 하여 무조건 생매장을 하려는 잘못된 음모에 가담할 윤보선이 아니었다.

기자 회견을 통해 절대 불가를 거듭 밝히고는, 자진하여 하야 성명을 내고 1년 8개월 만에 청와대 생활에서 물러나올 수 있었다. 1962년 3월 22일이었다.

청와대에 있었던 1년 8개월 동안, 공덕귀는 아주 조용한 영부인으로 시종일관했다. 정치에 대한 참견이 없었음은 물론이다. 남편인 윤보선과도 꼭 필요한 말 이외에는 거의 하지도 않았다. 정기적으로 교회에 나가는 외에 일체의 봉사활동도 하지 않았다.

언제나 아이들과 지내며 집안 살림을 돌보는 한편, 시어머니와 남편의 뒷바라지를 하는 평범한 주부로서의 구실에 온 정성을 다 쏟았을 뿐이다.

이러했던 공덕귀가 남편이 정치 주인공의 자리에서 물러난 후에야, 정치에 관심을 갖고 대외적인 활동에 나선 것은 일종의 재미있는 일이었다. 박정희 대통령 시절 유신 체제하에서 윤보선이 민청학련 사건, 3·1민주 구국 선언 사건 등 민주 회복 운동에 관련되어

---

20) 장면은 윤보선이 5·16혁명 당시에 취한 언행으로 판단하여 박정희와 내통한 것으로 회고하고 있다. 또한 윤보선이 대통령으로 그냥 남아 있었던 것도 장면에게 오해를 준 듯하다. 장면, 한 알의 밀이 죽지 않고는(서울: 카톨릭 출판사, 1967), p.89.

고통받고 있던 때에, 공덕귀는 구속된 재야인사들의 가족이 중심이 되어 활동한 반체제 인사 구명 운동에 앞장섰던 것이다.[21]

* * *

현대정치사에 있어서 윤보선의 정치적 의미는 커다란 것일 수는 없다. 야당 지도자로서의 거물이었다고나 할까? 그러나 워낙 복을 받고 태어난 것에 비하면, 보다 뛰어난 정치역량이 아쉽다고도 하겠다. 그가 보다 확실한 힘을 발휘했다면 박정희를 선거에서 이길 수도 있었던 듯하던 때도 있었으나, 그의 능력은 그렇지 못했다.[22]

윤보선의 결혼생활은 전형적인 우리나라의 모범적 부부관계를 보여 주는 것이었다. 여완남완형의 이념형에 가깝다. 남편인 윤보선도 술, 담배, 여자를 모르는 검박한 사생활로 어떤 집의 남편보다도 모범적이었으며, 아내 공덕귀도 평생을 독신으로 살며 신앙인이 되려던 사람이었으니만치 그들의 부부생활은 짐작하고도 남을 일이었다. 아마도 모범 부부의 대표가 된다고 해도 될 듯하다.

그러나 윤보선 부부가 뛰어난 정치인으로서 한 나라를 이끌어갈

---

21) 윤보선의 사회적 궁합형은 다음 자료를 종합한 것이다.
윤보선, 구국의 가시밭길(서울: 한국 정경사, 1967).
이상우, 퍼스트 레이디들의 정치내조 스타일, 동광 출판사, 정풍11, 1987, pp.146~147.
공덕귀, 안국을 기다리는 안국동의 보통 아줌마, 동광 출판사, 정풍 11, 1987, pp.47~64.
김영희, 윤치호 선생략전(경성: 기독교조선감리회총리원, 소화 9).
이경남, 윤보선과 장면, 정경문화 1983년 5월호, pp.54~71.

22) 물론 그는 박정희의 승리가 부정한 것이라며 결코 인정하지 않는다. 심연섭, 신동아 인터뷰: 윤보선, 신동아 1966년 1월호, p.241.

대통령이나 영부인으로서의 합당한 사회적 궁합형이었는가에는 의문이 있을 수 있다. 물론 아내가 쓸데없이 나서서 남편의 위신을 손상시키고 될 일도 되지 않게 하는, 격조가 낮고 품위가 없는 경우를 생각하면 공덕귀는 조용히 집에서 내조한 것이 잘한 것이다. 그렇지만 보다 적극적으로 남편의 정치력에 힘을 불어넣어 주고, 신선감 있는 남편을 만들어주는 아내였을 수는 없었는지 등에 아쉬움이 남을 수도 있다.

윤보선은 성공한 야당 정치인이었으나, 뛰어나고 훌륭하며 성공한 최고지도자가 될 수 없었다. 그는 그런 만큼의 사회적 궁합형을 갖고 있었다고 봄이 옳지 않을까?

3. 박정희 : 여결남완형 → 여완남완형 → 여결남완형

박정희의 결혼생활은 앞의 이승만이 여결남완형, 윤보선이 여완남완형에 근접한다고 하나로 말할 수 있겠음에 반하여, 평생을 통해 순환형의 형태로 나타난다.

박정희는 처음에는 이승만과 마찬가지로 극심한 여결남완형이었으나, 육영수와의 결혼에 의해 여완남완형이 된다. 그러나 육영수의 죽음에 의해 박정희는 다시 여결남완형으로 전락하여 결혼생활의 파탄을 가져오게 된다.

박정희는 대통령으로 비교적 안정된 정치적 업적을 남겼으나, 아내를 잃고 난 뒤에는 급격히 정치적 파멸의 길을 걷게 된다.

박정희의 일생은 사회적 궁합의 유형이론이 너무나 잘 들어맞는다고 할 정도로 흥미 있는 학술연구 대상이다. 사회적 궁합이 잘 맞았던 육영수 시대와, 그렇지 않았던 젊은 시대나, 육영수 사망 후에 뚜렷한 비교가 가능한 독특한 사회적 궁합의 사례이다.

* * *

박정희는 우울하고 고독한 사람이었다. 박정희의 침울한 분위기에 기여한 요인은 그의 가난한 성장환경과 실패한 결혼생활, 그리고 과거의 사상적 편력에 대한 강박의식이었다고 한 측근은 분석했다. 이것이 그의 무서운 집념과 아집, 그리고 기복이 심한 정서를 형성하는 데 영향을 끼쳤으리란 추측이다.

박정희는 세간에 알려진 바와 같이 두 번 결혼한 것이 아니다. 세 번 결혼했다. 그의 여자관계는 그의 종말과도 연관되므로, 자세히 살펴볼 필요가 있다. 박정희는 1936년에 대구사범 5학년 시절인 만 19세의 여름방학 때, 세 살 아래인 김호남과 결혼했다.

그리고 음력 1937년 10월 22일에 큰딸 박재옥을 낳았다. 박정희는 아버지가 서둘러 시킨 이 결혼에 불만이 많았다. 1937년 4월 1일 문경보통학교의 교사로 부임한 그는 아내를 데리고 가지 않고, 혼자서 하숙을 할 정도였다. 이때부터 사실상의 이혼 상태였다.

박정희의 두 번째 결혼에 대해서는 김점곤(육군소장 예편 경희대 교수)이 1차적 증언자다.

1947년에 춘천 8연대에 있을 때부터 박정희 소위는 상관인 김 중위에게 자신의 실패한 첫 번째 결혼에 대해서 솔직하게 털어놓곤 했다. 박정희는 첫 번째 아내인 김호남이 헤어진 뒤 재혼했다면서, "이젠 나도 재혼을 해야 하겠다"는 뜻을 비치곤 했다.

1947년 11월에 8연대에서 경리장교로 근무하던 박경원이 춘천에서 결혼식을 올렸다. 이때 김점곤은 신랑의 들러리로 참석했다. 신부의 들러리와 짝이 되어 그날 밤을 유쾌하게 놀았다.

김씨의 상대가 된 이 처녀는 키가 후리후리하고 몸매가 잘 빠졌고, 얼굴은 길고 이국적으로 잘생긴 여자였다. 그 여자는 원산에서 고교를 다녔고, 이화여전을 중퇴했다고 했다. 다만 김 중대장보다 서너 살 위인 것 같아, 친구들이 "다른 것은 다 좋은데, 나이가 안 맞는군."이라고 농을 던지곤 했다.

박경원은 "나의 결혼식에 박 대통령이 참석했던 것을 기억한다. 그 들러리는 원산에서 여고를 다닌 내 처의 친구였다."고 했다. 이 증언으로 미뤄 두 사람은 결혼식장에서 처음 만난 것 같다. 박정희가 8연대에서 육군 사관학교 중대장으로 옮긴 것은 1947년 10월이었다. 그 몇 달 뒤인 아마도 1948년 봄에 김점곤은 박정희로부터 편지를 받았다. 결혼하게 되었다는 내용이었다.

다시 몇 달 뒤 김씨도 육군본부로 전보되었다. 용산의 박정희 대위 관사로 놀러갔더니 아내를 소개시켜 주었는데, 김씨의 짝이었던 바로 그 들러리 아가씨였다. 일단 이 여인이라고 해놓아야 할 이 두 번째 아내는, 지금껏 공식기록에서 한 번도 등장하지 않았다.

박정희의 친족 중에선 이 여인과의 관계를 '잠깐의 동거'니 '외도'니 하고 있다. 하지만 두 사람이 약 2년간의 사실혼 관계에 있었음을 부정할 수 없다. 결혼신고 여부는 확실하지 않지만 박정희나 그의 동료, 부하들이 이 여인을 아내나 부인, 또는 사모님으로 대우했음이 분명하므로 '두 번째 아내'란 표현을 써야 마땅하다.

김점곤은 박정희가 1948년 11월에 숙군대상자로서 서대문형무소에 갇혀 조사받고 있는 동안, 자신의 관사 맞은편에 있는 박정희의 관사로 위문을 간 적도 있었다. 총각인 김점곤은 유부녀 집을 혼자서 찾아가기가 곤란해서, 옆집에 사는 군악대장 이종태의 아내를 데리고 방문하곤 했다. 김점곤은 박정희의 아내 이 여인이 그때부터 몸가짐이 이상했다고 기억한다.

집에 잘 붙어있지 않고, 남편이 숙군대상자가 될 줄 모르고 결혼했다며, 불평하고 다닌다는 소문이 들려오곤 했다는 것이다. 김점곤은 당시 이 여인과 박정희 사이엔 여자 아이가 분명히 있었다고 말한다. 그러나 소생이 있었다는 사실을 부인하는 사람들도 있고, 아이가 일찍 죽었다는 사람들도 있다.

박정희가 석방된 다음날 그의 집을 찾아갔던 김점곤에 따르면, 이 여인은 아주 냉랭한 표정이었고 김점곤에 대해서도 고맙다는 말조차 하지 않더라는 것이다. 당시 전투정보과 선임하사였던 김이진 상사는 박정희가 군복을 벗은 뒤, 그의 집에 갈 때마다 냉기를 느낄 수 있었다고 한다.

파면 이후 생계가 어려워짐에 따라 부부 사이가 벌어지게 된 것이다. 파면된 박정희가 매일 술에 취해 늦게 들어오는 데다가 금전적으로 쪼들리고 있었고, 군에서 쫓겨나 장래성이 보이지 않기 때문이었을 것이라고 추측했다.

박정희는 셰퍼드 한 마리를 기르고 있었는데, 김 상사가 어느 날 그의 집에 들렀더니 개가 보이지 않았다. 며칠 뒤 들으니 박정희는 부부싸움 끝에 셰퍼드를 권총으로 쏴 죽여 버렸다는 것이었다.

전투정보과 남한반장 한무협(육군 소장 예편)은, 박정희가 그의 결혼식에 주례를 서 준 인연도 있고 해서 그 부부와는 아주 스스럼

없이 지냈다.

"그분의 관사가 아주 가깝게 있어 자주 놀러 갔었지요. 이 여사에게 술상 차려오라고 떼를 쓰기도 했답니다.

신경질적이어서 그분에게 술을 많이 마신다고 바가지를 긁는 일이 많았어요. 그러나 싹싹할 때는 그럴 수가 없을 정도였어요."

한무협에 따르면 박정희는 이 여인이 잔소리를 할 때는 묵묵히 듣고만 있는 모습이었다. 하루는 박정희가 밤늦게까지 집에 가지 않고 사무실에 남아 있기에, 전투정보과 이영근 중위(전 유정회 총무)가 까닭을 물었다. 박정희는 이 여인이 자신이 애독하던 「손자병법」을 찢어버렸다면서 원망하는 투의 말을 하더란 것이다.

한무협 중위는 1949년 말쯤 박정희의 처 이씨가 집을 나간다면서, 짐을 싸고 있다는 이야기를 전해 듣고는 아내를 데리고 관사로 뛰어갔다. 그러나 이씨는 한 중위 부부가 말리는 것도 뿌리치고 차에 짐을 싣고는 휑하니 가버렸다.

아내의 가출은 군복까지 벗은 박정희를 헤어날 길 없는 비탄 속으로 몰아넣었던 것 같다. 그는 처남과 함께 아내를 찾아 나서 인천 등지를 정처 없이 싸돌아다녔다. 그 처절한 심정은 박정희의 정치의식에 항상 밑바탕을 차지하는 어두운 그늘로 작용하였다.

1950년 봄 육군본부 정보국 방첩대장으로 부임한 한웅진 중령(육군소장 예편)은 지금의 고려병원 뒤에서 하숙을 하고 있었다. 이 여인의 가출로 홀아비가 된 허망한 심정의 기운 없는 박정희가 자주 놀러와 자고 가곤 했다. 박정희와 육사동기생인 한씨는 "그때의 박정희는 그의 생애에서 가장 비참했다. 잠도 못 이루고 고민하면서 때로는 하염없이 울기도 했다"고 기억한다.

아내는 집을 나가고, 그의 어머니는 가장 아끼던 막내아들의 불행으로 충격을 받아 죽고, 친구들은 피하고, 생활은 어렵고, 그래서 술을 잔뜩 마시고 취해선 동기생 하숙방으로 기어들어와 하소연을 하다간 처연하게 흐느끼곤 했다는 것이다.

"그때 저는 방첩대장이었기 때문에 비교적 안심하고 그를 가까이할 수 있었지만, 다른 동료들은 그와 친했다간 또 무슨 오해를 받을까 싶어 피한 것도 이해할 만한 상황이었지요."

1950년의 암울하던 여름을 박 소령(6 · 25 직후 정보국 전투정보과장으로 복직)이 대구, 그리고 부산으로 옮겨 다닌 육군본부를 따라다니고 있을 때, 그와 가장 가까이 있었던 이는 아마도 정보국 보급실장 김재춘(전 중앙정보부장)일 것이다. 김재춘은 박정희가 헤어진 두 번째 아내를 못내 그리워하고 있음을 느낄 수 있었다고 했다.

육군본부가 부산으로 옮겨가 있을 무렵, 김재춘은 박정희와 함께 부산 범일동의 어느 술집으로 놀러가 접대부를 불렀다. 그 여자는 박정희의 옆자리에 앉자마자 후다닥 뛰쳐나가 술집 바깥으로 달아나 버렸다. 그 여자는 약 1년 전에 헤어진 박정희의 두 번째 부인이었다. 김재춘은 그때부터 박 소령에게 "이젠 미련을 버리고 재혼하십시오"라고 권했다고 한다.

1950년 12월 12일 화요일 오후 2시에 대구 계산동 천주교 성당에서는 박동희 씨의 둘째 아우 정희 군과 육종관 씨의 둘째 딸 영수 양의 결혼식이 올려졌다.

하객은 군인인 신랑 측에서는 대체로 군대의 상관, 동료, 부하들과 신랑의 모교인 대구 사범학교 동창들로 붐볐다. 하지만 신부 측에서는 어머니와 중매인 그리고 신부의 동생 3명뿐이었다. 신부는 아버지 대신에 신랑의 대구 사범 시절 스승의 손을 잡고 식장에 입장하였다. 결혼식을 마친 신랑 신부는 그날 밤 간단한 피로연을 가지고, 신랑이 세 들어 살던 집에서 신혼살림을 차렸다.

신랑 박정희 중령은 1917년 11월 14일에 경북 선산군 구미면 상모리에서 아버지 박성빈과 어머니 백남의 사이에서 일곱 번째 막내 아들로 태어났다. 가난한 집안에서 매우 어려운 소년시절을 보냈다.

따라서 상급학교 진학은 학비 일체를 국가가 부담해주는 대구사범학교에 입학했다. 박정희는 사범학교를 졸업하고 바로 경북 문경초등학교로 부임했으며, 3년간을 재직하고 만주로 건너갔다.

만주에서 신경육군사관학교 예과를 마치고는 일본으로 건너가, 1944년 4월 일본 육군사관학교를 졸업하고 육군 소위로 관동군에 배속되었다. 8 · 15광복이 되자 1946년 6월에 귀국하였고, 그해 9월에 육군 사관학교에 입교하였다.

신부 육영수는 1925년 11월 29일에 충북 옥천군 옥천읍 교동리에서, 아버지 육종관과 어머니 이경령 사이에서 1남 3녀 중 둘째 딸로 태어났다. 아버지 육종관이 27세 때에 사들인 교동집은 1920년대에 2만 5백 원이라는 엄청난 액수의 크나큰 집이었다.

육영수는 이 교동집에서 죽향초등학교 6년을 다니고, 14세에 서울 배화여고에 들어갔다. 육종관은 딸의 교육에 열성은 있었으나, 완고한 사람으로 수학여행도 처녀가 갈 수 없다고 안 보내는 아버지였다. 상급학교 진학도 그 아버지의 태도로 포기하지 않을 수 없었다. 육영수는 아버지의 뜻에 따라, 배화여고를 졸업하자 옥천 집으로 돌아오고 말았다. 이때 육영수의 나이 18세였다.

일제가 패전으로 물러가게 되자 각 급 학교는 교사가 모자라 야단이었다. 옥천도 예외는 아니었다. 육영수는 권유에 못 이겨 1945년 11월 26일에 옥천 공립여자전수학교로 부임한 후, 1년 3개월을 근무하고 1947년 2월에 다시 교동집 작은 아씨로 되돌아왔다.

1950년에 6 · 25전쟁이 일어나자 육종관은 육영수를 부산에 미리 보내고, 영도에 셋집을 마련하여 온 가족이 피난하였다. 어느 날 부산 피난 집에 육영수의 외갓집 친척 오빠가 되는 송재천이라는 사람이 찾아왔다. 육군본부 정보국에서 박정희 소령 부하로 근무하던 육군 소위였다. 송재천 소위는 육군본부 정보국 제1과장으로 근무하는 박정희 소령을 육영수에게 중매하려고 왔던 것이다.

이렇게 이야기가 시작되어 8월 하순경 박 소령은 작업복 차림으로 송 소위를 앞세우고, 영도의 일본식 2층집에 세 들어 있는 육종관의 집으로 육영수와 맞선을 보러왔다. 두 사람은 서로가 마음에 들어 다시 만나게 되었으며, 9월 15일에 박 소령은 중령으로 진급되었다. 9월 28일에 서울이 수복되고 육군본부가 서울로 이동하여 박 중령도 서울로 올라오게 되었다. 두 사람은 그 전에 약혼식을 올리려고 했으나 일이 그렇게 쉽지가 않았다. 혼사가 이렇게 급진전되자 육종관은 당황하였다. 마침내 「내 딸 영수는 군인에게 절대로 시집보낼 수 없다」라고 그 특유의 완강한 태도로 나왔다.

자녀 중에서 가장 관심을 쏟아 기른 딸인데, 전쟁 중인 데다 상대방이 군인이어서 장차 어떻게 될지도 모르며, 신랑 될 사람이 34세라는 나이는 너무나 많다는 것이었다. 그리고 전처 소생의 딸이 있고, 두 번의 어두운 이혼경력이 있음을 알았는지도 모른다.

아버지의 성격을 누구보다도 잘 아는 육영수는 설득이 불가능하다고 생각하여, 아버지 몰래 약혼식을 올려서 결혼을 기정사실화시켜놓고 아버지에게 매달려 보려 마음먹었다. 어머니와 의논하여 대구 삼화식당에서 군복 차림의 박 중령과 조촐하게 약혼식을 가졌으며, 12월 12일 대구 계산동 성당에서 결혼식을 올렸다.

육종관은 결혼 날짜가 정해진 것을 알게 되자, 아끼고 믿었던 딸이 자기 의사를 무시하고 결혼한다는 것이 이해가 되지 않았다. 딸을 불러놓고 야단도 치고 설득도 해보려 했으나 여의치 않자, [네 멋대로 해!]라고 소리를 지르고 끝내 결혼식장에 가지 않았다. 그래서 신부는 신랑의 스승의 손을 잡고 식장에 들어갔던 것이다.

1951년 1 · 4후퇴 당시 대구 박 중령 집에서 첫딸 근혜가 출생했고, 그해 4월 박 중령은 대령으로 진급하였다. 그 후 1952년 11월 25일에는 별을 달게 되어 박 준장이 되었으며, 박 준장은 12월 25일에 미국 육군보병학교 유학생으로 선발되어 1954년 1월 도미하게 되었다.

1956년 4월 23일에 육영수는 새로 2층 목조건물을 마련함으로써, 결혼 후 5년 4개월 만에 내 집을 마련하였다. 1953년 휴전 무렵에 서울에 왔으나 셋집을 전전하다가, 오붓하게 살 수 있는 보금자리를 갖게 된 육영수는 한결 안정된 마음으로 생활을 펼쳐나갔다. 1958년에는 박정희가 소장으로 진급하고 신당동으로 이사를 갔으며, 거기서 첫아들 지만을 낳았다. 그 후 1959년 7월에는 영등포에 있는 제6관구 사령관이 되었다.

이 무렵은 4 · 19혁명으로 현대정치사에 커다란 역사적 굽이가 이루어지는 시기였다. 이러한 소용돌이 속에서, 박정희는 군 내부의 정군을 주장했다. 그러나 정군 대상자들이 반기를 들고 박정희에 맞서게 되어, 결국 박정희가 제1관구 사령관의 한직으로 좌천되었다. 정군을 주장한 데 대한 보복을 당하게 된 것이다.

그러나 그해 9월 3일 박정희는 육군본부 작전참모부장으로 다시 전근되어 서울로 올라오게 되었다. 작전참모부장으로 취임한 후에도 박정희의 표면적인 일상생활은 변화가 없어 보였다. 아침에 지프차를 타고 육본으로 나가고 저녁이면 돌아오는 평범한 나날이었다.

그러나 1960년 11월 9일 밤 8시를 전후하여, 신당동 집에는 영관급 장교 10여 명이 모여들어 마루에 둘러앉아 열띤 의견을 교환하였다. 젊은 장교들의 긴장된 음성이 마루에 잇대어 있는 안방까지 들려왔다. 이는 박정희를 지도자로 추대하고, 군사 혁명을 일으키려는 회합이었다.

1961년 새해로 접어들자 항간에는 3월 위기설, 4월 위기설이 떠돌았다. 민주당 정권은 그러한 발설의 근원을 추적하려고 수사기관을 동원하고 있었으나, 박정희는 제2군 부사령관으로 대구에 머무르면서 장성급의 포섭과 혁명거사를 위하여 중앙과의 긴밀한 연락을 취했으며 자주 상경하였다.

혁명거사의 날은 5월 12일로 정해졌다. 조직을 재점검하고 만반의 태세를 갖추었는데, 계획에 참여한 장교 한 사람이 버스 안에서 부질없는 실언을 한 것이, 감시의 눈길을 날카롭게 만들어 계획일은 16일로 연기되었다. 이날로부터 우리나라 역사는 새로운 길을 향해 급변하게 된다.

군인시절 부하들에게는 손찌검이나 폭언을 거의 하지 않은 '자상한' 박정희 장군이, 유일하게 폭력과 폭언을 행사한 상대는 육영수였다는 증언들이 많다. 한웅진은 "그분과 술을 퍼마시고 집에 같이 갔다가, 육 여사가 싫은 표정을 짓는다고 내가 보는 데서 때리고, 심지어 물을 뒤집어씌운 적도 있었다."고 했다.

“어느 날 식사 중에 육영수가 부하의 청탁을 남편에게 전했어요. 박 장군은 화를 버럭 내더니 숟가락으로 육 여사를 사정없이 찌르면서, 비겁하게 마누라를 시켜서 부탁하는 그런 새끼는 혼을 내주어야 한다면서, 그 따위 부탁 듣지 말라고 고함을 치더군요. 밥상을 뒤엎고 그릇을 집어던지는 것도 더러 봤지요. 그래도 그는 아내를 진심으로 사랑하고 있었고, 육 여사는 훌륭한 분이었습니다.”

하지만 그가 육영수에게 그렇게 거칠게 군 것만은 아니었다. 때로는 잠든 아내의 모습을 두고 시를 짓기도 할 만큼 자상하고 애틋한 남편이기도 했다. 이 점 역시 그의 성격상의 양면성을 드러낸다.

그런 박정희는 첫째 아내, 둘째 아내도 못 잊어했다.

한병기(전 캐나다 대사) 대위는 박정희와 첫 아내 사이에서 태어난 박재옥과 결혼한 뒤 부산으로 장모를 찾아간 적이 있었다. 한때 박정희 장군이 사령관으로 있었던 군수기지사령부와 가까운 절에서, 김 여인은 절의 가정부 일을 하는 보살로 일하고 있었다.

박정희와 헤어진 뒤 재혼하여 낳은 아이를 데리고 있었는데, 그때는 재혼한 남편과도 헤어져 있었다. 김 여인이 머리를 깎고 중이 된 적이 있다는 항간의 풍설은 잘못된 것이다.

1970년에 박정희는 한병기가 청와대에 들어와 인사를 하자 “장모와 연락이 있느냐”고 물었다. “자주 찾아 뵙습니다”고 말하자 박정희는 “잘 보살펴 드려라”고 당부했다.

그러면서 첫 아내가 그때 세 들어 살고 있던 부산 집의 사진을 찍어오게 했다. 박정희는 천연색 사진으로 찍힌 그 집을 한참 보고 있더니 “이와 비슷한 집을 사드려라”면서 180만 원을 주었다.

박정희는 이승만이 첫 부인에 한 것에 비하면 인간미가 있고 그릇이 달랐다. 더구나 이승만의 본부인은 평생 수절을 했고 평생을 통해 남편을 기다렸으나, 박정희의 첫 부인은 그렇지 못했음에도…….

사위 한병기에 따르면 김씨는 박정희와 헤어진 것을, '전생의 업보'라고 생각하면서 전 남편을 위해 기도를 많이 했다고 한다. 김씨는 고생을 사서 하기도 했다. 충북의 어느 시골 암자에서는, 다른 할머니와 단둘이 지내면서 일부러 불을 안 때고 냉방에서 생활하여 '전생의 업보'를 감당하려 했다는 것이다.

박정희는 또 모 신문사 기자이던, 두 번째 아내 이 여인의 남동생을 청와대로 불러 안부를 물은 적도 있었다. 이 남동생은 누님(이 여인, 당시 재혼하여 서울에서 거주)에게 박정희 앞으로 보내는 편지를 한 통 쓰면 대신 전달해 주겠다고 했다고 한다.

오기가 대단한 이 여인은 일언지하에 거절하여 두 사람은 10 · 26 때까지 한 번도 대면한 적이 없었다. 이 여인은 6공화국 초기 무렵에도 남편과 5남 1녀를 둔 할머니로서 서울 시내에서 평범하게 살고 있었다. 주민등록표의 사진에 나타난 이 할머니의 얼굴은 당시도 미인이었다.

육영수가 박정희의 좋은 반려자이자 견제자였다는 증언은 숱하게 있다. 윤필용 준장이 방첩부대장으로 있을 때인 1966년 어느 날 육영수가 오빠 육인수 집에 와서 윤 준장에게 전화를 걸어 좀 와달라고 했다. 육여사는 "우리 두 사람이 만난 것을 각하께서 절대로 몰라야 한다."면서 하소연을 하기 시작했다.

"윤 장군님, 이건 절대로 여자의 시샘에서 하는 이야기가 아닙니다. 각하께 여자를 소개하면 했지, 왜 꼭 말썽 날만한 탤런트들을 소개합니까?"

박준규는 육영수가 죽음으로써 박정희의 주변에서 사라진 것이, 그의 종말을 재촉한 중요한 원인이었다고 풀이한다.

"비록 두 분이 자주 다투기도 했지만 싸울 상대가 없다는 것은 더욱 허전한 일이었을 겁니다. 생활 흐름이 꼬이기 시작한 것이지요. 육 여사 대신 대통령을 밤낮으로 상대해야 할 사람이 차지철 경호실장이었다는 것이 비극의 또 다른 씨앗이었습니다. 경륜, 지식, 도덕 수준에서 도저히 박 대통령의 말 상대가 안 되는 자가 쓸쓸한 대통령을 모시고 다니며 여러 가지 악영향을 주었던 것입니다."

육영수는 대통령 부인으로서 해야 할 일에 대해서 분명한 개념 정리가 돼 있는 사람이었다. 그것은 대통령에게 싫은 소리를 가장 쉽게 할 위치에 있음을 자각하고[23] 대통령의 "밝은 귀"가 돼야 한다는 생각과 국민들의 마음을 아프지 않게 해야 한다는 것이었다.

그리하여 육영수를 평가하기를 청와대의 야당이라고 부르기도 했다. 육영수는 차 속에서나 행사장에서 의자에 등을 기대는 적이 없을 정도로, 오만하게 보이지 않으려고 세심하게 신경을 쓰는 인물이었다. 그는 하루도 빠짐없이 신문을 구석구석까지 훑어 읽었다. 될 수 있는 대로 넓은 범위의 사람과 만나 얘기를 들었다. 학생 시위가 시끄러울 때에는, 스스로 대학을 찾아가 대학생들과 대담하게도 토론회를 가진 적도 있을 정도였다.

육영수의 죽음은 박정희 곁에 꼭 있어야 할 사람을 빼앗아간 대신, 있어선 안 될 차지철을 곁에 갖다 놓았다. 박정희는 1974년 8월 공화당 의원 차지철을, 문세광 사건의 책임을 지고 물러난 박종규

23) 주부생활사, op.cit., p.237.

의 후임으로 경호실장에 임명한 것이었다.

그러나 그것은 너무도 큰 실책이었다. 국민의 눈에 똑똑히 확인된 사실로도 문세광 사건 때에 박종규는 총알같이 총을 들고 튀어나와 경호를 했는데,[24] 차지철은 10 · 26때에 저 혼자 변소에 도망가 숨어있다 죽은 인물인 것이다.[25]

한웅진은 5 · 16혁명 그날 밤 박정희 소장과 함께 공수단에 들러 병력 출동을 격려했었다. 당시 박치옥 단장이 장도영 육군참모총장으로부터 "경거망동을 하지 말고 부대를 장악하라"는 엄명을 받고 행동을 주저하고 있을 때, 차지철 대위 등이 들고 일어나 맨 먼저 무기고를 부수고 출동준비를 했다. 이 장면을 박정희가 목격했다.

절체절명의 위기에서 목숨을 걸고 나서는 차지철의 인상은, 박정희 소장의 뇌리에 깊게 찍혔다. 이것이 차지철을 그토록 편애하고 방임하는 결과로 나타났으리라는 것이 한 씨의 분석이다.

정재호는 "차지철 의원이 경호실장으로 임명됐을 괜 적임자란 평이 지배적이었다"고 했다.

국회의원으로서 차지철은 처음엔 공수단 출신의 혈기방장하고 거친 젊은이란 인상을 주었다. 그가 변신하게 된 계기는 국회 내의 폭행사태로 언론의 뭇매를 얻어맞고부터였다. 근신하고 조심하는 자세로 돌변하여 사람이 갑자기 달라진 듯 했다.

그러나 권력을 잡았을 때 사람은 숨겨진 본성이 나타나거나 달라질 수 있다. 사람이 권력을 잡을 만한 인품이나 경륜이 없이 권력

24) 당시 박종규는 스스로가 육영수나 박정희의 방패막이가 되어 죽었어야 했다는 견해도 있다.

25) 이경남, 이 역사의 순간들(서울: 백양출판사, 1981), p.189.

을 잡으면, 그 권력은 무서운 독소가 되어 해로움을 주게 되는 것의 표본적 사례가 차지철이었던 것이다.

이런 분위기 속에 파묻힌 박정희를 심기일전시키려고 애쓰는 사람도 많았다. 박정희는 주위에서 재혼을 권하면 쑥스러운 듯 씩 웃기만 했다고 한다. "지만이가 장가든 다음에나…" 하면서 말을 피하기도 했다.

대통령 측근일수록 육영수의 죽음이 박정희의 말기 통치에 결정타를 가했다고 애석해하는 이들이 많다. 이들은 박정희가 재혼을 했더라면 역사가 달라졌을 것이라고 말하기도 한다.

아내라는 기둥이 뽑혀나간 집안에서 박정희의 자기통제력은 서서히 약화되고 있었다. 대통령의 쓸쓸함을 달래려고 주위에서 고안한 '궁정동' 술잔치는 그런 약화현상을 부채질했을 뿐이었다.

그것이 훗날에는 박정희의 죽음의 만찬장이 되고야 말았다. 더군다나 궁정동 술잔치에 끌려갔던 배우들의 소문이 암암리에 널리 퍼져 나가며, 정치권력의 누수현상은 극심해졌다. 박정희의 인간적 총명성이나 건전성은 뿌리부터 흔들려갔다.

본인의 여자관계가 다양한 박정희는 다른 사람의 여자 문제에도 퍽 관대했다. 1974년에 야당의 당수 후보가 유부녀와 통정하여 그 여자가 이혼을 당한 적이 있었다.

이 여자는 지방에 내려간 당수 후보를 여관까지 찾아가 "같이 살자"고 매달렸다. 당수 후보는 급한 김에 벽에 걸어둔 달력을 찢어 뒤에다가 서약서를 써주었다. 모 기관에서 이 서약서를 입수하여 박 대통령에게 보고했다. 대통령은 "당장 태워버려라"고 지시했다.

차라리 박정희가 재혼을 했어야 했는데, 육영수 대신에 영부인 구실을 떠맡고 나선 것은 큰딸 박근혜였다. 박근혜는 카터 미국 대통령과의 정상회담 뒤의 만찬 등 모든 공식행사에 대통령과 함께 나갔다. 그리고는 1976년 4월에 구국여성 봉사단을 만들어 충·효·예의 실천운동을 벌였다.

그러나 박근혜가 육영수 대신으로 청와대 안살림을 이끄는 모습은 결코 국민들에게 좋게만 보여지지 않았다. 그리고 박 대통령의 무너진 사회적 궁합을 보완해주는 기능도 크게 나타나지 않았다. 권력 말기에 처한 박 대통령은 사회적 궁합도 확실하게 붕괴되어 있었다.[26)]

*　　　　*　　　　*

박정희는 1960년대와 1970년대의 18년간에 걸쳐 우리나라 정치를 이끌어 오며, 예부터의 국민적 과제인 배고픔에서의 해방이라는 엄청난 숙제를 해결해 준 정치가이다. 박정희가 이룩한 경제자립의 기틀은 여러 문제점을 낳은 것을 인정하면서도, 훗날에 그의 의대한 공적으로서 분명히 인정해 주어야 할 것이라 하겠다.

그는 3선 개헌과 유신독재 등에 의해 권위적 정치체제를 구축하

26) 박정희의 사회적 궁합형은 다음 자료를 종합한 것이다.
조갑제, 유고 제1권(서울: 한길사, 1987), pp.12~25.
이상우, op.cit., pp.147~150.
이옥수, 한국근세여성사화 하권(서울: 규문각, 1985), pp.44~53.
안천, 한국민주화운동사 I(서울: 민족문화사, 1988), pp.216~263.
김두영, 가까이에서 본 인간 박정희, 월간조선 129호, 1990년 12월호, pp.424~427.
하우스만, 하우스만 회고록(4), 한국일보 1990.11.21.
김운태, op.cit., pp.504~512.
김형욱, 박사월, 김형욱 회고록 II(전주: 아침출판사, 1985), pp.32~33.

며, 국민적 갈등을 증폭시킨 과오가 컸던 만큼 훗날 비판도 많이 들어야 하겠다.

하지만 단군 이래의 국민적 배고픔을 해결하고 경제적 번영의 토대를 확고히 쌓은 불후의 공적을 인정함에도 인색할 수는 없다. 현대사에 있어서 어떠한 대통령도 아직 박정희만큼의 위업을 쌓은 인물은 없다. 거의 유일하다고 말할 정도로 '성공한 대통령'이다.

박정희의 젊은 시절은 이승만과 마찬가지로 암울한 것이었다. 개인적 불우함과 가난에 덧붙여져 첫째 부인, 둘째 부인과의 연이은 결혼 실패는 박정희의 정치심리와 정치의식의 형성에 부정적 요인으로 크게 작용하였을 것이다. 그에게 세 번째의 결혼이 없었다면 그의 인생도 많은 변화가 있었을 것이며, 우리나라의 현대정치사도 사뭇 다른 길을 걸었을 것이다.

그런데 이승만이 시종일관 여결남완형의 사회적 궁합에 의해서 정치적 실패를 가정에서부터 자초하여 인생 전체를 실패로 이끌어 갔음에 반해서, 박정희는 육영수를 만남에 의해서 여결남완형에서 탈피하고 여완남완형의 안정된 사회적 궁합형을 찾게 된다.

박정희가 18년의 집권을 하는 과정에서 전반 10년쯤을 비교적 건전한 판단력과 안정된 정책결정에 의해 싱싱한 정치행위를 할 수 있었던 것은[27] 육영수와의 만남에 의해 안정적 가정생활을 할 수 있었음이 큰 작용을 했다고 하겠다.

우리 주변에서 비판적 견해를 가진 사람도 있기야 하겠지만, 육영수에 대한 인간적 평가는 거의 모두가 호의적이다. 육영수가 비극적 죽음을 맞게 된 데 대한 동정심도 있겠지만, 육영수는 대학교

27) 김윤근, 해병대와 5 · 16(서울: 범조사, 1987), pp.263~270.

수를 초빙하기까지 하며 광범한 분야에 걸쳐 열심히 공부하고 여러 가지 봉사활동도 했다.

특히 박정희가 인간적으로 빗나가지 못하게 청와대 야당구실을 하며, 철저한 균형 잡이의 노릇을 했음에서 높은 평가를 받는 것으로 보인다. 육영수가 돋보이는 점은, 영부인으로서의 균형 잡힌 아내의 길에 충실했다는 점이다.

육영수는 재산욕, 권력욕 등의 사리사욕에 빠져드는 바가 없었고, 덕 있게 권력의 주변부를 감싸줌에 의해 박정희의 내면에 깃든 암울성이나 차가운 듯한 인간성을 부드럽게 무마시키며 권력의 안정장치 구실을 한 것이다.[28)]

그러나 육영수의 죽음은 균형 잡힌 궁합형에 의한 안정 기조를 송두리째 앗아갔다. 최악의 여결남완형 궁합으로 박정희를 몰아간 것이다. 박정희는 육영수의 죽음 이후부터 스스로의 정치심리나 정치의식을 절도 있게 주체하질 못했다. 나날이 파멸을 향해 나갔다. 육영수가 사망한 뒤에 박정희의 총명성과 통찰력이 현저히 무너졌다는 견해는 도처에서 발견된다. 육영수의 죽음 이후에 박정희는 여러 가지로 정신적 흐트러짐을 많이 보였다. 저녁이면 외롭고 썰렁한 청와대 내실에서 구슬프게 단소를 불며 고독을 달래는 때가 많았다.

누군가 확실한 뒷받침을 못 해주는 가정에서, 밤이면 배가 고프다며 저녁에 먹을 것을 준비하라고 부속실에 말해야 하는 등, 쓸쓸한 홀아비로서 인간적 붕괴현상이 계속 축적되어 나갔다. 육영수를 만나기 이전과 별로 다를 바 없는 여결남완형 궁합의 상황

28) 서병조, 박정권 19년(대구: 한성출판사, 1978), pp.286~304.

에서, 정치심리의 균형을 못 찾으며 좌초하고 좌초하는 고통의 길을 걸었다.

그것을 위로한다고 측근 간신배들이 궁정동 술잔치를 마련하며, 이 여자 저 여자를 들여보낸 것이 집권 말기에는 알만한 국민은 모두 알 정도로 뜬소문이 되어 떠돌아다니는 추태를 보이게 되었다. 그리하여 끝내는 가장 믿던 부하의 총탄에 맞아, 가장 좋아하던 가수의 가슴에 안겨 인생을 마치는 절망적 연극을 연출하게 되는 것이다.[29]

Ⅳ. 앞으로 있을 최고정치지도자의 사회적 궁합 유형

앞에서 작고한 3명의 대통령을 중심으로, 지금까지 우리나라에 있었던 기존 대통령의 사회적 궁합 유형을 살펴보았다.

그런데 이들은 최고정치지도자가 남자였던 경우였다. 표1에 의하면 ① 여완남완형, ② 여중남완형, ③ 여결남완형에 근접하고 있다고 보겠다. 그렇다면 앞으로 우리나라에 있을 사회적 궁합 유형에는 어떤 것들이 있을 수 있겠는가?

29) 김태곤, 10 · 26과 김재규(서울: 이삭, 1985), p.18.

1. 최고 정치지도자가 여자일 경우

최고정치지도자가 앞으로 여자가 될 가능성을 얼마로 볼 것인가는, 보는 사람의 관점에 따라서 달라질 것이다. 그러나 언젠가는 틀림없이, 경우에 따라서는 의외로 빠르게 여성 최고정치지도자가 나올지도 모른다.

그 경우에 나타날 유형은 아마도 ① 여완남완형, ④ 여완남중형이 가장 확률상 높을 것이다. 때로는 ② 여중남완형, ⑤ 여중남중형 혹은 ⑦ 여완남결형이 있을 수도 있겠다.

1) 여완남완형 혹은 여완남중형

여성 최고정치지도자가 등장하려면 그 여자 자신이 뛰어나야 하겠지만, 그를 최고지도자가 되게 할 만큼의 그릇이 큰 남편을 만나는 것이 필요조건이다.

두말할 필요 없이 우선적으로 남편을 잘 만나야, 여자가 사회적 성공을 한다고 일단은 말할 수 있을 것이다. 그러므로 남편의 인간됨을 구성하는 변인이 완전하거나 중간 이상은 되어야만 할 것이다.

우리나라 현대 정치사상 제1야당 당수를 지낸 유일한 여성인 박순천의 경우가 바로 여기에 근접한다고 하겠는데, 남편의 마음이 넓고 커서 아내의 뜻을 이해해줄 큰 도량을 갖는 것이 급선무이다.[30)]

이 세상에는 대부분의 아내가 건실하게 가정과 삶에 충실하지만, 반대로 가정을 도외시하고 놀러 다니며 가정을 파탄으로 몰아

30) 김교식, 최초의 여성당수 박순천 정계 비화, 동광출판사, 정풍11, 1987, p.331.

가는 경우도 적지 않을 것이다. 그러나 혹시 아내가 정치활동을 하고 사회활동을 하는 것을 아내의 외도로 생각하며 못마땅해 하는 것은 무언가 착각한 것이다.

여자도 사람이고, 스스로의 자아를 실현하는 것은 옳은 일이다. 아내의 정치활동이 성공할 수 있기 위해서는, 남편이 무언가 직간접적인 뒷받침을 확실하게 해야 그것이 성공할 수 있음이 항시 유념되어야만 하겠다.

2) 여완남결형

남자를 잘못 만났다고 뛰어난 능력을 가진 여성이 최고정치지도자가 될 수 없는 것은 아니다. 소위 말하는 남편 복이 없는 경우에도, 노력하기에 따라서는 당연히 최고정치지도자가 될 수 있다. 그러나 앞에서 살펴본 이승만이 억세게도 아내 운이 없고, 박정희가 육영수의 내조가 있기 전이나 육영수가 죽고 난 이후의 모습에서 보듯, 아내의 뒷받침이 없으면 궁극적 실패를 하는데, 남편을 잘못 만나고 여자가 최고정치지도자로 대성하기는 어려운 일이라 하겠다.

3) 여중남완형 혹은 여중남중형

하나의 가능성으로서 여자는 중간적 능력을 가졌지만, 남편이 뛰어나거나 남편의 노력이 지대하여 여성이 최고정치지도자로 성공하는 사례를 생각해 볼 수 있겠다. 그러나 이러한 사례는 쉽지 않고 결코 바람직하지도 않다.

우리 주변에는 남편의 그늘이나 뒷바라지 덕분에, 그리고 배경 좋은 가문에서 태어나서 좋은 자리에 앉는 여자도 적지 않게 그 사례를 볼 수 있다. 그러나 그러한 여자가 그 자리에 알맞은 능력이 없으면, 결정적 사태를 만날 경우에 결정적으로 곤란한 일을 만들게 된다.

그런데 그 여자가 최고지도자일 경우는, 국민에게 엄청난 시련을 안겨줄 수 있으므로 분수에 맞게 물러나야 마땅하다. 그런데 모자라는 여자일수록 스스로의 분수를 모르는 것은, 모자라는 남자가 스스로의 분수를 모르는 것과 마찬가지이니 그것이 걱정이다.

2. 최고정치지도자가 남자일 경우

최고정치지도자가 남자일 경우의 사례로서 이승만, 윤보선, 박정희를 앞에서 살폈고, 그것은 여완남완형, 여중남완형, 여결남완형에 근접함을 지적했다.

그러면 남성 최고지도자의 경우에 가능할 나머지에는 어떤 것이 있을까? 아마도 여완남중형, 여중남중형을 생각해 볼 수 있겠다. 극히 어려운 사례이지만 여결남중형도 있을 수 있겠다.

1) 여완남중형

여자는 여러 가지로 우위에 있는데, 남편이 무언가 뛰어난 점이 없이 평범한 경우이다. 이러한 사례가 적으리라고 볼 수 있으나, 우리 주변에는 의외로 적지 않게 그 사례를 볼 수 있다.

그러한 사례가 많은 까닭은 여자 측은 우리사회의 현재 분위기가 많은 경우에 사회적 장벽이 높기 때문이다. 그렇다 보니 잘난 여자가 의외로 무언가 덤덤한 남자와 만나는 경우도 많다. 또한 정략결혼의 성격을 띤 결혼을 한 남자의 경우에도 이러한 형태가 나타난다.

아내 측은 가문을 비롯하여 여러 가지로 우위에 있는데, 남편 측은 너무나 기우는 듯한 경우가 심심치 않게 눈에 띄는 것이다.

이러한 경우에 남편 측은 아내 복에 의해 보다 쉽게 출세를 하게 될 수가 있다. 그런데 이러한 사회적 궁합형은 의외의 부작용을 낳을 수 있다. 여자 측이 인품이나 경륜이 품위 있고 고상하면 모르는데, 그렇지 않을 경우에는 남편을 의외의 궁지로 몰아넣고 패가망신을 시키게도 된다.

이기붕을 절망의 구렁으로 몰아넣은 박마리아의 무한욕심은, 이러한 유형의 대표적 사례라고 하겠다.[31] 이러한 비슷한 사례는 오늘날에도 쉽게 발견할 수 있다. 이 경우에 남편이라도 아내의 잘못된 행동을 통제할 만큼 능력이나 식견이 우수하면 좋은데, 대체로 이러한 경우의 남편은 아내에게 쥐여 지내며 마지막 구렁까지 쫓겨가는 성향을 갖고 있다.

2) 여중남중형 혹은 여결남중형

여자나 남자나 부부간에 뛰어난 점은 별로 없는데, 나름대로 열심히 살다 보니 출세를 했든지 운이 좋아 출세한 경우가 여기에 속

31) 최숙희, 부엌데기 딸에서 서대문 경무대 마님까지, 동광출판사, 정풍12, 1987, pp.227~258.

한다. 세상은 묘한 것이다. 잘난 사람만이 출세하는 것이 아니다.

잘나고 능력 있는 사람은 의외로 견제를 당하고 도태되는 경우가 많다. 무언지 약점이 있고 모자라도 아부하기나 비위 맞추기 혹은 뒷구멍 새끼줄타기 등에 능한 사람이 생각지도 않게 출세를 하여 거대한 권력을 잡는 경우도 많다.

특히 우리나라의 요즘 실정에는 파벌과 정실에 얽힌 인사가 많으므로, 실력 있는 사람보다 그 반대의 인물이 나올 경우가 적지 않다. 경우에 따라서는 운이 대단히 좋거나 바보스럽기 짝이 없어야 출세할 경우도 있겠다.

그런데 이렇게 출세하여 직장의 우두머리가 되거나 정치적 권력을 잡은 사람은 대체로 무엇을 해야 할지를 모른다.

위기를 만나면 뒤처리도 못하고 도망갈 궁리나 한다. 평상시에는 무사안일로 지내거나 무언가 한탕 해먹을 궁리나 하고 모든 일에서 소신이 없다. 우왕좌왕 시간을 보내며 조직 구성원이나 국민을 도탄에 빠지게 한다. 어디서도 되는 일이 거의 없다.

그런데 이렇게 무능하고 무책임한 인간들은, 자기 스스로는 쓸만한 지도자이며 올바른 지도자인 체 하는데, 사실상 그는 전형적인 현대판 탐관오리에 불과하다. 현대판 탐관오리는 춘향전에 나오는 변학도같이 원색적으로 국민의 고혈을 짜내고 주리를 트는 것이 아니라, 겉으로는 그럴듯하게 위장된 가운데 다음과 같은 특징을 갖고 있다.

첫째로 회전의자에 앉는 것을 두려워 않는 확실한 탐관(貪官)철학을 갖고 있다. 도무지 겸손과 사양과 두려움이 없다. 무능하지만 어떤 방법을 써서라도 출세(?)를 하고 권력을 쥐면 된다는 처세철학을 갖고 있다. 어떤 사람이 어떤 직책을 맡는다는 것은 능력을 갖고 책임을 지고 결단을 내리며 주어진 문제를 명쾌히 해결하는 것을 뜻한다. 그리하여 국민들의 분열을 막고, 국가가 갈 길을 분명히 하며 확실한 지도력을 창출해 내는 창조적 지도력을 가져야 한다.

그러나 탐관오리들은 그러한 것에 관계없이 자리를 맡는 것에만 급급해한다. 예컨대 임진왜란 때의 이순신은 경륜과 책임과 결단을 가진 직책에 걸맞는 인물이었다면, 원균은 능력은 없으면서 자리에 앉아 나라의 앞날에 결정적 어두움을 안겨준 인물이다. 그런데 오늘날 도처에 원균과 같은 현대판 탐관오리는 많이 있다.

둘째로 현대판 탐관오리들은 뒷구멍 새끼줄타기의 명수들이다. 자기들이 실력이 없으니 무언가 뒷배경을 확실하게 확보하고 그에 대해서 전폭적 충성을 바친다.

공직을 맡은 사람이 바칠 충성의 대상은 국가와 민족일 뿐이다. 그러나 탐관오리들은 절대로 그렇지 않다. 학연, 지연, 혈연 등의 자기가 속한 새끼줄에의 충성에 철저하다. 국가도 필요 없고 민족도 필요 없다. 오로지 내 고향, 내 선배, 내 혈족, 나와 같은 종교를 믿는 신도만이 제일이라는 파벌 충성심만이 골수에 만연되어 있다.

더욱 한심한 일은 우리나라에 있어서 현대판 탐관오리가 되길 거부하는 사람은 모가 난 사람, 좋지 않은 사람, 무능한 사람 등으로 돌려지며 철저히 매장되는 길을 간다는 점이다.

셋째로 현대판 탐관오리들은 검은 돈에 약하다. 실제로는 검은 돈을 찾아다닌다. 그들은 옳은 일을 위해서 직책을 맡는 것이 아니다. 헛된 이름과 이권 추구를 위해 직책을 맡기 때문에 그렇다.

그렇기에 그들은 사실상 부정부패의 선두에 선다. 하는 일은 없이 주위의 눈치만 보고 앉아 있다가, 조용하고 확실하게 이익이나 챙기고 무사안일하게 그 자리를 물러나는 것이 그들의 좌우명이다.

Ⅴ. 사회적 궁합의 유형과 정치적 삶

지금까지 논의한 최고 정치지도자의 사회적 궁합을 다음과 같이 3가지로 나눠서 다르게 살펴보는 것도 의미가 있겠다. 왜냐하면 궁합형성에 있어서 여자와 남자 사이에 여러 변인이 어떤 모습으로 균형을 찾는가는 매우 중요한 것이기 때문이다.

1. 균형 궁합형

여자와 남자 사이에 사회적 궁합을 이루는 여러 요소가 비교적 균형 상태에서 결혼이 이뤄진 경우가 여기에 해당하는 것이다.

여기에는 표1에서 ① 여완남완형, ② 여중남중형, ③ 여결남결형의 3가지가 있다. 물론 여기서 세 번째의 여결남결형이 정치지도자로 성장되기는 매우 어려울 것이나, 여완남완형과 여중남중형은 상당히 유리하게 정치생활을 할 수 있다고 본다.

생각건대 아무리 잘난 부부도 완벽하게 여완남완형이 되기는 어려울 것이다. 여완남완형에서 여중남중형이나 여중남완형 혹은 여완남중형의 성향을 어느 정도는 갖는다고 하겠다.

어느 경우에도 부부 사이에 여러 모로 균형 있고 짜임새 있는 인간관계가 만들어지는 것은 바람직한 바라고 하겠다. 앞으로 우리사회가 날로 고도화되고 안정되어 갈수록 정치지도자는 균형 궁합형이 많이 나오리라고 보겠다.

그런데 균형 궁합형의 약점이 있다면 위기관리에 대한 적응력이 부족할 수 있으리란 점이다. 이런 사례로는 장면, 윤보선 등을 가장 근접한 사례로 꼽아 볼 수 있겠다. 그들은 성장과정이 너무 곱고 순탄하여, 정상적인 정국운영에는 무리가 없지만 위기대응능력이 결여되었던 점을 많이 지적당하고 있다.

2. 불균형 궁합형

사회적 궁합형이 여자 쪽으로 기울어져 있거나 남자 쪽으로 기울어져 있는 사례이다. 그런데 최고 정치지도자의 경우에는 앞의 균형 궁합형도 많이 나올 수 있겠으나, 불균형 궁합형도 또한 적지 않게 나올 가능성이 있다. 왜냐?

그것은 정치지도자는 스스로가 뛰어난 능력을 갖고 지도력을 돋보이게 나타낼 것이 요구되는데, 그렇게 우수한 면을 가진 여자나 남자의 경우는 결과적으로 배우자와의 사이에 불균형궁합을 이룰 가능성도 높기 때문이다.

1) 여성우위형

앞으로 우리나라에서 여성 최고지도자가 나올 경우는 ① 여완남완형의 균형형이거나, ④ 여완남중형, ⑦ 여완남결형의 여성우위적 불균형궁합일 가능성이 높다. 이 경우에 남편 복이 있는 ① 여완남완형이라면 금상첨화라 하겠지만 그것은 별개의 문제로 돌리고, 여자 측이 뛰어나야 한다는 점은 언제라도 필수적으로 요망된다.

민주당 당수였던 박순천의 경우는 여완남완형과 여완남중형의 사이에 있었다고 하겠는데, 박순천은 나름대로 정치지도자로 성공되기에 알맞은 사회적 궁합형을 분명히 갖고 있었던 것이다.

2) 남성우위형

남성우위형 사회적 궁합의 사례는 앞에서 살핀 이승만, 박정희가 그렇다. 윤보선도 균형적이지만 남성이 뛰어났던 것만은 사실이다. 앞으로도 우리나라에 남성우위적 불균형 사회적 궁합을 가진 정치지도자도 많이 나올 것이다.

그러나 이 경우에도 이승만이나, 육영수를 만나기 이전의 박정희와 같은 비극적 사례는 바람직한 것이 못 된다.

불균형적이라고 하더라도 여성 측의 여러 변인이 중간 정도는 되어야 하지 않을까 한다. 우수하고 뛰어난 아내가 있다면 좋겠지만, 그렇지 못한 경우에는 웬만한 수준의 내조만 있어도 남성이 최고정치지도자로 성공할 가능성은 높은 것이다.

그러나 아무리 뛰어난 인물도 아내 복이 없으면 최고정치지도자로 성공하기가 쉽지 않다. 설혹 성공했다고 하더라도 이승만, 박정희 같은 곤혹스러운 상황이 되기도 쉽다.

Ⅵ. 맺는 글

인생은 만남의 예술이다. 수많은 사람을 만나고 끊임없이 헤어진다. 그러한 만남의 과정에서 보다 진하고 의미 있는 만남이 있는가 하면, 만날 필요도 없이 만나는 경우, 만날수록 씁쓸한 경우, 만날 때마다 허무하고 후회되는 경우 등의 여러 가지가 있다.

그리고 그러한 만남이 서로 간에 위안이 되고 도움이 되며 가르침을 주고받는 등의 이로운 만남이 있는가 하면, 서로 간에 만나지 않았던 것이 좋았던 만남도 있다. 여자와 남자 사이의 만남인 인간의 결혼도 그것은 마찬가지이다.

따라서 정치학 연구에 있어 결혼에 대해서 집중적 연구를 하는 것은, 의외로 커다란 소득을 얻을 수 있는 것인데 현재로서는 이러한 논문을 발견하기가 쉽지 않다.

외국에 있어서는 대통령이나 수상의 배우자에 대한 연구뿐만 아니라, 어머니나 아버지에 대한 연구까지 나오는 등 연구가 활발한데 우리에게는 그렇지 않음은 아쉬운 점이다.

앞으로 우리나라 정치학 연구에 있어서 정치가의 밑바탕 심리기저나 정치문화를 연구하는 흐름이 활발해야 할 것이다.

첫째로 결혼의 정치적 중요성은 그것이 정치인의 정치생활이나 사회생활의 밑돌이 되기 때문이다. 따라서 결혼에 성공했다고 함은 그 밑돌이 매우 안정된 것임을 뜻한다.

안정된 밑돌을 바탕으로 자신의 잠재능력을 최대한 발휘하며 소신대로의 정치의지를 쭉쭉 펼쳐나가는 사람이 있는 반면에, 자신의 능력은 잘 타고났으면서도 그리고 무진장 노력을 쏟아 부으면서도 결혼에 실패하여 뜻을 제대로 펴지 못하는 사례도 있는 것이다.

둘째로 결혼에 성공한 사람은 균형 잡힌 사회 감각이나 정치 감각을 가짐에 유리하다. 남편이나 아내가 객관적인 입장에서 균형 잡힌 도움말을 주는 것은, 주변의 어떤 참모의 말보다도 도움이 되는 것이다.

특히 남편이나 아내는 함께 가정을 이뤄서 사는 정치인의 속마음을 가장 꿰뚫어 보는 사람일 수 있으며, 가장 사심 없이 도움을 줄 수 있겠기에 더욱 그렇다.

셋째로 결혼에 성공한 사람은 사회적 개척력이나 정치적 추진력이 남보다 훨씬 강해질 수 있다.

인간은 어차피 동물로서의 사람이다. 생물학적인 부부관계의 조화가 뛰어날수록 신체적 균형과 안정이 이루어질 것이며, 그래야만 사회생활에 강력한 추진력을 제공하는 것이다. 건전한 가정에서 건전한 정치적 추진력이 생기는 것이다.

부부간의 만남은 인생의 만남에 있어서 무엇보다도 가장 중요한 것이다. 만남의 예술의 최고 극치이다. 청순한 젊음의 시대에 순수한 몸과 마음으로 이성을 찾아서 부부가 되고 아기를 낳아 기르며, 이로써 얻어진 가정을 배경으로 사람들은 정치생활이나 사회생활에서 뜻을 펼치는 것이며 인생의 사회적 열매를 맺어 나간다.

그 열매를 탐스럽게 맺는 밑바탕은 근본적으로 사회적 궁합이 어떻게 조화를 맞추어 부부 사이에 멋지게 맺어졌나이다. 부부! 그리고 사회적 궁합! 그것이 우리사회의 내일을 만들어 나가는 근본적 핵심인 것이다. 그리고 오묘한 열쇠인 것이다.

「정치(政治)는 정치(情治)에서 시작하여 정치(情治)로 열매 맺는 정치(情治)의 다스림이다.」

※참고사항

1) 박정희 대통령의 큰딸 박근혜가 계속 정치적 성장을 해나가고 있다. 그렇다면 본 장에서 박정희 대통령 말기에 등장하는 박근혜의 모습을 어떻게 해석해야 옳은가? 박근혜가 훗날 국회의원이 되고, 차츰 보다 큰 정치적 위상을 형성해 나가고 있기 때문이다.

첫째로 젊은 시절의, 대통령의 딸로서의 위상으로 이해되어야 하겠다. 사람은 나이가 들면서 계속 커나가고 변하는 만큼, 박근혜의 젊은 시절을 고정적으로 평가할 필요는 없다고 생각한다.

둘째로 본 장에 나오는 바는 젊은 박근혜의 일방적 잘못이 아니라, 권력의 말기현상을 보이는 박정희 대통령의 잘못으로 이해되어야 할 것이다. 아내의 죽음으로 여결남완형 상태가 된 박정희가 딸을 아내의 보완역으로 쓰려 한 무리수에서 비롯된 일이라 하겠다.

셋째로 여성 정치인이 탄생되기 어려운 우리사회의 풍토에서, 박근혜가 젊은 시절의 여론에 의한 비판적 분위기를 극복하며 국회의원에 당선되고, 계속 정치적인 성장을 해나가고 있는 바는 높게 평가되어야 옳다.

박근혜는 단순히 박정희 대통령의 딸이란 후광으로 컸다고만 보기보다는, 오히려 박정희나 본인에 대한 비난, 공격, 질시라는 정치적 역풍을 뚫고서 스스로의 삶을 개척했다고 보아야 되겠다.

박근혜는 박정희의 후광을 입은 것이라기보다, 아버지 박정희를 오히려 보호하며 역풍을 이겨내는 모습을 많이 보였기 때문이다. 생각하면 박근혜는 온실에서 큰 정치인이라기보다는, 박정희 사후의 역풍을 극복하고 가혹한 환경의 황야에서 정치적 진로를 개척하면서 스스로 크는 정치인이라고 보아야 되겠다. (2002년 3월 20일)

2) 박근혜는 계속 성장하여 본서가 출간된 지 21년 9개월 26일 만에, 본서의 예언을 정확하게 적중시키면서 역사상 최초의 여성대통령으로 탄생되었다.

그런데 박근혜는 평생을 독신으로 살아 왔다. 박근혜의 사회적 궁합형은 본 장에서는 전혀 없는 예외적 사례가 되고 말았다. 박근혜는 오로지 국가와 결혼을 했다면서 혼자 살았는데, 그렇다면 배우자가 국가인 희귀한 결혼, 그것은 어떻게 해석하여야 할 것인가? (2016년 5월 9일)

3) 박근혜는 헌데 대통령 임기 말에 역사상 최초의 처참한 탄핵을 당했다. 많은 사람들은 탄핵 당한 박근혜가 미혼 상태라 탄핵을 당했다고도 말한다. 청와대에서 퇴근하면 항상 고독한 대통령이 될 가능성이 높기 때문이겠다. (2017년 3월 10일)

넷째 주제

잊혀진 황후 줄리아

Ⅰ 들어가는 글

Ⅱ. 일제침략과 여성공격

Ⅲ. 일제의 여성공격의 의미

Ⅳ. 현대 정치에의 반성적 고찰

Ⅴ. 맺는 글

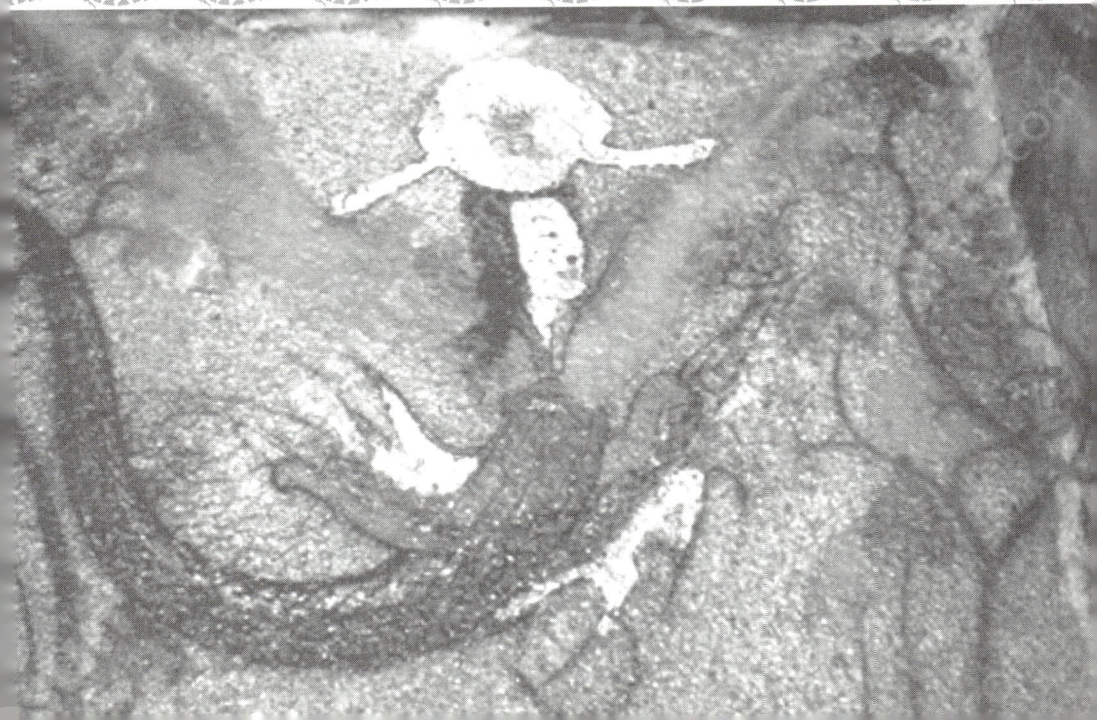

Ⅰ. 들어가는 글

여자가 없으면 어떻게 될까? 그 대답은 간단하다. 그렇게 되면 모든 것이 없어진다. 만약에 여자가 하나도 없다면 작게는 가족이 존재할 수 없고, 크게는 민족도 나라도 후손을 잇지 못하게 되어 사라져 버리게 된다. 물론 인류사도 끝을 맺게 된다. 여자가 없다면 찬란한 문화예술도 무의미하고, 빛나는 역사도 끝나고 마는 것이다.

사람은 원초적으로 하나의 동물에 불과한 것이다. 임신능력을 가진 여자가 없이 남자만 있는 사회는 생물학적으로 전혀 존재할 수 없다. 그러므로 여자가 없는 사회나 가족은 전혀 생각할 수가 없는 것이다.

그런데 그것에 대해 직접적인 도전을 받았던, 민족사의 대표적 사례가 하나 있다. 그것은 일본 제국주의자들에 의한 대한제국 황실말살 정책이다. (생각건대 일제의 정신대 위안부 성노예 만행도, 사실상 똑같이 더럽고 잔혹한 여성 침략정책이다.)

일본과 서양세력의 물밀듯한 압박이 심화되어 가던, 19세기 말에서 20세기로 진입해 들어가던 시대는 결코 먼 옛날이 아니다. 기억도 뚜렷하다고 할 최근세 역사의 시대이다. 그때에 우리는 세계 역사상 쉽게 발견하기 어려운, 여성을 공격대상으로 한 가혹한 침략을 맛보았던 것이다.

당시에 일본이 조선을 완전하게 일본 영토로 삼켜 버리기 위한, 침략의 형태는 다양하고 교묘하기 짝이 없는 것이었다. 일제침략자들이 우리나라에 대해 정치적 침략을 함에 있어서 가장 두드러진

목표는 무엇이었는가?

그것은 첫째로 대한제국 황제들을 직접 공격하는 일이었다. 광무(고종)황제, 융희(순종)황제의 직계자손을 낳지 못하게 만들면, 대한제국 황실은 자연히 대가 끊어져 문을 닫을 것이다. 이를 통해서 우리나라의 정치적 정통성이 단절되게 만들려는 간교한 술책이 끊임없이 자행되었다.

아마도 남성의 임신능력을 없애버리는 약이 있었더라면, 틀림없이 그러한 일을 획책했을지도 모른다. 하지만 그렇지 못하다 보니, 광무황제나 융희황제에게 직접적 공격을 가해 나갔다. 광무황제가 독살을 당했고, 융희황제가 약물중독으로 거의 바보에 가까웠다는 역사적 사실은 무엇을 뜻하는가?

그리고 둘째로는 본 논문의 핵심 내용이 되겠는데, 대한제국 황실의 맥을 끊기 위해 황후들에 대한 공격을 진행하였다. 그것은 황후를 살해하여 없애버리거나 임신능력을 상실시키게 하려는 등에 초점을 맞춘 것이었다. 그렇게 되어 황실의 직계 후손을 낳지 못하게 하면 자연스럽게 황실의 맥이 끊어지고 말 것이다.

그리하여 대한제국의 정통성을 침략자인 일본 황실이 찬탈하려는 음모인 것이다. 그것은 정치적 정통성이 끊어지면, 그 민족은 자중지란 속에 궤멸됨을 꿰뚫어 본 간교하기 짝이 없는 침략이었던 것이다.

물론 그러한 못된 음모는 일본이 우리에게만 자행했던 것이 아니다. 당시 한족(漢族)을 지배하고 있던 만주족의 청나라 황실에도 마찬가지로 확실하게 직접적으로 실시되었다. 그리하여 청나라의 마지막 황제 부의는 가정적, 인간적으로 세계 역사상 사례를 찾기 쉽지 않은 온갖 고초를 겪으며 청 황실의 대가 끊기는 것이다. 참고로 청나라 황실에 대한 일본의 잔악한 박해를 간략히 살펴보자.

(1) 청나라 마지막 황제 부의는 황제의 자리에서 쫓겨난 뒤 처음에, 16세 난 천진 출신의 부유한 만주 귀족의 딸 완용을 황후로, 그리고 13세 된 이름 없는 몰락 만주 귀족의 딸 문수를 제2부인으로 황실의 모양을 갖추었다. 그러나 그들의 결혼생활은 청 황조의 몰락이 심화되는 시기에 출발되어 곧 파탄을 예비한 것이었다.

(2) 부의는 내전과 외침의 소용돌이 속에 결혼 후 곧 일본 조계에서 피신생활을 하게 되었는데, 그것은 보이지 않는 감시와 억류의 생활이었고 일본의 침략정책에 이용당하는 것이었다. 더군다나 경제적 궁핍과 사회적 경제적 압력이, 일본에 의한 반 억류생활에 의해 끊임없이 이어졌다. 이에 황후 완용은 마약중독의 길로 가게 되고, 제2부인 문수와는 이혼을 하게 되는 비극을 겪게 된다. 청 황실의 후궁이 이혼을 한다는 것은 전례 없는 충격적 사실이었다.

(3) 그 후 부의는 일본 침략에 이용당하는 꼭두각시가 되어 만주국 황제가 된다. 이 무렵에는 부의와 황후 완용은 거의 사이가 나빠 이혼한 부부같이 되어 버렸다. 더군다나 완용은 남편과 다르게 반일감정이 아주 확실하여, 만주국 수도 장춘에서 완용이 국가적 공식행사에 나오는 일은 거의 없었다.

완용은 하루 종일 침대에서 누워 지내고, 오후에는 아편을 맞고 남편을 피하여 아편 기분에 몽롱하게 취해 있을 뿐이었다. 그러면서 황후는 일본 억류 상태의 장춘 탈출만을 꿈꾸고, 그것의 시도가 좌절되면서는 심각한 아편중독 환자로 전락되고 만다. 이 무렵 황후 완용은 완전한 아편중독환자로서, 부의에게는 커다란 골칫거리에 불과하였다.

(4) 그때 황제 부의의 동생 부걸은 일본 여자와의 결혼을 강요당하여, 히로히토 사촌의 딸 히로와 결혼하였다. 그런데 당시 부의는 완용과 자식이 없었다. 부걸의 결혼은 그러므로 중요성이 있는 것이었다. 당시 일본인들은 부의와 완용이 아기를 낳을 수 없음을 잘 알고 있었다. 1년 후에 히로는 임신하여 딸을 낳았는데, 딸을 낳았다는 것은 한편으로는 대단한 다행이었다. 아들이었다면 그가 살아날 가능성은 희박한 것이었다.

(5) 그 무렵 완용은 남편과 거의 떨어져 지내고, 아편중독의 중환자였다. 그런데 그녀가 임신을 한 놀라운 일이 생겼다. 부의의 운전수와 간통을 하여 딸을 낳게 되었는데, 일본인 의사는 완용이 보는 앞에서 그 딸에게 주사를 놓아 죽여 버렸다. 그 딸도 훗날 정치적 두통거리가 될 것을 염려한 때문인가?

(6) 그런데 부걸과 히로가 결혼하기 3주 전에, 부의는 담옥령이라는 16세 소녀를 제2부인으로 맞아 들였다. 그녀는 만주족 출신이었는데, 부의는 그를 진정으로 좋아한 듯했다.

그러나 담옥령은 결혼 후 5년 만에 별안간 죽고 말았다. 22세의 젊은 담옥령은 심한 몸살로 병원에 가서, 일본인 의사의 진료를 받은 다음 날 별안간 죽음을 당했다. 부의는 슬픔 속에 그녀의 손톱과 머리칼을 작은 봉지에 넣어, 훗날 기나긴 감옥생활에서 늘 곁에 둘 정도였다. 담옥령이 아기를 낳을지도 모른다고 보아서였을까? 그녀도 불행했고, 부의도 불행했으며, 청 황실에도 비통의 연속이었다.

(7) 담옥령이 죽자 일본 측은 부의에게 일본 여자의 사진을 내놓으며 재혼을 강요하였다. 그러나 12세 소녀였던 일본 여자는 결혼 후 3일 후에 도망가고 말았다.

그러자 일본 측은 다시 부의에게 결혼을 강요하여 16세의 이금옥이란 소녀를 제2부인으로 맞았는데, 그녀는 중국인 급사의 딸이었다. 부의의 당시 입장을 상징적으로 말해주는 것이었다.

(8) 그 후 소련군에게 포로가 된 상태에서 완용은 아편이 끊기자, 40세의 나이에 아편중독 말기증세로 폐인이 되며 숨져 갔다.

이내 일본의 침략에서는 벗어났지만, 완용의 비참한 죽음은 일본인들이 끊임없이 원했던 것이었다. 그의 죽음과 함께 청 황실의 맥이 끊기고 부의의 가정도 끝이 나는 것이었다.

이상 살핀 청나라 황실의 최후는 너무나 비극적이다. 소설이나 영화에도 있기 어려운 비극을 일본 침략자는 서슴없이 저질렀다. 우리와 근원적으로는 민족적 핏줄을 같이하는 동족인 만주족들이, 현재 한족(漢族)에게 눌려 정치적 동면 상태에 있어서 그렇지, 일제의 이러한 침략은 만주족이 정치적 잠을 깨는 어느 날 분명하게 다시 거론되어야 마땅하다. 일본에게 준엄하게 책임을 물어야 한다.

그러나 지금까지 청나라 황실 최후의 흐름을 살펴본 까닭은, 일본 제국주의자들이 부의에 대해서 인간적으로도 너무나 몹쓸 짓을 했고, 정치적 침략으로서도 있기 어려운 비극적 최후를 청나라에 안겨준 것을 보고자 한 것만은 아니다.

우리나라 황실에 대한 일본의 침략과 대한제국 황조의 비극적 최후를 분석하려는 본 장을 진행함에, 청나라 황실의 최후는 너무나 많은 것을 시사하고 있기 때문에 참고 삼아 분석을 간단히 진행한 것이다.

Ⅱ. 일제침략과 여성공격

일제침략자들의 대한제국 황실 여성에 대한 공격은, 몇 단계에 걸쳐 끈질기게 획책된다. 이제부터 그것들을 하나하나 분석해 보기로 한다. 다만 여기서 유의할 것은 일제의 여성침략은 대한제국 황실의 핏줄을 끊으려는 것이 최후의 목적이었으므로, 여성 자체에만 국한된 것은 아니었다는 점이다.

1. 명성황후 살해 : 직접적 공격(1)

광무(고종)황제의 황후였던 명성황후[1]가 일본 무뢰배들에게 잔인한 죽음을 당하게 된 을미참변은, 일본이 우리나라 황실의 여성을 공격한 최초의 침략행위이다.

1) 명성황후를 요즈음 일반인들은 민비라고 부른다. 그것은 일제 식민사관에 의한 잘못된 것이다. 일제 침략자들이 명성황후를 깎아내려 낮게 부른 호칭임을 유의해야 하겠다. 우리는 아직도 일제 악몽에 짓눌려 사는 친일 후유증이 적지 않다.

그러나 을미참변에 있어서는 일제침략이 원래 명성황후가 여자라는 사실에서 비롯된 것만은 아니다. 당시에 명성황후는 여자이기에 앞서서, 일제침략을 가로막는 대표적 장애물이었기 때문이다.

일본 침략자들에게 있어서 그들의 침략병탄 정책에 방해가 되는 것은, 수단과 방법을 가리지 않고 제거되어야 하는 것이었다. 당시 일본의 침략에 최대 장애물이 명성황후였을 뿐이다.

청일전쟁이 끝나고 일본이 조선을 차지하려 할 때에 명성황후가 일본배척과 친러시아 정책을 내세우며, 친일세력을 정부로부터 몰아내고 이범진이나 이완용 등의 친러시아파를 기용하는 등에 의해, 일본에게 정면 도전했다는 데에서 을미참변은 발발되는 것이다.[2]

이 무렵에 부임한 일본공사 미우라(三浦五樓)는 극히 무단적인 인물이었다. 비상수단을 써서라도 친러시아 세력을 몰아내고 친일정부를 세우려 하여, 광무 32년인 1895년 8월 20일 새벽에 궁궐에 침입한 것이다. 일본의 하급무사 낭인(浪人)들과 명성황후에 반대하는 훈련대 군인들을 동원하여 황제와 황태자를 윽박지르고, 명성황후를 끌어내어 난자한 후 불에 태워 흔적을 없앤 역사에 드문 만행을 저지른 것이다.[3]

을미왜변은 일제침략자들이 우리 겨레의 상징인 황실에 대해 정면 공격을 가한 사건으로, 국권의 존재와 민족의 존엄성을 본질적으로 훼손시킨 사건이다. 당시 조선정부가 허약할 대로 허약해져 있었지만, 도둑 떼들이 일반 가정집을 쳐들어가는 정도로 가볍게

2) 황인택, 오시룡, 조선 역대 왕정사(경기: 경기도 경찰국, 1958), pp. 325~326.

3) 이선근, 대한국사: 조선황조의 종말(서울: 신태양사, 1973), pp.97~161.

황궁을 범했다는 점은 용서의 여지가 없는 도발행위인 것이다.[4)]

을미참변의 핵심적 의미는 조선의 국모(國母)인 명성황후를 잔인하게 살해함으로써 우리민족의 국권에 결정적 상처를 입힌 사건이었던 동시에, 실제로는 우리민족의 여자들 전체의 가슴에 칼을 꽂은 비극적 사건이었다는 점이다.

명성황후는 자연인으로서의 한낱 아녀자가 될 수 없는 신분으로서, 우리민족 여인들 전체를 대표하는 여인이었다는 점에서 일제침략자들의 범죄상은 더욱 용납될 수 없는 것이다.

을미참변은 옛날 고려 말의 왜구, 임진왜란 이후부터 수없이 죽임을 당한 우리나라 여인들의 통한의 슬픔이 가장 절정에 달한 사건이었다. 훗날 민족통일이 된 뒤에, 일본정부에 정식으로 배상을 요구해야 할 미제사건의 대표적인 것이라고 하겠다.[5)]

2. 황태자비 강제파혼 : 직접적 공격(2)

대한제국의 마지막 황태자 영왕(英王) 이은(李垠)은 대한제국 황조의 운명만큼이나 평생이 기구한 것이었다. 11세의 철없는 어린 나이로, 일본제국주의자들에게 일본유학이라는 명목으로 볼모로 잡혀가서 억류된 생활을 했다.

다시 일제패망이 되자 초대 대통령 이승만이 정치적 압력을 가

4) 김영희, 윤치호선생략전(경성: 기독교조선감리회총리원, 소화 9년), pp.80~88 참조.

5) 제3공화국 때의 한일회담에 의해 일제침략에 따른 배상이 끝났다고 보는 관측도 있다. 그러나 일제침략의 결과로 생긴 민족분단은 지금도 계속되고 있으며, 과거의 배상도 완전한 것이 못 된다. 민족 통일 뒤에 대일 배상 문제는 확실히 재론되어야 한다.

하며 귀국을 허락하지 않아, 일본에 머물다가 늙고 병든 몸으로 56세인 1963년 11월 22일에야 귀국을 했다.

무려 45년 만에 고국 땅을 밟을 수 있었다. 평생을 국제정치의 희생물이 되어, 스스로의 인생이 무엇인지도 모르는 허무한 인생을 산 불쌍하기 짝이 없는 일생이었다.

영왕은 1897년 7월 10일에 순빈 엄비(淳嬪嚴妃)의 태생으로, 광무황제의 3남으로 탄생하였다. 순빈 엄비의 태생이므로 27대 융희황제와는 이복형제이다. 형님이신 융희황제에게는 후사(後嗣: 뒤를 이을 자식)가 없었으므로[6] 28대 임금님이 되기 위해 11세에 황태자로 책봉된 것이다.

영왕은 황태자가 된 죄(?)로, 평생을 모진 고생을 하며 자유를 빼앗긴 인질로서 지내게 된다. 당시 우리나라를 송두리째 집어삼키려고 침략의 마수를 가차 없이 뻗치던 일본은 통감부를 설치하고, 우리나라 병탄의 침략책동을 강화하던 끝에 영왕이 황태자로 책봉된 그해 12월에, 일본유학이라는 이름을 붙여 철없는 어린이를 강제로 끌고 가 그들의 침략을 위한 볼모로 삼았다.

당시 유달리 영특하였던 어린 11세의 소년 영왕은, 자신이 볼모로 끌려가는 줄도 모르고 "아바마마 옥체보강을 축수하옵나이다" 하면서 광무황제에게 작별 인사를 올려 궁중을 울음바다로 만들었

6) ① 융희황제가 불임증에 걸리고 약간 모자랐던 것은 일제의 흉략에 의한 약물중독 때문이며, 융희황제가 그러한 수준이었기에 일제침략자들이 황제로 받들었다는 견해도 매우 설득력 있게 말해지고 있다.
② 특히 24세 되던 해에 아편이 든 커피를 먹은 사건으로 융희황제는 18개의 이가 틀니이다. 눈은 대단한 근시에 위장병이 심했는데, 당시의 범인은 잡힌 뒤에 보니 혀가 빠져 있어 누가 배후자인지도 드러나지 않았다.

다. 일제침략의 원흉 히로부미에게 억지로 끌려 일본군함 만주환으로 일본에 도착한 영왕은, 동경에 있는 일본 귀족의 집에서 외로운 볼모생활을 시작하였다.

일본 황족 학교인 학습원과 육군 유년학교를 거쳐, 사관학교를 졸업하고 군인이 된 그는 일본 육군의 중장까지 진급하였다. 이는 일본 침략에 대한 우리 국민의 반발을 무마하기 위한, 식민지 정책에 의한 이름 좋은 허울일 뿐, 모든 행동은 인질로서 엄격한 제약을 받아야 하는 연금생활과 같은 것이었다.[7)]

영왕의 생모인 엄비는 원래 광무황제를 잠시도 떠나지 않고 옆에서 모시며, 하루 생활의 모든 일을 책임지는 지밀(至密)상궁이었다. 요즈음으로 말하면 가장 측근에 있는 여비서라고 할까?

광무황제는 명성황후가 살해당한 지 2년 뒤에, 엄비와의 사이에서 영왕을 낳았다. 광무황제는 엄비를 무척 총애하였는데, 명성황후가 죽임을 당하자 엄비를 가까이한 것이다. 광무황제는 엄비를 사랑했으나 명성황후가 살아있을 때에는 엄비를 가까이하지 못했다. 그러나 명성황후가 사라지자 엄비가 그 자리를 대신하게 되는 것이다.

엄비는 영특하고 인품이 있었으며, 현재의 진명, 숙명, 양정학교를 세워 육영사업을 하는 등 좋은 일을 많이 했다. 엄비는 영왕이 강제로 일본에 끌려갔을 때는 몇 날을 두고 분통함에 눈물을 지었으며, 데라우치(寺內) 총독과 격심한 말다툼까지 한 것은 유명한 사건이었다. 11세의 아들을 빼앗긴 어머니의 마음은 누구나 마찬가지라고 하지 않을 수 없겠다.

어느 날 데라우치가 광무황제를 만나러 덕수궁에 들어왔을 때,

---

7) 희망 출판사, 해방 20년사, 1965, p.1165 참조.

엄비는 "분명히 태자가 일본에 갈 때는 1년에 한 번씩 보내겠다고 약속을 했는데 왜 안 오나요? 총독께서는 이 사실을 알면서도 실행하지 않나요? 아니면 아예 잊어버리셨나요?"라고 정면에 대고 쏘아대었다.

당황한 데라우치 총독은 "그것은 오해입니다. 공부 때문이니 잠깐만 참으십시오"라고 얼버무리려 했다. 엄비는 수그러지지 않고 다시 "학교에는 방학도 없나요? 북해도로 여행시킬 시간이 있으면 마땅히 부모를 만나도록 해야 하지 않을까요? 인정상으로 보나 약속을 지키기 위해서나…"라고 매섭게 일갈했다고 한다.

이때 광무황제의 만류로 겨우 진정이 되긴 했지만 데라우치 총독은 그 후 엄비라면 만날까 보아 겁내며 손을 내저었다 한다.

일제가 우리나라를 병탄한 이듬해인 1911년 7월 엄비는 열병으로 세상을 떠났다. 그 전보를 받은 영왕은 어머니의 사진 앞에 엎드려 몇 날 몇 시간을 통곡하며 울었다고 한다.

더군다나 일제침략자들은 광무황제가 늘그막에 엄비도 죽고 난 뒤에, 양귀인(梁貴人)과의 사이에 낳은 고명딸 덕혜(德惠)옹주마저도 강제로 일본으로 데려갔다. 원래 광무황제는 아들만 낳던 황실의 유일한 딸인 귀염둥이 덕혜옹주마저 일본사람과 강제 결혼시키려는 일본인의 음모를 눈치채고, 5, 6세 무렵에 사위를 얻으려다 실패하고 옹주가 7세 되던 해에 갑자기 붕어하고 말았다.

그런데 옹주가 13세 되던 해에 일제는 황족은 일본에서 교육시켜야 한다는 교활한 구실로, 일본에 강제로 데려가 동경학습원에 입학을 시킨 것이다. 그러나 덕혜옹주는 어린 나이에 엄마와 떨어져 일본에 간 충격으로, 일본 도착 직후부터 얼빠진 사람같이 되어

평생을 비극적 정신병자가 되어 앓다 죽게 된다.[8)]

더군다나 옹주는 19세가 되자 성격이 거친 대마도 번주에게 마음에도 없는 강제 결혼을 당했다. 결혼 3년 만에 딸을 낳았으나 정신병이 악화되자, 끝내는 강제 이혼을 당하며 쫓겨나는 수모를 당했다. 그것은 덕혜옹주에 대한 모독이기도 하며, 우리나라 여자들에 대한 집단적 모독이기도 한 것이었다.

더욱 비통한 일은 대마도 번주와의 사이에 낳은 딸 마사에(正惠)는, 일본 메이지 대학 영문과를 나온 재원으로 엄마를 닮은 뛰어난 미인이었는데 일본 청년과 결혼을 했다가 이혼하고, 어머니의 정신병이나 기구한 인생살이에 고민하다 끝내 현해탄에 몸을 던져 자살하고 만 것이다. 대한제국 황조의 비극을 한 몸에 안고 죽어간 것이다.

1962년에 옹주는 박정희 대통령의 배려로 38년 만에 고국에 돌아왔다. 그러나 옹주는 모든 것을 잃은 사람이었다. 귀국하자마자 서울대학병원에 입원하였는데, 정신이 맑아지면 가끔 낙선재로 나들이를 나오곤 했다. 병원이 집 같아서인지 해만 기울면 병원에 돌아가겠다고 조르곤 하여 보는 이의 마음을 슬프게 하였다.

병원에서 5년을 지내다가 낙선재의 수강재로 거처를 옮긴 지 10년이 되어서도, 1주일에 한 번씩 정신과 의사의 치료를 받았는데 끝내 병세는 별 차도가 없었다.

입는 것, 먹는 것을 모두 잊은 옹주는 하루 종일 우두커니 앉아 있었다. 무료하게 가냘픈 손만 만지작거리거나 혼자서 화투놀이를 즐기는 것이 일과였다.

---

8) 김명길, 낙선재 주변(서울: 중앙일보사, 1977), pp.21~23.

오라버니댁이나 아는 사람을 봐도 전혀 무표정하고, 지나치게 기분이 거슬렸을 때만 "싫어!"라는 불평 한마디뿐 다른 의사표시는 없었다. 다만 계절이 바뀔 때마다 손뼉을 치며 "마사에! 마사에!"라고 외쳐댔다. 그렇게 혼자서 죽은 딸의 일본 이름을 부르며 슬픈 얼굴을 짓는 것뿐이었다.[9)]

영왕의 결혼에 따른 비극은, 영왕이 일본으로 강제유학에 의해 끌려가던 해이니 11세부터 시작된다. 영왕은 당시 주영공사였던, 민영돈의 딸인 민갑완(閔甲完)과 약혼을 했었다.

민갑완은 초간택에서 황태자비로 내정될 정도로, 인품이나 가문 등의 모든 면에서 뛰어난 여인이었다. 그는 어린 나이에도 불구하고 "내 신랑 될 분이 누구예요" 하고 또랑또랑하게 묻기도 했으며, 광무황제나 엄귀비에게도 거침없이 귀엽게 대답을 잘해 황실에 잠시나마 기쁨을 안겨준 귀엽고 영특한 인품이었다.

그런데 그것이 화근이었을까? 일제침략자들은 별안간 파혼을 강요하였다. 그것은 우리나라 여인에 의한 순수한 황실의 후손이 나오는 것을 막으려는 것이었다. 뿐만 아니라 황실의 핏줄을 끊으려는 그들의 음모와도 일치하지 않는 것이었기에, 방자 여사와의 정략결혼을 강제추진하며 파혼을 요구한 것이다.

---

9) ㉠ Ibid., pp.26~27.
㉡ 덕혜 옹주는 마사에를 낳기 전에도 임신을 했었다고 한다. 그러나 만삭이 된 어느 날에 남편이 구타하며 구둣발로 짓밟아 유산이 되었다고 한다. 특히 유의할 것은 공식적으로 자살했다고 알려진 외동딸 마사에는, 타살을 시키고서 그렇게 발표한 것으로 황실에서는 알고 있다고 한다. 아울러 잊을 수 없는 것은 덕혜옹주는 일본 억류 중에 하도 잔인하게 매를 맞아서 실어증(失語症)까지 생긴 정신병자였고, 너무나 때려서 겁이 난 나머지 항상 고양이같이 누워만 있었다 한다. 1994년 10월, 이현향 여사(원주 거주 황실 근친)의 증언.

특히 민갑완이 어린 나이에도 매우 슬기롭고 씩씩하였음은 그들에게 위험한 요인으로 받아들여졌을 것이다.

일제침략자들은 간택 사실을 절대 비밀로 하라는 말도 되지 않는 지시를 내렸고, 얼마 후에 영왕은 일본으로 인질이 되어 떠나게 되며, 민 여인에게는 일방적인 파혼선언이 내려진 것이다.

민갑완의 아버지 민영돈은 끝내 버티었으나 일제의 강압에 못 이겨 패물을 반납하고, 딸을 다른 곳에 시집보내겠다는 약속까지 강요당해야만 했다. 사실 일제침략자들은 민갑완이 당시 모든 것을 체념하고 절로 가서 중이 되려고 하자 그것까지도 막았다. 혼자 사는 것도 안 된다며, 1년 안에 어디든 시집보내라는 서약서를 민영돈에게 강제로 받아 냈을 정도였다.

이러한 와중에 할머니는 화병으로 죽고, 아버지는 통곡 속에 날을 보내다 궁중에서 보낸 약을 먹고 독살(?)을 당했다. 어머니도 충격으로 누워 있게 되고, 민갑완 스스로도 병이 나서 1년을 누워있게 되었다. 1년 만에 민갑완이 겨우 걸음을 걷게 되자 총독부의 결혼 독촉은 더욱 거세졌고, 심지어 불량배를 보내 성폭행을 하려고까지 했다.

그렇지만 민갑완은 훌륭한 여인이었고, 황태자의 약혼자다운 기개 있고 당당한 여인이었다. 그는 황실의 약혼자답게 의연하고 깨끗이 살겠다면서 수절하다가, 곧바로 상해로 망명하여 꿋꿋하게 평생을 보냈다. 상해를 중심으로 독립운동을 하던 선각자들에게 있어서, 민갑완의 망명은 커다란 정신적 뒷받침이 되었다.

그러나 일제침략자들은 상해에까지 손을 뻗치며, 민갑완을 교묘히 결혼하게 꼬이거나 중상모략을 계속했지만 꿋꿋이 버티며 이겨

나갔다. 그 후 일제패망 다음 해에 귀국했으나, 마음은 요지부동하여 끝끝내 수절을 지키다 1963년에 73세를 일기로 세상을 마쳤다.[10] 그 어떤 여인보다도 품격 높게 처신하며, 의연한 항일운동을 한 위대한 여인상이라고 하겠다. 민갑완이 상해 망명지에서 영왕을 생각하며 쓴 시는 매우 감동적이다.

나는 그대를 사랑하노라.
하고 싶어 하는 사랑이며 그대에게 구하는 바 없노라.
나는 내 모두를 그대에게 주노라.
그대 만일 나를 사랑하면 기쁘게 받겠노라.
그러나
나는 그대에게 진실로 구하는 바 없노라.

민갑완이 이 시를 쓴 때는 바로 영왕이 유럽여행을 가다 상해를 들르고, 그리하여 영왕을 존황사상이 뚜렷한 여러 독립운동가들이 특공대를 보내 구출하려 하자, 일본인들이 영왕을 배에서 내리지도 못하게 하여 그대로 떠나는 안타까운 순간이었다.

3. 방자 여사 결혼 : 간접적 공격

세월은 흘러 1918년 11월이 되었다. 이때의 국제정세는 1914년 7월 28일에 발발했던 제1차 세계대전이 끝나고, 미국의 윌슨 대통령

10) ㉠ 이방자, 지나온 세월(서울: 남영문화사, 1974), pp.153~156.
㉡ 김정례, 민갑완 : 마지막 황태자 이은의 약혼녀(서울: 교양사, 1990).

의 알선으로 휴전조약을 체결할 무렵이었다.

그런데 이에 앞서 평화회복의 기본원칙으로 윌슨의 14개 조항이 제시되었다. 특히 이 가운데 세계 약소민족의 관심을 끌게 된 것은 민족자결주의였다. 1919년 1월부터 파리강화회의가 시작되자 폴란드, 체코슬로바키아, 아일랜드 등의 나라에서는 독립운동이 활발하게 일어났다.

이에 자극을 받은 우리나라의 국내외 애국지사들도 여러 가지 준비를 도모하게 되었다. 특히 윌슨의 민족자결론에 크게 자극을 받은 항일독립 투사들이 파리강화회의에 대표를 파견하였다.

그렇게 되어 일제침략에 의한 우리나라 병탄의 불법성과 부당성을 폭로하고, 일제침략 행위를 규탄하려는 움직임이 활발해지자 일제는 그 대비책을 강구하게 되었다.[11]

첫째 대비책은 바로 황태자 이은과 일본 황족인 방자(梨本宮方子: 나시모토노미야)를 정략적으로 강제결혼시키려는 것이었다. 그리고는 신혼여행이란 명목 아래 파리까지 출장을 시켜, 조선과 일본은 하나로 융합되었으며 민족자결은 논의의 여지가 없다고 선전하려는 계획을 짠 것이다.[12]

그런데 일제침략자들이 방자를 강제결혼시킴에는 앞에서 살핀 민갑완과의 강제파혼이 선행된 것이다. 또한 방자가 불임증이 있음

---

11) 이선근, 대한국사: 망국의 치욕과 저항(서울: 신태양사, 1973), pp. 322~326, p.410.

12) ㉠ 방자 여사는 스스로가 영왕과 약혼이 된 것을, 나중에 신문을 보고서 알 정도로 철저한 정략적 이용물이었다고 자서전에서 밝히고 있다. 이방자, op. cit., p.41.
㉡ 당시 일본정부는 우리나라의 황족은 일본 황족과 강제 혼인하도록 법으로 정해 버렸다. 법 내용은 기가 막히게도 "조선 황족은 일본의 황족이나 귀족하고만 결혼한다"였다. Ibid., p.45.

을 확실하게 조사하여 결혼을 추진한 음흉한 음모의 산물이었다.

당시 일본 궁정에서는 일본 황태자비와 조선 황태자비를 누구로 정하느냐로 치열한 정치싸움이 있었다. 방자 여사 약혼 발표 후에 두 정파로 나뉜 일본 궁정은, 6개월에 걸친 피비린내 나는 무력충돌이 있었을 정도였다.

그들이 우리민족이 당파성이 골수에 박힌 민족이라고 극한 악선전을 자행할 때에, 공표가 되지 않아 그렇지 우리나라는 쫓아도 못 갈 극심한 당파싸움을 전개한 것이다.

그리하여 이은이 23세인 1920년 4월에, 일제의 뜻에 따른 강제결혼이 이루어진다. 물론 광무황제를 비롯한 황실에서는, 방자가 일본 여인이라는 이유로 정면으로 결혼에 반대하는 것은 당연한 일이었다. 광무황제는 원수 나라의 황족 여자를 어찌 며느리로 삼겠느냐? 짐이 생존한 이상은 절대로 안 된다며 반대하였다.

그리고 영왕 이은 스스로도 나는 이미 약혼자가 있는데 결혼할 수 없다고 버텨 댔다. 따라서 약혼 후 3년 만에 겨우 결혼식을 올렸으니, 인질 상태에 있는 이은이 할 수 있는 항일운동이었다고 할까? 일제침략자들은 당시 이은이 끝까지 결혼을 반대하면, 광무황제를 그대로 두지 않겠다는 엄청난 협박을 서슴지 않았었다.

그런데 일제침략자들이 불임증이 있다고 고르고 골라서 결혼시킨 방자는, 전혀 그들의 예측과는 빗나간 선택이었다. 건강한 아들을 둘씩이나 잘 낳았다. 뿐만 아니라 겉보기로는, 이은과의 금슬도 좋았다. 남편뿐만 아니라 남편의 나라에 대한 내조도 원만한 인품의 소유자였다.

이렇게 되어 당시 방자 여사가 불임증이 있다고 진단을 내렸던,

일본 궁중의 의사 3명은 모두 처형당했다. 방자는 그의 성까지도 남편의 성을 따라 고쳐서, 훗날 이방자(李方子)로 부를 정도로 우리나라의 황태자비로서 최선을 다하려 하였다. 대한제국 황실의 핏줄을 끊으려는 술책은 일단 실패한 것이다.[13)]

둘째 대비책은 지난 1910년에 융희황제를 강제 퇴위시키며 옥새를 찍도록 강요했던 매국노 윤덕영과 이완용을 시켜, 총독정치를 찬양하는 허위문서에 여러 인사의 서명 날인을 받아, 파리강화회의에 우리나라 문제가 대두되면 반증자료로 내놓을 계획을 짰다.

그런데 이 허위문서에 물러난 광무황제가 날인만 해주면 금상첨화라고 생각하여, 윤덕영 일당을 시켜 광무황제에게 수차례 강요를 하였다. 그러나 광무황제가 거기에 도장을 찍을 까닭이 없었다.

이 사실만 보아도 과거에 일본이 우리나라를 강제 병탄하는 조약에 광무황제가 도장을 찍지 않은 것이고, 매국노들이 강제로 뺏어서 찍었다는 견해는 맞는 말이다. 그리하여 이 계획은 실패하고 마는 난감한 일이 일제 측에게 벌어진 것이다.

그렇게 되자 천하에 없을 못된 매국노 윤덕영은, 놀랍게도 우리 민족의 정치적 상징이요 태양인 광무황제를, 일본천황에게 찾아가 고개 숙여 알현시키려는 얼굴 못 들 창피스런 계획도 끈질기게 추진했다. 그러나 광무황제가 단호하게 거부하여 무산되기도 했다.

더구나 광무황제의 천황알현 계획이 알려지자, 전 국민의 반발과 함께 군대까지 동요하기 시작하여 그 계획의 취소가 급히 발표

13) 그렇지만 방자 여사가 겉으로 취한 행동과 속마음이 일치하는 것은 아니라 하겠다. 방자 여사는 실제적으로 냉혹한 침략 여인 그대로였다고 하겠다. 안천, 일월오악도 ①: 이승만 뿌리 정치심리(서울: 교육과학사, 2000), pp.19~55.

되었다. 그런 와중에 그 다음 날 군대해산이 강행되어 임오 군부의 거가 일어난 것이다.[14)]

청나라 부의는 이때 일본 천황을 직접 알현했다. 그러나 광무황제는 침략을 당한 나라의 황제이지만 단호히 거부한 것이다.

그런데 이러한 무렵에 엄청난 사건이 돌발적으로 발생하였다. 황태자 이은과 방자의 강제 정략결혼 일자를 3일 앞둔, 1919년 1월 22일에 덕수궁에 머물던 광무황제가 갑자기 붕어(崩御)하고 말았다. 광무황제는 돌아가시던 날 저녁까지도 아무 일 없이 건강하게 좋아하던 식혜를 들고 잠자리에 들었는데, 순간적으로 복통을 하며 유언도 못하고 돌아가신 것이다.[15)]

잠자기 직전에 든 식혜에 틀림없이 독이 들었다고 보아야 하겠다. 더군다나 입관 시에는 염을 할 때 벌써 독살당한 사람에게 항상 나타나듯 시체에서 살이 묻어날 정도로 시신이 상해 있었다.

광무황제가 여러 가지로 만만한 인물이 아니라 그랬을까? 엄청나게 충격적인 사건이었다. 그러한 사실은 조선인들의 반발을 우려

14) 곽림대, 도산 · 이박사 반목 반세기, 월간 중앙 1971년 ?월호, pp.236~249.

15) ㉠ 이방자, op. cit., pp.58~63.
㉡ 윤덕영은 조선황실에 몹쓸 짓을 한 공로로 후작의 벼슬을 받았으며, 벽돌로 지은 서양집에서 천장에 금붕어를 기르는 장치까지 해놓고 호화롭게 살았다. 여러 명의 첩이 있었으며, 상해에서 데려온 예쁜 중국 여자 첩까지도 있었다. 김명길, op. cit., p.147.
㉢ 광무황제 독살 시해는 이완용이 저질렀다. 이로써 친일 매국의 선두는 윤덕영에서 이완용으로 바뀐다. 윤덕영은 따라서 훗날 일제가 작위를 내릴 때에 이완용보다 한 등급이 낮게 되었다. 그러자 동경에까지 가서 자기가 이완용보다 더 친일을 했다고 항의까지 한 낯 두껍고 못된 인간이다. 사실상 윤덕영은 망국에 이르는 매국행위에서 이완용보다 더 앞선 인물이었는데, 훗날에 그리 욕도 먹지 않고(?) 그 후손들은 고개 들고 출세도 많이 했으니 기막힌 일이다. 안천, 일월오악도 4권 : 황실부흥 선구자 이석(서울: 교육과학사, 2003) 참조.

하여 하루가 지난 23일에야 보도되었다. 병명은 일방적으로 뇌일혈이라고만 하였을 뿐 기타 사항은 하나도 밝히지 않았다.

이것은 너무나 돌발적인 사태로서 전 국민이 비분강개하는 일이었다. 나라를 빼앗고 강제로 퇴위하게 한 황제폐하에게까지, 죽음을 강요해야 하는가 하는 폭발적 울분은 전 국민에게 공통된 것이었다. 왜냐하면 광무황제는 당시 68세로서 일제에 의해 강제로 황제에서 물러났을 뿐이었다. 건강 상태는 양호했는데 1월 21일에 중병이 들어, 하룻밤 사이에 붕어하였다는 말을 곧이들을 국민은 별로 없는 상황이었다.

일제침략자들은 명성황후에 이어 광무황제마저도 살해한 것이다. 결국 일제침략자들이 윤덕영이나 이완용 등의 매국노를 시켜 독살하였다는 말이, 삽시간에 전파되어 전 국민에 폭탄 같은 격렬한 충격을 주게 되었다.

광무황제와 황실에 대한 동정심과 망국의 비통감, 일제에 대한 적개심 등이 혼합되어 전 국민은 폭발적으로 동요하게 되었다.

전 국민이 철시하고 대한문 앞에는 끊임없이 통곡이 이어졌다. 김상수, 황석 등의 애국자는 광무황제와 함께 장렬하게 목숨을 끊었다. 3 · 1만세 항거는 결코 우연이 아니었다.

4. 줄리아 여사와의 결혼 : 공격의 후유증

영왕은 슬하에 아들을 둘 두었다. 그러나 큰 아들 진(晋)은 태어난 지 얼마 만인 1921년에 영왕 부부가 융희황제에게 성혼의 폐백을 드리기 위하여 귀국하였을 때에 같이 왔는데, 소화불량이라며 앓다

가 4일 만에 별안간 사망하는 비극을 만들며 사라졌다.[16)]

죽은 큰아들은 대한제국 황조가 제대로만 있었다면, 뒷날에 다시 황통을 이어 임금님에 등극할 고귀한 핏줄을 가진 아들이다. 그 중요한 아기가 소화불량이란 허울 좋은 이름으로 별안간 죽임을 당했으니, 그것은 무엇으로 설명해야 하나?

일본침략자들은 당시에 우리나라 전체를 강탈했으며, 간도지방은 안봉선 철도부설권과 맞바꿔 청나라에 제멋대로 주어버렸다. 작은 땅덩이인 독도마저 그들 땅으로 강제 편입시켰다. 모든 것을 제 마음대로 하던 때였다. 아무 이유나 붙여 별안간 죽었다면 죽은 것으로 되던 시대였다.

사실 당시에 일본침략자들은 속으로 방자 여사가 임신을 하고, 아기를 순산하자 무척 걱정을 하며 놀랐다. 더군다나 딸이 아니고 아들을 낳은 것은 충격적인 일이었다. 영왕을 강제파혼까지 시키며 불임증이 있는 일본 여인을 골라서 정략적으로 결혼시키는 등의 온갖 수단을 다 동원했는데, 의외로 영왕과 방자 여사가 금슬도 좋고 아들을 쑥 낳아 놓았으니 당황할 만도 한 것이었다.

그렇다고 건강하게 잘 크던 아기가 별안간 소화불량으로 죽어야만 했는가? 8개월짜리 귀여운 아기가 꼭 무슨 잘못이 있어서 시퍼런 독물을 토하면서 죽어야만 했는가?

그런데 영왕과 방자 여사는 두 번째에도 일제침략자들의 뜻과는 달리 또 건강한 아들을 낳았다. 일제침략자에게는 또 다시 생각 밖의 고민거리를 안겨주게 되었다. 그러자 방자 여사는 첫째 아들의 비극을 생각하며, 둘째 아들은 어른이 다 되도록 본인이 옆에 두고

16) 이방자, op. cit., pp.96~105.

철저히 감시하며 면밀하게 아들 관리를 하였다.

두 번째 아들인 구(玖)는 순탄하게 자라났다. 대한제국 황조의 핏줄을 이은 이구는, 그런데 자라면서 의외의 2가지 선택을 한다.

첫째로 이구는 건축기사로서의 길을 걷게 된 것이다. 대한제국 황조의 정통 황손이 미국에 유학하여, 매사추세츠(MIT) 공과대학을 졸업하고 건축기사로 성장하게 된 인생의 선택은, 이구 스스로의 선택이었고 영왕이 적극적으로 동의하여 이루어졌다. 영왕이 이구의 선택에 동의한 것은 평생을 억류되어 모든 것을 간섭받고 감시당하면서, 타의로 살아온 본인에 대한 반작용으로 아들이 스스로 선택한 것은 무조건 지지한 것이다.

영왕은 아들이 자유로 한 일은 거의 무조건 찬성을 했다. 얼마나 자유로운 삶이 한 맺힌 인질생활이었는가? 그러나 건축기사는 황손의 인생수업과는 거리가 먼 것이다. 뒷날에 그의 밥벌이 수단으로서나 쓰임새가 좋은 것일 뿐이라 하겠다. 물론 황제도 건축공학을 교양으로 알면 손해날 것이야 없겠지만….

그런데 이구의 유학에 있어서 유의할 것은, 당시의 이승만이 영왕을 정치적으로 매장시키는 작업을 하는 일방으로 영왕과 이구의 귀국도 시켜주지 않은 점이다. 특히 이구의 여권을 내주지 않아 일본 임시여권으로 겨우 유학을 갔으며, 가서는 절대로 황태자 행세를 말라는 강요까지 하며 이구의 유학을 이승만이 확실히 방해했다.

사실상 이구가 유학 갈 무렵의 영왕 부부의 입장은 매우 난처한 것이었다. 2차 대전의 종전과 함께 이은에게는 계속된 경제적 핍박이 가해져 엄청난 빚더미 위에 있었고, 이승만은 본인의 정치적 지위에 영향을 줄까 보아 철저히 귀국금지를 시켰다.

더구나 교묘하게 여론조작을 하여 영왕이 일본 여인과 편하게 산 친일파라고 몰아 정치적 매장을 시켰다. 그런 가운데 이승만은 영왕이 살던 집마저 예전에 대한제국 황실에서 사준 것은 국유라고 우기며, 당장 내놓고 거리에 나가라고 빗발치듯 압력을 가하는 비참하기 짝이 없는 때였다.

이승만이 스스로의 정치적 지위에 영향을 줄까 보아, 영왕에게 가한 탄압은 지금까지 별로 알려지지 않아서 그렇지 너구나 치졸하고 가혹한 것이었다. 11세에 강제 인질로 끌려가 삼엄한 감시하에 살던 사람을, 살던 집에서마저 나가라면 어디로 가란 말인가?

이구가 그나마 중학생 때에 사귄 미군장교의 도움으로, 17세에 황태자 신분으로 미국인 상점의 점원 생활을 하던 비참한 때가 이 때였다. 그런데 미군장교의 도움으로 겨우 유학을 떠나는 이구의 여권발급을 끈질기게 방해하는 치졸한 행동을 이승만이 자행한 것이다. 이승만의 인품을 알만한 것이다.

특히 놀라운 일은 당시 이승만이 영왕 부부가 개인적으로 갖고 있던 값나갈 만한 미술품이나 도자기 등의 개인 소장품이 있다면, 그것들마저 국유재산이라고 압수해 갈 정도의 저급한 정치탄압을 하면서 대한황실의 재기 불능을 확실히 못 박은 사실이다.

이승만은 일본이 반쯤 죽인 대한황실을 철저히 짓밟아 죽인 인물이다. 이승만의 인간적 그릇이 이러하며 인품이 이렇듯 저급한데도 불구하고, 4 · 19혁명이 일어나지 않았다면 이상할 정도였다. 그의 영왕에 대한 탄압은 훗날 지탄받아 마땅한 일이라 하겠다.

둘째로 이구는 결혼대상자를 독일계 미국인 줄리아 멀록(Julia Mullock)을 택하는 것이다. 줄리아는 대한제국 황실이 온존하고 있다면 황후가 되어야 하는 여자다. 진보적인 입장에서 이 문제를 생각하여, 사랑에는 국경이 없다고 할 수도 있다. 미국과 우리나라의 혈맹(?)의 유대를 다지는 친선외교 활동을 하는 것이라고 좋게 볼 수도 있다.

그러나 이구가 미국 여인과 결혼을 한 것은 일단 확실한 잘못이라고 하겠다. 이구는 황통을 이을 사람이기에 우리 겨레와 결혼했어야 했다. 아무리 대한제국 황조가 망하고 식민지로 전락되기도 했으며 스스로의 앞날이 불투명하다고, 황실을 방자 여사에 이어 또 다시 2중 혼혈의 길로 이끌 수 있겠는가? 그러나 이구 스스로의 선택에 대해 영왕은 다시 찬성을 하며 결혼이 성사되었다.

영왕은 스스로가 강제파혼을 당하고 강제결혼을 당하며 억류생활을 한 것이 가슴에 한 맺힌 응어리가 되어, 아들인 이구가 스스로 자유롭게 사랑의 대상을 선택한 것에는 찬성을 한 것이다.[17)]

사랑은 자유롭게 선택되어야 한다는 상식적 진리를, 일제침략에 의해 처절히 강요되어 침해받았던 영왕의 입장에서, 이구가 줄리아를 택한 것은 잘못된 것이 아니라고 생각했는지도 모른다.

그런데 이구는 당시 아버지에게 줄리아와의 결혼을 요구하며, 이미 조국의 냉대를 뼈저리게 느끼고 있었다. 이승만의 잔혹하고 비인간적인 여론조작 및 정치적, 경제적 탄압에 직면하여, 미군부대 점원 생활을 하다가 미국으로 눈물 속에 떠난 이구에게 있어서 조국은 애착을 가질 것이 아니었는지 모른다. 그 누가 이구의 상황

17) ㉠ 이방자, op. cit., pp.277~282.
㉡ 최근에 나온 자료에는 영왕이 국제결혼을 적극적으로 반대한 것으로 되어 있다. 이승만이 여권 발급을 해주지 않아, 할 수 없이 원수 나라인 일본에 귀화해서 여권을 받고 급히 미국에 가서 말렸을 정도였다고 한다.

이라도 그렇게 생각할 한심한 상황이었다.

「저는 어느 나라 사람도 아닌 국제인입니다. 우리나라는 저를 거부했습니다. 제 신체와 정신은 국제떠돌이입니다. 다만 하나의 인간으로 자유롭고 행복하게 살고, 열심히 노력하여 인생을 개척하겠습니다. 저는 부모님의 고통을 너무 잘 압니다.」

그런데 그것은 간악하게 이어진 일제침략자와 이승단의 황실탄압이 원했던, 바로 그 어둠의 뼈아픈 종착점이었을 뿐임도 분명히 유의되어야 할 것이다.

이구는 침략자 일본이나 황실탄압자 이승만의 대한황실 탄압 의도 그대로, 참담하게 내버려진 무국적 국제떠돌이 신세가 되어 삭풍이 이는 황야에 벌거숭이 채로 버려지고 말았던 것이다.

아니 우리나라 자체가 현재 일제강점 침략을 겉껍데기 1차적으로만 면했을 뿐이다. 사실상 남북이 갈라져 내버려진 이구와 같은 신세가 아니라고 감히 답할 수 없는 참담한 실정이다.

이 나라의 오늘은 아직도 일제강점 악몽에서 완전히 헤어나려면 너무도 멀리 멀리 추락해 있다. 일본은 우리를 너무나 병들게 했다.

Ⅲ. 일제의 여성공격의 의미

1. 황통의 단절

그런데 이구가 미국여자 줄리아와 사랑을 하고 결혼을 하는 것을 탓하고 걱정할 필요도 없는, 아주 곤혹스러운 일이 지금까지의 끈질긴 일제침략의 결과가 현실화되며 나타난 것이다.

말하자면 일제침략자들의 끈질긴 대한제국 황실 여성공격이 마침내 성공을 거둔 것이다. 대한제국 황실의 대를 잇지 못하게 핏줄을 끊겠다는 전략이 사실로 나타난 것이다.

이구와 줄리아가 아기를 낳지 못하는 것이다. 이것은 실로 서글프기 짝이 없는, 처참한 우리나라 근대사의 전형적인 모습인 것이다. 못생겼으면 어떻고 머리가 약간 평범하면 어떤가? 그리고 혼혈아인들 어떻겠는가?

자식을 쑥쑥 낳고 건강하고 밝게 사는 가정을 만들어 주었어야 하는데, 자식이 하나도 없는 불모의 가정이 되고 만 것이다.

일제침략자들이 그토록 끈질기게 획책하고 도모했던 황통단절 전략이 끝내 성공할 줄이야? 그런데 더군다나 가슴 아픈 일은 훗날 이구와 줄리아가 금슬이 좋아 백년해로를 했어야 했는데, 끝내 파경에 이르러 이혼하고야 만 일이다. 모든 것이 엉망진창이 된 것이 대한제국 황실의 마지막인 것이다.

이구 부부가 귀국하여 국내생활을 하는 사이에, 그들의 결혼생활은 궁극적으로 행복한 것이 아니었다고 한다. 차라리 미국에 그냥 머물러 있는 것이 나았는데, 그들은 귀국함에 의해서 두 가지의 큰 정신적 고통을 감내해야 하였다.

하나는 자식이 없음에 대한 것이었고, 다른 하나는 줄리아가 미국인임에 대해 주위에서의 끊임없는 압력이었다. 이 두 가지 문제는 그들이 미국에 있었다면 아무 문제가 될 수 없는 것이었다. 이구가 줄리아와 이혼을 한 것은, 이러한 압력 등에 의해서 어쩔 수 없이 쫓기며 사랑에 금이 간 것이었다.

이구는 사실상 스스로의 표현대로 국제인이었다. 어디다 마음을 붙일 곳이 없는, 국제 떠돌이로서의 의식이 그를 지배할 것은 당연한 것이다. 일본에서 태어났고, 이승만이 이은 부부에게 가혹한 정치적, 경제적 압력을 가해 핍박을 받는 것을 본 나이는 감수성이 뛰어난 사춘기 때였다.

부모의 고통을 함께 겪으며 불우한 현실을 타개하기 위해, 황태자의 신분으로 상점 점원 노릇을 하다 유학을 떠나, MIT공대를 졸업한 건축기사로 귀국한 것은 32세였다.

그렇지만 접시 닦기, 청소원 등으로 고학을 하며 여권 연장을 할 때마다, 이승만 정부는 번번이 거부하여 모든 것을 방해하였다.

그에게 조국은 한편으로는 적개심(?)의 대상이었다. 조국은 그에게 황태자로서의 예우는커녕 끊임없는 고통과 역겨움만을 안겨주는 존재였다고나 할까? 그렇지만 귀국해서 종손의 의무를 다해야 한다는 주위의 끈질긴 압력을 못 이겨 할 수 없이 귀국한 것이다.

그러나 이구에게 있어 조국의 품에 안긴 것은 또 하나의 비극의 출발이었다. 조국은 그에게 있어 오히려 어려움만을 주는 존재인가? 이구 부부가 귀국하자 전주 이씨 종실의 일부에서는, 끈질기게 서양 여자인 줄리아와의 이혼을 요구했다.

심지어 불화를 조장하고, 외지에 여행을 가서는 외간 여자와 바람을 피울 기회를 만들어 주었고, 끊임없이 중매를 서려고 하는 등 가정파탄을 조장하였다. 이구가 바람을 피운다고 선전까지 했다.

이렇게 되자 이구가 만난 여자는 많다. 심지어 아기를 못 낳는 이구인데, 이구의 아기라며 아기를 안고 나타나는 여자도 생겼다.

어떤 여자와의 얘기는 주간지에도 나게 되었다. 이에 대한 줄리아의 항의는 당연한 것이었다. 줄리아는 누구라도 인간적으로 동정하지 않을 수 없는, 너무도 억울한 피해자가 된 것이다.

이러한 상황에서 온전할 부부가 몇이나 될까? 그들 부부는 견디다 못해 귀국 후 11년 만에, 별거를 하게 되고 끝내 이혼의 길을 간 것이다. 특히 우리나라 실정을 잘 모르는 이구가 주변 사람들에게 계속 이용만 당하다 사업을 망치고, 귀국 후 17년 만인 1979년에 일본으로 잠적해 버린 뒤에는 완전한 남이 되었다고나 할까?

이구는 줄리아와 18년간의 결혼을 청산하고, 1982년에 이혼을 하고는 일본으로 건너가 현재 침략국 일본 여인과 살고 있다. 그런데 그 여인은 하필이면 2년 연상의 무당이라고 한다.

낙선재 측의 견해로는 그 여인은 이혼경력이 있고, 아이가 셋이나 있으며 사기 전과까지 있다고 한다. 스스로가 일본 건국 여신인 천조대신이 다시 태어났다고 속이고 다닌다 한다. 스스로 천조대신이므로 황손인 이구를 적절히 이용하는 것일까? 정말 한심하고 경악스러운 일이 벌어진 것이다.

아무리 황실이 몰락했기로 황손인 사람이, 우리나라와 대한황실을 그토록 엉망을 만든 침략국 여자와 살을 맞대고 살 수가 있을까? 철부지 어린애의 풋사랑도 아니고, 너무도 창피한 일이 벌어진 것이다. 이구를 이렇게 만든 핵심 장본인들이, 참된 사람이라면 참회하며 자살을 해야 할 정도로 충격적인 일이 생긴 것이다.

그러나 줄리아는 잠재적 황후였다가 이혼한 여성답게, 우리나라에 귀화하여 귀화인 4호가 되었으며 행동이 품위가 있어 매우 다행스럽다. 이혼당한 뒤에도 그는 시어머니인 방자 여사를 돌아가실 때까지 꾸준히 찾아뵙고 예의를 갖췄으며, 자식이 없는 외로운 생활을 장애자 5, 6명과 함께하였다.

행여나 못된 종친들의 모략과 이혼공작에 밀려 쫓겨난 바가, 언론에 나서 황실을 욕보일까 보아 근신하고 숨어 살면서 서울을 떠나지 않고 꿋꿋하게 살아갔다. 주위의 모든 사람들이 줄리아가 서양 여자만 아니었다면, 황후로서 그 이상의 인품이 쉽지 않다고 말한다. 종친회에서도 그것은 인정하고 있다.

다만 애석한 것은 그의 곤혹한 생활여건이다. 그는 어려운 생활에다 본인이 서양인이므로, 어쩔 수 없이 외국인이 많이 다니는 하이야트 호텔 백화점 지하 2층에 2평짜리 작은 점포를 얻었다.

두 손이 만신창이가 되게 일하며 아동복 장사를 하였다. 전세방을 얻어 살았는데 10여 년 사이에 전셋값이 하늘같이 올라, 요즈음은 사글세방으로 옮겨 다니고 있다. 곧 달동네 빈민굴로 이사 갈 비참한 상황에 놓여 있다.

이것은 줄리아의 개인적 비극만이 아니다. 우리나라 전 국민의 수치스러운 일의 극한사례라 하겠다. 그가 빈민굴에서 처참하게 늙는 모습을 상상만 해도 낯 뜨겁다. 정신이 아찔한 국내외적 망신거리이다. 전주 이씨 종친회도, 우리 국민들도, 우리 정부도 확실한 관심을 가져야 할 일이다.

특히 유의할 것은 줄리아의 신분을 어떻게 이해해야 할 것인가이다. 이구와 이혼을 했으므로 이제는 엄연히 남이라고 보아야 하는가? 그리고 다시 미국인이나 마찬가지라고 보아야 하는가? 그러나 그것은 속단이다. 자연인에 있어서는 이혼을 하고 남으로 돌아설 수 있다. 그러나 황실규범에는 이혼 자체가 존재하지 않는다.

이구와 줄리아는 자연인으로는 이혼했지만, 황실규범에 의해서는 황제와 황후의 이혼은 성립되지 않는 것이다. 원인무효행위로서, 이혼의 효력은 발생될 수 없는 것이다.[18)]

필자가 방문을 했을 때에 잠재적 황후 줄리아는 환갑을 맞은 노인이지만, 아직도 아름답고 품위 있는 여인으로 삶의 균형을 잃지 않고 있었다. 다만 현재 회고록을 집필 중이므로, 몇 년 후에 모든 것을 상세히 밝히겠다고 말하며 상세한 말을 피했다.

그리고 자꾸 기자들이 와서 그의 사생활을 흥미 위주로 묻는 것에, 곤혹스런 괴로움을 느낀다며 필자에게도 긴 말을 하지 않았다.

이웃에 사는 줄리아와 가까운 사람에 의해 증언된 바로는, 줄리아는 아직도 이구와의 옛 얘기를 털어놓을 때는, 미국에서의 행복했던 5년간을 회상하며 귀국과 함께 파경으로 간 괴로운 과거에 눈물을 흘린다고 한다. 이구를 걱정하고 이구에게 사랑의 마음을 갖고 있는 것은 아직도 변함이 없다고 한단다. 잊혀진 황후의 삶은 의연하고 꿋꿋한 품위 있는 것이었다.[19)]

그러나 필자는 하이야트 호텔 귀퉁이의 줄리아 리 워크숍을 들렀다 나오면서 비통함 같은 것을 느꼈다. 국가적으로 요즈음 졸부도 많고 돈 쓸 곳이 없어서 걱정인 사람도 의외로 많아 과소비가 걱정인 나라에서, 잊히어진 황후의 옷가게를 찾는 이는 거의 없는 듯 썰렁하기만 했다. 그 서글픈 풍경에서 우리나라 사람들의 몽매한

18) 줄리아 여사는 사실상 위자료도 받지 못하고 강제이혼을 당했다. 맨손에 가깝게 쫓겨난 상태였다고 한다. 그렇지만 그는 의연하게 품위를 갖춰 계속 한국에서 살다가, 나이가 너무 들어 최근에 미국(하와이)으로 떠났다.

19) 1991.1.4, 이은표 면담, 1991.1.6, 박상복 면담.

안목과 야속한 인심을 피부에 절감했기 때문이다.

생각건대 일제침략자들은 일제패망이 없으리라 생각하고, 언젠가는 우리민족을 완전히 일본인으로 동화시켜야 하겠다는 내선일체(內鮮一體)의 정책을 확고하게 추진했다. 그 일환으로서 대한제국 황실의 핏줄을 끊겠다는 집요한 대한제국 황조 여성공격 전략을 수행했는데, 일제패망이 없었다면 지금쯤은 우리나라가 거의 없어졌을지도 모르는 끔찍한 일이다.

그런데 보다 상세히 말하여 일제에 의한 황통단절은 두 가지의 뜻을 내포하고 있다. 하나는 1910년에 융희(순종)황제가 강제 퇴위당한 것으로서 정치적 황통단절인 것이다. 그런데 이제는 생물학적 황통단절이라는 기막힌 사태가 이구가 아기를 낳지 못함에 의해서 이루어진 것이다.

그러므로 대한제국의 황통단절은 일제침략자의 뜻에 맞추어, 정치적으로도 생물학적으로도 완벽하게 이루어진 기막힌 상황이 된 것이다. 청나라의 황실이나 마찬가지로 대한제국 황실도 일제는 확실히 끊어 놓은 것이다. 땅속에 있는 이토 히로부미가 다시 살아나 춤을 추고 축제를 벌일 일이 벌어진 것이다.

대한제국의 마지막 황태자인 영왕 이은의 귀국 장면은, 우리 겨레의 처절했던 과거를 한 마디로 말해주는 장면이었다.

11세의 어린 나이로 끌려가 광무(고종)황제와 엄비가 보고 싶다며 조약돌을 보내 달라던 천진난만한 어린이, 그리고 그 조약돌을 항상 갖고 다니던 어린이가 늙어서 돌아오는 비극의 장면이었다. 뜻있는 국민이라면 모두 다 통곡할 비극 중의 비극의 장면이었다.

대한황실의 마지막 황태자 영왕 이은은 무려 만 45년간의 볼모

생활을 끝내고, 1963년 11월 22일에 일본 정부가 마지막 친절(?)로 제공한 JAL 전세기편으로 김포 공항에 도착하였다. 꿈에도 그리던 조국 땅에 병든 몸을 이끌고 피눈물의 환국을 하였다.

영왕은 비행기에서 내리자, 조국의 향기로운 가을 공기를 깊게 들이마시며 아무 말도 없이 병원으로 직행하였다. 아무 말도 없이 무표정하게 땅을 디딘 그가 그의 감회를 표현하기에는, 조국을 잃은 인질 생활에서 얻은 오랜 신병에 시달려 온 그의 심신이 너무나 노쇠하였던 것이다. 그는 거의 식물인간이 된 상태였다.

이날 병고에 지친 56세의 노구를 이끌고, 아내와 아들 이구 부부의 부축을 받으며, 평생을 볼모생활로 지내다가 그렇게 꿈속에까지도 그리던 조국에 돌아온 영왕은 대기하였던 병원차에 실렸다. 그의 지병인 심장병을 치료하기 위하여 모든 준비를 갖춘 성모병원 616호실로 직행하였다.[20]

일제침략의 처절한 희생물로서의, 식물인간이 갈 곳은 오로지 병원일 뿐이었다. 대한황실의 참혹한 현주소는, 그렇게 추락해 있었다.

2. 민족혼의 왜곡

일제침략자들이 조선황조의 여성공격을 집요하게 시도하였던 까닭은, 그러나 단지 황통을 끊어내기 위한 것만은 아니었다. 그것은 무엇보다도 우리민족을 내면에서부터 완전히 병들게 만들려고

20) 희망출판사, op.cit., p.1165.

하는 것이었다.

첫째로 우리민족의 정치적 구심점을 없애 버리려는 침략행동이었음을 무엇보다도 중요하게 생각해야 한다. 정치적 최고지도자는 국기, 국가, 국화와 마찬가지로 대표적인 정치적 상징체이다.

모든 국민의 마음이 최고정치지도자로 모여지고, 모든 권력이 여기서 나오고, 여기로 모여진다. 따라서 안정적이고 확실한 통치권력의 존재는, 정치적 안전판의 구실을 하며 국가권력의 안정성을 뒷받침해 주는 보루가 되는 것이다. 그런데 일제침략자들은 그것을 파괴시켜 없애려고 온갖 몹쓸 짓을 다한 것이며, 그들의 천황제는 반면에 극대적으로 강화시키는 정책을 썼던 것이다.

우리가 그런데 특히 유의할 것은, 일본에서는 천황의 지위가 지금까지 역사상 계속 확고했던 줄 아는 오해이다. 그런데 그것은 큰 착각이다. 일본에서는 무사들의 막부정치가 시행되는 동안, 천황은 생명이나 붙어 있는 것을 고마워할 상황으로 거의 존재도 없었다.

겨우 명치유신 때부터야 천황이 정치적 구심점으로 다시 확고해졌음을 유의해야 한다. 그러므로 일본은 우리를 침략하기 전인 19세기 후반에, 그들의 천황제는 확고히 재정립시키면서 반면에 우리의 황실은 단절시키려는 집요한 정책을 편 것이다. 명치유신 직전의 천황족들은 절의 주지 등으로 살며, 미미하고 보잘것없기 짝이 없었는데 그들을 환속시키며 천황복고 정책을 수행한 것이다.

일반인들이 가볍게 잘못 생각하길 현재 평범한 시민이 될 수밖에 없게 된, 처참한 상태의 대한황실이 언젠가 정상적인 황실로 복원될 수 있을까 하고 의심하는 일이 있을 수 있겠다. 하지만 명치유신 직전에 절에서 생활하면서 간신히 생명이나 유지하던 일본의 천황가보다는 훨씬 낫다.

더군다나 대한황실 황족 및 전주 이씨 대동종약원에는 뛰어난 인품의 인물이 많다. 현재도 종묘제례 등의 황실규범에 따른 의례는 엄숙히 진행되고 있다. 전통사회에서 종묘가 살아 있음은, 황실이 살아 있음을 말한다.

결코 대한황실은 죽지 않았다. 품위 있는 가풍을 유지하고 있는 등으로 볼 때에, 황실복원의 바탕은 너무도 확고하고 충분한 것이다. 영락한 천황가를 복원한 일본의 입장과, 아직도 품위 있는 황실가문을 우습게 보는 우리의 입장이 다를 뿐이다.

둘째로 우리 겨레의 민족혼의 고향을 없애 버리려는 음모였다. 그들이 우리의 민족정기를 말살시키려는 간교한 정책은, 대표적으로 역사왜곡에서부터 시작하여 창씨개명, 일본어 강요, 신사참배 등 한두 가지가 아니다. 그런데 정치적 민족정기 말살에 있어서 우리의 최고정치지도자를 없앤다는 것은 가장 핵심적인 것이다.

그것은 경기전을 초등학교로 만들며, 황궁인 창경궁을 무엄하게도 짐승들이 뛰노는 동물원으로 만들고, 경희궁을 일본인 중학교로 만들며, 경복궁의 정면에 총독부를 세운 것과 마찬가지로 우리의 정치적 민족혼을 정면으로 없애려 한 것이다.

정치적 마음의 고향을 잃은 자는 이미 어떤 민족이 아니다. 뿌리 없는 정치심리적 방랑자가 되는 것이다. 사실상 우리 겨레는 일제침략자가 뜻하는 대로 제대로(?) 성공되어, 이제는 임금님이 언제 우리나라에 있었느냐는 듯 지극히 무지몽매한 상태가 되었다.

일제패망 후의 짧은 세월을 평균 7년쯤마다 정치적 변환을 겪어 벌써 제6공화국을 일컫게 되었다. 나라의 어른이 없는 나라에 중심이 있을 리가 없다. 주제넘게 잘난 인간들만이 고개 들고 떠들 뿐이다.

셋째로 특히 일제침략자들이 그들의 천황제를 강조하면서 대한제국 황조를 계속 이씨왕조(李氏王朝)라고 깎아 내리는 정책을 써서, 일종의 전주 이씨 집안 가부장 수준의 어설픈 나라인 듯 만드는 음흉한 정책을 썼음이 지적되어야 하겠다.

그 일환으로 그들은 천황제인데, 우리는 왕조국가라그 깎아내리며 비하했다. 엄연히 대한제국이 황제국가인데도 그러했다. 그들의 천황도 명치유신 무렵에야 겨우 천황 대접을 받았는데도 그렇게 강요한 것이다.

그들의 천황은 성(姓)이 없다. 그런데 대한제국 황조가 전주 이씨였음을 기화로, 이를 병적으로 부각시켰다. 또한 당파싸움 등의 조선시대 악폐를 왜곡적으로 부각시켜 대한제국 황조에서 민심이 저절로 떠나버리게 만드는 것이 그들의 간교한 정책이었다.

그리하여 요즈음은 침략자들의 뜻대로 되어 버렸다. 대한제국 황실을 전주 이씨 황실로 착각하는 분위기가 지배적이다. 많은 국민의 밑바탕 정치의식에는 온 겨레의 임금님을, 전주 이씨의 임금님으로 착각하는 생각도 깊게 뿌리내린 것이다.

더욱 더 기막힌 얘기는 전주 이씨 4백만조차도, 대한황실을 자기들만의 것인 줄 아는 착각적 망발 상황이 만들어진 것이다. 그리하여 심지어는 종묘대제도, 임금님 제향도 국민의 제향이 아니다. 사실상 전주 이씨 가문의 씨족 제사로 전락하고 말았다.

거의 하나같이 왜국 침략의지를 그대로 따라주는 로봇들뿐이다. 곳곳에 온통 추친일 풍조에 찌든 신친일파가 널려 있다. 아직 온 나라가 미완성 독립운동 상태에 머물러 있을 뿐이다. 아직도 실질적인 광복절로서의, 정신문화적 독립의 날은 멀고도 멀었다.

Ⅳ. 현대 정치에의 반성적 고찰

1. 정치생활의 반성

일제침략자들이 명성황후를 살해한 때로부터, 현재까지는 약 110여 년 가까운 세월이 흘렀다. 그리고 일제에 의해 융희황제가 강제로 퇴위당한, 1910년 8월 29일의 경술국치 이후에 약 90년쯤의 세월이 흘렀다. 지금까지 살펴본 그 과정은 청나라 마지막 황제 부의의 일생과 비교해 볼 때에, 누가 더 낫다고 하지 못할 정도로 눈물로 이어지는 비극적 소설 같은 흐름이다.

그렇게 세월이 지나오는 과정에서 우리는 무언가 생각지도 않은 착각적 사고에 빠져들어 오늘을 살고 있다. 우리나라의 국체나 정체에 대해, 엄청나게 잘못된 생각을 갖고서 살고 있는 우리의 뿌리없는 정치의식을 분석해 보자.

생각건대 우리는 의외로 은연중에 많은 사람들이 일제침략 후유증과 이승만이 획책한 정치적 상징조작에 의해, 우리나라가 1948년에 새로 탄생된 신생국인 듯 착각적 생각에 깊게 빠져있다.

때로는 고조선부터의 반만년 역사를 가졌다고 말하고, 옛날 삼국시대 이후부터의 기나긴 역사를 들먹이면서도, 잠재의식상 이승만은 나라를 처음 연 국부(國父)요 우리나라는 신생국인 듯 착각에 많이 빠지는 핵심적 이유는 무엇인가?

그것은 다른 변인들도 많이 그렇지만 특히 정치적 변인이 조선시대와 확연히 단절되어 있기 때문이다. 예컨대 현대사에 있어서 팔레비 왕조를 무너뜨리고 호메이니가 새로 정권을 쥐었다고 이란을 신생국이라고 볼 수 없는 것과 같다.

우리나라는 옛날의 역사와 확실하게 연결되어 있음에도, 일제침략 시대는 공백시대라 생각하고 그 공백시간을 뛰어넘지 못하는 정치의식을 갖고 있다.

하지만 우리나라의 현대사는 분명하게 조선시대와 연결되는 것이다. 현대사와 조선시대는 독립운동사에 의해 확고하게 연결된 한 덩이인 것이다. 더군다나 조선시대와 고려시대는 정치체로서도 동일 정치체로 파악되어야 할 것이다.

역사학에서는 고려시대와 조선시대를 완전히 다르게 해석하지만, 그것은 엄밀히 말하면 현대사에 있어서 제5공화국이 제6공화국으로 바뀐 것과 어떤 차이가 있다고 말할 수는 없다.

그러므로 최소한 고려의 개국 초부터 기산점으로 잡으면 1,000여년의 세월이요, 삼국시대부터 헤아리면 2,000년 가까이 되는 나라이며, 단군 이후로는 5,000년 이상의 긴 세월에 걸쳐 이어지는 정치생활을 해온 나라를 신생국으로 보는 것은 착각을 해도 크게 착각을 한 것이라고 하겠다. 그 까닭은 특히 무엇인가?

우리나라가 신생국으로 오인되는 착각은, 일본 침략의 상처가 너무나 크고 심각하기 때문이다. 일본 제국주의자들이 우리나타 사람들의 정치생활의 모든 것을 철저히 조선시대와 단절시키려 획책을 한 후유증이 그렇게 심각한 것이다. 정치제도, 정치의식 등에서 조선시대와 현대의 실질적 맥을 찾기가 거의 현실적으로는 불가능할 정도의 상황이 만들어지고 만 것이다.

그럼에도 불구하고 우리는 일제침략자들의 침략에서 벗어난 뒤에, 이승만의 개인적 야심을 채우려는 정략놀음에 말려들어, 일제침략자들이 원하던 바를 그대로 추인하는 정치의식으로 오늘까지 살아 왔다. 정말 어이없이 일제침략자들이 획책하던 그대로 살아왔다.

이승만은 결코 새 나라의 국부(國父)가 아니다. 우리나라는 결코 새로 태어난 신생국이 아니다. 그런데도 어처구니없는 생각을 아직도 갖는 까닭은 옛날과 오늘을 정치적으로 연결시키려는 복원 노력에 게을렀기에 발생한 것이다. 역사의식상의 정신적 독립운동이 미흡했기에 그런 것이다.

이승만은 코흘리개 어린이에서부터 당시에 "새 나라의 어린이는……" 등의 노래에 의해 신생국 사고를 고착시켰다. 스스로를 국부(國父)가 되게 만들려는 엄청난 정치의식적 실책을 과감하게 저질러 나갔다. 온 국민은 그리하여 스스로가 모두 새 나라 국민인 줄 아는 착각으로 사회생활을 영위해왔다.

도대체 우리는 일제침략의 결과를, 정치제도상으로는 전혀 치유해보려는 노력이 없었다. 무얼 하며 지난 50여 년을 헛되이 보내 왔는가? 너무나 일본이 망쳐 놓은 그대로, 무작정 잘못 살아 왔다.

2. 새로운 출발의 중요성

우리의 현대정치사가 일제침략의 질곡에서 풀려나, 새로운 길을 걸어 온 지 벌써 반세기를 넘는 세월이 흘렀다. 그 사이의 역사를 되돌아보면, 우리는 너무나 맹목적 정치생활을 해온 듯 생각이 들 정도로 무조건 살아 왔는지도 모른다.

자유당정권 이후부터 시작하여 이어진 오늘의 정치사에 있어서, 역사적 맹목성이 있었다고까지 할 이유는 무엇인가?

1) 일제잔재 척결을 위한 정치행위의 부재

지금까지 독립운동 세력이나 그 후예들, 그리고 역사학자들에 의해 일제잔재는 상당히 많이 없어졌다. 그렇지만 현대 정치사에서 과거에 일제에 의부한 기생충적 집단에 대해서는 정리 작업이 거의 없었다. 평생을 독립운동으로 보냈다고 표방하는 이승만도, 본인의 직계 추종세력이 허약하다 보니 그들과는 끝내 영합했다.[21)]

그 이후의 어떤 정권담당자도 친일세력에 대한 정리 작업에 관심을 둔 적이 없었다. 이승만은 사실상 독립운동의 주류가 아니었다. 만주벌에서 목숨을 내놓고 혈투를 벌이며 이름 없이 죽어간 수많은 사람들에 비할 때에, 이승만은 미국 땅에서 안전하게 독립운동을 즐긴(?) 사람이라고 보는 것이 옳을 수도 있다.

그렇기에 이승만에게는 당당한 추종집단이 거의 없었다. 미국이 밀어주는 배경에 의해서 정권을 쥐고, 친일파를 중용하며 민족사

---

21) 김두한, 피로 물들인 건국전야(서울: 연우출판사, 1963), p.297.

를 오도한 인물에 가깝다. 이승만은 친일파를 복권시켜 주고, 독립운동가들을 사실상 몰아서 제거한 인물이다. 일제패망 후의 한국을 사실상 제2의 친일국을 만든 인물이 이승만인 것이다.

요즘 이승만의 유물들이 언론에 공개되며, 찬란한 독립운동가였던 이승만을 만들려는 몸부림이 일각에서 일고 있다. 그러나 유의할 것이 있다. 진짜 찬란한 독립운동가는 거의 대부분이, 유품을 남기지도 못하고 이름 없이 죽어 갔다는 점을 명심해야 한다.

독립운동을 즐긴 이승만은 그렇기에 수많은 유품이 남아 있다는 점을 간과해서는 안 된다. 이승만을 살리려는 요즘의 흐름은 4 · 19 혁명으로 단죄당한 이승만을 또다시 죽이려는 부관참시의 흐름은 아닐까? 역사를 보는 눈은 공평하고 정직해야 한다. 이승만을 바로 말해 주는 것이 이승만을 정당히 평가해 주는 것이다.

프랑스의 사례를 예로 들어보면 짤막한 기간이나마 독일군의 점령기간에, 나치정권에 협력했던 자들에게는 남김없이 추상같은 정치적 단죄를 내렸던 것을 생각할 때에, 우리민족에게는 그와 같은 일이 전혀 없었음은 부끄러운 일이다. 이승만은 오히려 친일주구들을 중용했으니…….

이렇게 된 까닭은 그간 정치가들이 뚜렷하고 흔들림 없는 민족관이나 독립철학이 없이, 맹목적 권력추구에만 집념을 보였기 때문이다.[22] 겉으로 독립운동가를 표창하고 약간의 생활보조금을 주는 등의 생색은 냈으나, 실질적으로 공직을 맡은 당사자 가운데 섞여서 당당하게 고개를 높이 들고 현대정치사를 주름잡아온 친일세력

22) 김구, 백범일지(서울: 성공문화사, 1990), p.4.

에 대한 단호한 정리가 없었다.[23]

제3, 4공화국을 이끈 박정희가 일본 육군사관학교를 나와 관동군 장교생활까지 한 인물이므로[24] 그가 친일행위를 정리하지 못한 것은 백 걸음을 양보하여 이해(?)할 수 있다고 하더라도, 독립운동가라는 이승만이나 일제패망 이후 성장한 그 어떤 정치가도 그렇지 못했던 것은 특히 아쉬운 일이다.[25]

제3, 5공화국 초에 있었던 정치행동규제법 같은 것이 만들어져 친일행위자를 정리했어야 하는데 그렇지 못했고,[26] 제3, 5공화국의 것은 반대파를 몰아내려는 당리당략적 규제책의 성향도 높았다.[27]

생각건대 제5공화국 초기에 터진 일본 교과서 왜곡사건은, 친일활동을 정리하고 역사적 부채를 정리할, 하늘이 내려준 천 년에 한 번 올 듯 좋은 기회였으나 독립기념관 하나를 건립하고는 유야무야로 지내 버리고 말았다.

생각하면 일제패망 이후 우리나라를 주름잡은 인물 중에는 일본

---

23) 윤대원, 친일파의 어제와 오늘, 순국선열유족회, 순국 13호, 1990년 11 · 12월호, pp.28~47.

24) ㉠ 김삼웅, 친일 반민족분자의 척결과 민족정기, 순국선열유족회, 순국 12호, 1990년 9 · 10월호, pp.14~23.
㉡ 김형욱, 박사월, 김형욱 회고록 Ⅱ(전주: 아침출판사, 1985), pp.32~38.

25) ㉠ 이승만은 오히려 당시 국회 내에 설치된 친일파 숙청을 위한 반민특별조사위원회를 강력한 지시로 해산시켰다.
조병옥, 나의 회고록(서울: 민교사, 1959), p.276.
㉡ 길영환(이원웅 옮김), 남북한 비교정치론(서울: 문맥사, 1989), p.178 참조.

26) 이헌종, 친일파 처리를 위한 특별법제정에 관한 연구, 순국선열유족회, 순국 9호, 1990년 3 · 4월호, pp.78~95.

27) 윤보선, 구국의 가시밭길(서울: 한국정경사, 1967), p.123.

관료 출신, 일본 법관 출신, 일본군 장교 출신에다가 일제에 기대산 관변지식인, 기생충 연예인이나 언론인, 그리고 우리민족을 괴롭힌 추악한 첨병이었던 일본 경찰 출신들까지 합하여[28] 큰소리를 치며 출세하고,[29] 옛 독립운동가 출신은 도리어 곤욕과 어려움을 겪는 모순의 흐름이었다.[30]

이승만 정권의 몽매한 정책으로 친일집단이 이 나라를 이끌게 되었고, 독립운동 세력은 어이없이 거세되어 이렇게 되었다. 일제패망 후의 너무도 중요한 시기에 정권을 잡은 이승만에 의해, 나라의 혼을 잃고 국권의 뿌리부터 잘못되게 만든 것이다.

이러한 오도된 정치흐름의 탁류 속에서, 수준 높은 독립운동 결산작업이 나올 리가 없는 것이다. 별안간 찾아온 일제패망에 들떠 어영부영 세월을 보내며 친일파들에게 새로운 득세의 길을 열어 주면서, 제2의 친일국가를 만든 것이 기막힌 현대 정치사였던 것이다.

2) 옛 정치전통과의 연결 노력 필요성

그러면 이제 현대정치사에 끈질기게 잠재된 신생국(?) 사고를 극복하기 위한 방안에 대해서 생각해 보자. 그것은 아마도 일제침략자들이 획책했던 것에 대한 역방향 정책을 실현하는 것이 되겠다.

---

28) ㉠ 강창성, 일본 · 한국의 군벌정치(서울: 해동문화사, 1991), pp.331~356.
㉡ Bruce Cumings, The Origins of the Korean War, 김자동 역, 일월서각, 1986, pp.221~222.

29) 송건호, 강만길 편, 한국민족주의론 Ⅱ(서울: 창작과 비평사, 1983), p.239.

30) ㉠ 장병혜, 창랑 장택상 일대기: 상록의 자유혼(경북: 영남대학교 박물관, 1973), p.362.
㉡ 윤치영, 윤치영의 20세기(서울: 삼성출판사, 1991), p.306.

그렇다면 그것은 언뜻 생각하기에 정말로 시대착오적인 잘못된 생각이라고 경솔히 생각하는 일부의 사람이 있을 수도 있겠다. 그러나 성급한 결론을 미루고 필자의 문제제기를 차분하게 곰곰이 생각해 보는 시간은 대단히 유익한 일임을 인식하게 될 것이다.

특히 이러한 문제는 일제패망 이후 체계적으로 학술적 입장에서 생각해 본 사례가 거의 없었으므로 더욱 그렇다.

(1) 황제(임금님) 옹립

일제침략자들이 간교하고 집요하게 꾀했던, 대한제국 황조의 황통단절 정책에 우리가 정면으로 대결해 본 역사를 우리는 회고하기가 쉽지 않다.

물론 1904년에 일본 유학생들이 27세의 의왕을 옹립하려던 것과, 1923년의 의왕 상해망명 미수 사건의 두 가지 미수에 그친 일은 있었다. 또한 1927년에 영왕이 유럽여행을 할 때에, 영왕을 납치하여 독립운동의 구심점을 삼으려던 임시정부의 활동이 있었으나 모두 미수에 그쳤다. 그 외에 별다른 황통복원 운동 사례가 없다.

생각건대 광무황제의 의문에 찬 급작스러운 죽음에 맞추어 일어난 삼일만세 항거는, 항일운동과 함께 황제의 지위에 대한 정신적 뒷받침도 분명하게 내재되어 있는 일이었다. 그러나 지금까지의 근현대 정치사에서는 그것을 거의 외면하고 거론도 않았다.

삼일만세 항거는 항일운동보다도 광무황제에의 충성심이 더 컸던 것이었다고 생각한다.[31] 그렇지 않고서야 그렇게 거족적 만세운

31) ㉠ 우리나라의 정치의식을 이해함에 있어 예부터 끈질기게 이어진 존황사상(尊皇思想)을 오늘날에는 거의 의식하지 않는데, 이것도 일제침략의 산물로 볼 수 있다. 홍순

동이, 요원의 불길같이 삽시간에 일어나기는 어려웠을 것이다.

그러므로 삼일만세 항쟁의 원인을 독립운동설의 측면에서만 보는 것은 부당하다. 새롭게 존황사상설을 주장하며, 황실수호 의지가 보다 강했다고 생각한다. 당시 광무황제는 커다란 존경을 받았고, 국민들의 대한황실에 대한 충성심도 지대했었다고 보아야 옳은 해석일 것이다. 그러므로 삼일만세 항거에 대한 독립운동 일변도의 생각은 고쳐져야 할 것이다.

일제패망 직후 좌익과 우익에서는 경쟁하듯이 영왕을 자기 단체의 고문으로 추대하려고 경쟁적 유혹을 했으나 고문이 될 것을 영왕이 거절했다. 황실가족 내에서는 황위계승의 암투까지 일어나기도 했으나, 뚜렷한 중심의견이 없다 보니 이승만의 귀국 후에 가혹한 황실탄압이 이어지면서 잊히어져 버렸다. 그 후 오늘까지 대한제국 황실복원 문제는 완전히 망각되다시피 된 것이다.

현재 일본에 거주하는 대한황실의 정통후예 이구(李玖)에 대해 우리는 그 사이에 너무 무심했다. 너무나 무엄했다면 잘못된 표현일까? 일본의 천황은 지금도 대단히 존경을 받고 엄청난 숭배를 받는데, 우리의 황제가 될 잠재적 황태자는 이름 없는 평민이 되어, 이국땅에서 쓸쓸히 비참하게 살고 있다.

이런 현실은 일본침략자들이 끊임없이 원했던 일임을 왜 우리는 잊고 있는가? 그는 아직도 실질적 볼모 상태에 있다는 표현이 적합하지는 않을까?

호 외, 한국현대사의 재조명(서울: 대왕사, 1990), pp.89~91.

㉡ 일제강점기에 거의 규모가 큰 민족운동들은 광무황제에서 비롯된 항일투쟁이었고 국민들의 황실에 대한 충성심도 지대하였다. 조선일보, 함녕전: 고종 독살설 자극 받은 3 · 1운동 시원지, 1991. 4. 13 참조.

특히 여기서 유의할 일의 하나는 대한황실의 재건에 철저히 쐐기를 박은 장본인이, 평생을 대한황실의 정통 핏줄임을 자랑하고 다닌 이승만이었음이다.

이승만은 망명 중에 스스로가 대한제국의 왕자라고 말하고 다녀, 한때는 프린스턴 대학 때의 급우였던 윌슨 대통령의 딸과 염문을 뿌릴 정도였다. 다른 사람들은 대통령의 딸과 망명 상태이긴 하지만 동양의 왕자의 사랑을 부러워하기도 했다고 한다.[32]

하지만 그는 마지막 남은 융희황제의 윤(尹)황후가 6 · 25 전란이 끝난 후에 살던 집인 낙선재로 되돌아갈 것도 무참히 반대했고,[33] 영왕의 귀국까지도 철저하게 금지했다.

일제패망 무렵의 영왕은 본인이 황제로 다시 귀국하길 희망했고, 황실에서는 영왕이 분명한 황태자라고 생각하고 있었다. 이에 대해 많은 국민과 유생들은 찬성했으나, 일부 반대의견도 있었다.

반대의견은 11살에 볼모로 끌려가 일본 여자와 편히 산 사람을 황제로 모실 수 없다는 것이었다. 그런데 반대의견을 가진 사람도 11세에 강제로 끌려가 감시를 받으며, 강제결혼을 거부하고 자살하거나 도망갈 수 있었을까? 또 덕혜옹주 같은 정신병자가 되지 않을 자신이 있었는가?

그런데 이러한 반대의견을 확고히 만든 자가 이승만이다. 당시 이승만이 영왕에 대해 냉담한 태도를 갖자, 일본에 가는 우리나라 사람은 거의 모두 이승만이 알면 야단이라며 영왕과 만나는 것을 꺼렸다. 권력자에 빌붙어 살거나 기생하는 심리를 가진 사람은 언

32) 임병직, 임병직 회고록(서울: 여원사, 1964), p.132.

33) 김명길, op.cit., pp.81~83.

제나 그렇다고는 하지만, 이러한 흐름이 쌓여 영왕의 귀국도 금지되고, 황실복원도 지금까지 당연한 듯이 잊혀져버린 것이다.[34)]

이러한 비정한 분위기 속에 윤황후는 집을 쫓겨나 정릉 산골짜기에서 10년을 한을 품고 외롭게 지내다가, 4 · 19혁명 뒤에 이승만이 응징받으며 하와이로 쫓겨나고 나서야 낙선재로 돌아왔다. 영왕도 이승만이 사라진 1963년에야 겨우 귀국이 가능했던 것이다.

생각하면 이승만은 그의 정권안보를 위해서는 어떠한 일이라도 했던 인물인 듯하다. 서재필은 이승만의 평생사업이 오로지 대통령이 되는 것일 뿐이라고 말할 정도였다.[35)]

그러나 우리 겨레가 그렇게 원초적으로 무정하고 무심한 민족은 아니다. 일본 침략정책의 희생물이 되어 그렇게 모자라게 된 것뿐이다. 그것은 민족분단의 씨를 뿌려놓고 오늘날까지도 교활한 남북 등거리 외교를 하며, 우리나라가 통일이 될까 하여 항상 방해를 놓는, 사악한 일본외교의 농간에 의해 우리가 남북 사이에 총을 겨누고 있는 것과 흡사한 것이다.

모두가 일본의 장난에 의한 후유증일 뿐이다. 그것은 단호한 노력으로 극복되어야 한다. 이국땅에서 고생하는 정통 황손은 정중하게 모셔다 28대 황제로 받들어 옹립해야 할 것이다.

---

34) 이방자, op.cit., pp.227~293.

35) ㉠ 곽림대, op.cit., pp.236~249 참조.
㉡ 박용만은 이승만을 미국에 초청한 동지였다. 무장독립론의 기수였던 박용만은 미국에서 조국탈환을 위한 당당한 군대조직을 양성하고 독립운동의 구심점이었다. 그러나 이승만을 초청했다 몰락하고 만다. 미국에 온 이승만은 즉각 교민을 분열시키고 박용만을 제거했다. 박용만은 실의 속에 밀려난 후 북경에서 암살당하고 만다. 위대한 독립운동가 박용만은 이승만을 동지로 초청하여 어이없이 망하고, 박용만의 미국 독립운동 기반은 이승만이 차지한다.

그리고 조선황조의 부활 이전에도 이구는 황제로서 적절한 예우와 경호가, 우리나라와 일본정부의 협조하에 확실히 진행되어야 하고 조속히 귀국 조치를 취해야 할 것이다.

그리고 현재 이구의 자손이 없으므로 적절한 자손을 황태자로 정하여 29대 황제로 받들 준비도 갖추어야 할 것이다. 그것은 절대로 늦출 일이 아니다. 극일을 위한 정치행위의 핵심인 것이다. 대한황실은 마지막 독립운동의 차원에서 확실히 부활되어야 옳다.

그런데 참고로 이구의 직계자손이 없으므로, 대한황실의 직계자손을 유일하게 남긴, 영왕의 이복형인 궁인 장(張)씨 소생의 의왕(義王)을 살펴볼 필요가 있다. 그는 대단한 호남아요 미남으로서 매우 영특한 인품이었는데, 옛날 대원군의 젊은 시절과 같이 술과 오락을 즐기며 유랑하는 부랑자로 처신하였다.

그리하여 그는 기록상으로 나타난 것으로만 부인이 여럿이며 20여 명에 이르는 자녀를 둔 것으로 되어 있다. 이들 중에서 황실 족보에 오른 사람은 이건(李鍵), 이우(李鍝)와 이건의 아들인 이충(李沖), 이기(李沂)뿐이다.

그런데 의왕의 부랑아 처신은 일제침략에 의해 철저히 감시받는 상황에서의 살아남기 위한 처세방편이었다.

왜냐? 임시정부 초기 무렵에 일어난 의왕의 상해망명 미수사건이 바로 그것을 증명하는 것이다. 임정에서는 그를 독립운동의 구심점으로 삼아 황통복원을 시킬 계획을 세운 것이며, 그도 그것을 쾌히 승낙해서 계획에 옮겼으나 실패하고 만 사건이다. 이 사건은 영왕 이은이 볼모로 잡혀 꼼짝 못하는 상황에서, 황실에서 기도한 독립운동의 대표적인 것이며 정치적 의미가 크다고 본다.

이 사건의 실패 이후 의왕은 경찰에 줄기차게 감시당하며, 자포자기한 가운데 완전한 방랑인이 되어 술로써 인생을 마친다.[36] 그러나 의왕의 말년은 꼭 술에 빠진 인생이 아니라, 일제를 속이기 위한 위장된 행동으로 이해해야 옳다.

이와 같이 독립정신과 반일기질이 농후했던 의왕의 아들 가운데, 차남 이우와 박영효의 손녀 박찬주의 결혼은 황실의 정통성이란 면에서 주목되어야 하겠다.

일제침략자들이 황실 직계 자손은 법으로 정하여 일본 황실과 강제결혼을 시키던 때에 단호히 그것을 거부하고 동족과 결혼을 한 것으로서, 항일운동적 결혼, 사랑에 충실한 결혼, 황실에서 일본 피가 섞이지 않은 순수한 결혼으로 중대한 의미를 갖는다.

그런데 지금까지의 논술흐름으로 보아, 한편으로는 이구와 줄리아가 황제와 황후로 모셔지기가 어려울 수도 있겠다. 그 경우에는 이구와 줄리아를 상황제와 상황후로 모시고, 엄격하고 확실한 선발과정에 의해 황제와 황태자를 새로 결정하는 방안을 신중히 고려할 수도 있겠다. 그 경우 누구나 흔쾌하게 승복할 절차가 중요하다.

누구나 인정하고 존경할만한 분을, 임금님으로 정당하게 모셔서 황실을 복원하면 되는 것이다. 대한황실은 사실상 지금도 잠재적으로는 분명히 살아있기 때문이다.

(2) 입헌군주제 확립

현재 입헌군주제를 채택하고 있는 나라는 영국, 말레이시아, 핀

36) ㉠ 김명길, op.cit., pp.63~64.
㉡ 임병직, op.cit., p.172.

란드, 덴마크, 네덜란드, 태국, 스페인, 벨기에, 일본 등의 나라이다. 대체로 역사가 오래된 뼈대 있는 나라들이다.

오늘날의 입헌군주제 군주는 거의 모두가 상징적 정치지배자로서, 군림하되 통치하지 않는 형태를 취하는 것이 일반적이다. 우리나라에 임금님을 다시 모시고 군주제를 도입한다면, 그것은 조선시대와 같은 절대군주제가 아니라 입헌군주제가 될 것이다.

이렇게 되면 언뜻 가볍게 생각하여, 입헌군주제에 대해 의외라고 생각하는 사람이나 놀라움을 나타낼 일반인이 있을 수도 있겠다.

현대 정치사가 진행되는 동안 '입헌군주제'는 전혀 거론된 적이 없다. 생소한 것이라고 해도 과언이 아니니, 일반인들이 놀라는 것도 당연하다. 그러나 그렇게 놀랄 필요는 없다.

일제패망 이후 현대 우리나라 정치사에 있어서, 우리들은 궁극적으로 일제의 황통단절 정책을 추인해주는, 잘못된 정치흐름에만 기만당하며 살아왔으므로 놀랄 뿐이기 때문이다.

현대시대에 들어 우리들은 일본이 망쳐 놓은 그대로가 좋다는 듯 무작정 생각 없이 살아왔다. 사실상 현대판 신친일파들이 되어, 일제가 망쳐놓은 그대로 살아 왔기에 놀라는 것이다.

왜냐? 세계 각국의 어떠한 정치 선진국도 정치제도에 관계없이 민주정치의 꽃을 피우고 있는데, 제헌헌법부터 시작하여 우리나라에는 대통령제와 내각책임제의 논란 속에서 현대 정치사를 이어왔고, 이 과정에서 정치인들이 그들의 정략상 입헌군주제는 거의 거론도 않으며 국민들을 정략적으로 속여 왔기에 우리가 놀라는 것이기 때문이다.

다시 말하면 우리나라의 정치제도 논쟁은 학술적 연구나 국민적

합의가 선행된 것이 아니다. 항상 몇몇 정치인들의 개인적 이익을 고려한 발상에서 비롯되었기 때문에 그렇게 된 것이다.

따라서 시종일관하여 정치인들 스스로가 잘못되어 참된 민주주의가 안 되는데, 정치제도가 나빠서 그렇다고 국민을 우롱하여 왔기 때문이다. 오늘날의 민주정치가 그래도 현재만큼이라도 나아진 것은, 정치인보다는 국민들의 정치의식이 높아짐에 의했다고 봄이 차라리 옳다.

현대 정치사를 되돌아볼 때에 정치제도 논쟁에서 당연히 거론되어야 할 입헌군주제는, 애초에 막강한 권한을 갖고 있던 이승만의 정략적 입김이 크게 작용하며 전혀 거론도 되지 않았다. 그 후 내각책임제와 대통령제의 타성에 젖은 논쟁만 지루하게 이어졌다.

일제패망 이후 매우 아쉽게도, 정략가 이승만에게 현대 정치사는 넘겨지게 되었다. 이승만은 귀국과 동시에 정국의 주도권을 쥐면서 주위의 정적을 하나하나 제거하는 한편, 특히 영왕의 정치적 매장 작업을 철저하게 주도하였다.

그리하여 이승만은 영왕이 국민적 중심성을 갖고, 스스로의 정치적 진로에 방해를 줄 것을 걱정하여, 영왕의 귀국을 확고히 금지시켰다. 그러면서 국내에서는 영왕 이은이 자기만 일본에서 편히 살고 백성을 돌보지 않은 친일파라고 일방적으로 몰아붙였다.

그리고는 대한황실이 썩어서 나라가 망했었다는, 정략적 악선전을 계속하여 황실과 국민의 이간작업을 확실히 해나갔다. 당시에 영왕은 국민적 신망이 컸었다. 이승만에게는 영왕이 그 누구보다도 위협적인 정적이었음에 의도적으로 철저히 짓밟았던 것이다.

생각하면 이승만은 일제침략부터 시작된 대한황실 황통단절 정책을, 최종적으로 성공하게 만든 최악의 인물이다. 대한황실의 입장으로서는 최대의 역적인 것이다.

대한황실사로 볼 때에 이승만 같은 친일파는 없다. 이승만에 의해 대한황실을 짓밟으려는 일제침략 정책이 완성되었기 때문이다.

대한황실은 이완용의 매국에서 비롯되어 황실이 문을 닫게 되고, 이승만의 정략적 탄압으로 확실하게 재기 움직임어 철퇴를 맞게 되는 것이다.

우리나라의 현대 정치사를 살펴보면, 정치제도를 둘러싼 논쟁은 크게 세 번 있었다. 첫째로 처음에 헌법을 만들 때에는, 헌법기초 위원들이 이승만의 영향권 내에 있음에도 불구하고 완전한 내각책임제로 만들었다. 그런데 이승만이 제헌헌법이 통과되기 바로 며칠 전 잠깐 사이에 강제로 바꾸게 하였다. 그리하여 우리나라 헌법은 처음부터 몸체는 내각책임제이면서, 핵심 요소만 할 수 없이 대통령제로 변형시킨 기형적 대통령제로 출발한다.[37)]

그리하여 자유당 정권 때는 여당이 바라는 헌정 체제는 대통령제였고, 이에 야당은 정치투쟁을 하며 줄곧 내각책임제로 바꾸는 것을 외쳐왔다. 내각책임제로 바꾸면 하루아침에 살기 좋은 세상이 오는 듯이 말해왔다.[38)]

그리하여 4 · 19혁명 뒤의 제2공화국에서는 두 번째로 내각책임제를 택했으나, 좋아지기는커녕 혼란스럽고 살기만 더 어려웠다. 그것은 여야가 똑같이 정략적 입장에서, 대통령제와 내각책임제를 아전인수 식으로 주장했음을 증명하는 것이다.

---

37) 안천, 한국민주화운동사 I (서울: 민족문화사, 1988), pp.88~95.

38) 윤보선, op.cit., p.83 참조.

그 후 세 번째로 제3공화국부터는 현재까지 초권위적 유신시대까지 거치면서 대통령제로 이어지고 있다. 그런데 우스운 일은 노태우 대통령의 제6공화국에 들어서는, 여야의 정치싸움이 여당은 내각책임제로 개헌을 꾀하고 야당은 대통령제를 열심히 수호하려 하여, 자유당 때와는 전혀 정반대의 양상이 나타나고 있음이다.

그리하여 우여곡절 끝에 대통령이 된 김영삼 대통령은, 3당 합당을 하면서 내각제를 비밀리에 약속하고서는 뒤에 그것을 번복한 것을 누구나 아는 일이다. 하지만 약간의 이해관계가 뒤바뀌면 이것은 거침없이 또 뒤바뀌는 것이다. 어떤 뚜렷한 정치철학적 배경은 전혀 없다. 이해싸움의 반영에 의한 정치놀음에 불과하기 때문이다.

이러한 여야의 정치싸움에 일반인들이 말려들어 내각책임제나 대통령제로 어떤 제도를 택하면, 금방 극락이 되고 천국이 오는 듯이 간단하게 생각하는 경향이 있는데 그것은 정말 잘못된 오해이다.

이러한 오해를 웅변으로 증명하는 대표적 사례가 바로 김대중 대통령의 탄생이다. 김대중 대통령은 하도 대통령이 되지 않으니까, 김종필 자유민주연합 총재와 내각제 개헌을 하겠다고 굳게 약속하고는, 국민들에게 공개적 선언을 분명히 하고 대통령에 당선되었다. 그러나 문서로까지 공개 선언한 그 약속을 지키려는 최소한의 성의도 없었다.

생각건대 여야의 정치싸움판에서 대통령제를 택하고, 내각책임제를 택하자는 주장은 언제나 국리민복을 위하는 것이 아니었다. 여야당이 각기의 이해싸움에서 당장 눈앞에 자기 쪽이 정권을 잡기에 이롭다고 생각하는 입장에서, 내각책임제나 대통령제를 채택하자고 정략적인 주장을 하는 것임을 일반인들은 간파하지 못하는 것이다.

정치제도가 잘 되어야 정치가 잘 되는 것이 아니다. 정치를 맡은 정치인들이 올바를 때에 정치가 잘 되는 것이다. 그것은 정치선진국의 어떤 나라에서도 증명된 진리임에도, 정치인들이 국민을 계속 속이기 때문에 나라가 혼란하고 국민을 괴롭게 만드는 것이다.

현대 우리나라 정치사에 있어서 끊임없이 계속된 혼란은 정치제도의 잘못이 결코 아니었다. 부정직하고 이기적인 잘못된 정치인들 때문이었음을 분명히 짚고 넘어가야 할 것이다.

그런데 더욱 아쉬운 것은 일제패망 이후 이어진 정치제도를 둘러싼 여야싸움에서, 정말로 나와야 할 진짜 정치제도는 이승만의 농간 이후 한 번도 거론되지 않았다. 그렇게 되니 모든 것이 일본이 원하고 망쳐 놓은 그대로, 일제강점기 이후의 신친일 틀에 사로잡힌 것이었다. 또한 이승만이 만든 정략적 틀에 사로잡힌 것이었다.

생각건대 일제퇴출 이후 끈질기게 이어진, 우리나라 여야의 정치싸움 수렁에서 탈출하는 신선한 정치관점이 절실하다. 칠흑 같은 일제강점기 암흑세계를 겪은 나라라면, 진정한 항일애국 철학을 갖고 정권을 쥐었다면, 오로지 우선적으로 일제침략의 결과로 나타난 잘못을 바로잡고 원래의 우리가 가졌던 정치적 본모습을 되찾아 미완성 독립운동을 완수하자는 자세를 갖는 것은 지극히 당연한 일이다. 그런데도 그 지극히 당연한 정치사가 현대사에는 없었다.

생각하면 우리나라의 헌법을 처음 만들었던 제헌국회는, 이승만의 개인적 욕심 채우기에만 휘둘리면서 너무나 커다란 실수를 저지른 것이다. 아무리 이승만의 정치적 입김 속에서 용기 있고 뜻있는 사람이 별로 없었기로서니, 제헌과정에서 전혀 역사적 당위성을 고려하지 않았음은 너무나 아쉬운 일이라 하겠다. 당시 이승만드 그렇고, 그 누구도 구국의 의지가 선행되지 않아서 그런 것이다.

보잘 것 없이 영락하여 절에 들어가 스님생활을 하던 황실을 복원한 일본의 명치유신이나, 2차 대전 후 맥아더 사령부에서 천황제를 폐지하려 하자 전 국민이 단결하여 천황제를 존치시켜 달라고 요구하여, 오늘날의 천황제가 있게 한 일본이 우리보다 더 나은 천황을 모시고 있는 것은 전혀 아니다.

현재 생존해 있는 대한황실 후예들은 옛날 일본 황실보다 훨씬 더 낫고, 품위 있는 인간집단이다. 현 상태에서 황실을 세우고 가꾼 뒤 알차게 만들면, 세계의 어떤 황실보다도 훌륭해질 것이다.

정말 아쉬운 후회인데 제헌국회에서는 제헌헌법으로서 입헌군주제를 만들고, 전 국민을 대신하여 일제침략자에게 끌려가 인질생활을 하던 영왕을 정중히 모셔다 황제로 옹립했어야 했다.

영왕을 황제로 모시고 초대 대통령인 이승만이 수상이나 총리대신이었다면, 그 이후의 우리나라 정치사는 전혀 다른 방향으로 나갔고, 우리나라가 보다 안정된 정치발전을 이뤘을 것이라는 가설을 꼭 부정하기는 어려울 것이다.

그리고 이승만은 추악한 독재자가 아닌, 민족사에 남을 위대한 총리대신이라고 기록되었을지도 모른다. 생각하면 이승만은 어처구니없게도 그가 대통령이라야만 훌륭하고, 총리대신이면 덜 위대하다는 졸렬한 생각만 가졌던 것이다.

디스레리, 그래드스톤, 처칠, 대처, 기시, 사토, 후쿠다, 나카소네는 수상이 아니고 대통령이었다면 더 훌륭한 인물이었을까? 이승만은 훌륭한 정치를 하는 것이 중요한 일임을 잊고 잡생각에 의해 민족사와 스스로를 망친 것이다.

너무나 아쉬운 일이다. 그리하여 임금님을 모시며 역사적 정통성을 확립하려던 커다란 대의명분은 무시되었다. "이 나라의 현대 정치사는 역사적 정통성이 없다. 일본이 망쳐 놓은 그대로의 잘못된 아수라장 정치판을 그대로 두었기 때문이다." 사실상 현재의 남북한은 추친일 국가일 뿐이다. 역사적 정통성을 상실한 잘못된 상태에 놓여 있을 뿐이다.

일제패망 이후 끝없이 이어진 여야의 정치제도 싸움이 왜 진흙탕 싸움이었는가의 이유를 말하라면 그것은 간단한 것이다. 그것은 정치인들이 깊은 역사인식과 정치철학이 없이 사리사욕과 당리당략에 바탕을 둔 소아적 흐름에 깊게 집착했기 때문이다.

역사는 그 시대정신에 투철하고, 그 시대가 요구하는 역사의지에 맞춰 정면으로 도전하여, 정면으로 승리를 얻은 사람을 위인으로 기록하는 것이다. 그러나 현대 정치사에 있어 명멸했던 크고 작은 정치인들은 시대정신을 제대로 읽을 줄조차도 몰랐다.

정면으로 우리 시대의 문제에 맞서 확실하게 스스로를 불사른 인물도 없으며, 소아적 이기주의에 영합하여 살아온 불쌍한 인물들에 거의 모두가 가깝다. 그렇기에 현대 정치사에는 민족사에 뚜렷이 남을 위대한 정치가가 아직 탄생하지 않은 것이다.

현대정치사에 명멸했던 여러 대통령들? 거의 모두가 역사형성의 들러리요 역사추진의 소모품에 불과할 뿐이다. 시간의 흐름에 따라 잊혀져버릴 평범한 인간들뿐이다.

꿈을 상실한 한국정치가 부끄러울 뿐이다. 아직도 일제 악몽 쇠사슬에서 못 벗어나 신음하고 있다니…….

Ⅴ. 맺는 글

일제침략자들이 끈질기게 대한황실 황통을 끊어놓기 위해, 특히 여자를 공격했던 점을 추적한 본 논문의 결론을 맺으면 그 결론은 아주 짧고 간단하다.

일제퇴출 이후 지금까지 우리의 정치적 전통성과 정통성을 확립함에 주의를 기울이지 못한 바를 극복하고, 민족적 뼈대를 확립하려면 임금님을 모시고 황조체제를 복원하면 해결되는 것이다.

생각하면 아주 간단한 일이다. 일제침략에 의해 끊긴 황통은 이으면 되는 것이다. 그러면 임금님을 모신 황조체제의 복원에 의해 얻을 이로움은 무엇인가?

1) 첫째로 역사의 단절의식을 극복할 수 있다. 지금까지 마치 우리가 신생국인 듯 착각에 빠질 여지가 많았고, 현대 정치사는 옛날과 이어진 것이 아닌 듯이 잘못 생각할 수 있었던 것을 대한황실 복원에 의해 극복할 수 있는 것이다.

   융희황제가 일제에 의해 강제 퇴위된 1910년 8월 29일의 치욕적 사건 이후, 무엇보다도 긴급한 것은 역사단절 의식의 극복이다.

2) 둘째로 국민의 정치의식상의 혼란을 상당히 극복할 수 있겠다. 지금까지 현대정치사가 다분히 정치혼란사로 이어졌던 것은 정치적 마음의 고향이 탐탁한 것이 없었고, 국민적 존경을 받는 정치적 구심점이 될 인물이 없었기 때문이다.

   일제침략자들의 식민교육에서 우리 겨레는 스스로 못났다는 자기학대적 왜소화 교육을 끈질기게 강요받았고, 대한황실은 형편

없이 못나서 일본 황실에 흡수되어야 하고, 우리민족은 식민지가 되어야 한다고 계속 세뇌교육을 받은 헤어나기 힘든 정치의식을 우리는 일제에 의해 강제로 전수받았다.

더군다나 이승만의 정략놀음에 의해 깊은 생각 없이, 때로는 거의 맹목적으로 대한황실을 매도하는 풍조는 날로 강화되었다. 그렇다 보니 우리나라 국민들은 우리 정부에 대한 애착을 못 갖고 자부심보다 자기모멸적 의식을 갖고 방황하게 된 것이다.

우리의 자화상은 못난이요, 우리 정부는 못난 정부라는 의식을 가진 사람들이 모인 나라에 무슨 쓸 만한 정치가 이루어지겠는가? 우리민족을 이끌 정치적 구심점이 없는데 무슨 좋은 정치가 이루어지겠는가? 일제패망 이후 끈질기게 이어진 정치혼란사는 어쩌면 당연한 것이었다. 국민들이 마음의 고향이 없었기 때문이다.

그러나 여야의 정치싸움보다 한 단계 위에 선 품위 있는 정치적 구심점이 명백할 경우에는, 여야의 정치싸움은 보다 수준 높은 정치대결로 바뀔 것이다. 나라의 어른이신 임금님을 모시면서, 국민의 정치적 마음을 치유하며 푸근한 안식처를 회복시켜 주는 일은 조속히 마련되어야 마땅하다.[39)]

3) 셋째로 내각책임제의 장점인 민주적이고 책임정치에 민감한 정치

39) ㉠ Michael C. Howard, Contemporary Cultural Anthropology(Boston: Little, Brown & Co.,1986), p.301.
㉡ 필자가 대한제국 황실을 부활시키자며 국호를 본 논문에서는 대한제국으로 썼으나 앞으로 꼭 대한으로 하자는 것은 아니다. 필자는 앞으로 남북통일을 감안하며, 우리나라의 국호가 가우리 혹은 고려(高麗)가 되어야 한다고 생각한다. 안천, 만주는 우리 땅이다: 거시국토통일론(서울: 인간사랑출판사, 1990), pp.9~42.

제도를 확립할 수 있을 것이다. 그리고 대통령제의 장점이라는 안정성은 현실정치에 초연한 황제(임금님)의 존재에 의해 자연히 유지될 수 있으므로, 현대 영국이나 일본의 정치운영과 같이 안정적이면서 민주적이고 책임감 있는 정치가 되리라고 본다.

정치운영의 민주성은 내각에 의해 이루어지고, 정치운영의 안정성은 황제제도에 의해 이루어지는 제도이니 동시에 정치목표가 추구되는 것이다. 특히 대통령제를 택했던 이승만, 박정희 시대가 미국을 제외한 세계 각국의 대통령제가 독재적 신대통령제로 전락했던 것과 똑같은 길을 간 쓴 경험과, 순수내각제를 택했던 제2공화국 시대에 대통령과 국무총리의 갈등과 부조화에 의한 혼란의 초래나, 궁극적으로 윤보선 대통령이 5 · 16혁명을 추인 방조한 것으로 오해받게 되는 등의 행위[40]는 좋은 교훈이 되는 것이다.[41]

4) 넷째로 지금까지의 정치교육이나 역사교육에서 끊임없이 한족의 중화주의에 눌려 우리는 왕이고 한족은 황제였던 듯이 생각하게 가르치고, 우리는 변두리 나라에 불과한 듯 국민의식의 왜소성을 심어준 것을 극복할 수 있게 된다.

특히 이것은 조선시대 말기에 광무황제가 대한제국을 수립하며 황조체제를 분명히 정립한 것을 이어주는 것이므로, 어떠한 큰

40) 장면은 윤보선이 5 · 16 당시에 박정희와 내통한 것으로 회고하고 있다. 장면, 한 알의 밀이 죽지 않고는(서울: 카톨릭 출판사, 1967), p.89.

41) 윤보선은 내외의 공격에 대해 자기는 무관하다고 변명하고 있다. 윤보선, 구국의 가시밭길(서울: 한국정경사, 1967), p.110.

문제가 없이 국민의식으로 정착되리라고 본다.[42] 지금도 천황제를 유지하는 일본이 정치적 안정 속에 자신감을 갖고 발전함에 유의해야 할 것이다.

5) 다섯째로 일제침략의 결과로 인해 훼손된 상처를 바르잡는 것이므로, 독립정신의 정립에 크게 기여하게 될 것이다.
일본의 침략을 받기 이전의 정치적 모습을 그대로 갖추는 것이므로 국민의 마음속에 응어리진 한 맺힘을 푸는 것이다. 잠재된 열등의식을 극복하는 것이 되고, 상처받은 정치적 주체의식을 뚜렷하게 하는 것이 될 것이다.

6) 여섯째로 황제 외교에 의해 대외적 국위선양에 많은 도움을 받을 수 있겠다. 현실정치에 초연한 황제이지만, 국가 최고의 정치적 상징으로서 대외적 국위를 선양함에 황제제도는 지대한 도움을 줄 것이다. 황후나 황태자, 황태자비 등에 의해서 대외적 외교활동이나 대내적 정치안정 활동에 많은 도움을 받게 될 것이다.
정치는 상징행위에 의한 권위구축에 의해 상당히 많은 영향을 받게 되는데, 황제 외교는 이에 결정적인 도움을 주게 되는 것이다.

*　　　*　　　*

일제 침략에 의해 황후가 무뢰한의 손에 불타 죽고, 황제가 독살당하거나 바보같이 되어 제위에서 강제로 쫓겨나고, 황태자가 강제 파혼을 당하고 볼모로 끌려가 정략결혼을 강요당하며, 귀여운 외동

42) 안천, 가우자리 사상과 거시국토통일, 순국선열유족회, 순국 제12호, 1990년 9 · 10월호, pp.84~100.

딸 공주는 인질로 잡혀가 하루같이 매를 맞으며 정신병자가 되고, 8개월 된 황손이 죽음을 맞은 지난날의 처절했던 우리나라 역사를 되돌아 생각하는 것마저 괴로운 일이다.

그리하여 그 후손은 지난 모든 것을 잊고, 이국땅에서 평범히 살며 슬픔을 떨치려 애쓰며 하루하루를 보내고 있고, 일제 침략에 의해 몽매해진 온 겨레는 벌써 망각증에 걸려 거의 많은 것을 잊고 살아가고 있다.

그러나 일제 침략이 없었다면 우리나라의 현대 정치가 이렇게 움직이고 있겠는가? 이렇게 방황하며 헛돌고 있겠는가? 그러므로 확실하게 일제의 정치적 침략에 의한 상처는 고쳐져야만 한다.

경복궁의 정면에 세워진 총독부 청사를 허는 일에는 많은 국민이 긍정적 합의를 보는데, 구체적 물건인 총독부 청사는 볼 줄 알면서 그것보다 몇백 배나 더 중요한 입헌군주제는 구체적 물건이 아니라고 볼 줄 모른다면 얼마나 한심스런 일인가?

경복궁을 막고 있는 괴물이 총독부 청사라면, 입헌군주제를 막고 있는 괴물은 무엇인가? 괴로웠던 지난날을 고치기 위한 정치적 근본책을 생각한 본 장을 마치면서, 논문을 씀에 있어서 비과학적 환상은 금물이라고 하지만 어두웠던 과거를 잊고 무언가 달콤한 정치적 환상 속에서 끝을 맺고 싶다.[43)]

어떤 환상일까? 그것은 바로 침략자들이 세운 괴물 같은 건물인 총독부 청사를 헐고 웅장한 옛 모습을 되찾은 경복궁에서 인자한 풍모의 황제와 황후가 우아하고 슬기로운 모습의 황태자를 데리고 유능하고 멋진 총리대신에게 임명장을 주는 감격스러운 모습, 그리

43) 우리나라 정치학 연구의 약점은 이상향(Utopia)의 제시에 관심이 없음이다.

고 소풍 길에 들른 어린이들에게 미소를 머금은 황제와 황후가 머리를 쓰다듬어 주면서 민족애를 설명하는 따스한 모습, 황태자 부부와 젊은이들이 민족의 미래를 논하며 웃고 점심을 나누는 모습, 온 국민의 집에 황제폐하와 황후, 황태자 부부, 그리고 황실 가족사진이 자랑스럽게 걸려있는 모습 등이다.

경복궁의 정문인 광화문 앞에 전통적인 복장을 한 근엄한 모습의 경비병이 육모방망이와 창을 들고서 보초를 서고, 말 탄 장교가 콧수염을 자랑스레 만지며 부하 군졸 및 대취타를 연주하는 군악대와 함께 순시를 돌고, 국민들은 그 모습들을 푸근하게 거릿속에 간직하고 열심히 인생을 살며, 외국 관광객들은 전통 깊은 이 나라의 참모습을 사진 찍기에 정신이 없는 모습 등이 결코 꿈이 아니길 바란다.[44]

미완성 상태의 독립운동은 하루라도 빨리 완수되어야만 한다. 일제침략의 깊은 상처는 빨리 고쳐져야 한다.[45] 아직도 남북한이 이승만, 김일성이 무작정 정권이나 잡겠다면서 만들어 놓은, 일제침략 후유증이 낳은 아수라장 정치판을 그대로 이어 나가는 이 나라가 언제 바로잡힐 것인가?

44) 대한제국 황조의 황실법도가 나름대로 제 모습을 갖고 남아 있는 사례는 종묘대제가 대표적이다. 그를 주관하는 이은표 할아버지는 무형문화 제56호로 지정되어 보호되고 있다. 그러나 종묘대제가 무형문화재에 불과한가? 잊혀진 왕가의 제관 이은표, 조선일보 1990년 12월 26일.

45) 필자의 논문을 보다 상세히 이해함에 다음 소설이 좋은 자료가 될 것이다. 강용자, 왕조의 후예(서울: 삼신각, 1994).

※참고사항

1) 임금님은 내각제의 입헌군주제 형태로 모셔져야 원칙이다. 그런데 대통령제로 그대로 두고도 임금님은 모셔질 수 있다. 일본의 일각에서는 그들의 천황제는 그대로 두고, 대통령제로 바꾸자는 의견이 있다는 점을 유의하면 이해가 될 것이다.

오늘날 한국사회는 대통령제가 많이 정착된 상태이므로, 나라의 상징적 어른이신 임금님을 대통령제 그대로의 상태에서 모셔도 무방할 것이다. 임금님은 상징적 지위이므로 전혀 문제가 될 것이 없다고 본다.

2) 대통령이란 호칭은 3·1만세항쟁 때에 나온 것이다. 결코 새로운 호칭도 아니다. 원래 손병희가 당시에 대통령이었는데, 그것은 손병희의 천도교 직책 명이었다. 그 당시의 정치사회 상황에서 감히 임금님을 참칭하거나 맞먹는다는 생각은 거의 가질 수 없는 때였기에 그것은 지극히 자연스런 일이었다.

따라서 대통령은 임금님보다 낮은 것이다. 임금님이 계신 것을 전제로 한 호칭인 것이다. 이것은 그러므로 결코 최고지도자가 아니고, 미국의 president로 직접 번역되는 것이 아니다.

당시의 사회에서는 상해 임시정부에서도 애초에는 국무총리가 최고 지위였다. 당시는 광무(고종)황제의 국상 기간이었다. 감히 임금님과 맞먹겠다는 불경한 생각을 갖는다는 것은 불가능한 시기였다. 그럼에도 국무총리였던 이승만이 감히 국무총리를 president로 번역하고, 자신이 president라고 한 데에서 큰 소동이 났던 것이다.

대통령이란 호칭은 임금님을 모실 것을 전제로 한 것임을 유의하면서, 한국정치의 미래를 보는 것도 큰 뜻이 있으리라고 생각된다.[46] 한국사회는 현대시대에 들어서 전혀 정치사회적 자기성찰 과정이 없이 현대정치사가 전개되었다.

그 까닭은 현대시대의 정치가들이 거의 모두 정권욕만 있었기 때문

46) 안천, 일월오악도①: 이승만 뿌리 정치심리, op,cit., pp.342~347.

이다. 국가경영의 큰 비전이나 통찰은 없었다. 오로지 단순한 권력유지에만 집착하였다. 먼 훗날 이 시대의 정치가들을 역사에서는 결코 높게 평가할 수 없을 것이 분명하다.

단군 이래의 거대한 역사관과 단호한 항일전쟁 철학을 구비하고서, 진정한 애국지사로서의 정치가가 된 사람은 아직 없었다.

단지 권력만 쥐겠다고 부나비같이 무작정 달려든 정치가들뿐이었기에, 아직까지 현대정치사에는 역사에 길이길이 남을 위대한 인물이 좀처럼 나타나지 않는 것이다. (2002년 3월 20일)

3) 이구 황태손은 너무나 아쉽고 놀랍게도 2005년 7월 16일에, 일본 동경의 아카사카 프린스 호텔방에서 충격적인 변사체로 발견되었다. 그리고 현재 11년이 지났으나, 놀라운 주검으로 발견된 이구 황태손 의문사는 아직까지 미제사건으로 남아있다.

그 범죄는 최고 전범자인 왜국 천황이 결코 자유로울 수 없으며, 당시 이구 황태손의 마지막에 관련된 인물들도 결코 책임을 벗어날 수 없는 일이 분명하다.

4) 본서가 출간되고 약 25년의 세월이 흘렀다. 따라서 총독부 청사가 헐리고, 전주의 경기전을 강점하고 있던 초등학교도 이전도며 경기전이 정상화되었다. 또한 본서에서 주장한 바는 예컨대 궁궐 수문장 교대 의식 등 많은 것이 현실화되고 고쳐졌다.

그리고 임금님을 모시자는 견해도 많이 보편화되었다. 만약에 입헌군주제 국민투표가 실시된다면, 과반수 가결은 언제라도 충분할 만큼 국민의식의 변화가 있었다. 임금님을 모시자는 첫 번째 글인 본 논문의 꿈이 현실화되는 날을 손꼽아 기다린다. (2016년 5월 9일)

다섯째 주제

최초의 여성대통령 후보 박순천

Ⅰ. 들어가는 글

Ⅱ. 박순천의 일생

Ⅲ. 박순천의 정치활동 분석

Ⅳ. 박순천의 정치적 의미

Ⅴ. 맺는 글

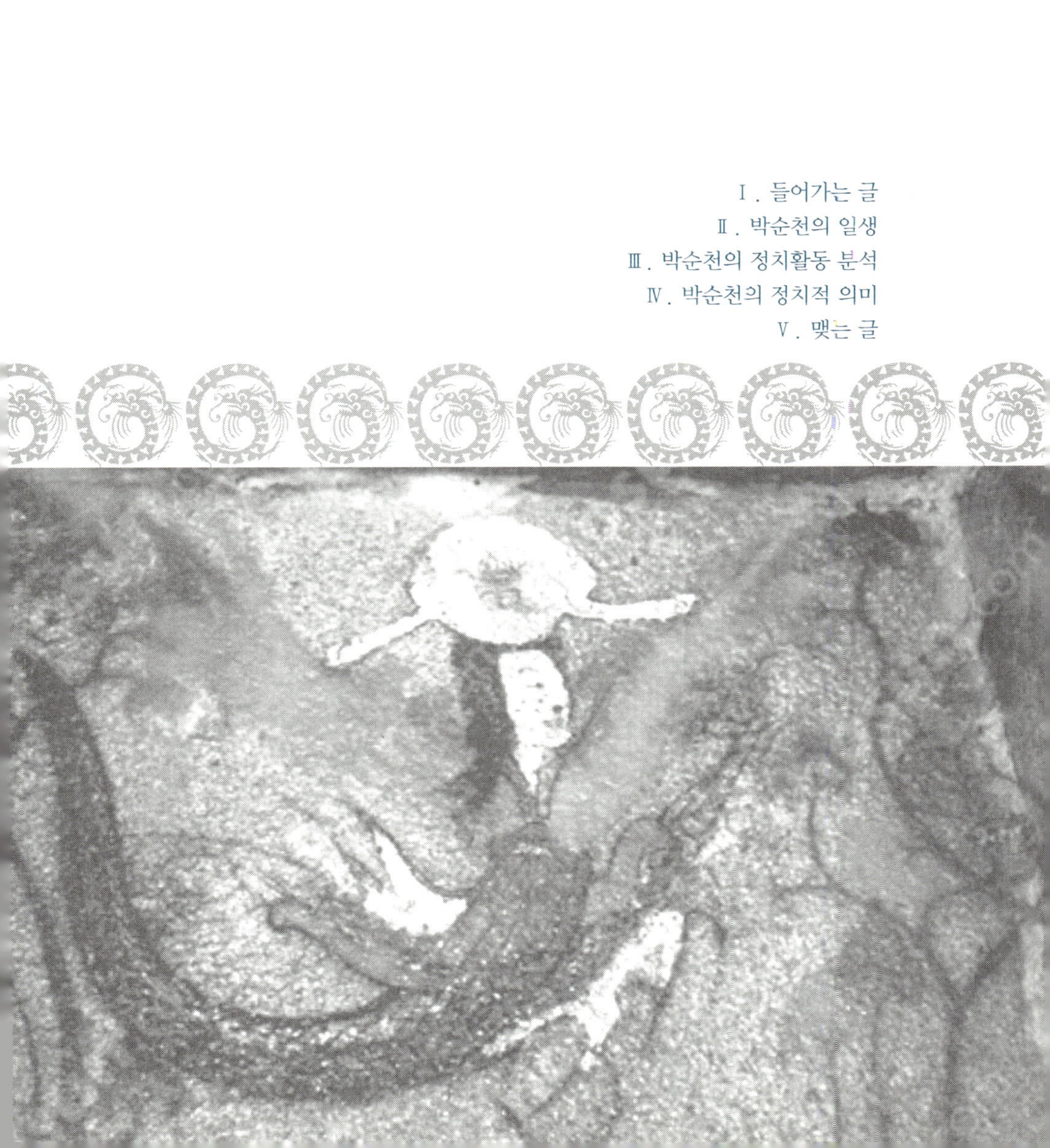

Ⅰ. 들어가는 글

현대 우리나라 정치사에 있어서 박순천은 정치적 의미가 크다. 일제침략자를 몰아내고 우리 손에 의해 우리 정치를 만들어 나간 지난 반세기의 정치사를 통하여, 쓸 만한 정치가들도 있었고 정상배들도 꽤나 많았다. 그런데 유독 본 장에서 박순천의 정치적 의미를 특별히 거론하는 까닭은 무엇인가?

그것은 첫째로 박순천이 여자이기 때문이다. 일제패망 이후 끊임없이 나타났다 사라지면서, 굵고 가는 정치적 발자취를 남긴 수많은 정치인들이 있었으나 그들은 거의 모두 남자였다. 아마도 박순천은 손가락으로 꼽을 몇 명의 여성 정치인에 해당한다.

지나간 반세기를 되돌아볼 때, 정말 여성으로서 반반한 정치적 활동을 한 사례가 우리나라에 있어서는 너무 적었다.

헌법상 분명하게 우리나라에는 정치적으로 여자와 남자의 평등이 규정되어 있음에도 불구하고, 우리나라에 있어서는 여자와 남자 사이의 정치적 평등은 헛된 구호에 불과할 뿐이다. 무엇이 우리나라 여성들의 정치적 삶을 이토록 무력하게 만들었나? 박순천의 일생은 그에 대해 많은 시사점을 안겨 주리라 본다.

박순천이 정치적으로 중요한 두 번째 이유는, 그녀가 현대 우리나라 정치사에 있어서 최초로 정치적 의미를 확실하지 부여할만한 여성 정치인이기 때문이다.

물론 현대 정치사를 되돌아볼 때에 당당하게 스스로의 정치적 입지를 세우고, 의연한 모습으로 국민의 대표가 되어 의정활동을 한 약간의 여성 정치인들도 정치적 의미는 있다. 그러나 박순천은 그녀의 정치적 비중이나 정치적 활동의 폭이 누구보다도 확연하게 드러난다. 몇몇에 불과했던 여성정치인 가운데 가장 굵은 정치적 발걸음을 남겼다는 데 대해서는 이의를 제기할 수 없다고 하겠다.

세 번째로 박순천의 정치활동이 중요한 의미를 갖는 까닭은, 그녀가 우리나라의 정치사에 있어서 여자도 최고정치지도자가 될 수 있다는 가능성을 최초로 분명히 보여주었다는 점이다.

우리나라 현대 정치사에 박순천만 한 여성 정치인이라도 있기에 다행이지, 그렇지 않다면 아마 우리나라 여성들에게 있어서 여성 최고정치지도자의 가능성에 대해서는 체념에 가까운 정치의식이 확고했을 것이다. 박순천의 정치적 발자취는 우리나라 여성정치사에 있어서, 무언가 확고한 가능성의 씨앗을 뚜렷하게 뿌려준 의미 있는 것이라 하겠다. 여자도 누구나 노력하면 틀림없이 뜻한 바대로, 예컨대 국회의원이나 정당 당수, 혹은 최고지도자가 될 수 있을 것이란 신념을 분명히 심어준 것이다.

Ⅱ. 박순천의 일생

1. 일제패망 이전

박순천[1]은 1898년에 현재 부산시로 편입된 경상남도 동래군 기

1) 박순천의 일생은 다음 글을 기초로 하여 필자가 수정 보완을 하였다.

장면에서 시골 선비집의 무남독녀로 태어났다. 박순천의 본명은 명련(命連)이다.

일제 침략에 의한 암울한 시대에 그녀는 이웃 사람의 비난에도 불구하고, 당시만 해도 여자가 서당에 다니는 일은 드물었기 때문에 남자 복장을 하고 글방에 공부를 다녔었다. '너만은 좀 더 잘난 여자가 되어 달라'는 어머니의 간절한 염원 때문이었다.

박순천은 성격이 밝고 적극적이며 활달해서 여자 아이들보다는 사내아이들과 더 잘 어울렸다. 그녀는 사내아이들과 함께 연을 띄우거나 뱀장어 낚시를 하면서 어린 시절을 티 없이 즐겁게 보냈다.

1909년 늦가을의 하늘에는 해가 뉘엿뉘엿 지고 있었다. 이제 12살이 된 박순천은 서당에서 공부를 마치고 돌아오다가 문득 주막 앞에 모여 있는 동네 어른들을 보았다. 그런데 무언가 평소와는 다른 분위기 속에, 심지어 동네 어른들은 눈물을 흘리기까지 하며 침통하게 모여 있었다. 그리고 한쪽에는 '한일합방'이라고 먹 글씨로 쓴 종이가 붙어 있었다.

"왜놈들이 우리나라를 빼앗았어. 이제 우리는 나라 없는 백성이야."

어른들은 일본 제국주의자들의 침략에 분개하며 울분을 터뜨렸다. 박순천은 무슨 영문인지를 몰라 물끄러미 그들의 얼굴만 바라보았다. 그런데 갑자기 그녀의 가슴 속에서도 서글픈 생각이 고개를 내밀기 시작했다. 한참이나 그 자리에 서 있던 박순천은 터벅터

이옥수, 한국근세여성사화 하권(서울: 규문각, 1985), pp.93~105.
김교식, 최초의 여성당수 박순천 정계비화, 동광출판사, 정풍 11,1987.
박권상, 신동아 인터뷰: 박순천, 신동아 1966년 8월호, pp.250~260.

벅 걸어서 집으로 돌아갔다.

그녀가 집안에 들어섰을 때, 어머니는 뒤뜰에서 항아리를 땅 속에 파묻고 있었다. 항아리를 묻고 나자, 어머니는 그 항아리 속에 태극기를 곱게 접어 넣었다. 박순천은 오늘 보는 광경들이 모두 낯설게만 느껴져 두려운 생각마저 들었다. 무언가를 한참 생각하고 있던 그녀의 아버지가 침통한 표정으로 입을 열었다.

"얘야, 나라를 다시 찾기 위해서는 무엇보다도 열심히 공부해야 한다." 박순천은 잠자코 아버지의 말을 듣고만 있었다. 그러나 그녀의 가슴 속에는 아버지가 말한 '잃어버린 나라'라는 충격적인 말이 자꾸만 맴돌고 있었다. 왠지 눈물이 핑 돌고 슬픔이 북받쳤다.

그 후 박순천은 1917년 3월 부산진의 일신(日新)여학교를 졸업하고, 그해 8월 호주 선교회에서 경영하는 경남 마산 의신(義信)여학교의 교사가 되었다.

일신여학교 재학시절에 그녀는 같은 반 학생 5명과 함께 선생님들이 전부 퇴근한 텅 빈 교무실에 걸려있던, 일본 대정천황의 사진 액자를 뜯고 눈 밑을 손톱으로 긁어 마치 눈물을 흘리는 얼굴처럼 만들어 다시 걸어놓았다.

이 사건으로 인하여 학교의 존폐 문제가 논의될 만큼 입장이 어려웠다. 호주인 여교장은 매일같이 양심적으로 자백하라고 학생들에게 간청했으나 박명련은 끝내 입을 다물어 무사했다. 박명련의 반일기질은 이때부터 확고한 것이었다.

1919년의 이른 봄이 되어 박순천이 의신여학교에 부임한 지도 어느 새 3년째가 되고 있었다. 그는 학생들에게 민족의 참된 의미를 부각시키는 뜻있는 교육자로 자리를 굳혀가고 있었다. 그 무렵 어느 날 박순천은 서울에서 내려온 이갑성(李甲成)이라는 청년을 비밀리에 만나게 되었다. 그는 세브란스 의전 학생이었다.

이갑성은 지난 2월 8일에 일본 유학생들이 독립 선언을 했다는 감격적인 소식을 알려주었다. 그리고 역사적인 3 · 1운동의 거사 준비에 대해서도 소상하게 알려 주었다.

며칠 후에 박순천은 이갑성의 말에 따라, 독립선언문을 가져온다는 청년을 은밀히 마중 나가기 위해 저녁 7시경 마산역으로 나갔다. 기차가 멎자 이갑성의 말대로 한 청년이 모자를 벗어들고 개찰구로 나왔다. 박순천은 앞장서서 말없이 걷기 시작했다.

학교 뒤의 솔밭에 이르렀을 때에 그녀는 발걸음을 멈췄다. 그러자 청년은 독립선언문 한 장을 꺼내더니 그녀에게 건네주고 총총히 사라졌다. 그 청년이 건네 준 독립선언문에는 아직도 땀이 가득 배어 있었다. 박순천은 급히 제자인 최봉선의 오빠 집으로 달려갔다. 그리고는 문 밖에 보초까지 세운 다음 그 독립선언문을 다시 등사했다. 3월 3일은 마산의 장날이었다. 학생들과 교사들은 한 덩어리가 되어 손에 손에 태극기를 들고 장터로 달려 나갔다. 눈치를 챈 교장 선생님이 매달리며 만류했지만 거센 물결은 막지 못했다.

장터에 도착한 학생들과 선생님은 목이 터져라 만세를 불렀다. 만세의 물결은 폭탄같이 퍼져 나갔다. 학생들과 선생님들은 놀라서 달려온 일본 기마경찰들에 의해 모두 체포되었다.

이 사건으로 박순천은 한 달 동안이나 유치장에 갇혀 있다가 가까스로 석방되었다. 그런데 박순천이 석방되던 바로 그날, 그녀의 기숙사 방 천정에서 태극기와 일기장이 발견되었다. 박순천은 다시 쫓기는 몸이 되었다. 그녀는 일단 칠원(漆原)에 있는 최봉선의 오빠 집으로 피신했다. 춘향전에 나오는 방자처럼 머리를 길게 땋아 늘인 그 집 머슴을 따라가는 동안 박순천의 가슴은 마냥 두근거렸다.

박순천은 칠원에서 최봉선의 올케의 극진한 정성을 받으며 하루하루를 보냈다. 그런데 뜻하지 않게 그녀가 '만세꾼'이라는 소문이 온 동네에 퍼졌다. 이에 당황한 최봉선의 올케는 말을 둘러댔다.

"이 애는 내 동생인데, 순천(順天)으로 시집을 갔다가 소박을 맞고 돌아왔어요." 이때부터 그녀는 '순천댁'으로 불리게 되었다. 이것이 바로 본명을 버리고 순천이라는 이름을 쓰게 된 동기였다.

그 동네 사람들도 나중에는 박순천이 만세꾼이라는 사실을 알았지만 모르는 체하고 그녀를 숨겨 주었다. 이런 일 때문에 마산 사람들은 칠원에 있는 그녀에게 연락을 할 때에는 꼭 '순천댁 앞'이라고 쓰게 되었다.

이처럼 피신 생활을 하던 중 박순천은 동경 유학 중 여름 방학을 맞아 집에 와 있던 한소제를 알게 되었다. 한소제와 사귀면서 박순천은 그녀의 영향을 받아 동경으로 유학을 떠날 결심을 했다. 박순천이 동경으로 떠난다는 소문을 들은 마산의 학부형들은 그녀를 기생처럼 꾸며 주었다. 왜놈들의 눈을 피하게 해 주기 위해서였다.

부산에 도착한 박순천은 다시 일본식 기모노 차림으로 변장했다. 그런데 그녀는 부산에서 훗날 아주 가까운 친구가 된 황신덕(후에 중앙여고 이사장)을 만나게 되었다. 황신덕은 이미 평양에서 숭의여학교를 마치고 동경에서 유학 중이었는데 여름 방학을 마치고 학교로 돌아가는 길이었다.

동경에 도착한 박순천은 한소제의 소개로 상마(相馬)라는 일본인 집에서 하숙을 시작했다. 독실한 불교 신자로서 불교에 대한 책을 쓰기도 했던 상마는, 특히 약소민족에 대해 깊은 동정심을 갖고 있는 사람이었다. 그래서 그는 인도의 어떤 독립 운동가를 사위로 삼고 있을 정도였다. 이 하숙집에는 많은 학생들이 하숙을 하고 있었는데, 후에 인하대학교의 총장이 된 최승만과 훗날 박순천의 남편이 된 변희용(卞熙瑢) 등도 이 집에서 하숙을 하고 있었다.

왜경들의 눈을 피해 동경까지 가긴 했지만, 박순천의 마음은 항상 불안하기만 했다. 그녀가 칠원에 숨어 있을 때, 마산 지방 법원에서는 궐석 판결로 1년 징역을 언도해 놓고 있었기 때문이었다.

그런 불안 속에서도 박순천은 1920년 봄, 길강여의전(吉岡女醫專)에 입학했다. 그리고 하숙을 근처 곡정(谷町)으로 옮겼다. 그곳에서 그녀는 황신덕 등과 함께 점차로 유학 생활에 재미를 붙여 나갔다. 어제까지는 생각하지도 못했던 생활이었다.

박순천은 장래 훌륭한 의사가 될 결심으로 열심히 공부했다. 그녀의 집에서도 그녀의 새로운 생활에 안심하고 꼬박꼬박 학비를 보내 주었다. 그런데 부모가 보내 주는 송금이 단서가 되어 박순천의 신분이 탄로 나고 말았다.

학교에 입학한 지 겨우 1년 만의 일이었다. 2월의 어느 일요일 아침. 박순천은 모처럼의 늦잠을 즐기고 있었다. 그때 느닷없이 경찰서에서 형사가 찾아왔다. "당신이 박명련이오?" 잠결에 놀라 일어난 박순천은 당황했다. 그러자 곧 모든 것이 탄로 났다는 것을 깨닫고 체념했다.

"한국에서 독립운동을 하다가 도망쳐온 게 사실이지?" 다음 날 박순천은 그 형사와 함께 형무소로 갔다. 친구들도 형무소 앞까지 뒤따라와 눈물로 그녀를 보내 주었다.

박순천을 형무소의 간수 부장에게 인계한 형사도 안됐다는 생각이 들었던지 한 마디 위로의 말을 했다. "나중에 다시 공부하러 동경에 오도록 해."

박순천은 푸른 수의로 갈아입고 커다란 감방에 홀로 갇히게 되었다.

이때 면회를 와 주었던 학우회의 총무는 게이오대학 경제과 학생이었던 변희용이었다. 이제는 서로가 자주 볼 수 없게 됐지만, 박순천은 마산에 있을 때부터 이미 변희용에 대한 이야기를 들은 적이 있었다. 마산교회의 목사가 그를 박순천의 신랑감으로 얘기했었기 때문이다. 그러나 미래의 잔 다르크가 되려는 생각을 머리에 그리고 있는 박순천은, 결혼이나 연애에 대해서는 별다른 관심이 없었다. 식민지 상태의 불행한 나라의 불행한 젊은이로 태어난 박순천에게 있어서, 결혼은 한낱 사치스러운 남의 일에 불과한 것이었다.

그의 마음을 사로잡고 있는 것은, 일제침략자를 몰아낸 독립된 우리나라의 당당한 모습뿐이었다. 그래서 그런지 변희용 역시 신붓감으로 추천받았을 박순천을 두고, 조심스럽게 눈치만 볼 뿐 어떤 감정을 나타내지는 않았다.

이런 가운데 감옥에서 여러 번 만나게 되자, 두 사람은 사랑에 앞서서 동지적인 유대 의식이 싹텄다. 잔 다르크 같은 애국적 성처녀가 되고픈 박순천의 가슴은, 애정이라는 이름을 담는 한 결코 열리지 않았던 것이다. 그런데 민족혼에 불타는 처녀 독립운동가 박순천은, 일본에서 형기를 다 끝낼 수도 있었으나 그것이 싫었다.

"징역을 살더라도 내 나라에 가서 살겠습니다." 박순천은 일본 간수에게 고집을 부리기 시작했다. 이것은 단순한 고집이 아니라

내 나라에 대한 강렬한 애착심 때문이었다. 마침내 그녀의 고집은 받아들여져 고국으로 떠날 수 있게 되었다. 그녀가 일본을 떠날 때 호송을 맡은 형사는 공교롭게도 조선인이었다. 다행히 박순천은 그때까지 미결수였기 때문에, 죄수복 대신에 여학생복을 입을 수 있었다. 그리고 호송을 맡은 형사 역시 사복 차림이었다.

비록 일본 경찰에 있으면서 그녀를 호송하는 형사이기는 했지만, 박순천은 그에게서 동포로서의 따듯한 핏줄이 통하는 것을 느꼈다. 3 · 1항일운동 이후 많은 양심의 가책을 받고 있었던 듯이, 그 형사는 자신의 임무도 잊고 엉뚱한 말을 했다.

"중간에서 당신을 놓치면 나는 시말서 한 장을 쓰고 벌칙으로 연말 상여금만 못 받게 돼요. 그러니 도망치고 싶다면 보내 주겠소." 순간 박순천은 콧등이 찡해오는 것을 느꼈다. 일본침략자의 앞잡이 노릇을 하며 살아가는 그 역시 그래도 우리 동포임을 느낀 것이다.

"이젠 피신 생활도 지쳤어요. 옥살이를 치른 다음 자유롭게 살겠어요." 박순천은 자신의 단호한 결심을 밝히며 조선인 형사의 친절을 사양했다. 다음 날 아침에 아침밥을 차려들고 온 형사는 다시 한 번 깊은 동정심을 나타냈다.

박순천은 그 형사와 헤어지고 나서도, 그 동포 형사가 보여 주었던 따듯한 동포애를 언제라도 잊을 수가 없었다. 그 후 시모노세키에서 배를 탄 박순천은 부산을 거쳐 마산 감옥으로 이송되었다. 그동안 숱한 고통과 비애를 겪은 그녀를 고향 사람들과 제자들은 뜨겁게 맞아 주었다.

박순천은 2년 전의 궐석 판결을 보충하기 위한 공판을 받고 1년 형을 선고받았다. 죄수 번호는 98번이었다. 당시 마산에서 만세 사건과 관련되어 투옥된 사람은 박순천 혼자뿐이었다.

그녀는 마산 만세운동의 핵심이었던 것이다. 그녀가 갑자기 화제가 된 것도 그 때문이었다. 박순천은 다른 죄수들로부터도 존경심과 함께 동족으로서의 따뜻한 보살핌을 아낌없이 받았다.

1922년 8월에 박순천은 1년 4개월의 형기를 마치고 출옥했다. 고향에 돌아온 박순천에 대한 환영은 대단했다. 박순천은 고향의 영웅이 된 것이다. 마치 동네에 커다란 경사라도 벌어진 것처럼, 동네 사람들은 음식을 차려 놓고 그녀를 개선장군같이 맞이했다.

"장하구나, 정말 장해." 동네 어른들은 박순천의 손목을 어루만지며 눈물을 글썽거렸다. 부모님도 마찬가지였다.

어느 날 따듯한 고향의 품에 안겨 쉬고 있던 박순천에게 말을 탄 손님이 찾아왔다. 여름 방학을 맞아 고향에 돌아와 있던 변희용이 박순천의 출옥 소식을 듣고 달려온 것이었다. 은근히 딸의 혼사 문제를 걱정하고 있던 아버지는 기뻐서 어쩔 줄을 몰라 했다. 아버지는 변희용이 되돌아간 다음에 박순천을 불러 놓고 말했다.

"내가 그 청년의 집안에 대해서 알아보았는데 훌륭한 가문이더구나, 그 청년이 얼마나 공부를 많이 했으면 벌써 머리까지 세었겠니! 그 청년과 결혼하는 게 어떻겠니?" 그러나 "전 아직 결혼할 생각이 없어요." 박순천은 한 마디로 거절했다.

"그렇다면 내게도 생각이 있다. 그 청년과 결혼할 마음이 없다면 일본에 갈 생각은 아예 하지도 말아라." 아버지는 변희용과 무슨 비밀 언약이라도 했던지 막무가내로 결혼을 재촉했다. 박순천은 잠시 생각해 보았다.

'내가 만일 아버지의 요구를 거절하면 어떻게 될까? 아마 난 일본에 가서 공부하기 힘들 거야. 우선 승낙이나 해 놓고 일본으로 건너가서 공부를 계속해야지.' 박순천은 아버지의 결혼 요구를 받아들이고 나서 다시 일본으로 건너갔다. 일본으로 건너간 그녀는 전에 다니던 학교에 복학하지 않고 이계당(二階堂) 체육전문학교에 입학했다. 용기 있고 활달하여 온 세계를 품에 안을 기개 있는 처녀였던 박순천은 다시 여류 비행사가 되고 싶었기 때문이었다.

체육학교의 2년 과정을 마친 다음, 항공학교에 들어갈 생각이었다. 그러나 도중에 폐가 나빠지는 바람에 1년 만에 체육학교를 그만두고, 황신덕과 함께 일본여자대학 사회학부 여공보전과(女工保全科)에 입학했다.

1923년 9월 1일에 우리 역사상 잊히어지지 않을 일본의 관동대지진이 일어났다. 여름 방학을 평양에 있는 황신덕의 집에서 지내고, 일본으로 가기 위해 기차표를 사 놓고 있던 박순천은 신문 호외를 통해 이 충격적 소식을 들었다.

학교에서는 연락이 있을 때까지 오지 말라는 긴급 연락이 날아왔다. 초조하게 기다리던 중 11월이 되어서야 등교하라는 연락이 왔다. 박순천은 황신덕과 함께 기차 안에서, 관동대지진의 눈물겨운 참상에 관한 자세한 얘기를 들을 수 있었다. 너무나 큰 충격에 한동안 입을 열지 못할 정도였다.

유학생들은 분노와 슬픔을 삼키며, YWCA회관에 모여 무참히 학살된 동포들의 명복을 비는 추도식을 가졌다. 그 학살로 인해 8만 명의 교포들 가운데 5천 명이 까닭도 모르고 무참히 희생되었다. 모든 재일 한국인들은 나라를 잃은 억울함과 함께 대학살을 당한 허탈감에서 빠져나올 수가 없었다.

그런데 이 참사가 박순천으로 하여금 일생일대의 결심을 하도록 만들어 주었다. 그 충격이 결혼을 부채질했던 것이다. 8년 가까이 아리송한 관계가 계속되어 왔던 변희용을 폐허 속에서 만났을 때였다. 구사일생으로 살아남은 그를 보는 순간 박순천은 애틋하게 끌리는 마음을 억제할 수 없었다. 책과 짐 따위를 모두 잃고 관동대지진의 폐허 속에 참혹하게 앉아 있는 변희용을 보면서, 박순천은 그를 돌봐주어야겠다는 여자로서의 본능이 되살아났던 것이다.

그 뒤 변희용이 학교를 졸업하고 중외일보(中外日報) 기자로 취직되어 서울에 있던, 1925년 12월 24일에 서울 무교동의 요릿집 식도원에서 조촐한 결혼식을 올렸다. 당시 신랑은 32세였고 신부는 28세였다. 주례도 없고 일체의 형식도 거부하고, 오직 신랑 신부의 가까운 친구 몇 명만이 모여 식사를 하며 결혼을 선포한 것이다. 박순천과 변희용으로서는 그 자리도 과분하다고 생각할 정도였다.

1920년대로서는 너무도 대담한 일이었다. 당시의 뜻있는 젊은이 사이에서는 식민지 상태를 근본적으로 부정했다. 일체의 인습을 거부하는 진보주의적 색채가 농후했던 것이다. 나라를 잃은 젊은이에게 무슨 대단한 의식이 필요한가? 무슨 호화로운 축복이 있겠는가?

암울한 시대가 끝나고 광복이 찾아온 내일의 영광이 바로 실질적 결혼식이었다. 모든 것은 그것을 위해 거부되어야 했다. 박순천은 민족의 앞날과 인간 본질의 삶을 중요하게 생각했다. 혼례식 같은 거추장스런 의식도 거부하는 급진 여성이었던 것이다.

방학이 끝난 후 그들은 다시 일본으로 건너갔다. 그리고 학교 뒤에 살림집을 정한 다음, 박순천은 4학년 공부를 다 끝마쳤다. 그리고 2학기 때에 맏아들 변광호(卞光浩)를 낳았다.

졸업 무렵 서울의 진명여학교에서는, 박순천을 데려가려고 일본까지 사람을 보내왔지만 그녀는 응하지 않았다. 그러나 남편이 그동안 학비를 대 준 고모님을 1년간 모시고 싶다고 했기 때문에, 그때부터 뒤늦게 시집살이가 시작되었다. 남편의 고모 되는 사람은 그 후 1년 만에 세상을 떠났다. 그러나 일제가 날뛰는 서울로 가고 싶은 생각은 꿈에도 없었기 때문에, 그곳에 그냥 주저앉고 말았다.

그때부터 이들 내외는 평생 동안 모르고 지나쳤을 새로운 세계를 알게 되었다. 시골이었던 만큼 농업이 생계 수단이었다. 따라서 박순천도 모심기와 밭매기, 타작 등을 거들며 농촌 일을 배워 나갔다. 그들이 사는 마을은 50여 호가 몰려서 사는 작은 마을이었다.

그런데 마을 여자들은 근로철학이 뿌리내리지 않아, 굶는 한이 있어도 막일은 하지 않으려는 유교문화에 오염된 풍습이 있었다. 박순천은 이러한 나쁜 풍습을 하루 빨리 고치지 않으면, 우리 농촌은 언제까지나 가난에서 벗어나지 못하리라고 생각했다. 이런 생각이 들자 그녀는 우선 마을 아낙네들을 부추겨서, 쌀 아끼기 운동을 벌여 쌀 계를 시작했다.

그리고 야간 사방 공사장에도 데리고 나가, 품삯 일을 해서 돈을 벌자고도 했다. 또 농한기에는 탁아소를 열었으며, 야학(夜學)을 설치해 아이들과 부녀자들에게 한글과 수학을 가르치기도 했다. 아울러 마을 아낙네들에게는 가계부를 적도록 깨우치기도 했다. 마을 아낙네들은 점차로 공사장의 품삯 등을 모아 저축을 하는 데 재미를 붙이기 시작했다.

이것이 박순천이 6남매의 어머니가 되는 13년 동안에 농촌에서 이룩해 놓은 일이었다. 그동안의 농촌생활에서 어려운 일도 수없이 많았으나, 박순천은 넓은 마음으로 모든 것을 극복해나갔다.

그런데 박순천 부부는 시골 생활을 청산하고 서울로 이사를 가기로 결심했다. 그들 부부가 못내 아쉬워하는 마을 사람들을 두고 떠나기로 결심한 데에는 그럴 만한 이유가 있었다. 2차 대전의 말기에 가까운 그 당시의 일본인들은, 발악적으로 한국인들의 모든 것을 빼앗기 위해 창씨개명 소동을 벌이고 있었는데, 좁은 시골에서 이 강압을 피하기가 도저히 불가능했기 때문이다.

박순천은 어느덧 40고개를 넘고 있었다. 마침 큰아들이 보통학교를 마치고 서울 경기공업에 입학하게 되었기 때문에, 이것을 구실로 박순천의 대가족은 모두 서울로 이사를 했다. 집은 3천 원을 주고 냉천동에다 장만했다.

1940년에 서울에 올라온 박순천은 조선공예사와 금강 전구 공장에서 여공감(女工監)으로 일했고, 남편인 변희용은 광산업에 손을 대었다. 그리고 박순천은 황신덕, 박승호 등과 함께 중앙여고의 전신인 경성가정여학교(京城家政女學校)를 설립했다.

그러나 이 학교 역시 운영자가 우리 동포인 데다가, 학생들 대부분이 독립운동가의 자제들이었기 때문에 독립의지가 강하게 감도는 학교였다. 그 당시의 여건상 경영이 순조로울 수가 없었다. 일본인들의 탄압 또한 끈질기게 계속되었다. 더구나 박순천은 일제에 의해 특별히 감시받는 요주의 인물이었기 때문에 교사 인가를 내주지 않았다. 할 수 없이 그녀는 서무과 직원이 되어 매달 학교 운영에 필요한 돈을 조달하기 위해 이리 뛰고 저리 뛰어야 했다.

2. 일제패망 직후 정치활동

감격적인 1945년 8월이 왔다. 8월 13일에 박순천은 황신덕과 함께 조선통신사(朝鮮通信社)의 김승식 사장 집에 있었다. 박순천의 제자이며 김승식의 부인인 이계옥이, 일본의 패전 소식을 알려 주기 위해 은밀히 그들을 초대했던 것이다. 그때 그와 황신덕의 아들들은 학병으로 끌려가 있었다.

드디어 8월 15일이 왔다. 라디오가 한 대도 없는 학교였기 때문에, 학생과 교사들은 거리로 쏟아져 나왔다. 일본 천황의 중대 발표를 듣기 위해서였다. 와글거리는 거리 풍경은 라디오의 소리를 제대로 알아들을 수도 없었다. 그러나 '천황의 항복하는 소리'라고 서로 얘기를 주고받으며 감격의 뜨거운 눈물을 흘렸다.

얼마나 기다리고 기다리던 순간이었던가? 박순천이 이때처럼 끝없이 눈물을 흘린 적은 없었다. 고통과 번민에 싸여 있을 때에도 그렇지 않았다. 분노와 격정 속에서도 마찬가지였다. 그때부터 박순천에게 또 하나의 새로운 인생이 시작되었다.

박순천과 황신덕은 처음에 건국부녀동맹에 가입하였다가 곧 탈퇴성명을 냈다. 그 후 독립촉성애국부인회를 만들었다. 이때에 박승호가 회장이 되었고 박순천은 황기선과 함께 부회장에 선출되었다.

한편 45년 10월 16일에 이승만이 귀국하자 박순천은 임영신, 모윤숙과 돈암장(후에 이화장)에 자주 갔다. 11월 23일에 김구 등 임정요인이 환국함에 경교장에도 출입하면서 김구를 가까이했다.

이승만과 김구 일행이 귀국하자 우익진영은 단연 활기를 띠기 시작했다. 누구나가 그러했듯이 박순천은 당시 이승만에 대해 대단한 존경심을 가지고 있었다. 일제침략 시대에 있어 이승만에 대해, 박순천은 그를 한 번 만나본 적도 없지만, 우리민족의 이상적 남성상이라고 생각할 정도로 존경을 했다.

그런데 우익의 양 거두인 이승만과 김구 사이에 차차 눈에 보이지 않는 벽이 쌓여 갔다. 백범(김구의 아호)은 상해임시정부를 그대로 승계하려 했고, 우남(이승만의 아호)은 전혀 다른 구상을 했다. 두 지도자의 불화는 우익진영에 막심한 혼선을 빚어, 박순천도 기회가 있을 때마다 백범의 융통성을 호소했다.

그러나 백범은 "하늘에 태양이 두 개 있을 수 없듯이, 임시정부의 법통은 그대로 이어져야 하기 때문에, 나는 임정이란 사당을 끝까지 지키는 제주가 되겠다"고 못을 박아 어찌할 도리가 없었다.

두 지도자의 반목은 45년 12월 28일에 우리나라에 대한 신탁통치결의 발표로 소강상태에 머물게 되었다.

독립촉성애국부인회가 발족될 무렵 박순천은 당시 여자국민당 당수로 여자국민당 조직 확대에 열을 올리고 있던 임영신을 찾아가서 "정당은 나중에 남자들과 함께하고 지금은 우리 여성단체와 합치자"고 권유했으나 임영신은 "말도 마라. 남자들은 내가 다 알아!" 하고 거절하였다. 박순천은 그 후 남성들과 정당을 하는 동안, 임영신의 말이 정말 옳은 명언이었음을 몇 번이나 느꼈다고 한다.

그 후 독립촉성애국부인회가 1948년 2월 군소여성단체를 통합해서 「대한부인회」로 바뀌어서 박순천은 초대회장에 추대되었다.

3. 국회 진출

당시 박순천에게 있어서 이승만은 너무나 커다란 존경스러운 존재였다. 그녀가 동경에 유학 가 있을 때에도, 잔 다르크를 꿈꾸는 젊은 처녀였던 그녀는 조국의 독립을 손꼽아 기다리며, 독립 운동가인 이승만을 머릿속으로 상상하며 크게 존경했었다. 일제 탄압 속에서도 그를 생각할 때면 한 가닥 희망이 그녀를 안심시키곤 했다.

그러한 이승만이 귀국하자 박순천은 무조건 그를 따르는 사람 중의 하나가 되었다. 당시 대부분의 국민들이 무조건 존경하고 추앙하는 독립 운동가 이승만은 귀국 후에 각계각층의 사람들을 만났다. 여성계에서는 박순천을 비롯하여 모윤숙과 임영신 등이 자주 드나들었다. 이들은 거의 매일처럼 이승만을 만나 정부 수립에 관한 전망과 여성 단체 전반에 걸친 대화를 나누곤 했다.

이렇게 약 2년을 보내는 동안 이승만을 보는 박순천의 마음에는 차츰 변화가 생겼다. 하나의 능수능란한 정략가로서, 이승만의 또 다른 단면을 깨닫기 시작했기 때문이다. 이승만은 실제로 겪어보니 막연히 존경하던 그 인물이 아니었다.

그러던 중 1948년 1월에 유엔 한국위원회 의장으로 있던 메논 박사가 우리나라에 오게 되었다. 이때에 이승만은 박순천을 비롯한 모윤숙 등 몇몇 여성 지도자들에게 특별한 부탁을 했다.

그를 잘 대접해서 이승만의 주장인 남쪽만의 총선거가 실행될 수 있도록 하라는 지시였다. 그때 박순천은 메논 박사를 대접하는 데 필요한 비용을 책임지게 되었는데, 돈은 걱정 말고 교제나 잘하라는 이승만의 얘기도 있었기 때문에 비용 걱정은 일체 하지 않았다.

그러나 이승만은 메논 박사에 대한 음식 접대비용만 해도 4만 원이라는 큰돈이었는데 지불해 주지 않았다. 박순천으로서는 난감한 일이었다. 당시의 혼란한 정국을 하루 빨리 수습해야 된다는 생각이 없었더라면, 박순천은 아마 돈을 구하는 일은 벌써 단념했을 것이다. 그만큼 각처에서 접대비용을 끌어들이는 일이 매우 어려웠기 때문이었다.

그것뿐만이 아니었다. 박순천은 그 후 이승만에게 화까지 내게 되었다. 제헌의원을 뽑을 때 그녀는 종로 갑구에서 입후보했다. 그때 이승만이 느닷없이 담화를 발표했다.

"종로 갑구의 입후보자들은 모두 이윤영 씨에게 양보하기 바랍니다." 박순천은 곧장 이화장으로 달려가 단도직입적으로 말했다.

"선생님, 저 종로 갑구에서 입후보했습니다." "아, 입후보자가 바로 자네였나?" 이렇게 말한 이승만은 한 가지 제안을 했다.

"지금 이천 주민들이 입후보할 사람을 데리러 왔는데, 내 자네를 추천해 줄 테니 거기로 가 보지 그래." "그건 싫습니다. 종로 갑구는 동(洞)이 42개뿐이지만 이천은 구역도 넓고 또 완고한 시골이라, 여자에게는 불리한 곳인데 왜 옮기겠습니까?" 화가 난 박순천은 한마디를 덧붙였다.

"선생님이나 저나 같은 입후보자인데 누가 누구를 추천합니까? 만일 선생님께 추천할 권리가 있다면 2백 10명의 전체 국회의원들을 다 추천하지 그러세요." 박순천의 기질은 이처럼 때에 따라서는 남자들을 압도했다. 이러한 그녀의 기백은 그녀를 한 여성으로서가 아니라, 정치인으로서의 굳은 기반을 다질 수 있도록 해 주었다.

그러나 선거 결과는 박순천과 다른 후보자들은 모두 떨어지고,

이승만이 밀어 주었던 이윤영이 당선되었다. 그때부터 박순천은 이승만의 이중인격 놀음에 농락당한 것을 뼈저리게 깨닫고, 정치인의 생리에 대해 다시 생각하기 시작했다.

더구나 그녀는 이승만으로부터 같은 경험을 또 한 번 겪었다. 제헌국회에서 대통령에 선출된 이승만과 국회가, 내각책임제와 대통령중심제를 놓고 팽팽하게 대결했을 때였다. 이승만은 제헌헌법이 발표되기 며칠 전에 엄청난 압력을 행사하는 강요에 의해, 내각책임제로 되어 있던 헌법을 개인의 독선적 필요만을 생각하면서 무조건 대통령제로 고치게 하였다.

그리하여 그 후 우리나라의 헌법이 항상 기형적 헌법이 되게 만들었던 것이다. 그녀는 짧은 기간 동안 메논 박사가 간파한 "이 박사는 그야말로 능수능란한 정치가입니다."라는 말의 속에 담긴 뜻을 새삼스럽게 되새겨 볼 수밖에 없었다. 이승만은 처음부터 4 · 19 혁명으로 쫓겨날 모든 조건을 갖고서 나라를 이끌었다. 한마디로 정치가가 아니라, 뛰어난 정치꾼이었고 정략가였던 것이다.

박순천은 1948년부터 1950년까지 감찰위원으로서 국가 공무원이 되었다. 첫 선거에서 낙선한 그녀에게, 이승만이 정부 수립과 동시에 동정으로 맡겨준 직책이라고 할 수 있었다. 그녀가 감찰위원으로 있으면서 가장 잊지 못할 기억은, 바로 여수 순천에서 있은 14연대 반란 사건이었다.

그 후 박순천은 초대 총선거에서 어이없이 이승만의 정략놀음에 말려들어 쓰라린 패배를 당한 뒤에, 선거는 일종의 도박이라고 위안하며 못마땅해했으나, 50년 5월 30일의 2대 민의원 선거에 다시 정치1번지인 종로구 갑구에서 출마하여 압도적 승리를 거두었다.

그때 그녀의 세종로 선거사무소에는 금비녀, 금가락지, 현금 등의 선거비용 찬조가 많았다. 떡함지, 비빔밥 양푼이 밀려들어오고 딸기화채가 오지독에 넘쳤다. 운동화를 신고 선거운동을 한 대한부인회 회원들은 자신들의 일같이 신바람을 냈다. 이번에는 이승만 박사 내외도 박순천 후보에게 표를 던졌다. 여성정치가 박순천은 2대 국회에 정치1번지 종로 출신 의원으로 당당히 진출하게 되었다.

6 · 25동란 때에 박순천은 남하하지 못해 피신하느라 숱한 고생을 했다. 수복하던 날인 9월 28일에는 식모로 변장하고서 피신하고 있던 모윤숙을 만나 9월 29일에 경무대로 이 대통령 내외를 방문했다. 그때 이 박사는 눈물을 글썽이며 반기고, 부인도 얼싸안고 반겨 맞으면서 식사대접을 했다.

서울 수복 후 국회에서는 남하하지 못한 의원 중 3명이 부역방송을 했다는 이유로 징계문제가 일어났다.

박순천은 국회의 이러한 움직임에 불만을 품고 등원하지 않고 있다가, 하루는 국회에 나가서 발언권을 얻어 그녀의 처녀발언을 했다. "국민과 국가의 재산을 하룻밤 사이에 공산군에게 넘겨주고 도망갔다가, 이제 와서 시민과 더불어 끝까지 남아있던 사람들에게 용서할 사람, 용서 못할 사람, 징계할 사람하고 구분을 하겠다니, 차라리 인민군의 강요에 의해 대민방송을 한 3명뿐만 아니라 남은 의원 모두를 징계하라"고 기염을 토했다. 이에 남하했던 의원들까지도 "참 시원하게 말한다"고 호응을 하였다.

당시 국회사무처는 210명의 의원 중 148명이 남하하고 납북, 행방불명, 사망자 등 유고자는 35명이라고 발표했다. 박순천이 가장 친했던 친구 박승호, 황신덕이 납북된 사실을 알게 된 것은 훨씬 뒤였다. 황신덕은 그 후 평양탈환 작전 중 탈출하여 돌아왔다. 1·4후퇴 때에 박순천은 일찌감치 서울을 물러섰다.

4. 2대국회에서의 입법 활동

2대국회에서 보사위원회에 속해 있던 박순천은, 여권 신장을 위한 입법추진에 더욱 많은 힘을 쏟을 수 있었다. 그는 먼저 여성근로자의 실태부터 조사하기 시작했다. 당시 근로 여성들은 여공이 대부분이었다. 특히 방직공장 여공이 태반이었다. 그들은 온종일 거의 서서 일했으며, 생리일에도 쉴 수 없는 형편이었다.

근로기준법 제정이 논의된 후, 초안에는 '월 3일의 생리휴가를 주되 업주의 양해를 얻어 쉬도록' 규정하고 있었다. 그러나 박순천은 월 1회로 하되 업주의 양해조건을 삭제할 것을 강력히 주장했다.

수백, 수천의 여직공, 여직원이 근무하고 있는 기업체에서 월 3일의 생리휴가를 실시하려면, 적어도 매일 10%의 결근율을 감수해야 하는데 그것은 이상론이라고 보았다. 그렇게 되면 법조항은 그럴듯하나, 휴지화된 법전이 되거나 많은 부작용이 일어날 것을 먼저 판단했기 때문이다. 업주의 양해 없이 하루라도 확실히 쉬길 바랐기 때문이다. 표결하던 날 박순천은 200여 의석을 돌아다니며 꼭 통과시켜 달라고 머리를 조아렸다. 그때는 만장일치로 통과시켜줄 기색이었으나 결과는 아슬아슬하게 의결되었다.

산전산후 60일 휴가제도 그렇게 통과되었다. 하지만 간통 쌍벌제가 통과될 때는 좀 더 힘이 들었다. 당시까지의 형법으로는 간통죄의 경우, 한족(漢族)식 유교문화의 잔재로 남자는 바람을 피워도 되고 여자만을 처벌하기로 되어 있었다.

그것이 부당한 것임에는 누구도 이의를 말하는 이가 없었다. 허나 표결이 가까워지자 남성의원들의 눈치가 달라졌다. 사실상 몇몇 의원은 자신이 직접 저촉되게 될지도 몰랐다.

곳곳에 첩을 둔 남자가 있었고 남자들이 흔하게 바람을 피워도 여자들만 처벌하던 시대였기에, 막상 법을 정하려니 분위기가 쉽지는 않았다. 그러자 박순천은 당시 첩을 두는 것이 널리 당연하게 받아들여지던 사회풍조를 생각하여, 간통 쌍벌제 제안에서 "지금까지의 이중 생활은 불문에 붙이기로 하자"고 누누이 말하여 안심시키는 일을 잊지 않았다.

당시 어떤 의원은 여자와 남자를 똑같이 벌할 수야 없으니, 그전대로 하자고 솔직하게 나오기도 했다. 여자와 남자가 똑같이 잘못을 저질러 놓고 여자에게만 벌을 주자느냐고 되묻자, 그 의원은 아주 그 조항을 없애버리기로 하자고 했다.

쌍벌제가 통과되면 이중 생활을 하던 남성들에게 큰 영향을 미치게 되고, 해당 여성들도 첩살이 생활이 끊기면 생계가 어려워진다는 비난도 받았다. 요즈음 생각으로는 생각도 못할 일이 많았다.

그러나 당시 널리 용인되었던 축첩의 사회적 악습을 뿌리째 뽑아보려는 일종의 사회개혁적 의미를 가지고, 박순천은 이 문제에 대해서만은 악착같이 물고 늘어졌다. 일부에서는 쌍벌죄를 「박순천법」이라고 꼬집기까지 했었다.

표결이 시작되자 남성의원들은 박순천을 힐끔거리며 투표했는데, 재적 108명 중 찬성 70, 기권 38로 통과되었다. 이렇게 되어 우리나라에 첩을 두는 일이 공식적으로 없어지고, 실질적 일처일부제의 길을 열게 되었다. 2대 국회는 여성의원이 임영신, 박순천의 2명이어서 그나마 다행이었다.

박순천은 이어서 딸도 호주상속을 할 수 있도록 가족법 개정 운동을 벌여서, 부인회원들로 하여금 각계에 여론을 일으켜 법 개정의 필요성을 설득케 하였다. 당시로서는 여자가 호주상속을 할 수 있다고는 생각할 수 없었기 때문에, 사위가 입부혼(入夫婚)을 통해 호주를 상속하는 방안을 추진했었다.

이 제도만 실시되면, 딸만 있는 집에서 무조건 친척 중의 남자아이를 양자로 들이는 폐단은 막을 수 있다고 생각했는데 반대의 목소리는 의외로 컸다. 만나는 사람마다 사위가 상속을 한다는 데는 질색을 했다. 그중에서도 김병로 대법원장의 반대는 대단했다.

취지를 설명하러 간 박순천 등 부인회 간부에게 "어떤 못난 놈이 사위양자로 간다더냐" 하고 펄쩍 뛰었다. 부인회원들은 신라 선덕여왕의 예, 영국 엘리자베스 여왕의 경우를 들어 간곡히 설득하려 했지만, 그런 예는 모른다고 잘라 말했다.

부인회원들은 김병로 대법원장 생전에는 가족법 개정이 안 되겠다고 낙심했다. 2대 국회에서는 가족법 개정이 이루어지지 못했다.

5. 발췌개헌 반대투쟁

피난지 부산에서의 정세는 시끄럽기만 했다. 1953년에 이르렀을 때에는 그 혼란이 극에 달했다. 부산 전체가 휴전 반대 시위로 들끓기 시작했다. 그전에 있었던 정치 파동에 이어 또다시 아수라장이 되고 말았다.

3년에 걸친 동족상잔의 비극이 아무런 결과도 없이 끝나려 하는 순간이었다. 대한부인회에서도 이때만큼은 정부의 휴전 결사 반대안에 적극 찬동하여, 여성계 전체가 시위에 합세했다. 박순천은 당시의 부산 생활에 대해 뒷날 다음과 같이 되새겼다.

"부산 시절은 불과 3년이었으나, 우리에게 미친 영향은 다대했다고 생각된다. 전쟁의 와중에서 변칙이 자행되고, 어느새 일반에게 이것이 익숙해지는 무서운 정치 풍토가 싹트기 시작했던 것이다." 박순천이 보고 경험했던 당시 이승만 시대의, 부산 실정을 개탄했던 사람은 비단 한두 사람만이 아니었을 것이다. 뜻있는 모든 국민들이 일제히 통탄했던 일이었다.

박순천이 2대 국회에서 가장 가슴 아팠던 사건은 국민방위군 사건으로서, 그 후 오래도록 제일 슬펐던 일로 회상할 정도였다. 1 · 4 후퇴의 과정에서 9만여 명의 제2 국민병을 굶어 죽거나 병들어 죽게 하여, 비참한 희생자를 낸 자유당 부정부패의 전형적 사건이었다. 그 대가로 뜯어낸 쌀과 부식비 등 50억 원이 부정으로 횡령된 사건이었으니,[2] 모성애를 가진 여성의원으로서 더욱 분노하고 가슴이 쓰렸던 것이다.

그녀는 6 · 25전쟁이 가져다 준 피눈물 나는 경험을 토대로 정치의 쇄신을 외쳤지만, 국민방위군 사건에 이어 거창사건 등이 연속되었다. 거창 양민학살 사건은 전시 중 공비토벌의 임무를 맡고 있던 지리산 주변 경비군이 그 지역의 평정 및 공비토벌을 하던 중에, 거창군 신원면에서 160여 명의 양민들에게 공비혐의를 걸어 재판도

2) 서병조, 개헌시비(서울: 현대문예사, 1986), p.57.

없이 처형한 비극적 사건이었다.[3]

그리고 내각책임제 개헌추진 중에 일어난 5·26부산정치파동, 발췌개헌안 통과 등 이승만 독재 폭정시대의 불미스런 사태가 자꾸만 계속되었다.

그런데 당시 부산 피난시절의 제2대 국회는 우리나라 의정사상 특기할 만하다.[4] 왜냐? 이승만 대통령의 철권독재에 의연하게 맞서서, 민주주의를 지키기 위한 투쟁을 성공적으로 수행했기 때문이다. 그러한 투쟁의 와중에서 일어난 대표적 사건이 1952년 5월 26일에 일어난 5·26부산정치파동이었다.

이승만은 의회의 야당세가 강하자, 당시의 헌법은 국회에서 대통령을 뽑게 되어 있어서 재선이 불가능할 것이라고 생각했다. 그래서 직선제 개헌안을 상정하였으나 143표 반대에 찬성은 19표로서 참패를 하게 되었다. 더구나 연이어 국회의원들이 이승만에 반대하여 내각책임제 개헌을 추진하려 하자, 비상계엄을 선포하며 국제공산당에 가입했다고 국회의원들을 몰아쳐 집단적 구속을 하고 탄압을 가한 사건을 저질렀다. 이를 부산정치파동이라고 하는 것이다.

그 후 이승만은 한 발 더 나아가 국회의원들이 5·26정치파동에 반대하여 6월 20일에 국제구락부에 모여 반독재 호헌구국선언을 하려 하자, 땃벌떼, 백골단, 민족자결단 등의 깡패를 동원하여 폭력으로 아수라장을 만들었다. 더구나 많은 국회의원을 잡아다 40여 일간을 구금하는 상상도 못할 만행을 저질렀다.

---

3) 서병조, 제3공화국(서울: 문화창조사, 1985), pp.277~296.

4) ㉠ 한정일, 한국정치 발전론(서울: 전예원, 1982), pp.27~55.
㉡ 동아일보, 현대 한국을 뒤흔든 60대 사건, 신동아 1988. 1 부록, pp.82~85.

이러한 상황에서 7월 4일에 172명의 국회의원을 강제로 모아서 직선제 개헌안을 통과시킨 것이 발췌개헌안이다. 국회의원들의 내각제 추진 개헌안에서 내각제를 없애며 그 외에 사소한 약간을 발췌하고, 이승만의 직선제 추진 개헌안에서 핵심인 직선제를 발췌하여 두 가지를 합한 개헌안을 통과시켰기에 발췌개헌안이라 한다.

이승만을 위한 직선제 조항이 포함된 것이 핵심사항이었다. 강제로 모아들인 172명의 국회의원들은 7월 2일 밤부터 시작된 국회의 반연금 상태에서 지치고 지쳤다. 그런 가운데 7월 4일 밤 9시 30분에 태권도와 유도로 단련된 무술경관이 겹겹이 국회를 둘러싸고 노려보는 극도의 공포분위기 속에서, 사상 유례가 드문 기립투표에 의해 이승만의 야욕에 항복을 하고야 마는 것이다.

당시 172명의 국회의원 가운데 기립하지 않고 반대하여 자리에 앉아 있었던 국회의원은, 오직 3명으로서 박순천, 양병일, 윤담 의원뿐이었다. 훗날 쟁쟁한 민주투사라고 자칭하던 인물들도 모두 일어나서 독재화 과정의 들러리가 되었다. 곽상훈 의원은 옆에 앉은 박순천이 옷소매를 잡아당겼는데도 불구하고 일어나 발췌개헌에 동조하는 길을 걸었을 정도였다.[5)]

박순천이 이승만 대통령이 싫어한 내각책임제 개헌을 추진하고, 발췌개헌안 기립 표결 시에는 눈물을 흘리면서 주저앉아 결연히 불응하는 등 차츰 이승만의 미움을 사게 되자 대한부인회에 대한 관청의 압력이 날로 더해갔다. 그것은 대한부인회에 대한 탄압이 아니라 박순천에 대한 탄압이었다.

당시의 내무부장관은 박순천이 회장으로 있는 한 대한부인회를

5) 안천, 한국 민주화운동사 I (서울: 민족문화사, 1988), pp.97~129.

도울 수 없다고 공개적으로 비난할 정도였다. 그녀가 부인회에서 손을 뗀 뒤 후임에는 이기붕의 부인 박마리아가 앉게 되었다.

6. 3대 이후의 국회진출

1954년 5월 20일에 박순천은 또다시 서울 종로구 갑구에서 3대 국회의원에 입후보했지만 낙선되었다. 13명(장후영, 주요한, 윤보선, 유석현 등)의 많은 숫자에 특히 쟁쟁한 입후보자가 난립한 데다, 유권자들 사이에는 박순천이 그동안 선거구에 너무 등한했다는 비난의 소리도 있었다.

체부동에 선거사무소를 차리고 젊은 청년들을 운동원으로 많이 뛰게 했는데, 투표일을 며칠 앞두고 몇몇 선거운동원들이 다른 후보 쪽으로 돌아섰다. 어떤 후보는 돈 봉투를 뿌린다는 소문이 나도는[6] 가운데 개표를 한 결과 1위 윤보선 후보 9,485표, 2위 장후영 후보 4,468표, 박순천 후보는 4,306표로 3위였다.[7]

운동원들은 울고불고 야단이었으나, 그녀는 당선될 때의 무거운 마음과는 달리 오히려 후련한 마음이 들기도 했다. 당선되었을 때의 한없이 짓눌리던 감정과는 너무나 대조적이었다. 그녀는 갑자기 모든 공직에서 물러난 평범한 여인이 되어 있었다. 한 달이면 15일은 지방으로 돌아다녀야 했던, 지난날의 피로가 한꺼번에 가시는 것 같았다. 그녀는 그 후 6개월 동안 가정 일만 돌보며 소일했다.

6) 이경남, 윤보선과 장면, 정경문화 1983년 5월호, p.57.

7) 윤보선, 구국의 가시밭길(서울: 한국정경사, 1967), pp.65~66.

그런데 하루는 최희송과 이선행이 그녀를 찾아왔다. 그들은 박순천에게 정당을 하나 만들자고 제의했다. 박순천은 이틀 동안만 여유를 달라고 했다. 그리고는 착잡한 마음을 달래기 위해 이광수의 '무정'을 꺼내 들었다. 불현듯 이광수의 모습이 그녀의 머리에 떠올랐다. 함께 독립 운동을 하던 이광수가 서울에 온 다음 친일파로 돌아섰을 때, 그녀는 이광수에게 이처럼 말한 적이 있었다.[8)]

"선생님! 꼴 보기 싫으니 차라리 돌아가셨으면 좋겠어요."

그런 이광수가 쓴 책을 읽는 동안 박순천은 갖가지 상념에 사로잡혀 눈물을 흘리지 않을 수 없었다. 일단 부딪친 일이 정당할 경우에는 남성 못지않은 그녀였으나, 마음에는 역시 섬세하고 다정한 여자의 본능이 숨 쉬고 있었다.

이틀 후 박순천은 결심을 하고 무교동에 있는 민주당(民主黨) 창당 임시 사무소로 나갔다.[9)] 그리고 그녀는 직접 입당 절차를 끝냈다. 그녀는 민주당의 중앙위원회 부의장과 고문직을 맡게 되었다.

그녀가 한때 정당에는 관여하지 않겠다고 다짐했던 결심을 꺾은 데에는 이유가 있었다. 그것은 이승만의 3선 개헌으로 인한 충격 때문이었다. 집에서 6개월 동안 쉬면서, 그녀는 조직을 통해 투쟁에 나서겠다는 결심을 하기도 했다. 박순천은 이승만의 무소불위의 독재에 정면으로 도전하는 길을 택한 것이다.

삼척동자도 웃을 사사오입법에 의해, 초대 대통령의 재선 제한을 철폐하는 개헌안이 가결 선포된 것은 1954년 11월 29일이었다. 온 국민은 한탄을 금치 못했다. 그러한 폭거는 이승만의 앞날이 어

8) 박계주, 곽학송, 춘원 이광수(서울: 삼중당, 1964), p.408.

9) 조병옥, 나의 회고록(서울: 민교사, 1959), p.357.

떨 것인가를 알리는 서곡이었다는 것이, 훗날 4 · 19혁경의 함성으로 증명되는 것이다.

도저히 있을 수 없는 정치만행인 사사오입 개헌에 대한 반발은 거센 것이었다. 이러한 흐름을 타고 재야 세력이 뭉쳐, 1955년 5월 18일에는 자유당 독재 타도를 위한 민주당을 창당시키게 된 것이다. 국민들은 이 새로운 정당에 대단한 성원을 보냈다.

이제 1956년의 대통령 선거를 향한 대행진이 시작되었다. 박순천은 신익희 대통령 후보 등과 함께 전국을 누비며 연설을 했다. 박순천의 새로운 정치생활이 시작된 것이다.

"못 살겠다, 갈아 보자."

이러한 구호를 목청껏 외쳤다.

'그 시절은 나의 일생을 통해 황금과 같은 시간이었다.'고, 훗날 박순천은 그때를 회상하며 깊은 감회에 젖었다.

박순천이 보는 당시의 일선 정치인들에 대한 관점은 다양했다. 원만하며 절대 화를 안 내고 술을 좋아하던 해공 신익희, 술이라고는 입에도 대지 못하고 깨끗한 선비 같던 장면, 호랑이처럼 성을 내다가도 어린애처럼 웃던 조병옥 등등…… 우리나라 야당가의 신화적 인물들과 박순천은 곳곳에서 함께 호흡했다. 함께 이승만을 비판하는 사자후를 토했다.

박순천은 민주당 내에서도 웃어른을 받들 줄 아는 사람으로 손꼽혔다. 대통령 후보로 나선 신익희가 계속되는 선거 유세로 기진맥진했을 때였다. 신익희는 호남 지방 유세를 위해 내려가던 밤 열차 안에서, 쓰러지기 직전에 이르도록 쉬겠다는 말 한 마디 없었을 정도로 인내심이 강했다.

신익희가 마지막으로 떠나던 날, 박순천은 그에게 "이제는 좀 쉬셔야죠." 하고 만류했다. 그러나 신익희는 얼굴에 웃음을 띠며 말했다. "제발 이번에 다녀오거든 박 고문이 적극적으로 나를 말려 지방 강연을 그만 두게 해주구료." 이 말을 마지막으로 박순천은 신익희를 영영 볼 수 없게 되었다.

그녀는 신익희의 서거가 자신을 비롯한 민주당 간부들의 혹사 때문이라고 생각하며 눈물을 한없이 흘렸다. 이 땅의 독재 정권을 쓰러뜨려야 한다는 집념만 내세워, 너무나 그를 혹사시켰다는 생각을 억제할 수가 없었던 것이다.

부산 시절에 그녀는 딸 하나를 잃은 적이 있었지만, 한 여성으로 한 정치인으로서의 박순천은 신익희의 서거 때만큼 그토록 많은 눈물을 그때에도 흘리지 않았었다.[10)]

신익희의 서거가 민주당 내에서 말썽이 된 것은 선거가 끝난 다음의 일이었다. 7월 18일, 민주당은 선거 패배 이후의 당 수습을 위한 중앙위원회를 소집했다. 이 자리에서 그때까지 잠재하고 있던 민주당 내의 신파와 구파의 알력이 노골적으로 폭발했다.

처음 중앙위원회 의장인 성원경이 맡았던 사회가 곧 부의장인 박순천에게 맡겨졌다. 그리고 소위 파벌 간의 논쟁이 신익희의 서거를 놓고 일어나기 시작했다. 대통령 자리를 놓친 데 대한 분노에서 발단된 것이었는지도 모른다.

박순천은 여기저기에서 발언권을 신청하는 대로 주었다. 어느 파의 누구인지도 물론 몰랐다. 그런데 이것이 화근이 되어 그녀가 의원 생활을 통해 한 번도 보지 못했던 일이 벌어졌다. 한쪽에서 발

10) 유치송, 해공 신익희 일대기, 해공 신익희 선생 기념회, 1984 참조.

언을 하면 다른 한쪽에서는 아우성을 쳤고 저쪽에서 발언을 하면 이쪽에서 아우성이었다. 고함 소리가 사방에서 터지고 그야말로 난장판이었다.

그해 11월에 박순천은 민주당 전당대회에서 장면, 조병옥, 곽상훈, 백남훈 등과 함께 최고위원으로 선출되었다.[11] 구태여 파벌을 따진다면 신파에서 두 사람, 구파에서 두 사람이 나왔다. 어느 파에도 속하지 않는 박순천이 가운데 끼인 셈이었다.

그러나 박순천은 여전히 파벌 문제에 대해서는 신경을 쓰지 않았다. 그런데 이 같은 박순천이 갑자기 파벌에 휘말리게 된 일이 벌어졌다. 최고위원들이 당의 요직을 안배할 때였다.

청년부장과 훈련부장의 두 자리를 놓고, 이철승(李哲承)과 정성태(鄭成太) 두 의원을 어떻게 배정하느냐가 논의의 초점이 되었다. 두 자리의 비중을 놓고 보면 훈련부장 자리에 비해 청년부장의 자리가 비중이 큰 편이었다. 신파에서는 그 자리에 이철승을 밀었고 구파에서는 정성태를 지지했다. 그러나 양쪽이 서로 양보하지 않고 팽팽히 맞서 좀처럼 결론이 내려지지 않았다.

결국 중간에 끼인 박순천의 한 마디가 결정적인 작용을 하게 되었다. 물론 그때에도 박순천은 어느 파에 대한 편견을 갖지 않았다. 다만 소신대로 생각한 끝에 이철승이 좋겠다고 말했다.

그런데 그녀의 이 한 마디가 그녀를 파벌로 몰아넣는 계기가 되었다. 신문들마저도 제멋대로 신파로 규정지어 버렸다. 사실상 구파에 가까운 그녀였으나, 이 일로 해서 명실공히 신파로 인정받게

11) 장면, 한 알의 밀이 죽지 않고는(서울: 카톨릭 출판사, 1967), p.39.

된 셈이었다.[12)]

1958년 5월 2일 제4대 총선거 시에는 부산 동구 갑구에서 민주당 후보로 출마하여 당선되었다. 자유당의 김철안, 박현숙과 더불어 3인의 여성의원이 되었다. 1958년에 접어들자 진보당(進步黨)의 정당 등록이 취소되는 등 국내 정세는 점차로 혼란에 빠져들고 있었다. 자유당 정부에서는 중대한 정보를 입수했다는 상투적인 구실로 옥외 집회금지령을 내렸다. 국가보안법을 강화해야 된다는 소리도 대두되었다.

이처럼 혼란 일변도로 치닫던 정국은, 연말이 되자 급기야 2 · 4 보안법파동이라는 커다란 문제로 폭발하고 말았다. 그 당시 자유당은 간첩에 대한 개념을 확대하고, 간첩 행위를 한 자에 대한 변호사 접견 금지, 2심제 폐지를 골자로 한 보안법 개정안을 국회에 제출했다. 그러나 여론은 이를 반대하는 방향으로 기울었다.

역사에 씻지 못할 오명을 남긴 그 법안의 날치기 통과가 시도되자, 분노한 야당 의원들은 일제히 의사당에서 농성에 들어갔다.

그해의 5 · 25선거에서 제4대 의원에 당선된 박순천도 예외는 아니었다. 그러나 그녀는 농성장에서 자신이 어디에 누워 있어야 좋을지 몰라 밤이면 심한 곤욕을 치러야 했다. 여자이기 때문에 생기는 일이었다. 의사당 내에서 이불을 덮고 자기가 난처했던 그녀는, 할 수 없이 방청석에서 보이지 않는 구석에 자리를 잡았다.

그런데 갑자기 새까만 경찰복에 금테 모자를 쓴 무리들이 홍수처럼 밀려들어 왔다. 그리고는 야당 국회의원들을 마치 짐짝처럼 다루며 의사당 내에서 끌어내기 시작했다. 박순천은 더 이상 분노

12) 이경남, 윤보선과 장면, op.cit., p.57.

를 참을 수 없어 자리를 박차고 단상으로 뛰어올라가 소리쳤다.

박순천도 힘없이 질질 끌려 복도에 내동댕이쳐졌다. 그녀가 의식을 되찾은 것은 세브란스 병원에서였다. 병원에는 또 다른 8명의 의원들이 부상을 입은 채 들어와 있었다. 또 다른 야당 의원들은 6시간 동안이나 강제적으로 감금되어 있기도 했다.

야당 의원들을 의사당에서 몰아낸 후에, 자유당은 보안법안을 일사천리로 통과시켜 버렸다. 박순천은 이 일로 인해서 턱뼈 등에 부상을 입고, 한 달 동안이나 병원에 입원하여 치료를 받아야만 했다. 또 무술 경관이 집어던질 때 다친 허리뼈는, 치료되지가 않아 그 뒤로도 계속 고통을 겪어야만 했다. 또 그때 한쪽 신장이 기능을 상실해서 불치의 병이 되기도 했다.

스스로 자멸의 구덩이를 팠던 자유당 정권의 말기에, 박순천은 이처럼 민주주의 수호의 희생자가 되었던 것이다. 그러나 이러한 고통은 오히려 그녀에게 애국심을 더욱 고취시켜 주었다.

전대미문의 3 · 15 부정 선거가 4 · 19혁명의 직접적인 도화선이 되었다고는 하지만, 박순천은 이미 그전부터 심상치 않은 분위기를 느꼈다. 말기 동맥경화 증세를 보이던 이승만 정권이, 스스로의 목을 조르고 있다고 판단했기 때문이었다. 비단 서울뿐만 아니다. 각처에서 그 심상치 않은 분위기는 일렁거렸다.

여당도 야당도 믿지 못하게 된 민심이, 새로운 돌파구를 찾아 소용돌이를 일으키기 시작했다. 그런 가운데 제일 먼저 대구에서 시위가 일어났다. 민중 속에서 움터 나오는 진실의 외침은, 곳곳에서 서서히 화산 폭발의 서곡을 말해주고 있었는데 대구에서 최초의 신호탄이 터진 것이다. 당시 박순천은 장면과 함께 지방 유세차 4 · 19

혁명의 신호탄이 오르는 대구 시내에 가 있었다.

자유당 정부에서는 학생들이나 공무원들이, 민주당의 강연회에는 참석하지 못하도록 온갖 방법을 동원해서 막았다. 일요일인 그날도 학생들은 지시에 따라 모두 학교에 등교해야만 했을 정도였다.

박순천과 장면이 강연회장으로 갈 때였다. 단체 영화 구경을 가기라도 하는 듯이, 단체로 거리로 쏟아져 나오는 고교생들의 모습이 보였다. 학생들은 박순천 일행을 보자 갑자기 만세를 부르며 아우성을 쳤다. 그러더니 갑자기 박순천에게로 몰려와 그녀를 공중으로 헹가래 쳤다.

그날이 바로 고교생들이 대구에서 시위를 일으킨 날이었다. 이와 같은 학생들의 열기는 다른 지방에서도 마찬가지였다. 서울 인사동에 있는 민주당사에서도 심상치 않은 일들이 계속 일어났다. 하루는 청년들이 당사 안으로 들이닥치더니 순식간에 손가락을 자르고 혈서를 썼다. 국민들의 마음은 독재자 이승만에서 이제 완전히 떠났다. 시한폭탄의 폭발을 알리는 시계는 돌기 시작한 것이다.

'민주당 절대 지지!'

'독재 정권 타도!'

거리를 온통 메우고 있는 인파들 속에서는 뜨거운 분노가 이글거리고 있었다. 아니 분노보다도 더한 증오였다. 폭풍 전야와 같은 분위기였다. 그 무렵 3 · 15 부정 선거가 있었고 마침내 4 · 19혁명이 터졌다. 4 · 19혁명은 현대 정치사상 최대의 민주항쟁이었다.

그것은 독재자 이승만을 응징하는 준엄한 역사의 가르침이었다. 역사란 너무도 무서운 것임을 웅변하는 것이었다. 이승만은 현대 한국정치의 첫 단추를 잘못 끼웠다. 국가를 개인집 살림하듯 본인의 독재의사에 의해 운영하면서, 정권연장을 위한 철권정치만을 밀어 나가다 국가를 누란의 위기로 몰아넣은 것이다.

항일전쟁의 찬란한 거목들과 비교해 보면, 이승만은 당연히 격조가 떨어진다. 이승만은 수많은 애국지사들이 침략자와 정면으로 싸우며, 만주벌판 등에서 혈전을 벌이다가 이름 없이 숨져갈 때에, 그토록 나라가 위태로울 때에 사실상 미국유학을 즐긴(?) 인물이다.

참된 애국자라면 귀국하여 총을 들고 싸우다가 이름 없이 죽었어야 옳다. 그러나 이승만은 테니스나 즐기고 사교를 하면서, 본처가 있는 몸으로 윌슨 교수(훗날 대통령이 됨)의 딸과 데이트나 한 인물이다. 상해 임정에 잠시 합류해서는 자유당 정치의 전주곡 같은 독선적 행태를 보이다가, 쫓겨 가듯 미국에 가서는 다시 오지도 못했다. 그리하여 미국 땅에서만 겉돌며 외교를 한다고 기화한 것이 그의 독립운동이다. 물론 외교도 중요하고, 이승만도 무언가 애국을 했겠지만, 감히 안중근, 윤봉길, 이회영, 이상설, 홍범도 등에 견주고 맞먹을 수가 있겠는가?

당시의 미국은 독립운동가들에게는 가장 안전한 피난처요, 가장 편안한 도피처였음이 분명하다. 그러한 곳에서 가장 안락한 독립운동을 하면서, 결과적으로 미국인들에게 잘 알려진 인물이 되어 일제패망 후의 정치판에서 고지에 서게 되었을 뿐이다.

박순천은 4월 20일, 서대문에 있는 이기붕의 집이 불타오르는 것을 목격했다. 이승만 십 년 독재의 아성이 무너지는 불길이었다. 순간 그녀는 어디론가 바람처럼 사라지고 싶은 당혹스런 기분만 들었다. 도저히 얼굴을 들고 길에 다닐 수가 없을 것 같았다.

국회에서 사람을 보내 그녀를 데리러 왔다. 의사당 앞을 지나면서 서울신문사가 불에 타고 있는 것을 보고 그녀는 그 광경을 똑바로 볼 수가 없었다. 박순천의 가슴 속에는 정치인이 할 일을 제대로 못하고, 젊은이들의 혈기를 방패로 이용했다는 자책감이 거세게 몰아치고 있었다.

오죽 정치인들이 못났으면 학생들이 나서게까지 되었는가? 정치를 한다고 나서 반평생을 지내오는 동안 이때처럼 뼈저린 부끄러움을 느껴본 일이 없었다. 자유당이 독재 정권이었다면, 과연 야당은 무엇을 했나 하는 생각이 그녀를 자꾸 괴롭혔다.

그녀에 대한 양심의 고문은 송곳처럼 가슴 속 구석구석을 계속 찔렀다. 나는 입으로만 이승만 독재 정권 타도를 외치지 않았던가? 그러나 젊은이들은 그들의 꽃다운 생명을 던져 버리면서까지 싸우지 않았던가? 그들은 모두 귀여운 내 자식이나 마찬가지이다. 그런데 그들은 정치인들의 잘못 때문에 죽어가지 않았던가?

그 무렵 박순천의 마음에는 조용한 변화가 일어나기 시작했다. 정치를 떠나 차라리 여성운동으로 되돌아가고 싶은 생각이었다. 너무도 정치가 박순천이 부끄럽고, 몸 둘 곳을 찾기가 어려웠기 때문이었다. 이런 점에서 볼 때 박순천은 정치가라기보다는 여성운동가 쪽이 더 어울리는 사람인지도 모른다.

한편 부인회는 지난날 이승만에게 미움을 받은 박순천에 이어서 박마리아가 맡고 있었는데, 4 · 19혁명으로 인해 박마리아가 비참한 최후를 마치자 그 자리가 비어 있었다. 그러자 부인회의 간부들은 박순천을 찾아와 회장을 다시 맡아 달라고 간청했다. 박순천은 처음 이 교섭을 받자 불쾌한 마음이 앞섰다.

'순수한 여성 운동을 목표로 생긴 대한부인회가 아닌가? 그런데

집권당을 따라다니며 회장을 시키려 드는 건 아닐까?'

그러나 박순천은 불쾌한 마음을 나타내지 않고, 현재 정치인으로 있기 때문에 회장이 될 수 없다고 거절했다. 정당을 가진 사람은 애당초 참여해서는 안 된다는 선례를 남기기 위해서였다. 그러나 부인회에서는 일방적으로 회의를 열고 박순천을 회장으로 추대해 버렸다. 박순천은 두 갈래의 갈림길에서 몹시 망설였다.

결국 그녀는 정치에 의해 만신창이가 된 대한부인회를 버릴 수가 없다고 판단했다. 차라리 민주당을 떠나는 것이 낫겠다는 판단이 섰던 것이다. 박순천은 자신이 해야 할 일이 차별받는 여성들의 아픔을 덜어 주는 것이라고 생각했다. 그래서 그녀는 대한부인회 전국대회에 참석하기로 결정을 내렸다. 그리고 민주당원이 아닌 평범한 야인(野人)으로서 참석하기 위해 민주당에 탈당계를 제출했다.

"민주당이 좋은 정치를 해 주리라 믿고, 나는 여성 운동으로 돌아가겠으니 용서해 주시오. 그러나 의사당에서는 민주당과 행동을 같이하겠소."

박순천의 탈당 사유서는 호소문에 가까운 것이었으나, 그녀의 탈당계는 끝내 접수되지 않았다. 그 후 박순천은 1960년 8월 12일에 제4대 이승만 대통령 하야에 따라 국회에서 간접선거로 실시된 보궐선거 때에는, 당시 62세로 집권당인 민주당 후보로서 총 유효투표수 253표(263명 중 기권 4명, 259명 투표, 6명 무효) 중 1표를 얻어 낙선했으나, 한국 최초 여성대통령 후보자가 된 바 있다.

4 · 19 혁명으로 수립된 제2공화국 정부는 불과 1년 만에 5 · 16 혁명으로 다시 해산되었다. 따라서 박순천의 짧았던 여당 의원 생활도 막을 내리게 되었다. 이미 탈당계를 냈으나 접수조차 되지 않

았기 때문에, 그녀는 끝까지 여당 소속으로 남아 있었던 것이다.

박순천은 5 · 16혁명이 일어나자 또 다시 부끄러움으로 몸 둘 바를 몰랐다. 4 · 19혁명에 이어 두 번째로 느끼는 고개 못 들 부끄러움이었다. 우리의 현대사는 왜 이렇게 만신창이가 되어야만 하는가? 정치인들의 존재의의는 무엇인가? 정치가 박순천의 갈 길은 어디인가? 모든 것을 물어도 뾰족한 대답이 없는 난감한 순간이었다. 그해 6월에 박순천은 집을 합정동으로 옮겼다.

이사할 때까지도 그 집에 전기나 수도물이 일체 들어오지 않았다. 그러나 박순천이 두문불출하고 살기에는 적당한 집이었다. 그녀는 새로 이사한 집에 파묻혀서 화초 등을 가꾸며 담담한 세월을 보내기 시작했다. 1962년 말에 박순천은 자신이 정정법(政淨法)에서 풀려났다는 소식을 들었다. 여자라고 일찍 풀어주었는지 장면이나 김상돈보다 먼저 풀려났던 것이다.

그러나 그녀는 다시 정치를 하고 싶은 생각은 추호도 없었다. 그런데 1963년 1월 1일에 박순천의 집에 때 아닌 손님들이 몰려들었다. 그들은 5 · 16혁명 이전의 민주당 간부들이었다. 그들은 박순천에게 다시 민주당을 재건하자고 제의했다. 그러나 박순천은 이 제의를 단호히 거절했다.

"만일 내 이름이 필요하다면 얼마든지 갖다 쓰시오. 어떻게 끌고 다녀도 괜찮소. 나는 이제 내 이름을 버리겠소."

그러나 그들의 교섭은 끈질겼다. 아예 매달릴 정도였다. 처음에 그토록 완강히 반대했던 박순천도 더 이상 버틸 수가 없었다.

그녀는 다시 민주당 재건 운동에 참여했다. 그리하여 1963년 11월 26일 제6대 총선거 때는 서울 마포구에서 민주당 후보로 당선되어, 민주공화당 전국구의 박현숙과 두 사람의 여성의원이 되었다.

1967년 6월 8일의 제7대 선거 때는, 신민당 전국구 의원으로서 민주공화당 전국구의 이매리 의원과 나란히 국회에서 여성의원으로서 활약했다. 박순천은 2, 4, 5, 6, 7대에 걸쳐 최다선인 5선 여성 국회의원으로서 국정쇄신과 여권신장에 그의 능력을 다하였다.

그는 일곱 번의 선거를 치르는 동안 여자이기 때문에 정견발표 때마다, 상대 남성 입후보자들로부터 "암탉이 울면 집안이 망한다"는 인신공격을 받았다. 그때마다 "나랏일이 급한데 암탉, 수탉 가리지 말고 써야지 언제 저런 병아리를 길러서 쓰겠느냐, 암탉이 낳은 병아리가 저렇게 꼬꼬댁거리니 길러서 쓰려면 아직도 멀었다."고 말하며 우회적 우스개로 받아넘겼다.

박순천이 한일협정 비준파동 이후 국회 등원을 결정하고, 야당 당수로서 국회에 나가 연설하는 중 감정이 격해져 눈물을 흘린 적이 있다. 그녀를 미워한 장택상이 "평양기생인가 울기는 왜 울어" 하고 빈정댄 데 대해, 연설을 끝마친 후 그녀는 "내가 왜 평양기생인가 동래기생이지" 하고 여유 있고 담담하게 응수하기도 했다.

그는 국회의원을 그만둔 후까지 만성 신장염을 오래 앓았다. 여성용 화장실이 없는, 남성 본위의 사회에서 오래 일해 온 때문이었다. 박순천이 한창 일할 때 국회의사당과 중앙청에는 오랫동안 부인용 화장실이 없었다. 으레 하루 종일 화장실 가기를 참아야 했고, 식사 때도 국물 있는 음식을 삼가야 했다.

국회의사당과 중앙청에 여자 화장실이 없었다는 사실은, 당시 우리나라의 문화수준을 말해 주는 쑥스러운 지표라 하겠다.

박순천은 여성이 한 사람이라도 더 많이 정계에 진출해야만 여성운동을 효과적으로 펴나갈 수 있다고 믿었지만, 자신의 지난날에 비추어 볼 때는 막상 회의감이 앞선다고 고백한 일이 있다. 여성이 정치한다는 데 대해 우리사회처럼 편견이 많은 사회도 쉽게 찾을 수 없어서였다.

7. 야당 당수

민주당의 신파와 구파 파벌은, 사사오입개헌 이후 민국당이 반이승만세력을 규합하여 민주당으로 출범하는 가운데 나타났다. 한민당에서 민국당으로, 그리고 민주당으로 이어지는 수구파와 이승만 노선에 반기를 들고 야당의 대열에 참여한 신진세력으로 나뉘어 당권경쟁을 하며 구파와 신파의 파벌이 생긴 것이다.

구파는 조병옥이 중심이 되었고, 신파는 장면이 중심이 되었다. 박순천은 신파의 지도적 지위에 있었다. 민주당 대표 최고 위원인 조병옥 아래에 장면, 곽상훈(신파)과 백남훈(구파)을 포함하여 박순천은 최고위원이었다. 박순천의 최고위원 지위는 그 후의 전당대회에서도 계속되었다.

그 후 제2공화국을 거쳐 5 · 16혁명이 일어나자 신파의 최고지도자인 장면이 정치적 연금 상태가 되었다. 자연히 박순천은 새로 신파의 최고지도자가 될 수밖에 없었다. 1963년에 재건된 민주당의 창당 준비대회에서 박순천은 대표위원으로 선출되었다.

그녀는 이 대표위원 자리를 맡고 싶지 않았으나, 그녀가 끝까지 거절할 경우에 모처럼 동지를 모아 이룩하려는 민주당이 두 조각으로 갈라지리라는 것을 염려해서 받아들이기로 했다.

7개월의 어려운 준비 작업 끝에 민주당이 서울 시민회관에서 창당대회를 연 것은 그해 7월 18일이었다. 그날 아침에 박순천은 착잡한 마음으로 집을 나섰다. 그리고 오래도록 한강 둑을 거닐다가 절두산(切頭山) 쪽에 있는 김상돈의 집으로 갔다.

그리고는 그의 마당에 있는 느티나무 아래에 앉아 있었다. 평생을 꼿꼿하게 정의의 투사로 살아온 할머니 정객의 마음은 착잡하고 복잡하기만 했다. 그녀는 자신을 민주당 총재로 추대하려는 간부들의 움직임을 알고 있었기 때문이다. 박순천이 창당대회에 나타나지 않자, 간부들은 사방으로 찾아 나섰다.

결국 그녀는 간부들에 의해 이끌리다시피 하여 대회장으로 가게 되었다. 당시의 심경을 그녀는 이렇게 말했다.

"나는 내 인생의 원칙을 정치에 그대로 몰고 가려는 세련되지 못한 정치인이었다. 나를 신파라고들 불렀으나 나는 신파도 구파도 아니었다. 파벌의 이해를 따르는 당원들의 생리를 가장 싫어하는 사람이었다."

박순천이 우리나라의 제1야당이었던 민주당의 총재가 된 것은, 우리나라 여류 정치인으로서는 역사상 처음인 일이었다. 현대정치사에 있어서 남자들도 별로 많지 않은, 정통 야당의 당수가 된 최초의 여성이었던 것이다.

박순천은 다시 1963년 11월의 선거에 대비해서 지방 유세에 나섰다. 6대 의원 선거 때 서울의 마포구에서 출마한 그녀는, 자신의 선거구에서는 겨우 두 번밖에 얼굴을 내밀지 못했다. 선거 자금을 한 푼도 보조받지 못한 다른 지역의 입후보자들이, 박순천에게 얼굴만이라도 내밀어 도와 줄 것을 간곡히 요청했기 때문이다.

그러나 투표 결과 박순천은 당선되었다. 그녀는 과로로 인해 세브란스 병원에 입원하는 도중 그 소식을 들었다. 그런데 여기저기에서 반갑지 않은 소식이 잇달아 들려왔다. 정치자금이 부족했던 야당 의원들의 참패 소식이었다.

그녀는 그만 심한 절망감에 사로잡혀 자신도 모르게 눈물을 흘렸다. 이미 다 흘린 줄만 알았던 눈물이 의외로 아직도 남아 있었다. 제6대 국회에 도전한 결과로 당선자는 박순천을 포함한 8명으로서 제3당이 되는 비운을 맞은 것이다. 그 후 민주당은 한일회담 저지를 위해 윤보선의 민정당과 통합하여 통합야당 민중당으로 새 출발하게 된다.[13]

그리하여 1965년 6월 14일에 박순천 의원은 「자유 민주 세력의 집결체」, 「반민주 세력과의 투쟁」, 「중산층의 보호 확대」 등을 선언하면서, 통합 단일야당으로 새 출발한 민중당(民衆黨) 제1차 전국대의원대회에서 최고대표위원으로 당선되어 남성 위주의 정당에서 여성당수가 된 역사적 기록을 세웠다.

앞의 민주당 총재 때는 제1야당인 민주당에 버금가는 제2야당이었다. 하지만 이번에는 모든 야당이 통합된 거대한 제1야당의 당수가 된 것이다. 전국 100개 지구당을 대표하는 대의원들이 참석한 대회에서, 무기명 비밀투표 999표 중 박순천 의원은 513표를 얻어 460표의 윤보선 후보를 눌러 최고대표위원으로 당선되었다.

당시 여성들은 정치문제를 떠나서 모두 가슴을 펴며 환호했던 것이다. 일부 세력의 지지를 받던 김도연, 허정 후보가 투표 직전 사퇴를 하였고, 윤보선 반대세력이 완전히 연합하여 투표를 치른

13) 이기택, 한국 야당사(서울: 백산서당, 1987), pp.81~84.

결과였다.[14] 그러나 여성 당수의 자리는 외로웠다. 특히 신민당이 태동할 당시의 4자 회담은, 그녀로 하여금 드디어 정계를 떠날 생각까지 하도록 크나큰 실망을 안기게 했다.

당시 윤보선이 민중당 창당 5개월 만에 한일회담 저지문제 등을 이유로 분당을 하여 다시 신한당(新韓黨)을 따로 만든 데 이어, 민중당 안에서도 몇몇 의원들이 명정회(明政會)라는 모임을 만들어 민중당 내에는 사사건건 파쟁이 끊이질 않았다.

그러나 소신껏 당을 밀고나간 박순천 당수 등 간부진은, 67년 대통령선거가 가까워짐에 유진오 박사를 대통령 후보로 맞아들였으나, 67년 정월에 다시 야당 통합운동이 일기 시작해서 이른바 4자회담을 가진 바 있었다. 민중당의 유진오, 신한당의 윤보선, 재야원로인 이범석, 백낙준 등 네 사람이 모여 범야세력의 대동간결을 위한 정치협상을 벌인 것이다.

이 회담은 급속도로 진전되어 67년 1월 25일에 민중 · 신한당이 합당원칙에 합의를 하고, 2월 7일에 신민당 창당대회를 가지고 당수에 유진오, 대통령 후보에 윤보선을 선출했다. 신민당에서 박순천은 당 고문의 지위에 있었다.

박순천 의원은 처음에는 어떻게 해서든지 민중당 당수라는 무거운 짐을 벗는 게 소망이었다. 당을 옳게 이끌어가지도 못하면서 권한만 주장한다는 말을 듣지 않을까 해서 계속 침묵을 지키면서, 창당대회에 나가 윤보선과 웃음을 짓는 가운데 합당합의서에 서명하고 당 고문이라는 자리를 맡았다.

하지만 정당과 정당을 합치자는 마당에 그 정당책임자를 따돌리

14) 희망출판사, 해방 20년사, 1965, p.1209.

고 당적도 없는 사람과 회담을 갖는다는 것은 이론상 있을 수 없는 일이었다. 그가 야당 당수까지 되기는 했으되 여성이기 때문에 얕잡아본다고 생각하니, 울분이 치솟아 참기 어려워서 조만간 정치일선에서 물러나기를 결심하게 되었던 것이다.

이것이 박순천의 정치역정의 실질적 마지막이 되는 순간이었다. 당수로서 욕심도 없고 파벌도 없는 아녀자로서, 스스로 느낀 정치적 무능에 대한 결론이기도 했다.

박순천 의원은 그때를 회상하여 「정당생활을 하던 중 가장 홀대를 받았다」고 못내 서운해했다. 당수로서 겪은 또 하나의 큰 고충은 정치자금에 관한 것이었다. 정당이 민주적으로 건전하게 운영되려면 당비조달을 합리적으로 잘 해나가야 된다는 것이 당수로서의 소신이었으나, 당시는 당수 정도가 되려면 상당한 자금을 따로 조달하여 아랫사람에게 베풀어야만 되는 하향식이 되어 있었다.

민주당은 초기에 역대 당수들이 대부분 자기 힘으로 당비를 마련했다. 특히 조병옥 같은 분은 세상을 떠나기 직전까지도, 그 아픈 몸을 이끌고 당비를 조달하러 다녔다는 것이다. 박순천 의원은 4년의 당수 재임 중 여자이기 때문에 더욱 돈 마련하는 재주가 없어서 제 구실을 못한 결과를 낳았는지도 모른다.

박순천 의원은 72년 12월에 신민당을 탈당하고 정계에서 완전히 물러났다. 그의 정치생활에 스스로 종지부를 찍은 것은, 7대 대통령 선거 때에 신민당의 김대중 후보를 위해 혼신의 힘을 쏟았으나 평화적 정권교체의 꿈이 좌절되었을 때였다.[15]

15) 조명구, 우의 마의 민의(서울: 일월서각, 1984), p.91.

8. 가정생활

박순천은 남편을 보고 항상 「변 선생」이라 불렀다. 만세운동 때부터 사귀어 온 동지적 유대에서 싹튼 존경과 신뢰가 함축된 호칭이기도 했다. 그들 부부는 변희용의 부인 박순천이라기보다는, 오히려 박순천의 남편 변희용이 더 어울리는 부부 사이였다.

변희용(卞熙瑢) 교수는 박순천의 사회운동을 이해했을 뿐만 아니라, 여성운동에 특별한 관심을 가지고 아내가 때로는 사회활동을 포기하려 해도 오히려 반대하고 격려까지 했다. 진심으로 도와준 좋은 동지였고 좋은 반려자여서 박순천은 참으로 다행이었다.

한 달이면 보름을 지방으로 돌아다니고, 거의 매일같이 밤 12시가 되어 들어와도 "추웠지? 배고프지?"라는 부드러운 말로 대해준 너그럽고 이해심 많은 남편이었다.

어떤 때는 자녀가 단추가 떨어졌다고 내밀면 달아주기도 하고, 성균관대학교 총장 시절에도 장을 담그려면 콩이 얼마 정도 드는가를 수위에게 물어볼 정도로 가정적인 자상한 가장이었다.

4 · 19혁명 뒤에 고향인 고령에서 한 번은 유지들이 올라와서, 변희용 교수에게 국회의원에 출마하라고 졸라대서, 눈치를 알아차린 박순천 여사가 「한 집안에서 둘씩이나 국회의원에 나서는 것은 말이 안 되니, 이번에는 내가 그만두겠으니 영감이 나가도록 하자.」고 진심으로 권했으나 그는 별소리를 다 한다고 펄쩍 뛰었다.

고향 사람들의 강권에 어느 정도 마음이 동하기도 했지만, 아내를 위해 출마를 포기했다는 뒷얘기이다. 게이오 대학에서 경제학을 전공한 변희용 교수는, 일제패망 후 줄곧 성균관대학교에서 경제학교수로 학문의 길로만 일관했었다.

4 · 19 혁명 당시 4 · 26교수시위에 참가했고, 그 후 약 1년간 성균관대학교 총장으로 있다가 정년퇴임하여, 평교수로 근무하다 66년 3월 15일에 뇌일혈로 학교에서 사망했다.

박순천은 정치가요 여성운동가이면서도 결코 여성다운 자세를 잃지 않았다. 그녀는 자신이 여성이라는 사실을 부인하지는 않았지만 여자의 속성에 빠져들지도 않았다. 당당하게 정치가의 길을 걸었다. 또 그녀는 여성답게 옷을 입고 여성다운 몸가짐을 잃지 않으려고 노력했다. 그러나 또한 수많은 남자들 틈에서 자신이 여자라는 점이 강조되지 않도록 항상 노력했다. 어디까지나 여자와 남자는 평등하다고 믿었기 때문이다.

박순천은 자신의 경험을 통해, 여자가 정치가가 되거나 사회생활을 하기 위해서는 결혼을 하는 편이 여러 면에서 유리하다고 주장했다. 여자를 잘 이해해 주는 남편을 만나면, 그 남편은 훌륭한 보호자가 되어 준다는 사실을 경험을 통해 느꼈기 때문이다. 이런 점에서 박순천은 다른 여성 정치인들이 독신을 주장한 것과는 대조적이었다.

"남자들 틈에서 일을 해나가자면 하찮은 이 말 저 말에는 신경을 쓰지 말아야 한다."

한 예로 박순천과 함께 제헌의원 선거에 출마했던 김활란이, 엉뚱하게도 7살 된 아들이 있다는 헛소문에 휘말린 적이 있었다. 그러자 김활란은 2대 국회의원 선거에 함께 출마하자는 박순천에게 거절의 뜻을 비쳤다.

"또 아들 하나 나오게? 난 입후보하지 않겠소."

박순천은 이런 면에서 별다른 문제가 없었지만, 그녀도 역시 여자였기 때문에 김활란의 생각을 충분히 공감했었다.

한편 박순천은 아내로서도 남보다 몇 배나 부지런히 가사 일을 했다. 어쩌다 집에 있는 날이면 잠시도 쉬지 않고 일을 했다. 언제나 아침 5시 반이면 일어나, 누구나 하기 싫어하는 변소 청소부터 손수 하는 것을 습관으로 삼았다.

언젠가 막내 아이가 어머니날에 작문을 썼는데, 「……우리 어머니는 밤늦게 들어오시면 미안해서 그러는지 여기저기 돗을 탕탕 박으신다.……」고 했는데 그것은 미안해서가 아니었다. 자연히 밤에 일을 하게 되어 옷 정리를 하다 보면, 자녀는 많고 옷걸이는 부족해서 그러는 것이었다.

박순천 여사는 마포구 합정동에서 막내아들 내외와 손자를 거느리고 살다가, 1970년에 영등포구 화곡동에 저택을 신축했다.

남편이 마지막으로 선물한 백목련을 옮겨 심고 나무에 서린 남편과의 상념을 더듬으면서, 1983년에 우리나라 최초의 뜻 깊은 정치적 발자취를 남긴 여성으로서의 삶을 마감하고 유명을 달리하였다.

Ⅲ. 박순천의 정치활동 분석

1. 긍정적 활동

1) 발췌개헌 투쟁

인간의 정치활동에는 많은 꾸밈과 거짓됨이 있다. 그러므로 겉

보기의 합리화된 변명만을 듣고 정치인에 대한 평가를 내리는 것은 위험한 경우가 많다. 속으로는 당리당략이나 사리사욕에 묶인 편협한 판단이나 바람직하지 못한 행동을 하면서도, 겉으로는 국가와 민족을 위하는 일을 했다고 주장하는 경우도 많기 때문이다.

구한말의 대표적 매국노라고 모두가 인정하는 이완용도 자기는 결코 매국의 행동이 아니라, 당시의 나라 형편상 최선의 행동을 했다고 말할 것이다. 요즈음 우리가 보는 정치인이나 가까운 이웃에도, 이완용 같은 인간은 의외로 많을지 모른다. 수없이 자기만을 위해 살면서 나라를 위한다고 외치는 거짓된 사례가 많을 것이다.

자유당정권의 독재연장을 위한 발췌개헌은 정치인들의 행동이 얼마나 확고한 신념에 뒷받침되었고, 정직하며 철학적 의지가 분명한 것인가를 말해주는 주요한 정치적 사례라고 하겠다.

물론 당시 자유당의 정치적 압박은 너무도 가혹했다. 5 · 26정치파동, 부산국제구락부사건 등의 연이은 정치폭정에 더하여 비상계엄령이 선포되고, 땃벌떼, 백골단, 민족자결단 등에 의한 깡패집단의 동원이나 무술경관에 의한 국회의 반연금 상태 및 극한적 공포분위기에 싸인 속에서 인간의 마음은 끊임없이 흔들리고 연약해질 수 있음이 정상적이랄 수도 있다.

그러나 국가와 민족의 삶을 책임진 정치인들의 변절이나, 스스로의 몸의 안전에만 치우친 행동을 어떻게 평가해야 될 것인가?

역사의 평가는 항상 냉혹한 것이다. 이완용이나 안중근도 살아서 평범한 사람들과 섞여 살 때에는 커다란 차이가 없었을지도 모른다. 오히려 안중근보다는 이완용 스스로가 더 애국자인 듯 처신했을 수도 있다. 그리고 만주벌판을 헤매며 고생을 사서 하는 안중근의 삶보다는, 권력과 돈에 싸여 큰소리 치고 편안하게 사는 이완용이 더욱 살아서는 부러움의 대상이었을 수도 있다. 요즈음도 그와 비슷한 사례는 적지 않을 것이다.

그리고 안중근 같은 인간은 행동으로 보여주지만, 이완용 같은 인간은 큰소리를 더 치고 우기고 다니는 것도 사실이다. 그러나 역사에 기록되기는 안중근과 이완용은 극단적 반대관계에 있는 인물로 분명하게 정리되는 것이다. 그렇게 쓰이는 것이 역사다.

역사에 쓰이는 것은 평범한 것은 모두 빼버리고 결정적으로 돋보이는 행동, 그리고 무언가 의미가 있다고 후세에 남길 것만 브각시켜서 기록되는 것이다.

이완용도 언젠가 거지에게 동냥도 주고 자선단체에 기부금도 냈을 수 있으나, 그것은 역사가 말하지 않는 것이다. 역사는 역사에 남을 것만 기록하는 것이다.[16] 발췌개헌이 통과되는 극한적 공포분위기에 있어서도, 의연하게 국민의 뜻을 대변한 3명의 국회의원 외에, 훗날에도 스스로가 옳은 인물이라며 외치고 다니고 훌륭한 정치인이라고 자랑하고 다닌 사람들은 적지 않았다.[17]

그러나 역사는 그것을 믿지 않는다. 양병일, 윤담 의원과 함께 사상 유례가 없는 공포상황 속에서의 기립표결에서, 용기 있게 기

16) 민족사의 흐름으로 보아 이광수는 아까운 변절자였다. 그러나 일제 침략시대나 오늘에 있어서나 이광수를 비난할 만큼 떳떳한 삶을 산 사람도 많은 것은 아니다. 그의 변명을 참고로 들어보자.
"민족을 위해 친일을 했소. 이광수의 목을 베어 종로 네거리에 매달아 정말 친일파가 없어진다면 나의 할 일은 다한 것이오." 박계주, op.cit., p.91.

17) 조명구, op.cit., p.91.

립하지 않고 의자에 앉아 반대표를 던진[18] 여성의원 박순천의 가치를 역사는 잊지 않는 것이다.[19] 박순천의 정치활동에 있어서 발췌개헌투쟁은 박수치고 훗날에 기릴 정말 훌륭한 일이다.[20]

2) 최다선 여성 국회의원

박순천은 제헌국회와 제3대국회에서의 2번 낙선경력이 있다. 그러나 2, 4, 5, 6, 7대 국회의원에 꾸준히 당선된 5선 여성 국회의원이라는 찬란한 금자탑을 쌓았다. 박순천을 높게 평가하는 이유는 다음과 같은 점이다.

우선 남자들이 독식하다시피 하는 정치의 장에 정면으로 도전했다는 점이다. 당당하게 도전함이 없이 차별을 받는다고 말하는 것은 옳은 일이 아니다. 박순천은 꽃꽂이용 여성 국회의원이 될 수는 없다며, 정면으로 스스로 싸워 얻은 국회의석으로 당당한 정치인이 되는 길을 걸었다는 점에서 정치사에 의미가 있는 인물이다.

우리나라 정치사에 있어서 당당한 정치적 자기개척의 길을 걸은 여성 국회의원은 별로 많지 않다. 거의 모두가 꽃꽂이용이요, 장식용이었다. 그나마도 숫자는 매우 적다. 이러한 정치 풍토에 정면으로 도전하고, 훗날의 여성들에게 귀감이 되는 업적을 남긴 것은 분명히 기억되어야 마땅하다.

---

18) 장병혜, 창랑 장택상 일대기: 상록의 자유혼(경북: 영남대 박물관, 1973), p.131.

19) 박권상, op.cit., p.259.

20) 정치인의 정치활동에 있어서 정치의식과 정치행동의 불일치 정도가 어떠한가에 의해서, 그 사회의 정치적 건강성을 가늠해 볼 수 있겠다.
이정식, 한국 정치상황의 제단면(서울: 고려원, 1983), p.91.

다음으로 2번의 낙선경력에도 굴복하지 않고 꿋꿋하게 정치적 입지를 살려 나감에 의해, 자신의 정치 생명을 스스로 살렸다는 점을 높게 평가해야 하겠다. 정치인이 된다는 것은 순탄한 고속도로를 달리는 것을 뜻하는 것이 아니다. 물론 상대적으로 다른 사람보다는 좋은 조건을 갖고 정치입문을 하는 경우도 있지만, 정치의 길에 있어서 험난한 장애물과 싸우며 앞날을 개척해야 하는 일은 당연한 것이다. 그렇기에 정치의 길에 있어서는 각오가 남달라야 한다.

평범한 삶을 살지 않겠다는 확고한 의지가 필요조건으로 확실히 요망된다. 정치는 적게든 많게든 고달픈 투쟁의 길이다. 낙선을 달게 알고 좌절을 교훈으로 삼으며, 최선을 다해 재기하는 모습은 정치의 길에서 아름다운 풍경화와도 같은 것이다. 박순천의 좌절과 도전은 멋진 정치풍경화인 것이다.

끝으로 5선이라는 묵직한 정치적 관록을 쌓은 여성정치인이었음을 높게 평가해야 한다. 여자나 남자를 불문하고 5선 국회의원이 된다는 일은 대단히 어려운 일이다. 어떤 경우에 있어서나 여성도 5선 이상의 정치적 거목이 될 수 있음을, 현실로 보여준 점에 있어서도 박순천은 정치사에 뚜렷이 기록되어야 하겠다.

박순천은 앞으로 우리나라 여자들 누구라도, 정치적 개척의 성공 여부에 따라서 당당한 거목이 될 수 있음을 명쾌히 선언한 것이다. 박순천의 5선 기록은 여성에 있어서는 신기록이다. 신기록은 누군가에 의해서 훗날에 분명히 꺾이는 것이다. 그리하여 보다 나은 신기록이 탄생되는 것은 상식이다. 그 상식이 언제 현실화될 것인가?

3) 최초 여성 정당당수

물론 과거에 여자국민당 당수로서 전라북도(현재는 충청남도) 금산에서 당선된 임영신이 있다. 그러나 그 무렵 박순천도 정당이나 마찬가지인 대한부인회의 회장으로 종로 갑구에서 당당히 당선되기는 마찬가지다. 그렇지만 당시의 대한부인회나 여자국민당은 아직 국회의원 한두 명을 배출하는 수준의 이름 없는 정당에 불과했다.

그런데 여기서는 그러한 군소정당을 말하는 것이 아니다. 정당다운 정당으로서의 당수를 말하는 것이다. 박순천은 현대 우리나라 정당사에 있어서, 남자도 별로 흔하다고 할 수 없는 정통 야당의 당수를 역임한 여자란 점에서 정치적 의미가 큰 것이다.

박순천은 5 · 16혁명 이후 재건된 민주당의 당수로서 최초의 여성당수가 된다. 당시의 민주당은 옛 민주당의 구파가 갈라져 나가고 신파만 남아서 정당을 구성하고 있었다. 군사혁명 정부에 의해 묶였던 정치활동이 장면 등을 제외하고 해제되자 풀려난 박순천, 홍익표 등이 중심이 되어 민주당을 재건하게 된 것이다.

신파 계열에 있어서 장면의 정치활동이 묶여있는 상황에서는, 박순천이 총재가 되는 것은 어쩌면 당연한 일이었다. 1963년 7월 18일에 서울 시민회관에서 전국 대의원 1061명 중 779명이 참석하여 창당대회를 열었고, 총재에 박순천을 만장일치로 추대했다.[21)]

그 후 한일회담 반대 투쟁이 촉매가 되어 분열된 야당이 통합되어야 한다는 여론에 따라, 민정당과 민주당이 합당하게 되었다. 박정희 대통령의 제3공화국을 견제하는 단일 통합야당을 만들어 민중

---

21) 이기택, op.cit., pp.191~194.

당을 만들게 되었고, 여기서 박순천은 다시 총재가 되어 명실상부한 제1야당의 대표 최고위원으로 1965년 6월 14일에 당선되는 감격을 맞게 된다.[22)]

통합 직전의 민정당은 48석, 민주당은 16석으로서 민주당이 민정당에 흡수되는 합당이라고 보아야 했다. 그러나 민정당의 윤보선에 반대하는 세력들의 연합전선에 의해 총 유효투표 994표 중에서 박순천 513표, 윤보선 460표, 기타 21표로 박순천의 완벽한 승리를 가져오는 충격적 결과를 낳게 되었다.

윤보선의 퇴진과 박순천의 등장은 야당가의 중대한 변혁이었다. 제2대 대통령의 명성과 함께, 대통령 후보로 박정희 대통령과 15만표 차로 육박하며 혈전을 벌였던 야당가의 맹장 윤보선은, 스스로가 통합야당의 당수가 될 것은 모든 여건이 남김없이 완벽하고 당연한 것으로 생각했으나 의외의 완전 패배를 당한 것이다.[23)]

우리나라 정치사에 있어서 박순천이 여성으로서 정통 제1야당의 당수가 되어, 여당을 견제하는 기수가 되었다는 것은 훗날의 정치에 주는 주요한 교훈이다.

정당은 정치를 창조하고 정권을 낳으며 정치인의 삶을 제공하는 보금자리이다. 그러한 보금자리를 맡는 당수로서 박순천이 그 자리를 차지함에 의해서, 앞으로 언젠가 당당한 정당의 당당한 여성당수가 다시 나타날 선례를 기록한 것이다.

여성이 대통령이나 수상이 될 수 있다는 것을 선언한 것으로서, 여성의 대권도전 가능성을 확실하게 부각시켜 놓게 된 것이다. 여

22) 김도연, 나의 인생백서(서울: 강우출판사, 1968), pp.490~504.

23) 이영석, 야당 40년사(서울: 인간사, 1987), pp.238~242.

자는 정치적 들러리만이 아님을 분명히 확인시킨 것이다.

4) 최초 여성대통령 후보

우리나라의 정치풍토에서 여성 최고정치지도자가 나타날 가능성은 별로 높지 않다. 지금까지 국회의원에 정면으로 선거를 통해 당선된 경우도 겨우 13명의 사례밖에는 없다.

아마도 이 13명의 여성 국회의원 모두가 우리나라 헌정사에 뚜렷이 남을 여성정치인이라고 단언해도 될 정도이다. 그들의 도전사례를 상세히 살피면 자유당 시대인 제헌국회 때의 1명(임영신), 제2대의 2명(박순천, 임영신), 제3대의 1명(김철안), 제4대의 3명(김철안, 박순천, 박현숙), 제2공화국 때인 제5대의 1명(박순천), 제3공화국 때인 제6대의 1명(박순천), 제7대의 1명(김옥선),[24] 제8대에는 하나도 당선자가 없었다. 유신시대인 제9대에는 2명(김옥선, 김윤덕), 제10대에는 1명(김윤덕)이 당선되었으며, 그 후 11대와 12대에는 각각 1명(김정례)만이 당선됨에 불과하였다.

그나마 13대에는 하나도 없다. 그리고 14대에 1명(현경자), 15대에 3명(박근혜, 임진출, 추미애), 16대에는 4명(박근혜, 추미애, 김경천, 김희선)이 당선되었다. 그러므로 총 13명이 23회 당선된 것이다.

이와 같이 여성이 국회의원에 당선된다는 것도 지극히 어려운 일인데, 최고 권력자가 된다는 것은 엄청나게 어려운 일이라고 하겠다. 물론 박순천의 경우도 최고권력자가 된다는 것은 꿈에도 생각 못 할 일이었다. 다만 제2공화국 시대에 국회에서 간선제에 의해

24) 박순천은 제7대 국회에서는 신민당 전국구 1번으로 당선되었다.

대통령을 선출할 때에 윤보선이 253표 가운데 208표를 얻어 당선되었고, 이 투표에서 박순천이 1표를 얻었다.

단 1표! 이것이 우리나라에서 여성이 최고 정치지도자의 자리에 도전한 최초의 기록이다. 물론 이것을 기록이라고까지 말할 것은 없을지 모른다. 그러나 여성의 정치참여란 관점에서는 매우 중요한 일이다. 그 후에 김옥선이 도전한 사례가 있지만, 도전함에 의의가 있는 득표 수준이었다.

그렇지만 앞으로도 여성들이 최고 정치지도자의 자리에 들어설 경륜을 쌓도록 꾸준히 노력하며, 그 자리에 기회가 있을 때마다 꾸준히 도전을 하면, 그러한 도전이 계속 축적되어 우리나라의 진짜 여성 최고지도자가 틀림없이 나올 수 있을 것이다.

체념하는 곳에서는 열매가 열릴 수 없다. 씨앗을 뿌리는 곳에서만 싹이 트고 열매가 맺어지는 것이다.

외국의 사례를 보더라도 약간씩 차이는 있지만 반다르 나이케, 쿠마라퉁가(스리랑카), 인디라 간디(인도), 부토(파키스탄), 대처(영국), 아키노, 아로요(필리핀), 차모르(니카라과), 할로넨(핀란드), 클라크(뉴질랜드), 로빈슨, 맥컬리스(아일랜드), 메가와티(인도네시아), 지아(방글라데시)가 모두 남성들이 주도권을 쥐는 곳에 당당히 도전하여 정치생명을 키워나가는 가운데 열매가 맺어진 것이다.

그리고 크레송(프랑스)은 대통령제의 총리가 되었고, 아웅산 수지(미얀마)는 총선에서 승리하고도 감옥에 갇혀 투쟁하고 있다.

그들이 모두가 처음부터 안방에 앉아 있길 원하는 여성들이었다면 최고지도자가 될 수는 없었다. 그들은 과감히 정치개척의 길로 나섰다는 공통점을 갖는 것이다.

우리나라의 여성 최고지도자는 언젠가 의외로 빠른 시간 내에 등장할지도 모른다. 그 날을 생각하며 과감히 씨를 뿌리고 당당히 커나가는 여성 정치가들이 많이 나타나야 하겠다.

2. 부정적 활동

1) 박정희와의 밀약설

우리나라 정치문화는 묘한 데가 있다. 강하게 공격하지 않으면 뒷거래가 있거나 묵계가 있다는 등의 의심을 받게 된다. 강경투쟁은 선명한 것이며, 온건노선은 불투명한 것으로 받아들여지는 경우가 많다. 그것이 일제침략에 의해 조성된 어두운 정치문화이든, 독재정권에 의해 만들어진 부정의 정치풍토이든 간에, 근본적 비판을 받음이 없이 계속 이어져 내려오고 있다.

경우에 따라서는 맹목적이라고 할 정도로 저돌적 강공을 펴부으면, 박수를 쳐댄 정치문화가 앞으로도 계속되어야 옳은 것인가? 반대를 위한 반대와 건설적 비판을 혼동하는 정치풍토가 얼마나 이어져야 옳은가?

박순천이 민중당 당수로서 제3공화국 대통령이던 박정희와 비교적 원만한 관계에 있었으며,[25] 여야 영수회담을 한 것은 뒷날 그에게 끈질긴 공격거리가 되었다. 국정을 풀어나가려면 여야 영수가 필요한 일은 만나서 허심탄회하게 논의를 해야 하는 것이 필연적이다. 하지만 만났다는 자체가 계속적 비판의 대상이 된 것이다.

25) 서병조, 박정권 19년(대구: 한성출판사, 1986), p.287.

물론 박순천은 박정희와 회담을 하면서 무언가 주고받은 것이 있을 것이다. 주고받으며, 요구하고 들어주는 것이 없는 정치가 어디 있는가? 일방의 요구만을 들어주는 정치가 어디 있는가?

그러나 당시 한일회담 반대 투쟁 등과 정국이 맞물리면서, 박순천의 유화적 정당운영이라는 비판은 설득력을 갖게 되고, 여러 가지 뒷소문을 산출해내며 박순천의 정치적 입지를 곤란한 방향으로 이끌어 갔다. 특히 당권경쟁에서 어이없는 참패를 당한 윤보선의 공격은 집요한 것이었다. 윤보선의 정치노선은 강경노선으로서[26] 꾸준히 박순천 노선을 공격했다.

박순천의 정치생활에 있어서 박정희와의 밀약설을 어떻게 평가해야 옳은가? 그것은 권력투쟁의 산물로 보며, 보다 신중하게 시간을 두고 평가해야 하리라고 본다. 당시 박순천은 민중당에서 정치적 입지가 그리 탄탄한 것이 아님에도 반윤보선 세력의 대동단결에 의해 당수가 되었고, 그와 같은 대동단결의 필요성이 약해지자 박순천의 정치적 입지는 계속 위협을 받게 된 것이다.[27]

그러한 위협을 합리화하기 위한 공격 자료가 바로 밀약설이었다. 그것이 공교롭게도 연로한 나이로 은퇴함과 연결되어, 여자의 정치적 한계를 보였다는 등의 혹평과 함께 두고두고 따라다닌 것이

---

26) 예춘호, 그 어두움의 증인이 되어(서울: 성정출판사, 1987), p.232.

27) 박순천은 한일회담과 월남파병에 대해 극한 반대를 않았다고 불선명 행동으로 모는 공격에 다음과 같이 말한다. "야당은 여당에게 무조건 잘못했다고 해야만 되고 극한 투쟁을 해야 정치를 한다는 논리는 옳지 못하다. 정치는 옳은 것은 옳다고 말하고, 틀린 것은 틀리다고 분명히 말해야 하는 것이다."
박권상, op.cit., p.257.

라고 보아야 하지 않을까 한다.[28)]

다음 인용문은 박순천의 밀약설을 판단함에 좋은 자료가 되리라고 본다. 물론 박순천을 박정희 독재체제에 야합한 들러리라고 일방적으로 몰아치면 별다른 변명을 하기도 어렵다고 하겠지만, 정치현상을 객관적으로 보는 것은 언제나 중요하다. 정치에 있어서 감정적 평가를 내리는 것은 항상 위험한 것이다.

『사령탑의 박순천 체제는 반윤보선을 위해서만 결속한 파벌연합에 떠받쳐진 과도적 성격의 체제였다. 야당의 강자 윤보선의 퇴진은 구심점의 상실이고 분열의 전조였다.

윤보선 씨는 통합야당의 고문으로 물러났지만, 굴욕외교 반대투쟁위의 위원장으로서 대중운동을 주도해갔다. 한 · 일 협정이 조인되고 그해 7월 비준의 첫 관문인 국회특별위원회에서 비준동의안이 날치기 처리되자, 투쟁 위원회는 국회를 해산하고 한일협정의 찬반을 묻는 총선거를 실시하라고 요구했다.

민중당은 의원직 총사퇴 문제에 부딪쳤다. 의원직 총사퇴를 놓고 민중당은 격심한 당내 싸움에 빠져들어 갔다.

의원직 사퇴엔 사퇴서 제출, 탈당 그리고 당 해산의 세 가지 방법이 있었다. 이 중 사퇴서 제출은 여당이 국회표결로 반려하면 뜻을 관철할 수 없는 것이지만, 탈당이나 당의 해산은 그 당시의 법률에 따라 자동적으로 의원직을 상실케 되어 누구도 막을 수 없는 총사퇴 관철의 수단이었다. 투쟁위원회와 윤보선 등 강경파는 당 해산이나 탈당을 총사퇴의 방법으로 제시했다. 그러나 다수의 온건파

28) 김두영, 가까이서 본 인간 박정희, 월간조선 129호, 1990년 12월호, p.444 참조.

는 야당이 혁명정당이 아닌 이상, 의회를 포기할 수 없으며 의원직 사퇴의 결의표시로 충분하다는 반론이었다.

박순천 체제는 그 어느 쪽으로도 결단을 내리지 못한 채 시간을 허송했다. 당론 조정을 지켜보던 윤보선 씨는 7월말 탈당을 결행하여 의원직을 물러났다. 윤보선 씨에 이어 김도연, 서민호, 정일형, 윤제술, 정성태, 정해영, 김재광 의원도 민중당을 탈당하여 의원직을 버렸다. 윤보선 중심의 강경파 의원 8명이 의원직을 내던지고 민중당을 떠난 것이다. 통합 2개월만의 분열이었다.

민중당은 한일협정 비준동의안이 국회 본회의를 통과한 뒤, 의원직 총사퇴서를 내고 한동안 국회출석을 거부했으나, 정기국회가 개회된 그해 10월 중순 국회의 포기 등 지금까지의 투쟁방법을 오도된 지도노선으로 규정짓고 국회로 복귀했다.

탈당파는 당 밖에서 거센 공격을 시작했다. 지금까지의 투쟁이 오도된 지도노선이 아니라, 민중당이 국민을 배신하고 집권당의 들러리 야당으로 전락했다는 공격이었다.

탈당파들은 선명야당 창당에 착수했다. 66년 봄 안국동 8번지를 산실로 한 선명야당은 당명을 신한당으로 하여 정식으로 출범했다. 때 이른 대통령후보 지명도 병행해 윤보선에게 총재와 대통령후보를 모두 맡긴 윤보선 주도의 신당이었다.

민중당과 신한당은 재야 우당(友黨)이 아닌 적대관계였다. 양당의 대변인은 하루가 멀다 하고 성명전으로 맞섰다. [무책임한 선동정치의 집단]과 [뒷거래 야당]으로 상대를 몰아치는 증오 넘치는 비방 성명전이었다.[29]

29) 이영석, op.cit., pp.242~243.

그리고 다음과 같은 자료를 참고할 필요도 있다. 그것은 우리나라 야당에 있어서 밀약설, 자금수수설 등이 끊임없이 오고 가며 정쟁을 이어가는 과정에서 뒷거래 논쟁은 항상 나왔던 것이지 박순천에게만 해당되는 것이 아니었다는 것이다.

당시 야당의 반대는 근본적으로 한일회담 반대 자체가 아니다.[30] 굴욕적 자세나 졸속외교라는 방법적 문제에 직결되는 것이었다. 야당의 강경파가 박순천을 공격한 것도 방법의 온건성을 공격하는 것이었다는 점을 유의하여야 할 것이다.

다만 이 경우에도 박순천이 독재에 정면대결을 않았다는 비난에는 변명이 있을 수 없다.[31]』

『유진산 씨는 곧잘 뒷거래 정치인의 대표적 인물로 회자되곤 했는데, 그는 한 측근에게 자신의 심경을 이렇게 토로했다 한다.

'사람들이 날보고 뒷거래 정치인이라고들 하지만 괜한 소리일세. 지금 박정희 정권은 뿌리를 단단히 내린 큰 나무가 되어가고 있네. 허약한 야당이 입만 가지고 해서야 뿌리가 뽑힐 리 있나, 야당 손바닥만 까지지. 모든 게 때가 있어. 천둥이 치고 폭풍이 불어 나무가 쓰러지면 누군가 그 나무를 치우고 정리해야지.

우리가 바로 그 일을 맡아 해야 할 걸세. 그때까지는 살아남아야 해. 사실은 기회가 없지도 않았지만……' 하고 털어놓은 적이 있다.

그는 63년 가을에 박정권과의 첫 대결 때에는 범국민의 재야 단일 대통령후보 추대 운동이 안국동 윤보선 씨의 고집으로 실현되지

30) 동아일보사, op.cit., pp.147~148.

31) 한일회담 자체의 부당성에 대한 견해도 많다.

못했다고 자주 한탄하고 있었는데, 이때가 뿌리를 내리지 못한 박정희 정권을 무너뜨릴 유일한 기회였다는 생각이었다.

정치를 풍요 조화로 비유한 그는 좀체 영어를 쓰지 않았는데, 유일하게 즐겨 쓴 말이 '디스커스(토론)하야 콤프로마이즈(타협)해야 한다.'는 말이었다. 그의 정치철학을 잘 반영하는 국산영어였던 것이다. 그러나 그것이 강경일변도의 윤보선과 맞을 리 없었다.

그 후 한일협정비준 파동 때는 의원직을 지킨 사람들이 뒷거래 정치인으로 몰렸다. 한일협정 비준안을 저지하기 위해 재야세력이 하나로 통합된 민중당은 이 비준안을 결사반대키로 하고 의원직 사퇴도 불사한다는 강경한 방침을 정했다.

65년 8월 11일 국회에서 비준동의안이 처리되자 민중당 소속 국회의원 61명은 다음날 박순천 대표에게 의원직사퇴서를 일괄 제출하고 이 중 강경파는 탈당계를 지구당에 보냈다.

당시 법적으로 의원직 사퇴서는 국회의장이 접수하거나 국회의 의결을 요건으로 했지만, 정당의 공천을 받은 의원이 그 당을 탈당할 때는 자동적으로 의원직을 상실하게 되어 있었다.

공화당 측에서 야당 의원 전원사퇴로 인한 일당국회라는 파국적인 사태의 발생을 원할 리 없었다. 따라서 탈당계를 낸 윤보선, 정성태, 정일형, 서민호, 김도연, 윤제술, 정해영, 김재광 의원 등 8명만이 국회의원직을 잃게 되었다.

이로 인한 야당 의원들의 등원거부 사태가 발생했는데 박순천 대표는 박정희 대통령과 여야 수뇌회담을 가진 바 있고, 그 후 윤보선 씨의 오도된 지도노선을 비판하면서 잔여 30여 명의 야당 의원들을 거느리고 등원했다. 그때까지 무소속으로 남아있던 유진산 의원도 민중당에 합류했다. 이런 사태의 급변에 강경파의 입이 가만히 있을 리 없었다.

박순천 여사의 청와대 방문 뒤에 다시 자금수수설이 파다하게 퍼진 것도 뻔한 일이었다. 재야에서는 민중당이 드디어 오래 참지 못하고 공화당의 들러리가 되었다는 뒷거래 공세가 시작되었다.

의원직을 버리고 원외로 나간 윤보선 씨 등 강경파는 끝내 온건파와 결별하여 신한당을 독자적으로 창당했다. 그러나 민중당은 민중당대로, 신한당은 신한당대로 또다시 그 자체 내에서 뒷거래 시비 등의 선명성 논쟁을 벌이게 된다.[32)]

큰 정치문제가 있을 때마다 뒷거래 논쟁이 등장한 것이다. 유진산 씨는 이러한 박순천 대표와 같은 의견으로 '현행 헌법 아래서 당선되어 일이 안된다고 당선된 그 법 자체를 부인하는 논리의 모순은 범할 수 없다.'고 말해 70년대에 들어와 이른바 이철승 씨의 중도통합론과 같은 〈참여하의 개혁〉을 주장했던 것이다.

그러나 한국 야당은 그 후에도 줄곧 의원직 사퇴서를 최후의 수단으로, 대여투쟁의 방편으로 써 왔는데 그럴 때마다 그럴듯한 명분으로 후퇴하고 말았다. 즉 철벽같던 유신독재 체제에 정면으로 혈혈단신 외롭게 도전한 국회에서의, 대정부 질문과정의 신랄한 여당비판이 화근이 되어 여성의원인 김옥선 의원이 제명당할 때, 김영삼 신민당 총재는 의원직 사퇴서를 일괄하여 받아 두었으나 실행하지 않았다.

그 당시 내로라하고 선명 야당성을 자랑하던 기라성 같은 야당 의원들 모두는, 외로운 여성정치인의 투쟁에 대해 궁극적으로는 모

32) 윤보선, 구국의 가시밭길, op.cit., pp.151~153.

두 다 뒷짐을 진 상황이 되었다. 유신독재의 들러리 국회의원의 길을 걸었다. 그 후 다시 제3공화국 말기에는 유신독재에 정면대결을 하다가 그것이 빌미가 되어 여당인 공화당에게 김영삼 총재가 강제 제명을 당할 때에도, 의원직 사퇴가 거론되었을 뿐 역시 말로 그치고 김영삼 총재 혼자만이 국회를 떠나야 했던 것이다.

파벌의 이합집산 및 그때그때의 이해관계에 따라 뒷거래 정치인으로 공격받는 대상자는 곧잘 둔갑하곤 했다. 뒷날 71년 대통령선거의 과정과 그 후의 국회의원 공천파동인 제2의 유진산 파동에서는 40대 후보였던 김대중계가 또 한 번 유진산에게 뒷거래 공세를 폈다.

언론법 파동과 한일협정비준, 국군 월남파병 때 온건론을 펴서 모종의 흑막과 함께 뒷거래 정치인으로 몰린 적이 있었던 김대중계가 유진산을 뒷거래 정치세력으로 몰았고, 제1차 유진산파동 때 유진산을 뒷거래 정치인으로 몰았던 정해영이 말기에 와서는 내내 뒷거래 정치인으로 몰렸다.[33]

우리나라의 야당 정치사에 있어서 뒷거래 논쟁은 서로가 서로를 물고 물리며 돌아가는 풍차와 같은 것이었다. 박순천에게만 고유한 것은 아니었다. 강경파가 온건파를 칠 때는 언제나 등장한 숨겨진 칼이었던 것이다.』

2) 친일 변절설

젊어서는 항일 독립운동을 하여 옥고를 치렀고, 평생을 독재투

33) ㉠ 박권흠, 정치의 현장(서울: 백양출판사, 1982), pp.120~123.
㉡ 김옥선, 잠들 때 문고리부터 단속하는 여자, 여원 1991.3, pp.70~73.

쟁을 위해 깨끗하게 살아 온 야당가의 거목 박순천의 일생에 있어서 앞의 밀약설과 마찬가지로 은퇴 말년에 등장한 친일활동설은 매우 충격적 사실이었다.

그렇게 훌륭하던 정치인의 심상에 흙칠을 하는 사건이 말년에 돌출한 것이다. 많은 사람들이 그의 평생을 생각할 때에 경악할 일이었다. 그래도 존경할만한 정치인이 하나라도 있기를 바라는 뭇사람들의 마음에 찬물을 끼얹는 놀라운 사실이었다.

잘났다고 목청을 돋우며 애국을 외치던 숱한 정치인 모두가, 극한 공포분위기에 어쩔 수 없었다면서 모두가 항복한 발췌개헌 표결에서, 의연하게 반대표를 던진 모습을 기억하는 일반인들은 신문에 난 사실에 반신반의하였지만 믿을 수밖에 없었을 것이다.

박순천이 죽기 약 6~8개월 전에 별안간 돌발사건이 터져 나와, 모든 사람들에게 놀라움을 안겨준 친일활동설은 필자의 입장으로서는 분명히 규명해야 할 일이었다.

첫째로 많은 사람들이 신문에 나면 거의 맹목적으로 믿어버리기 때문이다. 그러나 신문은 우리에게 매우 이로운 문명의 이기이지만, 그것을 맹신하는 것은 때로는 극히 위험한 일이다.

신문기자는 경우에 따라서는 확실한 증거확인이 안 된 기사에 의해 무책임할 정도로 잘못을 저지른다. 그럼에도 불구하고 뚜렷한 증거가 나타나지 않은 경우에도 신문에 보도가 되면 일반인들은 그것을 거의 무조건 믿게 되는 것이다. 더군다나 나타난 증거 자체의 신빙도가 얼마나 있는가는 검증되지 않은 경우도 많은 것이다.

정치현상은 확실하게 검증된 뚜렷한 증거가 있기 전에는 최종적 신뢰가 부여될 수 없다. 최종판단은 유보되어야 함에도, 신문에는 종종 단순자료에 의한 단순결론을 담은 기사가 실려 일종의 여론재판이나 민중재판을 시행함에 특히 유의함이 있어야 한다.

둘째로 우리나라의 현재 정치문화는 인재를 길러내지 못하는 성향이 너무나 강하다. 길러내기는커녕 계속 죽여 나가고 있는지도 모른다. 독재정권의 장난과 파행적 정치문화 속에서 훌륭한 정치인이 길러지기 어려웠던 우리의 현대 정치사를 되돌아보면, 그래도 우리들의 마음에 남는 훌륭한 정치가가 한두 명이라도 있길 바라는 뜻있는 사람들의 마음은 계속 외면당해 온 것이다. 남이 못되는 것에 쾌재를 부르고 남을 욕하는 것으로 세월 가는 재미를 삼는 인간도 의외로 많은 풍토에서 희생되는 인간도 많은 것이다.

아무리 잘난 인간도 우리의 정치풍토 속에서는 모함과 비방에 의해 속절없이 스러져버리고 말며, 뒷날의 표본이 될 위인은 탄생되기 어려운 것이다. 박순천은 신이 아니다. 그렇다면 인간 박순천의 입장에서 보았을 때의 박순천은 훗날 귀감이 될 훌륭한 정치인의 표본이다. 그런데 친일활동설이 돌출하여 그를 궁지로 몰며, 뜻있는 사람들의 마음에 흙칠을 한 사건을 어떻게 평가해야 할까?

필자가 독립기념관 건립에 관련되었던 학자들이나 관련 당사자를 꾸준히 직접 면담하며, 박순천의 말년에 돌발한 2개월 정도의 사건을 추적하고 분석한 결과는 박순천은 일단 결백하다고 본다.

앞으로 더욱 연구되어야 하고 보완자료가 있어야 하겠지만 필자의 판단은 일단 옳은 것이며, 박순천과 같은 여인은 훗날 우리나라 여성사의 밝은 거울이 되어야 하고, 우리나라 현대 정치사에 분명히 기록되어야 할 것이다.

독립기념관은 5공화국 초기에 일본교과서 왜곡사건이 돌발적으로 일어나자, 이에 대한 대응정책으로 구체화되기 시작하였다. 정책안을 처음에 제안한 사람은 노신영 안기부장이었다. 외교관으로서의 경험이 풍부했던 그는 프랑스에 있는 대독지하운동 박물관 등의 예를 들며, 독립운동을 기릴 기념관 설립을 제안하게 되고 이를 전두환 대통령이 받아들여 사업이 시작되었다.

당시 대통령이 김상협 총리에게 그가 아프리카 등의 해외순방을 마치고 귀국할 때까지 발기준비를 마칠 것을 지시하고 출국하자, 처음에는 문교차관이 주동이 되고, 다시 며칠 후에 이는 문공부에서 할 일이라고 논의가 모아져 문공부에 사업이 이관되었다. 이에 이진희 문공장관의 요청을 받은 문공부 출신의 재단법인 문화재보호협회의 박종국 이사장에게 실질적 추진업무가 맡겨지게 되었다.

박종국 이사장이 문교차관으로부터 준비작업을 인수받으니 문교부에서 발기인 50명을 이미 선정하여 놓은 상태에 있었고, 발기위원장은 그 짧은 기간에 박순천 여사로 내부적으로 의견이 이미 모아진 상태였다. 이에 8월 26일에 문교차관과 박종국 이사장이 박순천 여사를 방문하여 승락을 받고 8월 28일에 코리아 하우스에서 발기모임을 개최하고 박순천 위원장을 만장일치로 추대하게 되었다.

그런데 이것이 신문에 보도되자 박순천의 친일행각에 관한 투서가 들어오고, 발기인 중에도 상당수의 친일파가 있다는 등의 기사가 각 신문에 나오기 시작하였다. 매우 난감하고 어려운 일이 터져나온 것이다. 특히 일제 말기의 매일신보 기사에 박순천 여사가 황국신민 강연회의 연사로 들어있는 증거물까지 나타나게 되었는데, 그 신문에는 창씨개명을 않은 박순천 여사의 이름이 있었고, 40여

명의 유명인사가 창씨개명까지 하여 죽 나열되어 있었다.

이렇게 되자 이진희 문공장관이 박종국 처장(발기 후에는 사무처장)에게 "박순천 여사를 누가 추천했나?" 하고 따지게 되고, 박순천 여사는 이미 문교부에서 만든 발기인 명단에 포함되어 있었고, 그 명단에 포함된 인사 가운데 창씨개명을 않았고, 3 · 1운동 때에 옥고를 치렀으며, 야당가의 거물이었던 박순천 여사로 내정되는 과정이 설명되었다. 이에 이진희 문공장관과 박종국 처장 두 사람은 여론의 공격을 무시할 수도 없어 박순천 여사를 경질할 것을 결정하게 되었다. 당시 박순천 여사는 암에 걸려 마지막 투쟁 중이었다.

박순천 여사를 사퇴시키게 된 것은 추대 후에 1달밖에 되지 않은 것이었다. 이렇게 되자 독립기념관 추진위원장은 확실하게 흠 없는 독립운동가를 모시자는 견해가 나오게 되었으며, 9월 1일경에 안중근 의사의 후손인 안춘생 장군으로 다시 결정을 하게 되었다.

당시 실무추진 책임자였던 박종국 사무처장은 이에 박순천 여사를 사퇴시키는 곤란한 임무를 맡게 되고, 임명된 지 1달 만에 박순천 여사를 퇴진시키는 곤혹스러운 상황에서, 궁여지책으로 박순천 여사는 위원장에서 물러나고 고문으로 모시게 의견이 고아졌다.

박순천 여사의 사퇴서에 날인을 받는 난감한 방문은 박종국 사무처장이 십자가를 지고 자택을 방문하여 이루어졌다. 단둘이 만난 때는 저녁을 먹고 난 뒤의, 화곡동에 있는 박 여사의 집에서였다.

박종국: (자연스러운 분위기를 만들며 조심스럽게) 박 할머니께서는 연로하시고 힘든 일도 많아 위원장을 그만두시고, 고문으로 모시기로 의견이 모아졌습니다.

박순천: (한참–약 30초–대답이 없다가) 누구야? 나를 밀어내는…….

박종국: 잘 모르겠습니다. 비방자가 약간 있으나 그것이 문제는 아닙니다. 연로하셔서…….

박순천: (잠시 후 얼굴이 원상태로 밝아지며) 박 처장이 일이 편하게 되려면 도와줘야지. 편하게 하게. 후임자는 누구야? (당시 박 여사는 이미 암으로 죽음을 앞둔 마음을 비운 상태인 듯 했다.)

박종국: 안춘생 장군입니다.

박순천: 잘 알지.

박종국: (결재서류를 받아야 하는 괴로운 30분은 이렇게 흘러갔으나, 그 이상의 말은 꺼내지 못하고 머뭇거리고 있게 되었다.) …….

박순천: (웃으며) 서류 줘. (박여사는 알아서 날인을 해 주었다.)

박종국: 앞으로 중요한 일은 자주 와서 상의를 하며 모시도록 하겠습니다.

박종국 사무처장은 그가 방문했던 박 여사의 화곡동 집은 너무나 검소했으며, 박 여사는 그가 평생에 만난 가장 훌륭한 여인이었다고 회고한다. 세상에 그렇게 곧고 강직하며, 천사 같은 할머니가 없다고 할 정도이며, 평생을 나라를 위해 산 훌륭한 여인이었다고 극찬을 함과 동시에 당시의 곤혹스러움을 회고하며, 박 할머니와 본인의 기구한 만남을 안쓰러워한다. 그리고 평생 모르고 살다가 박 할머니를 말년에 찾아가 괴로움을 끼쳐드린 것을 괴로워했다.

사실상 박순천 여사의 친일행각에 대해 당시의 신문에는 본인의 해명은 없었다. 그런데 사태가 있기 얼마 전 박종국 처장과 만났을 때 박 여사는 본인에 대한 비방이 신문에 나는 것에 대해 전해들은 바가 있다면서 어느 정도의 의견 피력이 있었고, 박 여사는 본인의 이름이 일제강점시대의 신문에 난 것은 일본총독부에서 자기들이 이름을 제멋대로 넣어 발표한 것뿐이라고 말했다고 한다.

박 처장은 창씨개명을 않고, 3 · 1항일운동 때에 감옥에까지 가고 평생을 곧게 살며, 까마귀 떼 속에서도 깨끗한 백로로 곱게 꿋꿋하게 커나간, 쉽게 태어나기 어려운 야당가의 엄청난 거목[34]이었던 박순천 할머니의 변명은 옳은 것이 분명하다고 말한다.

더군다나 그는 박순천 할머니를 비방한 장본인도 뒷날 보니 독립운동 단체와 친일단체에 이중으로 가입하여, 낮에는 독립운동을 하고 밤에는 친일을 한 겉 다르고 속 다른 잘못된 인물이라는 자료가 나왔다며 쓴웃음을 짓는다. 그러나 박순천 여사는 본인의 친일행각 혐의를 공식적으로 해명하지 못했고, 6개월 뒤에 암으로 세상을 떠나게 된다.[35] 그리고 박순천 여사를 매도한 장본인도 그 후 곧 세상을 떠났다.

---

34) ㉠ 박권상, op.cit., p.260.
㉡ 평생을 친일파 연구로 보낸 임종국의 논문에는 박순천의 일제 말 친일행각의 사례가 나온다. 첫째는 1941년 12월 27일에 조선임전보국단 주최의 결전부인대회 연사로 되어 있다. 그런데 다른 연사는 모두 내용까지 밝혀졌는데 박순천만은 이름은 있고 내용 미상으로 되어있다. 둘째는 1942년 1월 5일에 발표된 조선임전보국단 부인대의 지도위원에 포함되어 있다. 물론 앞으로 보다 확실한 연구가 있어야 하겠지만, 위의 첫째 사례로 미루어 볼 때에 박순천의 변명대로 조선총독부에서 제멋대로 이름을 넣어 발표했고 박순천은 불참했던 듯하다.
임종국 지음, 반민족문제연구소 엮음, 실록 친일파(서울: 돌베개, 1991), pp.167~255 참조.
㉢ 박순천은 활발한 정치활동으로 훗날 야당의 당수까지 되었지만 내가 보기에는 정치인이라기보다는 순수하고 지조 있는 지사적 존재이다.
윤치영, 윤치영의 20세기(서울: 삼성출판사, 1991), p.306.

35) 1990년 11월 27일 박종국 초대 독립기념관 사무처장 면담.

Ⅳ. 박순천의 정치적 의미

박순천은 지금까지 살펴본 바를 종합할 때에, 여성 불모의 우리나라 정치사에 있어서 매우 뜻 깊은 정치인이었다.[36] 그런데 박순천의 정치적 꽃은 왜 최고지도자로서 완전히 활짝 피어날 수 없었는가?

첫째로 박순천의 정치입문이 늦었던 점을 들 수 있다. 물론 정치가의 정치입문을 시작하는 연령이 언제가 적절한 것인가를 말하는 표준적 이론은 없다. 그러나 보다 연부역강한 나이에 정치에 입문하여 보다 정력적이고 상쾌한 모습으로 정치활동을 할수록 좋을 것이란 점에는 이견을 달기 어렵다.

그러나 박순천이 19세기 말에 태어나 오늘날 정치에 적응하기에는 너무 늦었던 것이다. 정부수립 당시에 박순천은 이미 51세였다. 50세가 넘어서 본격적으로 정치에 입문을 한 것은, 그에게 어쩔 수 없는 현실이었을 테지만 너무 늦은 나이인 것이다.

민중당 당수를 할 때에는 완전히 노년기에 접어들었고, 정당을 이끌기에는 힘에 부치는 상황이었을 수도 있다.

둘째로 박순천으로서는 어쩔 수 없는 벽이었겠지만, 우리나라의 정치풍토가 경우에 따라서는 노골적이기도 하고 많은 경우에 잠재적으로, 여자를 경시하는 풍토가 존재했음을 지적해야 하겠다.

---

36) 우리나라 정치학 연구에서 결정적 약점은 이상향(Utopia)을 만들어내지 못함이다. 따라서 이상적 인물상의 정립에도 아량을 베풀지 못하고 있다. 인물을 길러내고 인물을 아끼는 풍토가 아쉽다.
한배호, 한국의 정치(서울: 박영사, 1984), p.280 참조.

여자가 무슨 정치를 하느냐는 남성 위주의 왜곡된 분위기를 고치지 않고는, 우리나라에서 앞으로 여성 최고 정치지도자가 등장하기는 쉽지 않다고 하겠다. 박순천에게 있어서도 그와 같은 분위기가 없었다면, 장면이 연금된 상태에서 한 번 정권도전에 실패했던 윤보선에게 재수 도전까지 시켜서 다시 정권교체에 실패하는 것과 같은 우매한(?) 일은 없었을 것이라고 본다.

박순천이 민중당 당수는 되어도 최고지도자가 될 수는 없다는 잠재의식을 당연한 듯이 받아들였기 때문에, 민주당 신파의 지도자는 두 번이나 밀리고 구파의 지도자는 두 번이나 대통령 후보가 된 것이란 해석은 꼭 잘못된 것일까?

셋째로 박순천을 확고하게 지원하는 세력이 당내에도 당외에도 상대적으로 부족했다. 정치는 자금과 조직이 있어야 성공한다. 그러나 자금과 조직에서 확고한 토대가 마련되어 있지 않은 박순천의 정치생활은 순탄할 수 없는 것이었다. 특히 민중당 당수 이후에 박순천의 정치생활이 순탄치 않았던 점은, 그가 국회의원까지는 멋지게 버텨왔지만 더 나아가 국회의원들의 지도자로서나 국민의 지도자로서의 길은 벅찬 것이었다고 해석되어야 할 것이다.

앞으로 나올 새로운 여성 지도자는 미리부터 훌륭한 인품은 물론이고 자금과 조직을 탄탄히 다져나가며 토대가 확고하게 성장되어야 할 것이다.

V. 맺는 글

1. 마무리

여성 최고지도자가 우리나라에 앞으로 등장하면 어떤 좋은 점이 있을 수 있을까? 최고지도자는 꼭 남자여야 한다는 잘못된 생각이 무너지면, 우리나라의 정치문화는 어떤 이로움이 있을까?

이러한 질문에 답하기 위해서 다음과 같은 답변으로 여성 최고정치지도자의 좋은 점을 정리해 볼 수 있겠다. 물론 여성들이 모두 그렇다는 것은 아니다. 예외도 있음을 사전에 인정하는 얘기이기도 하다.

그런데 여기서 잠깐 덧붙일 것은, 아래 나열된 것이 너무나 여자를 두둔하는 견해가 아닌가 하는 점이다. 그러나 거기에는 간단한 답을 할 수 있다. 즉 여자들이 아래에 나열된 것이 옳다고 주장할 때에, 그것이 잘못되었다고 떳떳이 주장할 우리나라 남성 정치인이 별로 없다는 점이다. 당당하고 멋진 남성 정치인이 정말로 있어서 아래에 나열된 것이 틀렸음을 행동으로 증명해 준다면 대단히 고마운 일이라 하겠다.

첫째로 비교적 여자들은 정직하다. 훌륭한 사람을 말할 때에 여자와 남자를 가릴 것은 없지만, 여자들이 보다 더 정직한 정치를 할 가능성이 높다는 점을 지적하는 것이다. 현대의 우리나라 정치사를 회고해 볼 때에 너무도 많은 거짓됨으로 얼룩진 정치를 보게 된다. 왜 그렇게 정치에 거짓이 많았는가?

여자들보다는 훌륭하다는 남자들이 그토록 주도하며 이끌어 온 현대정치사가 왜 그렇게 위선으로 가득 찼는가? 국민에게 믿음을 주고 희망을 안겨주는 정직한 정치가 정착될 수 있는 날이 오기를 기다리는 것은 우리 국민 모두의 절실한 소망이다. 우리는 너무도 오랜 날을 거짓말에 의한 거짓말 정치에 속아왔다.

박순천은 예전에 많은 여성들이 정계에 진출할 것을 진심으로 권했다. 여성운동 이외에 여성들이 더 많이 참여해야 되는 이유의 첫째는 부정을 방지하자는 것이었다. 물론 여성이라고 부정을 하지 않는다는 보장은 없지만, 만일 여성들이 대거 정치에 참여하게 되면 부정은 점차로 줄어들 것이라는 것은 경험을 통한 박순천의 확신이었다.

실제로 박순천은 이러한 경험을 갖고 있었다. 하나의 정당과도 비교할 수 있을 정도로 방대한 조직을 가진 대한부인회의 운영이 바로 그것이었다. 그녀는 이 대한부인회를 운영하면서 부정이나 파벌 등의 고질적인 병폐들을 타파할 수가 있다고 확신했었다. 한때 부산에서 처음으로 부인회의 회장 운동을 하던 어떤 사람이 돈을 뿌리며 선거 운동을 한 적이 있었다. 그런데 돈을 받은 회원들이 총회의 공개발언을 통해 이 같은 사실을 규탄하는 용기를 보여 준 것을 보고 박순천은 크게 감탄했던 것이다.

박순천은 아이를 낳고 가계부를 써 본 여성의 참여가 없이는, 원만한 정치가 이루어지기를 기대할 수 없다고 생각했다. 여성의 참여를 통해서 정치의 많은 부정적인 요소를 소멸시킬 수 있다고 믿었던 것이다.

둘째로 비교적 여자들은 남자들보다 탐욕성이 덜하다. 정치현상을 보는 데 있어서도 남자들은 집권욕이나 이기심이 너무 앞서다 보니, 대세를 그르치며 국민과 국가에 욕됨을 제공할 가능성이 높다. 반면에 여자들은 보다 담백하게 정치를 보므로, 비교적 마음을 비운 상태에서 건전한 판단을 내릴 수 있으리라고 본다.

현대정치사를 이끌어 온 우리나라 정치인의 대다수가, 오직 내가 아니면 안 된다는 생각으로 앞뒤를 가리지 않고 탐욕적으로 밀어붙여 온 것이 지난날의 정치풍토이다. 그것에는 여야가 절대로 뒤짐이 없다. 어쩌면 그렇게 철면피하게 낯이 두꺼워 잘못을 저질러도 옳다고 우기고, 임종에 이르도록 절대로 물러나지 않겠다는 자세로 버티며 추태를 부리는지? 모든 사람의 가슴이 막히는 것이 지금까지의 우리나라 정치풍토였다.

셋째로 비교적 여자들은 부정부패에 덜 물들어있다. 일반인들이 상식적이고 정상적인 방법으로는, 도저히 그렇게 잘살 수 없다고 생각하는 수준 이상을 우리 주변의 정치인의 생활을 보면 쉽게 발견하게 된다. 부정을 저지르지 않고 어떻게 그렇게 잘사나?

더군다나 못사는 사람이나 하층생활을 하는 민중을 대변한다는, 일부 정치가들의 호의호식은 보는 이들에게 기가 막힐 정도의 상황이다. 어떻게 그런 생활을 하며, 국민들 앞에 못사는 사람을 위한다고 내세우며 나설 수 있는가?

그러한 면을 고려할 때에, 여자들은 그래도 비교적 양심적이다. 과도한 특권을 누리거나 권력남용을 하고, 부패하여 개인재산을 늘리는 데 빠져드는 자가 적다는 점을 지적하는 것이다.

넷째로 여자들이라고 남자들보다 정치적 능력이 모자란다는 이론이 절대로 존재하지 않는다. 아니 오히려 보다 세심하고 성실성 있게 국민의 삶을 보살피고, 정치상황을 보다 객관적으르 보는 능력이 있다는 점을 지적하는 견해도 많다. 외국의 여성 최고 지도자들을 보아도 결코 남자들보다 정치적 능력이 모자란다는 말을 할 수 없음이 사실이다.

2. 영원히 빛날 샛별을 기리며……

하늘은 남자 위에 여자를 만들지도 않았고, 여자 위에 남자를 만들지도 않았다. 하늘은 땅 위에 여자만 살게 하지도 않았고, 남자만 살게 하지도 않았다. 여자와 남자가 어울려 함께 도우며 살게 사람들의 모듬살이를 만들어 놓았다.

그러한 하늘의 뜻에 보다 가까운 사회는 정치적 양성(兩性)평등의 사회이다. 그렇지 않은 사회는 정치적 양성(兩性)차별의 사회가 되는 것이다. 그런데 눈을 우리나라에 맞춰보면, 우리사회는 유감스럽게도 지금까지 하늘의 뜻과는 너무나 거리가 멀었다.

우리나라의 정치활동이 이루어지는 모습을 보면 오늘날 거의 모든 흐름이, 남자들의, 남자들에 의한, 남자들을 위한 흐름으로 확고한 줄기를 이루고 있다. 여자들이 끼어든다는 것은 아무도 거의 불가능한 상황이다. 이러한 모습을 보면서 양성(兩性)평등을 말하고, 남자들이 평소에 입버릇처럼 겉으로 뇌어대는 여성사랑이나 여성존중은 우스개 얘기에 불과한 것이다.

그러나 박순천의 일생은 남성 우위적인 우리나라 현실 정치상황이, 확실하게 고쳐져야 하고 고쳐질 수 있는 것임을 분명하게 말한다. 박순천의 일생은 여자에게도 사람답게 정치적 삶을 살 확고한 권리가 있음을 선언한다.

우리나라 여성 모두는 누구나 최고지도자가 될 수 있으며, 어떤 정치활동도 멋지게 할 수 있다는 가능성을 보여주며, 여성정치의 찬란한 꽃을 피울 가능성도 확실하게 갖고 있음을 분명히 해 준 일생이 박순천의 삶인 것이다.

그는 항상 정치라는 것이 여성의 힘으로는 안 되는 것이란 안일한 생각은 절대 금물이며, 나라의 주도권을 계속 남자에게만 맡긴다면 여자와 남자가 평등한 사회는 영원히 이룩할 수 없음을 강조하며 살았다.

박순천은 우리나라 정치사의 여황성(女皇星)이라고 불릴 뛰어난 정치여걸이었고,[37] 그의 인생은 훗날의 자라나는 젊은 여성들에게 희망을 불어넣어주는 빛나는 샛별 같은 훌륭한 것이었다.

「새롭게 피어나는 제2의 박순천은 활짝 핀 아름다운 꽃으로, 영광의 최고지도자가 되어 길이길이 청사에 빛나리라! 그 꽃은 아마도 머지않은 어느 날에 활짝 피어나리라!」

---

37) ㉠ 조명구, op.cit., p.91.
㉡ 윤치영, op.cit., p.306.

※참고사항

1) 박순천 여사의 친일활동 의혹은 일제패망 직전인 1940년대 초의 약 4년 사이에 중앙여고를 운영하는 무렵에서 나온 것이다. 박여사가 암으로 작고할 무렵에, 학생들의 정신대 입대를 권유했다는 기사(뉴스메이커 창간호)가 돌출했고, 박 여사는 반론할 기회도 없이 지하에 묻히는 상황이 되었다.

이에 필자는 박 여사의 후손들에게 직접 변명 답변을 듣고자 여러 번 노력을 했으나 쉽지가 않았다. 편지도 보냈으나 답장이 없었다.

생각건대 털어서 먼지가 나지 않을 사람은 쉽지 않을 것인데, 본 논문을 쓴 필자로서는 박순천 여사가 설혹 일제 말에 친일의혹이 약간 있다 하더라도, 경남 마산에서 3·1만세항쟁으로 옥고까지 치른 정도의 인물임을 외면할 수는 없을 것이다.

특히 극도의 공포분위기 속에서 친일을 강요한 일제 말의 상황에 말려든, 어쩔 수 없는 결과였지 박 여사의 본래 의도는 전혀 아니었다고 확신한다는 마음을 끝으로 밝히고 싶다.

왜냐? 박 여사는 현대 정치사에 있어서 거목에 해당하는 유일한 여성정치가였고, 그 의혹 외에는 너무도 멋진 길을 당당히 걸었던 여성이기에 그렇다. 박 여사의 삶에 묻은 그 잘못 하나로 모든 것을 평가하는 것은 옳은 일이 못된다.

특히 지적할 일은 박 여사에게 돌을 던질 만큼, 평생의 모든 삶이 깨끗한 사람이 있다면 돌을 던져도 좋다는 것이다. 그리고 박순천 여사의 삶은 훗날의 자라나는 우리의 젊은 여성들에게 삶의 지표로 내세워도 부족함이 없는 뜻 깊은 여성의 길임이 언제라도 분명하게 강조되어야 하겠다.

더군다나 박순천 여사는 만세운동 주모자로 옥고를 치른 데다, 친일의혹을 받는 바로 그 시기에는 일제의 특별한 감시를 받는 신세였다. 그렇게 일제강점 당국의 주목을 받아, 교사가 되지도 못하고 서무과 직원이었던 점이 유의되어야 하겠다. 그렇게 탄압을 받고 있을 때에 친일 연설을 했다니, 너무나 앞뒤가 맞지 않는 언론 인민재판이 거의 확실하다. (2002년 3월 20일)

2) 박순천 여사의 생애는 동아시아 사상 최초의 여성대통령인 박근혜 대통령의 탄생에 엄청난 디딤돌이 되었다고 하겠다. 본서가 출간되고 꼭 21년 9개월 6일 만에 박근혜 대통령이 탄생을 했는데, 본서를 쓸 때만 해도 전혀 여성 최고지도자의 탄생 가능성은 보이지 않았었다.

그러한 점을 감안할 때에 앞으로도 여성 최고지도자의 탄생은, 전혀 예측되지 않은 어느 날에, 전혀 예측되지 않은 인물로 나타날 것이라고 본다.

앞으로 나타날 새로운 여성 최고지도자는 현재 성인일 수도 있고, 대학생일 수도 있으며, 중고등학생 혹은 초등학생일 수도 있다. 아니 현재 유치원 어린이이거나 엄마 뱃속에 있을 수도 있겠다. 다만 분명한 것은 확실하게 도전하는 여성만이 최고지도자가 된다는 점이다. (2016년 5월 9일)

여섯째 주제

여성대통령은 언제 또 어떻게 나올까?

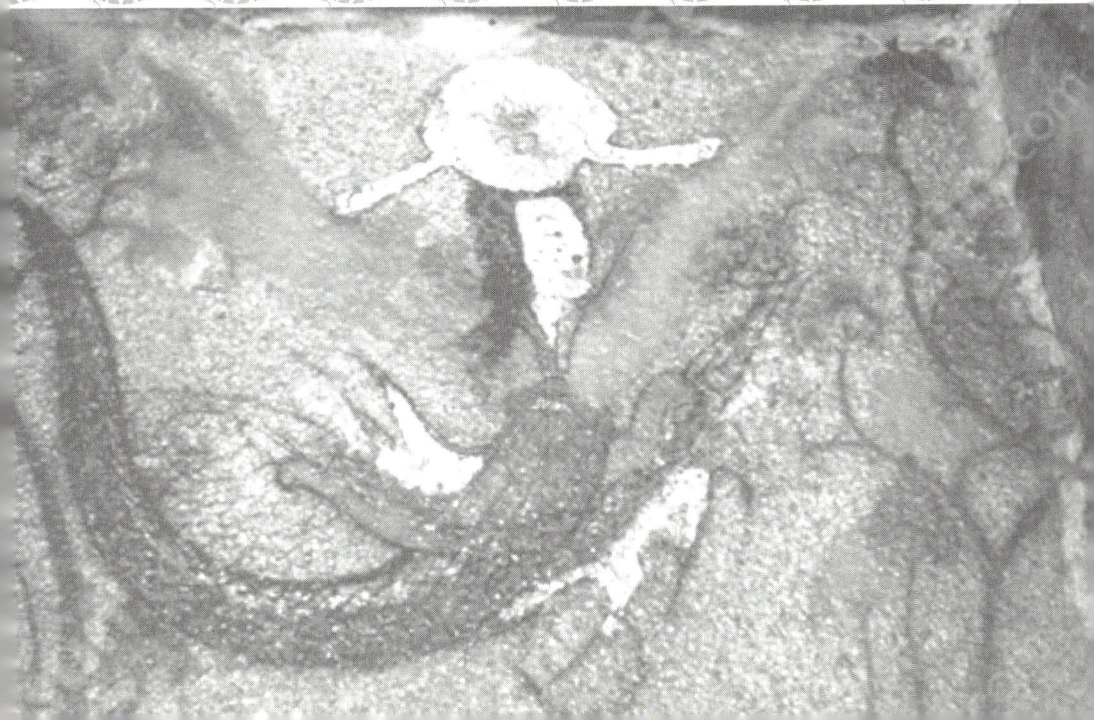

Ⅰ. 들어가는 글

(1)

우리나라 여자들은 도처에서 정치적 소외를 당해 왔다. 더욱 비참한 것은 많은 여성들이 그에 대해서 깨닫지도 못하는 경우가 거의 대부분인 듯하다.[1] 정치적으로 나서 보았자 별로 신통할 것도 없는 상황이기에 더욱 그렇겠지만, 한낱 겉치레 여성 우대 제도나 분위기에 편히 머물러있는 흐름을 크게 벗어나질 못하고, 정치적 깊은 잠에 빠져 있는 안타까운 상태에 있다.[2]

현대 우리나라에 있어서 자생력을 갖고 당당하게 정치적 삶을 개척하면서 살았던 여성정치가는 손가락으로 꼽을 수준이다. 나머지의 대부분은 솔직히 말하면 남자들의 정치적 우위성을 인정해 주려고, 구색 갖추기로 모셔 놓은 약간의 장식용 정치인들이다.[3]

외국에 있어서는 여자들이 정치적 대권을 쥐고 국정을 이끌어간 사례가 여기저기서 보이고 있다. 오늘날 영국의 대처 수상은 평범한 잡화상집 둘째 딸로 태어나, 어떤 남자도 감히 따라잡기 어려운 우수한 정치력을 보였다. 철의 여인이라는 별명이 생길 정도로 막강한 지도력을 갖고, 무려 11년이라는 신화적 집권기록을 이루며,

1) 한국여성개발원, 여성과 성차별, 교육자료 300-7, 1986, p.41.

2) 김영정, 여성 정책의 주요과제와 실천방안, 정무 제2장관실, 1987.7, p.27.

3) 이효재, 한국의 여성운동(서울: 정우사, 1989), p.197.

영국뿐만 아니라 세계적 정치가로서의 자리를 누리기도 했었다.

우리나라의 대처는 언제 태어날 것인가? 우리나라 최초의 정치적 대권을 쥔 여성정치가는 누가 될 것인가? 그러나 당분간은 쉽지 않을지 모른다. 왜냐하면 여성을 정치적으로 얽어매어 놓은 보이지 않는 쇠사슬이 너무나 억세고 굵고 모질기 때문이다.

본 장에서는 우리나라 여성을 정치적으로 묶어 놓은 쇠사슬의 본모습은 무엇이며, 그것은 어떻게 제거되어야 할 것인가에 초점을 맞추고서, '정치적 여성해방'의 횃불은 어떻게 피워 올릴 것인가를 살펴본다.

(2)

여자와 남자는 똑같이 태어났다. 그러나 곳곳에서 여자와 남자의 관계는 매우 불평등하다. 남자들은 여자들의 사회적, 정치적 삶을 폭넓게 지배하고 있다.

특히 우리나라에 있어서는 여자들이 남자들보다 사회적으로 낮은 지위를 가져야 하고, 정치적으로 남자들에 의해 소외되는 것을 당연한 듯 받아들이는, 묵시적 관계가 언젠가의 옛날부터 아주 뚜렷하게 이어져 왔다. 무언가 크게 잘못된 것이다. 참으로 이상한 일이 분명한데도, 그것을 거의 당연한 듯 인정하며 계속 살아왔다.

여권(女權)을 신장시켜 여자들의 정치적 위상을 남자들과 같게 향상시켜 보려는 흐름은, 발달된 사회에서는 과거부터 많이 있어왔다.[4] 유럽에 있어서 1906년에 여성에게 최초로 선거권을 부여한

4) 김옥렬, 여성과 정치참여, 숙명여자대학교 출판부, 여성학, 1988, pp.84~87.

나라는, 우리민족과 같은 북방계 출신의 핀란드이다. 그것은 궁극적으로 같은 핏줄인 우리들에게, 무언가 시사하는 바가 크다고 하겠다.[5)]

다시 영연방국을 보면 거기서는 의외로 식민지였던 뉴질랜드가 1839년으로서 가장 빠르며, 오스트레일리아가 뒤를 이어 1902년에 따라갔다. 식민지가 보다 자유롭고 인간적인 분위기였음을 알겠다. 소위 선진국이라는 나라를 보면 네덜란드가 1917년, 식민지 출신의 미국이 1920년이다. 영국은 1928년, 그리고 프랑스는 훨씬 늦어서 1946년이다. 가장 늦은 스위스는 1972년에 남자들끼리의 국민투표로, 사실상 남자들의 허락을 받아서 겨우 참정권이 인정된다.

어떻든 선거권 획득 이후부터, 꾸준히 여성의 정치적 참여가 보다 확실하게 인정되었다. 오늘날에는 여자들에게 정치적 혹은 사회적으로 기회균등이 비교적 뚜렷하게 이루어져 있다. 그러나 발달된 사회에 있어서도, 기회의 균등에 걸맞게 결과의 균등도 이루어졌는가는 아직도 생각할 여지가 적지 않다. 기회는 똑같이 주어졌다고 하더라도, 결과적으로는 불균등한 경우가 많기 때문이다.[6)]

그런데 우리나라의 실정은 어떠한가? 우리나라에 있어서는 결과의 균등은 도저히 얘기할 입장도 못 된다. 곳곳에서 많은 경우에 여자들에게는 거의 기회조차도 주어지지 않는 것이 현실이다.[7)]

---

5) 정요섭, 선거론(서울: 박영사, 1965), pp.158~171.

6) Martin N. Marger, Elites and Masses: An Introduction to Political Sociology(N.Y.: D.Van Nostrand Co., 1981), pp.201~202.

7) Robert A. Dahl, Polyarchy: Participation & Opposition(New Haven & London: Yale U. Press,1978), p.81 참조.

우리나라에 있어서는 여자와 남자 사이의 정치참여 불평등이 너무나 심하다. 그리하여 부모들이 딸을 낳는다는 것은, 결과적으로 무조건 불리한 입장에 처하게 되는 것이나 마찬가지인 것이다.[8] 사내아이를 낳아야 가문의 혈통을 잇고, 모든 상속이 순탄하게 이루어진다고 보는 것은 표면적 이유랄 수도 있다. 계집아이를 낳으면 그 앞날의 모든 것이 너무나 빤한 것이다.

탁월하게 뛰어난 능력이나 운명을 갖고 태어나기 전에는, 여자들의 일생은 일찌감치 정해진 것이다. 삶의 미래를 폭넓게 설계하며 산다는 것이 쉽지 않은 것이다. 더군다나 갖은 노력과 돈을 투자하여 애써 길러놓은 딸의 시집을 보내는 데에도, 경우에 따라서는 고개를 푹 숙이고 혼수를 적게 보내는 것을 커다란 죄나 진 듯이 부끄러워하게 만든다.

이런 사회풍조는 잘못된 고질병 가운데에서도 가장 못된 것의 하나일 것이다. 딸을 시집보낸 날 저녁에 억울하고 서운하지 않을 부모가 어디 있을까? 딸을 제대로 시집보낸다고 할 때에, 우리나라 같은 풍조 속에서 허리가 휘어지지 않을 부모가 몇이나 되겠는가?

우리나라에 있어서 여성의 사회적 위치나 정치적 지위가 이렇도록 부정적인 모습이 된 원인은 무엇인가? 어떤 흐름을 타고 우리사회의 못된 고질병이 만들어졌는가를 명료하게 규명해 보는 일은 매우 중요한 일이라 하겠다. 그것은 우리사회의 고질병같이 된 여성에 대한 보이지 않는 쇠사슬을 끊어내지 않고서는 우리나라가 올바른 선진국이 될 수는 없으며, 우리사회의 진실된 인간행복, 자유,

8) 윤후정, 신인령, 평등권과 여성, 이화여자대학교 출판부, 여성학 영역별 연구, 1989, pp.76~77 참조.

민주주의가 이루어지기는 어렵겠기 때문이다.[9)]

본 장에서는 특히 다음과 같은 문제를 다뤄 보고자 한다.

첫째로 머나먼 옛날에 우리민족의 여자와 남자 사이의 관계는 어떠하였으며, 원초적으로 우리민족이 여자를 남자보다 아래에 두는 정치적 혹은 사회적 흐름을 가진 민족이었나 하는 점이다. 아마도 우리민족사에 있어서는 가까운 조선시대에 여자들의 사회적 지위가 가장 낮았던 듯하다. 아직도 잠재된 의식 속에서는 그러한 흐름이 많이 숨겨져 있고, 행동으로도 심심치 않게 표출되는 것이 현실이다. 그렇다면 그와 같은 남성우위의 뿌리가 어디에서 비롯된 것인가?

둘째로 현재 우리나라에 있어서도 겉보기로서의 양성(兩性)평등은 이루어져 있다. 그러나 실질적인 평등이 분명하게 이루어진 것은 아니다. 수많은 사회적 장벽이 남자들에 비해 여자들이 가는 앞길을 뚜렷하게 가로막고 있다.

그런데 그것은 엄밀하게 분석하면 우리나라 사람들의 정치의식의 본질은 그대로 두고, 겉껍질만 서양에서 들여온 양성평등 사상에 의해서 비롯되는 것이다. 서양문화의 많은 것이 본질적으로는 우리와 이질감을 갖듯이, 양성평등 사상도 그러한 것은 아닌가 하는 생각이 들 정도이다.

본 장은 그와 같은 입장에 바탕을 두고, 우리민족의 역사 속에서 양성평등의 뿌리를 찾을 길을 모색해 보려는 것이다. 우리민족도 멀고 먼 선사시대에는 요즈음과 같이 교묘하게 얽힌, 실질적 양성

9) David Held, Models of democracy, 이정식 역, 민주주의의 모델(서울: 인간사랑 출판사, 1989), p.112.

차별의 사슬이 없는 순수하고 때 묻지 않은 원초적 동물로서의 사람이 아니었겠는가? 티 없는 마음의 동물 여자와 동물 남자 사이의 "야성적 미사리 생활"에서는 차별이란 개념도 존재하지 않았을 것이다.[10)]

셋째로 이상의 두 가지를 바탕으로, 현대에 있어서의 실질적인 정치적 여성해방을 위한 중심된 흐름은 어떤 것이어야 할 것인가를 생각해 보기로 한다. 물론 본 장에서는 근본적 방향만을 생각해보는 것이 되겠다.

이것은 우리나라 현대 여성해방 운동의 원형(paradigm)에 해당하는 것이라고 본다. 오늘날 여성의 정치적 해방을 안내하는 등대는 무엇이 되어야 할까? 어떠한 방법에 의해서 실질적인 여성 참정권이 확실하게 정착될 수 있을까?

Ⅱ. 고대 여성 정치지도자 분석

앞의 서론에서 말한 바를 알아보기 위하여, 우선 우리나라 역사 속에서 예부터의 양성(兩性)관계나 여성의 정치적 지위를 더듬어 찾아보기로 한다. 약간은 일본과의 연결을 통해 분석하고자 한다.

10) 미사리란 순수한 우리말이다. 일종의 서양식 타잔을 뜻한다. 그러나 꼭 타잔이라기보다는 문명에 때 묻지 않고 자연 그대로의 삶을 사는 '자연인'을 뜻하는 것이다. 도교에서 이상으로 보는 무위자연의 인간이나, 루소의 자연 상태에서 사는 낭만적 인간에 가까운 사람을 말하는 듯도 하다.

그 까닭은 필자의 견해로 볼 때에 고대 정치사에 있어서는, 오늘날과 같은 국가 관계나 국경 개념이 확고하게 존재하지 않았고, 일본과 우리 겨레가 매우 밀접하게 관련을 맺고 있었다고 보기 때문이다.[11)]

1. 고대시대의 여성 지도자 : 단군기록에 대한 근본적 의문점

정치적 신화는 정치지배를 정당화시켜 준다. 피치자들의 정치적 마음의 고향을 형성시켜줌에 의하여, 정치적 구심체의 구실을 한다. 따라서 어떤 나라에 있어서도 고대적인 형태이든, 현대적인 형태이든 간에 정치신화는 꼭 존재한다.

요즈음의 역사학계에서는 단군기록을 신화라기보다는 실사(實史)로 보는 입장이 자리 잡고 있다. 따라서 단군기록을 본 장에서는 신화적 실제 역사로 보기로 한다. 그런데 여기서 필자가 확실하게 문제를 제기하는 것은 왜 단군을 꼭 아들이요, 남자라고 당연하게 생각하는가 하는 점이다.

이에 대해서는 이어지는 일곱째 주제에서 상세히 다루겠지만 간단히 세 가지만 말하면, 첫째로 단군왕검은 고조선의 지배자를 뜻하는 용어로서, 단군은 종교지도자를 뜻하고 왕검(王儉)은 정치지도자를 뜻하는 것이다. 단군왕검이 합해져 있음은 고대사회에 있어서는 정치지도자와 종교지도자가 합해진 것으로서, 제정일치(祭政一致)의 정치가 이루어졌음을 말하는 것이다.

11) 최재석, 백제의 대화왜와 일본화과정(서울: 일지사, 1990) 참조.

그런데 단군은 몽골말의 텐그리(Tengri: 하늘)의 소리를 빌린 음차(音借)글이다. 현재 우리나라에서 쓰는 무당을 뜻하는 토착어로서의 단골은, 단군에서 비롯된 순전한 우리말이다.

단군과 단골은 근원적으로 같다고 하겠다. 그런데 우리나라에 있어서 현재 무당인 단골은 많은 경우 모계적으로 전승되는 흐름을 갖고 있다.[12] 거의 모두 여자인 점에 주목할 필요가 있다.[13]

둘째로 정치지도자를 뜻하는 용어인 왕검(王儉)을 분석해보면, 이것은 임금(님)을 뜻하는 순수한 우리말의 음차 글이다. 여기서 검(儉)은 예부터 신(神)을 의미하는 순수한 우리말이다. 검은 감, 곰, 구마, 고마, 고미, 가마, 가미 등으로 바뀌어 불린 것으로서 검이나 감이 가장 보편적인 것이었다 하겠다.[14]

그런데 단군기록에는 곰을 여자로서 부각시키고 있다면 그것은 무엇을 뜻하는가? 임금과 곰과 여자를 같은 동렬에 놓는 사고가 가능하지 않은가?

셋째로 우리나라의 영향을 짙게 받았을 일본에서는, 일본을 건설한 시조를 여자로서 부각시키고 있다.

일본서기에 뚜렷이 부각된 무당 왕으로서의 여신 아마테라스 오미카미(天照大神)[15]나, 그 이전에 일본을 지배한 위지(魏志)에 기록된

12) 이화여자대학교, 한국여성사 I (서울: 이대출판부, 1984), p.44.

13) 물론 고구려의 주몽 황제나 백제와 신라의 초기 황제들이 무당 출신이었음은 학계에서 널리 인정된다. 삼국 형성 시대는 여자들의 무당 활동이 점차 남성으로 전치되는 중간단계가 아닐까 한다.

14) 안천, 만주는 우리 땅이다: 거시국토통일론(서울: 인간사랑출판사, 1990), pp.201~258 참조.

15) John, W. Hall, 박영재 역, 일본사(서울: 역민사, 1989), p.18.

태양신의 딸인 히미코 등은 모두 여성이 최초의 일본 정치지도자였음을 말하는 것이다.[16] 이들은 우리나라 고대사회의 정치구조를 그대로 반영하는 것은 아닐까?

*　　　*　　　*

일연(一然)의 삼국유사나 이승휴의 제왕운기가 단군을 역사의 출발점으로 본 최초의 우리나라 역사서들이다. 이들이 모두 삼국사기보다도 나중인, 고려 말기 몽골족의 침략에 버텨 싸우던 13세기 말에 같이 등장하는 것이다.

그것은 몽골족과 같은 막강한 군대와 싸우던 국가위기에 대응하여 국론을 통일하면서, 고려시대의 역사적 정통성을 재확립할 필요성에서 단군 성조를 부각시키고 민족사의 체계화를 꾀한 것이다.

그런데 여기서 우리가 쉽게 지나치지 말아야 할 것이 있다. 그 당시에 쓰인 단군기록이 이미 남자들의 정치적 우위성이 확고히 정립된 사회분위기에서 쓰였을 것이란 점에 주의를 기울여야 할 것이다.[17] 고려 말에는 이미 모든 사회적 혹은 정치적 주도권을 남자가

16) ㉠ 阿蘇瑞枝, 히미코, 추전서점, 역사의 여행 제5권 12호 특별증간호, 일본의 여성사, p.56.
㉡ 3세기경 히미코가 다스린 야마다이국은 원시 여인국으로서 무당여자가 왕이었다. 교또대학문학부 국사연구실편, 일본사 사전(도꾜: 동경창원사, 1959), p.520.

17) 여성차별에 대한 현대 인류학자의 연구의 하나는 우리들의 학문 연구에 깊게 내재된 뿌리 깊은 남성 중심 사고를 바꾸는 것에 초점이 맞춰져 있다. 이러한 연구에 의하면 현대 학자들까지도 남성우위 편견에 의한 연구를 많이 하고 있다.
조혜정, 제주도 해녀사회 연구, 한상복 편, 한국인과 한국문화: 인류학적 접근(서울: 심설당, 1983), pp.143, 144.

확고히 장악하던 때였다.

일연 스님이나 이승휴의 정치의식을 지배하는 것도, 정치지도자는 당연히 남자일 것이라는 확고히 내재된 고정관념을 갖고 있었을 것임을 지금까지의 학계에서는 지나쳐버린 것이다.

즉 한족(漢族)들의 시조가 황제(黃帝)로서 남자이므로, 우리의 시조인 단군도 응당 남자여야 한다는 단순사고가 확실하게 지배하는 시기였을 것이다.[18] 우리나라 역사에 있어서 민족적 주체성이 높았던 삼국시대 이전에는 한족(漢族)식의 남성우위 여성천시 사상이 없는 평등시대였기에, 이 시대의 사상을 그대로 간직하고 8세기 초에 쓰인 일본서기가 여성우위 혹은 양성(兩性)평등 사상을 바탕으로 쓰였다면, 13세기 말에 쓰인 삼국유사, 제왕운기는 남성우위 사상이 널리 퍼진 때에 쓰였다고 보아야 하는 것이다.

우리들은 역사시대의 정치의식을 살핌에 있어서, 그 내면을 읽는 눈이 필수적으로 요망된다. 사람들이 사회를 인식하는 모습을 엄밀히 분석하면, 인지작용 자체 내에 어떤 상징에 의한 고정관념이 미리 자리 잡고 있고, 이것에 의해서 선입견에 사로잡힌 판단을 내리게 된다는 점을 유의해야 할 것이기 때문이다.[19]

"이것은 우리가 단군을 무조건 할아버지라고 부르고, 할머니라

18) ㉠ 사회과학의 연구는 많은 경우 체계적 편견에 바탕을 둔 오도된 산물이다. 한배호, 한국의 정치(서울: 박영사, 1984), p.277.
㉡ 그것은 독자들이 여남평등이란 말을 들으면 이상한 것과 같은 논리이다. 독자들은 항상 남녀평등이란 말에만 젖어서 살아 왔으므로 여남평등이라고 말하면 너무나 이상한 것이다.

19) 조재관, 선전여론개설(서울: 박영사, 1972), p.195.

고는 전혀 생각을 못하는 것과 같은 것이다."[20]

2. 역사 속의 여성 지도자

역사에 기록이 남아있는 우리나라의 여성 최고 정치지도자는 소수에 불과하다. 그것도 신라의 3명 외에는 없다. 그것을 어떻게 해석해야 할 것인가?

고대 우리나라 여성의 정치적 지위를 살피는 바탕으로, 먼저 세 여성 지도자에 대해서 살펴보고, 이어서 일본의 사례도 보기로 하자.

1) 신라의 여성 지도자

(1) 선덕(善德)황제

먼저 필자가 여기서 27대 선덕을 황제로 호칭한 것을 설명하면, 삼국쟁투 시대가 끝날 무렵의 삼국은 모두가 황제를 칭하고 있었음에서이다. 삼국이 똑같이 독자적인 연호를 썼다.

24대 진흥황제의 순수비 같은 기록물에 의하면, 신라가 당시에 확실하게 천하사상, 중화사상을 갖고 있었음을 알 수 있다. 선덕황제는 인평(仁平)이란 독자적 연호를 쓴 분명한 황제였다. 그의 시호도 성조황고(聖祖皇姑)로서 분명한 여자황제였다.

20) 단군 할머니의 가능성에 대해서 실증사학으로는 증명이 불가능하다고 본다. 다만 정치인류학, 정치고고학, 정치심리학 등에 의해서는 분명히 문제제기가 가능함을 말하는 것이다. 단군할아버지로서의 고정된 사고에 집착할 필요성이 없음을 말하는 것이다. 보다 상세한 문제제기는 일곱째 주제에서 다루기로 한다.

신라가 당나라의 연호를 쓴 것은 28대 진덕황제 3년부터이다. 당시의 신라에서는 선덕을 황제로 불렀을 텐데, 그 후 김부식의 삼국사기를 비롯한 모든 역사서에서 침략국인 당나라에 종속된 역사서술을 하다 보니, 오늘날에는 선덕여왕이 당연한 것으로 굳어졌다고 보겠다. 즉 당시는 황제로 호칭했는데 훗날에 김부식이 왕으로 강등시켜 삼국사기를 사대주의 사관에 의해 썼으며, 그 이후 우리가 맹목적으로 왕으로 호칭함을 말한다는 것이다.

선덕황제는 26대 진평황제의 맏딸이다. 진평황제가 아들이 없어서 맏딸을 황제로 모신 것으로 되어있다. 그런데 선덕황제가 황제로서의 직무를 수행한 것을 기록한 김부식의 삼국사기 기록에는 두 가지의 왜곡된 성향이 두드러진다.

첫째는 여성이 정치적 대권을 잡은 것이 못마땅함을 김부식은 너무 노골적으로 뚜렷하게 표현하고 있다. 김부식은 당시 송나라에 사신으로 갔을 때, 신라의 김춘추 이래로 침략국인 당나라와 똑같게 고친 관복을 입고 그들의 말을 그대로 썼다.

송나라 사람들이 김부식을 전혀 외국인으로 보지 않았을 정도로 주체성 부재의 인물이었다.[21)]

김부식은 당시 완벽하게 한족식(漢族式)의 남성우위 여성천시 사상에 젖어 있는 인물이었다. 그는 그런 안목으로 삼국사기를 썼음을 직시해야 할 것이다. 침략국인 당나라의 역사적 사례까지 열거해가며 한족(漢族)에는 여자가 정치적으로 나서는 사례가 없다면서, 신라에 있어서는 여자가 황제였다는 점을 정면으로 비판하고 있다. 예컨대 김부식은 요즈음에 서양식 사고에 서양식 생활습관을 갖고,

21) 이현희, 한민족의 풍속과 행사, 한국의 역사 16(서울: 학원출판공사, 1988), p.34.

서양 사람같이 살면서 지식인이요 문화인인 체 처신하며 사는 사람의 고려시대 판 인물인 것이었다.

둘째로 여성은 정치적으로 무능하고 허약하다는 점을 분명히 하며, 여성을 정치적으로 모독하는 역사서술을 당연한 듯이 하고 있다. 예를 들어 남자는 높고 여자는 낮은데, 어찌 할멈이 안방을 벗어나 국가의 일을 다스리는가? 신라가 여자를 황제로 세웠으니 이것은 진실로 난세의 일이며, 이러고도 나라가 망하지 않음은 다행이라는 등의 표현을 서슴지 않고 있다.

더군다나 서경(書經)이나 역경(易經) 등의 문헌까지 거론하며, 암탉이 나서는 일을 경계해야 한다든가, 여자를 약한 암돼지나 갓 태어난 망아지로 비유하는 여성모독까지 곁들이고 있다.

생각건대 우리나라 현존 최고(最古)의 역사서를 남긴 김부식은, 우리나라를 침략하여 고구려와 백제를 멸망시키고 민족발상지인 만주벌판을 민족사의 무대에서 갈라지게 만든 침략국인 당나라 한족(漢族)의 정치문화에 찌든, 피종속적 정치의식을 가진 전형적 인물이었다고 하겠다.

고려 말의 역사에 있어서 김부식같이 오만방자한 인물의 사례가 별로 없었을 것은, 그의 아들을 보면 알 수 있는 일이다. 김부식의 아들 김돈중이 정중부 장군의 잘 길러진 수염을 불태운 방약무인한 행동이, 무신봉기를 일으키는 직접적 원인이 되고 고려의 정치를 병들게 했던 점에서도 뚜렷하게 드러난다.

아마도 김부식은 우리나라 역사에 나타난, 여성의 정치적 모독과 여성의 정치적 탄압의 이론적 합리화에 앞장을 섰던 대표적 인물로 기록되어야 할 것이다.

사실상 김부식으로 대표되는 일단의 당나라 침략의지에 동화된 피종속적 정치인들이, 고려시대 이후 조선시대까지 이어서 정치지배층을 형성한 가운데, 우리나라에서 여성의 정치참여가 이루어진다는 것은 불가능한 일이라 하겠다.

그러나 여기서 그냥 흘려버릴 수 없는 중요한 것이 있다. 삼국사기보다 얼마 후에, 일연 스님은 삼국유사에서 선덕황제의 뛰어난 지혜와 지도력을 높게 평가하고 있다. 일연은 선덕황제에 의한 신라 정치는 외적방어와 국가 황실의 보위에 뛰어난 도움이 되었다며 김부식과는 정반대의 견해를 펴고 있다.

그것은 김부식이 당나라 방식의 유교사상에 물든 어용적 관변중심 인물임에 비해 일연은 고려시대 대다수 사람들을 대변하는, 아직 당나라 침략의지에 오염되지 않은 주체성향이 짙은 인물이며, 우리민족 고유의 흐름에 바탕을 둔 여성의 정치참여를 옳고 당연한 것으로 보는 입장인 것이다.

물론 그가 쓴 단군 기록이 한족(漢族)의 황제신화와 맞게 남성우위를 기정사실화해서 썼다고는 해도, 그는 아직 완전하게 한족문화에 피종속화되지 않았다. 객관적이고 과도기적인, 전환기적 사고를 가졌었다고 하겠다.[22)]

(2) 진덕(眞德) 황제

진덕황제는 선덕황제의 뒤를 이어 신라의 28대 황제가 된다. 그

22) ㉠ 삼국유사, 기이 2.
㉡ 이 당시에 단군을 남성으로 보는 것은, 이미 일연 스님도 객관적 기술이 불가능할 정도로 고정관념화된 것이었다고 하겠다.

런데 진덕황제가 황제가 된 3년 뒤부터 당나라의 연호를 쓰게 되었다. 그러니 외형상으로 그는 2년간은 황제였고, 그 뒤에는 왕이었다고도 할 수 있다. 그러나 그것은 겉모양만 보고 실질은 못 본 것이라고도 하겠다.

왜냐? 연호를 태화(太和)라고 쓰는 등 원래 황제였던 진덕황제는, 죽을 때까지 황제의식을 버리지는 못했을 것이다. 김춘추의 설득과 강요에 의했으리라고 보기 때문이다.

사실상 우리나라의 정치사에 있어서, 침략자인 당나라에 맞게 모든 정치문화를 확실하게 바꿔나간 것은 출발점이 김춘추였다.

김춘추는 선덕황제 때부터 외교활동을 한다고 당나라가 요구하는 것은 거의 무조건 들어주어 왔다. 선덕황제는 이것을 막아왔으나 그가 죽고 등장한 진덕황제를 거의 섭정해주다시피 한 김춘추가, 신라의 황제로서의 정치적 입장을 후퇴시킨 장본인이라고 하겠다.

김춘추는 신라의 정치적 지위를 황제에서 왕으로 격하시킨 장본인이다. 예복(禮服)을 비롯한 정치문화의 대부분을 당나라 방식으로 바꿨다. 그 후 우리나라가 스스로의 정치적 참모습을 잃고, 일종의 거세된 허약한 민족이 되게 만든 엄청난 책임을 진 인물이라 하겠다. 지금까지의 역사는 김부식 같은 피종속 의식에 찌든 학자들이 이어서 역사를 써오다 보니, 김춘추를 너무 일방적으로 미화시켜 왔지만 그의 정치적 평가는 확실하게 재고되어야 할 것이다.

김부식은 삼국사기에 김춘추가 당나라의 연호를 쓴 것을, 대단히 훌륭한 일이나 한 듯이 강조하는 글을 첨부하고 있을 정도이다. 그 이후 우리나라 사람들의 정치의식이 어떻게 되었을 것인가는 짐작하기 어렵지 않다.

김부식이 칭찬한 당나라의 연호를 쓴 때는, 우리민족의 국가철학이 당나라에 종속화되는 출발점이었다. 치욕적인 정신적 굴복의 시작이었음을 말한다. 그렇기에 김춘추는 외교를 하되 민족의 간과 쓸개까지 빼준 무책임한 인간이었음이 유의되어야 마땅하다.

(3) 진성(眞聖)황제

신라의 51대 진성황제는 여자로서는 마지막 정치지도자였다. 그런데 당나라와 같은 연호를 쓴, 진덕여왕 이후에 등장한 그를 황제로 칭하는 것은 논리상 맞지 않을 수도 있다.

하지만 필자의 생각으로는 우리나라 역사가 삼국시대에서 고려, 조선으로 실질적으로는 연결된 것으로서, 무엇보다도 조선시대의 말기에 광무(고종)황제가 대한제국을 선포하면서 독자적 연호를 썼고, 조선 태조 이후의 모든 임금님을 황제로 복원시키는 절차를 밟았으므로 조선시대 임금을 모두 황제로 불러야 한다고 본다.

또한 우리나라 역사 전체로 보아서도 삼국쟁투 시기의 황제사상과 대한제국 시대의 황제사상은, 정치의식상으로는 여러 가지 변인으로 보아 맥이 확실하게 연결된 것으로서, 역대 임금을 모두 황제로 불러야 한다는 입장이다.[23)]

진성황제는 신라가 망해갈 무렵에 황제가 되어 신라의 멸망을 재촉한 여성지도자이다. 그는 49대 헌강, 50대 정강의 여동생으로서 정강황제가 자식이 없이 죽으매, 옛날 선덕황제와 진덕황제의 사례와 같이 여자도 황제가 될 수 있으리라는 정강황제의 유언에

23) 안천, 만주는 우리 땅이다. op.cit., pp.259~333.

따라 황제의 자리를 차지한다. 그는 정치적 지탄을 받을 인물이다.

각간 위홍과 계속 바람을 피우고, 예쁜 소년들을 궁궐로 불러들여 음탕한 행동을 하며 신라의 정치를 도탄에 빠지게 한 것이다.

그러나 진성황제의 잘못된 정치는 그의 개인적 문제이다. 그것을 여성 전체로 확대 해석할 필요는 없는 것이다. 남자들에게도 그러한 몰지각한 정치지도자는 항상 있을 수 있는 것이기 때문이다.

이상 살핀 신라의 선덕, 진덕, 진성의 세 여성지도자의 등장은, 신라에 있어서 당시에 여성을 남성보다 낮게 보거나 지도자로서의 여성의 지위에 잘못이 있다고 보지 않았음을 말한다.

선덕, 진덕의 두 여자황제는 정치적으로 뛰어난 능력을 보였다. 신라의 국력을 향상시킴에 많은 공헌을 하였다는 점에서도, 여자의 지위가 정치적 현실성에서도 큰 문제가 아닌 중요 사례라 하겠다.

그럼에도 불구하고 우리나라에서는 그 후에 여성 최고정치지도자가 전혀 등장하지 못하고 있다. 물론 일종의 섭정정치인 수렴청정(垂簾聽政)의 형태로 황후나 혹은 후비의 지위로서 여성이 정치적 영향력을 크게 행사한 경우 등이 몇 차례 있었으나 여자들이 전면에 나선 것은 아니었다.

2) 일본의 여성 지도자

삼국사기보다 약 400년 전에 일찍이 쓰인 일본서기는, 우리나라의 고대 정치사를 살펴보는 데에도 없어서는 안 될 귀중한 사료이다.[24] 일본의 건국에 정당성을 부여하기 위한 인위적 조작 성향이

24) 전용신 역, 일본서기(서울: 일지사, 1990).

너무나 확실하다 보니, 일본 위주로 지나치게 꾸며진 흔적이 뚜렷한 결점은 있지만, 삼국시대의 정치의식이나 정치사상을 비교적 뚜렷하게 짚어 볼 좋은 자료인 것이다.

일본서기에는 삼국시대의 삼국과 관계된 내용도 나름대로는 풍부하게 들어있다. 일본서기에는 삼국 쟁투기 무렵의 내용을 나름대로는 그대로 간직한 면도 있어서, 그 당시의 정치의식이 상당히 솔직하게 드러나는 장점이 있다.

생각건대 일본서기의 집필자는 현재는 없어졌지만 과거에 있었던, 삼국시대에 쓰인 우리민족에 관한 여러 역사서를 두루 살피면서 집필했을 것이다.

따라서 일본서기가 삼국의 정치의식을 토대로 형성된 책이라고 보는 것이다. 외적의 침입을 많이 입어 우리나라에는 전혀 남아 있지 않은 역사서를 간접적으로 살펴보는 장점도 있으리라고 하겠다.

그래서 그런지 일본서기에 적힌 여성 정치지도자는 삼국시대의 신라와 정치형태가 별로 차이가 없다. 그런데 일본서기를 읽다보면 우리나라의 고대 역사를 너무 미화했다고 비판을 받는 환단고기를 읽는 기분이 날 정도이다.

일본 건국의 합리화에 지나치게 충실하다 보니, 거기에서 고대 일본의 순수한 정치의식이 추출되기도 쉽지는 않다. 특히 일본 천황가는 천황족의 권위를 과잉으로 강조하기 위해 일본에 불리한 기록은 모두 제거하여 역사를 정리했다.

또한 백제계 소가(蘇我) 씨가 제거될 때에 천황기 등 관련 자료가 모두 불타 버렸으며, 8세기의 환무천황 때에는 우리나라 관계 기록을 의도적으로 모두 불태워 버렸다는 점이 특별하게 유의되어야 하겠다.[25] 일본 건국을 조작적으로 과잉 합리화한 증거물을 완전하게 소멸시켰던 것이다.

일본서기에 나타난 여성지도자는, 무엇보다도 신격화된 지도자인 아마테라스(天照)가 여성임에 유의해야 한다. 이를 통해서 일본 건국의 기층 정치의식을 엿볼 수 있다. 그러나 현실적인 여성 정치지도자는 약 1할에 해당하는 숫자가 되는 4인에 불과하다.[26]

첫째로 등장하는 정치지도자는 신공황후(神功皇后)이다. 그는 정식 군주가 되지 못하고 섭정으로서 나랏일을 본다. 그는 남편인 충애천황이 죽자 나랏일을 보며, 이미 임신하고 있던 아이를 낳고서는 실질적 천황으로 죽을 때까지 나라를 다스리는데 그의 아들이 천황의 자리를 잇는다.

신공황후는 뛰어난 지도력을 갖고 있었던 것으로 기록되어 있다. 그런데 신공황후가 분명하게 천황의 지위에서 실질적인 천황의 일을 오랫동안 했음에도 불구하고, 그를 정식 천황으로 승격시키지는 않았다. 일본서기의 기록은 이미 이때에 일본에도 남성우위 정치지배사상이 도입된 듯도 하다.

그러나 둘째로 등장하는 여성 지도자인 추고(推古)천황은 정식으로 천황의 자리에 오른다. 사실상 일본사에 있어서 이전의 역사는 가공적인 면이 많고, 추고천황부터나 실재성을 인정해야 한다는 견해가 높다. 그런데 추고천황도 신공황후와 공통점은 황후였다가 남

---

25) 민두기 편저, 일본의 역사(서울: 지식산업사, 1977), pp.19~21.

26) ㉠ 일본 역사 전체적으로는 8명의 여자 황제가 있었다. 추전서점, 역사의 여행 제5권 12호 특별증간호, 일본의 여성사, p.342.
㉡ 일본에 여자 천황이 자주 추대되는 것은 무당 지위와의 관련이 클 것이다. 민두기, op.cit., p.21.

편이 죽고 자식이 없어서 천황에 오른 점이다.

추고천황은 처음부터 직접 나라를 다스리지 않고, 조카인 성덕태자를 시켜 섭정을 하게 한다. 추고천황은 백제계 대신인 소가노우마코의 생질녀이며 성덕태자는 외손이며 사위였다.

추고천황은 성덕태자가 그의 재위기간에 죽자, 나머지 기간은 그가 직접 나라를 다스린다. 이로 미루어 자식이 없이 천황이 죽고 마땅하게 천황을 이을 적임 아들이 없자, 부인인 황후가 천황의 자리에 군신들의 뜻에 따라 추대되어 올랐던 것이다.

하지만 확실한 지도력을 초기에는 발휘하지 못하고, 다시 황태자를 정하여 섭정으로 맡긴 것으로 해석할 수 있겠다. 따라서 여성을 지도자로 추대하고는, 여성의 정치력을 확실하게 인정하지 않는 분위기였음을 읽을 수 있다. 추고천황은 노년에 이르러서야 천황의 지위가 확고해진 것이라고 보겠다.

세 번째로 등장하는 여성 정치지도자인 황극(皇極)천황도 지금까지와 같이 남편인 천황이 죽자 황후로 있다가 천황이 된다. 그런데 황극천황은 처음에는 천황으로서의 실제 권위가 아주 낮았던 듯하다. 백제계 귀족으로 확실하게 정치적 실권을 가졌던 소가 집안의 위세에 눌려서, 정치력을 제대로 발휘하지도 못하다가 끝내 4년 만에 효덕천황에게 임기 중에 양위를 하고야 만다.

황극천황이 천황의 자리를 그대로 물려준 것은 일본 최초의 일이다. 여성이 정치적 권력을 행사함에 한계가 있었던 것이라는 해석도 가능하다. 그렇지만 5년 10개월 뒤에 효덕천황이 죽자 황극천황이 재차 천황이 되는 정치적 저력을 발휘한다.

이제는 제명(齊明)천황으로 바뀌어 불리게 된다. 제명천황은 먼저 황극천황 때에도 그랬는데 백제사람들을 널리 우대했다. 당시에 백제가 망했다는 소식을 듣고는, 거국적인 차원의 백제 구원군을 결성시켜 출정 준비를 하다가 노환으로 죽는다.

그리하여 그의 아들인 천지(天智)천황이 어머니의 우업인 백제 구원군을 대거 편성하여 파견한다. 백제 부흥군에게 화살 10만 척, 실 500근, 솜 1,000근, 피륙 1,000단, 다룬 가죽 1,000장, 종자용 벼 3,000석을 보냈다. 그리고는 다시 2달 뒤에 피륙 3,000단을 원조해 줄 정도의 파격적 지원을 아끼지 않았다.

그러나 백제를 부흥시키려는 전투는 실패로 돌아가, 일본군은 거대한 백제 망명 인구와 함께 일본으로 돌아가게 된다. 일본에서는 그 후 백제 사람들을 매우 우대하여 관직을 주었다. 또한 함께 온 사람들에게 논밭을 주어 살도록 극진히 보살펴주었다.[27)]

네 번째로 일본서기의 마지막을 장식하는 지통(持統)천황은, 천지천황의 둘째 딸로서 천무천황의 황후가 된다. 그런데 지통천황은 황후 때에도 원래의 출신이 좋고 개인적 능력도 우수하여서 그랬는지, 천무천황에게 많은 영향력을 끼친 것으로 기록되어 있다.

그런데 지통천황도 남편인 천무천황이 죽자 천황이 되는 것은, 지금까지의 여자 천황과 똑같다. 다만 지통천황은 지금까지의 어떤 여자천황보다도 정치력이 뛰어났고, 남자 천황에 있어서도 그만큼 우수한 천황이 없다고 할 정도로 업적도 많고 정치력도 매우 뛰어난 것으로 기록되어 있다.

27) 그런데 이때에 옮겨온 백제 사람들이, 백제 멸망 이후 10년 만에 일본이란 나라를 새로 세웠다는 견해가 등장하고 있다. 최재석, op.cit. 참조.

지금까지 살펴본 일본서기에 나타난 일본 고대의 여성 정치지도자는, 모두가 과부 지도자라는 특징을 갖고 있다.[28] 최초의 신공황후부터 시작하여 뒤에 나타나는 제명천황, 지통천황 때에는 천황으로서의 확고한 정치력을 행사하게 되었으며, 특히 일본서기의 마지막을 장식하는 지통천황의 정치적 업적은 대단한 것이었다.

신라에 있어서 선덕황제나 진덕황제가 정치적 능력이 우수했던 것에 맞먹을 정도로, 제명천황과 지통천황은 확고한 천황이었다.

그런데 삼국사기는 신라가 망한 뒤 세월이 200여 년이나 지나서, 김부식의 여성천시적 역사관에 의해 기록된 반면, 일본서기는 일본 정치를 과잉 평가하는 자민족 중심주의적 자기우월 사관에 의해 기록된 것이다. 어찌 보면 정반대의 입장에서 기록된 것이다.

요컨대 신라의 여성 정치가들은 남성 우위 정치관이 나타나는 때에 등장하였다면, 일본에서는 나름대로 여성정치가의 입지를 인정해주는 분위기에서의 여성정치가들이라고 하겠다.

따라서 신라보다는 일본의 여성정치지도자들이 보다 더 세월이 갈수록 그들의 지위와 정치력을 강화시켜 나갔으며, 여성 정치지도자의 존재를 인정해주는 면이 훨씬 컸다고 하겠다.

그러나 일본에 있어서도 훗날에는 여자들이 천황이 되는 것이 점차 없어지게 되었다. 그것은 일본에도 한족식(漢族式)이 들어오게 됨에 의한 것으로 해석된다. 사실상 592년부터 770년까지 사이에는 천황의 반에 해당하는 숫자가 여자였었으나, 그 이후는 17세기와

28) 현대에 있어서 일본, 미국 등에는 과부승계(widow's succession)의 사례가 혹간 보이나 우리나라에는 전혀 없다.
Chung-Hee Soh, Women and Politics in Korean Society, Paper for the 16th Pacific Science Congress, August 20-30, 1987, Seoul Korea.

18세기에 각기 한 사람씩의 두 사람뿐이었다.

한편 여자가 천황이 되는 습속이 770년에 갑자기 변경된다. 그것은 천황의 애인이었던 남자가 천황의 자리를 빼앗으려다 생긴 사건으로, 천황의 자리가 위협을 받게 된 사건에 기인된 듯도 하다.[29]

Ⅲ. 우리민족의 기초적 정치문화와 여성

1. 고대시대 결혼제도와 정치문화

조선시대에 있어서 여인의 삶은 흡사 감옥과 같은 것이었다고 하겠다. 밖에서 직수입된 한족식(漢族式) 삼강오륜이라는 경직된 도덕률에, 여인을 꽁꽁 묶어버려 숨도 쉬지 못할 사회를 만들어 놓았던 것이다. 그 당시의 결혼제도만 해도 그렇다. 결혼 당사자의 사랑은 논외로 하고서 부모 사이에 미리 결정하고, 그렇게 맺어지면 그에 따라서 무조건 평생을 살아야 하는 것이다. 그러나 조선시대 이전에도 그랬을까?

생각건대 정치권력의 발생 기원 혹은 국가발달 기원에 대해서는 여러 가지 학설이 있다. 그러나 어떤 많은 학설이 있는가에 상관없이 고대사회에 있어서는 힘센 자가 주도했으리라는 실력설, 그리고

29) E. O. Reischauer & J. K. Fairbank, 전해종 · 고병익 역, 동양문화사(상)(서울: 을유문화사, 1985), pp.620~621.

가정이 원초적 씨앗이 되었으리라는 친족설 등이 주요하게 생각되어야 할 것이다.[30)]

그렇다면 정치권력의 발생과 결혼제도는 매우 밀접한 관계가 있겠는데[31)] 조선시대의 결혼제도는 아마도 여성을 정치적으로 완전 종속화시키기 위한 대표적인 존재가 아니었는가 한다.[32)]

그러한 여성 종속화 결혼제도가 존재하는 사회에서는, 가장 뛰어난 여성상이 신사임당이 되겠다. 남자들은 모든 여자가 신사임당과 같은 모습이 되길 강요하며 여자들을 정치적으로 묶어 들어간 것이다. 허나 그 이전에는 그렇지 않았던 결혼제도가 분명히 존재했다.

1) 데릴사위 제도(서옥제 : 壻屋制)

데릴사위 제도는 고구려에 있었던 일반적인 결혼제도이다. 이 제도에 의해서 혼인이 결정되면, 신부 집에서는 집 뒤에 작은 집을 짓는데 이를 사위집이라고 불렀다.

신랑은 저녁 늦게 신부 집에 가서 이름을 대고 절을 하며, 신부와 함께 있게 해달라고 두세 번 반복한다. 이에 의해 장모, 장인의 허락을 받아야 신부와 함께 잠을 잘 수 있고, 자식을 낳아서 커야 아내를 자기 집으로 데리고 가게 되어있는 결혼제도인 것이다.

30) 조일문, 새 정치학(서울: 박영사), pp.38~47, 68~75.

31) 이화여자대학교 한국여성연구소, 여성학논집 제6집, 1989, pp.12~18 참조.

32) 모든 인간관계가 정치적인 이상, 양성(兩性)관계도 분명히 정치적이다.
Carol C. Gould ed., Beyond Domination, 한국 여성개발원, 지배로부터의 자유, 여성연구신서 Ⅲ, 1987, p.203.

데릴사위 제도에 있어서는, 남자들의 지위가 여자들의 지위에 반해서 현저히 열등한 것이었다. 장모, 장인의 마음에 들도록 하려면 엄청난 노력을 기울였어야 할 것이다. 또한 아내에게 잘못 보이면 그것은 즉각 장모, 장인에게 영향을 미칠 것이며, 어찌 보면 아내에게도 쥐여 지내게 되어있는 결혼제도인 것이다.

데릴사위 제도는 그러므로 우리민족의 머나먼 선사시대 결혼생활을 헤아려 짐작케 할 중요한 실마리가 되는 것이다.

우리 겨레의 고대사회가 여권(女權)이 커다란 힘을 발휘했던 모계사회(母系社會)였음을 뚜렷하게 말해주는 것이다. 그것은 또한 선사시대의 정치지도자가 여자였을 것임도 암시해주는 것이다. 고구려의 결혼제도를 분석하며 정치문화를 생각해 보기로 하자.

첫째로 고구려에 있어서는 중매보다는 여자나 남자나 배우자를 자유롭게 선택할 수 있는 자유연애에 바탕을 둔 결혼이었다.[33] 쌍방이 서로 마음에 들어야만 결혼이 이루어질 수 있었던 것이다.[34] 그러므로 양성(兩性)평등의 사회분위기가 확고했다.

그것은 정치생활에도 많은 영향을 주었으리라고 본다. 다만 고구려의 직접적인 정치 현실은 남자가 황제의 자리를 계속 유지했으나, 여자의 권한도 강했던 점이 뚜렷이 있었다고 본다.

그러한 증거로서 10월에 행하는 추수감사제인 동맹 축제에서는 나라 제일의 조상신인 동명황제와 함께, 하백녀(河伯女)로 생각되는 수신(遂神)을 모시고 제사를 지냈으니 고구려 최고의 신은 여신이었다고 하겠다. 또한 형이 죽으면 형수와 시동생이 결혼을 하는 형사

33) 이화여자대학교, 한국여성사 Ⅰ, op.cit., pp.46~47.

34) 이옥, 고구려 민족형성과 사회(서울: 교보문고, 1986), pp.244~260.

취수(兄死取嫂) 제도에 있어서, 결혼의 주도권이 시동생이 아닌 형수에 있는 듯도 하다.

해석하기에 따라서는 달라질 수도 있겠지만, 삼국사기에 남아있는 유일한 사례 하나에 의하면, 고국천왕이 죽자 고국천왕의 왕비는 왕비에게 건방지게 군 남편의 바로 아래 시동생을 거짓으로 따돌리고, 막내 시동생과 결혼하여 임금님의 자리를 잇는 것이다.[35]

이것은 아마도 일본에 있어서 천황이 죽고 나서 아들이 어리거나 없는 경우에, 부인이 천황이 된 것과 비슷한 맥락으로서 여자와 남자의 정치적 평등의 잔재가 아닌가 한다. 요컨대 고구려 사회는 일반적으로 양성(兩性)평등이 확고했다. 정치적 지위는 남자에게 주어졌으나 여자에게도 보이지 않는 권한이 컸으니, 이것은 고대 사회의 정치문화가 이어져서 남은 것이라 하겠다.

둘째로 고구려에 있어서는 신랑이 신부 집에 돈을 치르지는 않았다. 신부 집에서도 돈을 받는 것은 신부를 노예처럼 파는 것으로 생각하여 모욕으로 알았다. 그러나 신랑은 신부의 집에서 뚜렷하게 노력으로 봉사해야 결혼이 성립되었던 것이다. 그런데 결혼을 위해 노력봉사를 하는 기간은 아이가 웬만큼 클 때까지였다. 이것은 상당히 오랜 기간임을 알 수 있으며 신부의 권한이 강했던 증거이다. 우리나라에 있어서 전통혼례식은 오늘날에도 꼭 신부 집에서 거행하는데, 이것은 여성우위의 잔재라 하겠다.[36] 조선시대에 들어서는

35) ㉠ 삼국사기 권 16, 고국천왕 19년.

㉡ 옛 고구려 땅인 만주 홍안령 산맥의 원주민인 오로촌족은 현재도 데릴사위제도나 형사취수제 등의 거의 모든 것이 옛날 고구려식과 똑같은 결혼제도를 갖고 살아간다. 김광언, 소수민족 오로촌족, 조선일보 1990.11.1.

36) 이능화 저, 김상억 역, 조선 여속고(서울: 대양서적, 1982), pp.96~99 참조.

나라에서 이 제도를 한족식으로 바꾸어 주자가례대로 고치려 끈질기게 노력을 하였으나, 워낙 뿌리가 깊어 실패하고 사대부가에서나 할 수 없이 시행될 정도였다. 현대에 있어 구정을 신정으로 아무리 바꾸려고 해도 되지 않는 것과 비슷한 사례이다.

특히 유의할 것은 민속학 연구에 의하면 20세기 초까지도 함경도, 평안도 등의 우리나라 북부지방에서는 데릴사위 풍습이 남아 있었다는 것이다. 신부 집에서 일해야 하는 기간은 5년에서 10년 사이라는 긴 기간이었다. 뿐만 아니라 신부 집에 아들이 없는 경우에는, 아예 신부 집에 입적이 되었다. 요즈음에는 이와 같이 신부 집에 입적되는 것만 데릴사위로 아는데 그것이 아니었다.

고구려 시대에는 아이가 클 때까지는 당연히 신부 집에서 사는 것이었다. 이 경우에 신랑이 신부 집에 입적된다고 할 때에, 요즘의 생각으로는 어떻게 사내 체면에 그럴 수 있느냐고 하겠지만, 그것은 한족(漢族)식 사고에 감염된 탓이다. 원래의 우리민족에게 있어서는 당연한 일이었다.

그리고 고구려에서는 결혼식 날에 신랑 집에서 신부 집에 돼지와 술을 보냈다. 현재까지도 우리나라 북부에서는 결혼비용을 신부와 신랑이 똑같이 공동으로 부담한다. 요즈음의 우리나라와 같이 신부 집에서 허리가 휘어지도록 혼수를 해가는 것이 아니었다.

셋째로 여자의 권한이 강했던 또 하나의 간접적 징표는, 고구려 황실에 있어서 황제는 부인을 세 명까지 얻을 수 있었는데, 그 자식들인 왕자들은 적자와 서자로서의 차별을 전혀 두지 않았다는 점이다. 여기서 간접적으로 여성우월성을 헤아려 볼 수 있다.

이것은 남성 위주의 일방적 서열화가 가능하지 않았음을 뜻한다고 생각되기 때문이다. 그것은 백제에 있어서도 마찬가지였다. 견훤은 두 부인에 다섯 아들과 딸이 있었다고만 삼국유사에 기록되어 있을 뿐이다. 조선시대라면 그것은 어림도 없는 일이라 하겠다.

이를 통해 볼 때, 우리나라의 조선시대 신분제도나 인간차별 제도가 어디서 나왔는가는 자명한 일이다. 고구려의 황실에 있어서도 첫째 부인과 두, 셋째 부인 사이에는 서열이 물론 있었으나, 자식에는 전혀 차별이 없었다.

요컨대 고구려에 적서차별제가 없었음은, 남성 위주로 가부장권을 강화하려는 한족(漢族)식의 악습이 들어와 있지 않았음을 말하는 것이다. 그 제도가 후백제에까지도 이어지는 것을 보면 고려시대에도 자식들 사이의 평등은 꾸준히 존재했으며, 고려 말이나 조선시대에 유교가 집중적으로 침투하며 오늘날같이 변했다고 보아야 하겠다. 조선시대의 홍길동 같은 한 맺힌 인간형은 고구려 시대에는 나올 수가 없었던 것이다.

넷째로 고구려 시대에 있어서 요즈음같이, 가문을 잇는다는 관념이 뚜렷하였을까 하는 의문이 제기된다. 사실상 우리나라의 성씨제도는 삼국시대 말기에야 처음으로 약간 등장하는 것이다.

성씨제도의 등장은 한족(漢族)식의 남성우위 여성차별을 제도화하려는 결정적 의도였다. 현대 우리나라 사람들에게 뿌리 깊게 존재하는, 아들을 낳아 가문의 대를 잇는다는 의식은 특히 조선 중기부터 두드러지게 나타나는 것이다. 최초의 족보인 안동 권씨의 성화보(成化譜)는 1476년에야 겨우 등장함을 유의해야 한다.[37]

---

37) 원래 우리 겨레도 요즈음과 같은 것이 아닌 고유한 성씨가 존재했다. 그러나 그것이 한족 문화에 의해 한족식으로 바뀌며 계급적 혈족집단 개념이 도입되는 것이다. 원래

사실상 성(姓)이 등장하는 삼국시대 말기에는 성이란 정권을 쥔 황족들이나 약간 쓰던 것이었다. 신라 시대에는 귀족들도 성이 없고 이름만 있는 경우가 많았다. 고려시대나 조선시대 초에도 성을 가진 사람은 많지 않았다.[38)]

따라서 정권을 쥔 고구려 황실에서는 그렇지 않았겠지만, 원초적 우리나라의 상황은 서로 사랑하는 여자와 남자가 가정을 만든다는 것이 보다 중요했지 가문을 잇는 것은 아니었다고 하겠다.

그러므로 요즈음 우리나라에서와 같이 아들을 병적으로 선호하며, 가문을 이으려고 하는 것은 결코 우리민족의 원초적 모습은 아니라고 본다.

그리고 특히 유의할 것은 몽골족의 상속제도이다. 그들은 막내(末子) 상속이 당연한 것이었다. 막내가 딸이냐 아들이냐를 구별하지 않는데, 그것은 현재에도 그대로 존속하는 제도이다. 그런데 몽골족은 고구려의 옛터에서 성장된 민족임이 유의되어야 할 것이며, 이 제도는 현재 우리나라 제주도에도 그대로 전해진다.

2) 민며느리 제도(예부제 : 預婦制)

민며느리 제도는 옥저에 있었던 결혼제도였다. 일종의 매매혼에 해당한다. 아들을 둔 부모는 그의 며느리를 삼기 위해서 10세가량의 여자를 데려다 길러서, 자라고 나면 일단 며느리로 삼는다. 그러나 그가 아주 어른이 되면 그의 친정으로 다시 돌려보낸다.

의 우리의 성은 단순한 혈족집단을 뜻하는 것이었다. 김두헌, 한국 가족제도 연구(서울: 서울대학교 출판부, 1985), p.49.

38) 안천, 만주는 우리땅이다. op.cit., pp.240~251.

그 뒤 남편이 다시 아내를 그의 집으로 데려오려면, 처가에 가서 돈을 치르고 정식으로 결혼을 하는 제도인 것이다.

생각하되 이 제도는 매매혼의 성격을 띠고 있음과 함께, 남성이 여성을 권위적으로 받아들일 수 없게 만들어진 제도였다. 나름대로의 여성우위 체제임을 간과해서는 안 되겠다. 더군다나 요즈음의 우리나라와 같이 시집가는 여자가 오히려 혼수를 거의 도맡다시피 하는 고질병적 사례는 상상도 할 수 없는 것이다.

민며느리 제도는 고려 때에도 계승되었다. 조선을 거쳐 현재에도 서북지방에는 그 유풍이 남아있다. 그러나 통일신라 이후 한족(漢族)식이 쏟아져 들어오기 시작한 남쪽지방에 있어서는, 데릴사위도 민며느리도 모두 사라졌는데 좋지 못한 형태로는 잔존하였다. 즉 가난한 집에서 딸을 파는 행위나 일손이 부족한 집에서 일찍 며느리를 데려다가 일을 시키는 것으로 변질되었다고 하겠다.

그러나 옥저에 있던 원래의 민며느리 제도는 담담하게 어린 며느리를 데려다 함께 사는 것이요, 크면 돈을 지불하는 것이었다.

오히려 며느리를 일찍 데려다 시집의 생활습속을 익히게 하고, 크면 친정에 사례를 하고 정식으로 결혼을 시키는 나름대로의 여성예우의 제도였다고 하겠다.

이 경우에 있어서도 정치적 여자와 남자의 관계는, 데릴사위 제도만은 못해도 여권이 강조된 체제였다고 해석해도 되리라고 본다.

2. 고려시대 결혼제도와 정치문화

고려황조는 후삼국 시대의 혼란을 극복하면서, 경기도, 황해도 지역의 호족세력과 신라계가 합하여 왕건을 중심으로 세운 나라이다.

따라서 고려시대의 독특한 특성은 신라시대의 정치문화가 그대로 이어지면서, 고구려 잔류세력의 고구려적인 정치문화가 결합되어진 것이라 하겠다.

1) 고려황실

태조 왕건은 918년 6월에 즉위식을 갖고서, 국호를 고려로 정한다. 황제로서의 입장을 분명히 세워 연호는 천수(天授)로서 선포한다. 연호가 있으니 분명히 황제국가로 출발한 것이다.

그러나 그의 성장과정을 보면 그가 평민 출신에서 컸음이 뚜렷이 드러나며, 그의 정치권력이 어떻게 자라났는가를 분명히 말해준다.[39] 그는 일본서기 등에 의해 과잉으로 미화시킨 일본 황실과는 전혀 다르다. 사뭇 인간적이기까지 한 느낌이 들게 기록되어 있음에서 더욱 그가 소박한 평민이었음을 느끼게 한다.

첫째로 첫째, 둘째 부인과의 결혼하는 모습을 보면, 거의 자유로운 연애결혼에 가까움을 볼 수 있다. 아직 그가 황제가 되지 않았을 때의 모습인데 왕건은 첫 부인 신혜황후 유씨와 두 번째 장화황후 오씨를, 모두 개천 근처에서 만났음을 강조해 미화하고 있다.

당시에 여자들이 자주 다니는 장소가 우물가, 빨래터가 있는 개울 근처였을 것이다. 왕건은 이들과 자연스럽게 만나서 그것이 인연이 되어 결혼을 하는 것이다.

예나 지금이나 농촌에서는 버들개지 늘어진 냇가 둑이나, 앵두

39) 정용숙, 고려 왕실족내혼 연구(서울: 새문사, 1988), pp.58~75.

나무, 대추나무가 둘러쳐진 우물가가 사랑이 싹트는 장소였음을 말한다. 그러므로 신라 말부터 고려 초기의 평민층은 결혼이 매우 자유로운 것이었다고 생각해 볼 수 있겠다.

여자들의 사회적, 정치적 지위도 비교적 남자와 다를 것이 없었다고 본다. 우리나라 역사상 가장 난세에 가깝고 살벌한 시대였으므로 남자들이 거칠고 사회적으로 우위에 있었을 듯도 한데, 이렇게 자연스레 연애결혼이 이뤄짐은 머나먼 예부터의 자연스러운 문화적 흐름이라고 하겠다.

둘째로 그가 황제로 즉위한 뒤부터가 되겠는데, 그는 이제부터는 결혼에 있어서 순수한 자연형태를 벗어나 정치적 결혼을 하게 된다. 그의 29명에 달하는 부인에 있어서, 위의 2명을 제외하고는 거의 모두가 이때에 한 정략결혼이다. 이제는 세력 있는 지방의 호족을 결혼정책에 의해 묶어두려는 결혼으로, 앞의 2명과는 다른 결혼이라고 하겠다.

그런데 여기서 유의할 것은 왕건의 결혼이, 일종의 방처혼(訪妻婚)의 성격이 짙음이다. 모든 부인이 한곳에 산 것이 아니다. 오늘날의 개념으로는 현지처의 성격이 짙다.

정복 전쟁을 치르는 과정에서 혼인관계가 맺어짐에 의해, 곳곳에 현지처로서의 아내가 있는 등 다양한 성격을 갖고 있었던 것이다. 그런데 방처혼은 일본에 있어서 초기 천황가에도 그대로 나타난다. 일본에 있어서는 8세기 초 나라(奈良)에 항구적인 수도를 정하기 전까지는 황제마다 수도가 달랐다.

그 주요 원인은 남자가 여자의 집에 가서 사는 방처혼(訪妻婚)에 의해 설명된다. 당시 일본에서는 황제부터 평민에 이르기까지 부부는 당연히 별거하였다. 남편은 공개적으로 몇 명의 부인을 거느리고 차례로 찾아갔으며, 여자 측도 개인적으로는 몇 명의 남편을 차례로 받아들이는 것이었다.

생각하면 그들의 성생활은 오늘날의 관점으로는 혼교(混交) 상태에 있었다. 자녀들은 각자의 어머니에 의해서 길러졌으그로 배다른 어머니 사이의 형제끼리는 남남과 같았으며, 서로 사랑하고 죄의식이 없이 결혼도 했다. 고려시대 평민의 결혼과 거의 차이가 없었음을 알 수 있다.[40)]

그런데 옛날의 일본 방처혼이나 고려시대 모계혼의 성격을 짙게 느낄 잔재가, 현재도 제주도에는 그대로 살아있다. 제주도의 가족제도는 아주 독특하다. 부모 부부와 자식 부부가 한 집에 살아도, 식사를 비롯한 모든 경제활동이 따로 이루어진다. 시가에 온 며느리는 자기 남편과 출산한 자녀만을 위해 취사를 하지, 같은 집에 살면서도 시어머니를 위해서 하지는 않는다.

시어머니가 죽고 시아버지만 계시면 시아버지를 모시지만, 반대로 시아버지가 죽고 시어머니만 살아 있으면 시어머니는 모시지 않는다. 어디까지나 여자가 가족의 기본적 기준단위이기 때문이다.[41)]

셋째로 태조 왕건이 나라를 세운 것이 안정기에 접어들자, 다시 그의 자식들의 결혼에서부터 결혼정책이 바뀐다. 즉 황실 안에서의 족내혼(族內婚)으로 바뀐다.

이것은 신라 때부터 있던 신라 황실 내에서의 전통이나, 태조 왕

40) ㉠ 민두기, op.cit., p.23.
㉡ 森嶋通夫, 이기준 옮김, 왜 일본은 성공하였는가(서울: 일조각, 1990), p.22.

41) 이광규, 한국 가족의 구조분석(서울: 일지사, 1986), pp.30~31.

건의 조상들 사이의 평민적 전통이 그대로 뿌리내린 것이라고 하겠다. 경순황제 김부는 태조 20년에 신라에서 국보로 400년간 이어서 전해오던, 황제의 허리띠를 뜻하는 성제대(聖帝帶)를 태조에게 바쳐 올렸다.

이 무렵부터는 고려황실의 정통성이 보다 공고해지고 황실도 안정되었다고 보아, 예부터의 전통을 살리며 신라와 같은 족내혼으로 바뀐 듯하다.

고려의 4대 황제 광종의 경우는 근친혼으로서 이복 남매, 숙질 사이의 결혼으로 바뀐다. 광종 이후부터 경종, 성종, 목종까지는 고려황실의 결혼정책이 주로 황실 내의 형제, 자매 결혼으로 대폭적 전환을 하게 된다. 예컨대 경종의 5명의 황후는 순서대로 보면 ① 고종사촌 ② 친사촌 ③과 ④ 친사촌 겸 외사촌 ⑤ 친사촌이다. 모두가 어머니나 아버지 양가 계열의 근친혼이고 모두 황족 계열이라는 특징을 갖고 있다.[42)]

그리고 현종부터 첫째 황후는 황실 내의 공주로 하되, 다른 황후는 귀족 가문의 딸과 결혼하는 정책으로 바뀐다.

이러한 전환은 나름대로의 의미가 있다. 신라에 있어서는 선덕, 진덕, 진성의 세 여성정치지도자가 등장하는 계기가, 그들의 정치적 혈통이 매우 뛰어나므로 여성의 황실 내에서의 정치적 지위가 높게 되었음을 뜻한다. 그러한 흐름을 고려 황실이 잇는 것이다.

사실상 당시에는 딸(황녀)을 통해서 황제 계승의 흐름이 많이 결정되었는데, 이것도 결혼제도와 밀접한 관련이 있었다고 본다. 황녀가 결혼하면 시집을 가는 것이 아니라, 외부에서 사위가 황실로 들

---

42) 정용숙, op.cit., p.99.

어오는 것이다. 황실로 장가오는 것이 된다. 그러므로 외부에서 들어온 사위보다는, 집안에 있는 딸의 세력이나 정치적 입김이 강한 것이다. 고구려시대 데릴사위 제도가 변형된 느낌을 줄 정도이다.

특히 고려 황실 내에서 여성의 지위가 어떠했던가를 두드러지게 알 수 있는 사례로 대표적인 것은, 6대 성종의 첫째 황후인 문덕황후가 아닌가 한다.

문덕황후는 이미 태조의 손자인 홍덕원군(弘德院君)과 결혼하여 딸 한 명을 낳고서도, 남편을 두고 이혼하여 성종에게 재가했다. 그리고 다시 훗날 그와 홍덕원군 사이에서 낳은 딸을 7대 목종의 황후로 혼인시킬 정도의 막강한 정치력을 갖고 있었다.

아마도 문덕황후는 요즈음의 표현으로는 맹렬 여성의 전형적 사례였다. 이는 당시의 고려황실이나 사회분위기가 그것을 인정하는 것이었다고도 해석된다.

그러나 한족식(漢族式)의 남성우위 사상이, 통일신라기 이후부터 계속 쏟아져 들어오고 있는 상황임은 마찬가지였다. 8대 현종시대에 들어서서는 남성우위의 유교적 정치사상에 바탕을 둔 한족식 흐름이 보다 더 강화되고 여성의 정치적 입지는 위축되기 시작한다.

7대 목종 말에 일어난 김치양의 난을 계기로 모계계승 원리에 의한 황통계승은, 유교사상에 바탕을 둔 부계계승 원리로 전환하며 여성의 종속화로 나아가기 시작하는 것이다. 김치양의 난은 유교사상을 가진 관료층에 의해 주도된, 전통적 통치주체의 제거로 파악되어야 할 것이다.

2) 평민층의 결혼

지금까지 고려시대 황족들의 결혼에 대해 살펴보았는데, 이제는 평민층의 결혼제도를 보기로 한다.[43]

그런데 그것을 고려 태조 왕건의 조상들 가족이 어떻게 형성되었는가를 살펴봄에서 출발하기로 한다. 왜냐? 왕건은 평민에서 등극한 인물이므로, 그의 조상 때에는 평민의 모습을 생생하게 그대로 보여주기 때문이다. 그리고 왕건의 집안같이 당시 상황을 그대로 적나라하게 정확히 남긴 사례도 드물기 때문이다.

왕건의 조상은 그의 6대조 호경(虎景)에서 비롯된다. 그러므로 그 이전은 모른다. 그는 백두산에서 출발하여 이리저리 떠돌아다니며 살다가 부소산(?)에 이르러 아내를 얻어 가정을 이루었다고 하는데, 그가 어디 출신인지도 모른다.

그러므로 왕건의 최고 조상의 출신지는 6대조 할머니의 고향인 것이다. 여자의 고향 땅임이 분명히 유의되어야 한다. 호경은 그 후 홀연히 산신이 되어 사라졌고, 어느 날 꿈에 나타나 아내에게 아기를 배게 하여 왕건의 5대조 강충(康忠)을 낳은 것으로 되어 있다.

이러한 미화된 기록을 엄밀히 분석해보면, 강충은 아버지를 알지 못하고 떠돌아다니는 아버지가 그의 어머니와 눈이 맞아 낳은 것으로 보아야 하겠다. 당연한 결과로 어머니의 고향이 스스로의 고향이 되고, 모계혈족으로 대를 잇게 되는 것이다.

몽골족에게는 예부터 과객혼(過客婚)이라고 하여, 지나는 길손에

43) 최서면, 몽골기행(서울: 삼성출판사, 1990), p.91 참조.

게 잠자리를 함께하게 하여 아이를 낳는 풍습이 있었다.[44] 왕건의 6대조 조상 얘기에서 그러한 느낌이 들 정도의 흐름을 보게 된다. 그리고 앞에서도 지적했지만 몽골족과 우리의 뿌리는 근본적으로 같다는 점도 유의되어야 할 것이다.

그런데 고구려 주몽황제 기록에 있어서도, 과객혼의 성향이 뚜렷하게 느껴진다. 또한 앞에서 살핀 고려황실에서도 모계계승의 유풍이 짙게 잔존하고 있는데, 그것은 예부터의 우리 고유 결혼양식의 잔존이라고 하겠다. 아버지가 분명치 않을 때에는 어머니가 분명한 것이므로, 그러한 유습이 남은 것은 당연한 귀결이다.

강충은 자라서 개성 근처 영안(永安)촌의 재력 있는 집 딸인 구치의(具置義)와 결혼을 하게 된다. 이후 이곳은 고려 태조의 중요한 정치적 근거지가 된다. 개성은 그러므로 왕건의 5대조 외갓집이 되는 것이다. 여자 집이 근거지가 됨에 주목해야 하겠다.

강충은 두 명의 아들이 있었는데, 큰 아들은 이제건(伊帝建)이고 작은 아들은 보육(寶育)이었다. 그런데 요즘으로서는 상상도 못할 일이 벌어진다. 즉 이제건은 그의 딸 덕주(德周)를 동생 보육과 결혼시키는 것이다.

놀랍게도 삼촌과 조카의 결혼이 이루어진 것이다. 이것이 훗날 고려 황실의 근친혼으로 이어졌다면, 고려황실의 족내혼은 우리민족의 예부터의 전래 결혼습속이라고 보아야 하지 않을까 한다.

그런데 여기서도 오해하지 말아야 할 중요한 것이 있다. 그것은 요즘 생각으로 조카가 삼촌에게 시집을 갔다고 한족식(漢族式) 생각을 하겠는데, 그것은 정반대의 생각이다. 삼촌을 조카의 남편인 사

44) 정용숙, op.cit., pp.190~201.

위로 받아들인 것이다. 여자가 주체이고 남자가 객체인 것이다.

요즈음과 같은 한족식에 젖은 인륜관계나 가족관계로 생각하면 너무나 큰 오해이다. 어디까지나 여자가 중심인 것이다. 남자는 어차피 떠돌아다니는 것이다. 뿌리가 내려진 정착의 주체가 여자라는 생각이 여기에는 짙게 깔려 있다고 하겠으며, 여자가 우위에 있는 모계사회의 유풍이 짙게 남아 있는 것이다.

덕주와 보육은 딸 둘이 있었는데, 둘째 딸인 진의(辰義)가 당숙종(唐肅宗)과 결혼하여 작제건(作帝建)을 낳는다. 작제건은 왕건의 할아버지가 된다. 그러므로 요즘 사람으로서는 전혀 이해 못 할 일이 있는데, 작제건의 윗대인 왕건의 3대 조상은 딸(辰義)이란 점이다. 4대 조상은 딸만 둘이었는데 사위를 받아들여 요즈음 식으로의 대(代)를 잇는 것이다. 요즈음같이 아들을 낳지 못하면 집안이 망한다는 생각은 염두에 둘 필요가 없는 걱정거리인 것이다.

신라 말이나 고려시대의 우리민족의 가족생활은 딸만 낳아도 대를 잇고 전혀 망하지도 않았던 것이다. 그런데 작제건의 아버지 당숙종은 작제건이 출생할 때에는 이미 떠나버린 뒤이다. 작제건은 오직 어머니만을 알고 외가가 고향이 되어 외가에서 자란 것이다. 여기서도 다시 집안은 모계로 이어지며, 남자는 어디론지 떠나버린 것이다. 이후 집안은 작제건에서 아들 용건(龍建)으로 이어지고, 용건은 자라서 한씨 부인과 결혼하여 왕건을 낳은 것이다. 왕건의 조상을 살펴보면 모든 것이 여자 위주로 되어있다. 그의 출신지인 개성 땅은 모계를 잇는 고향이며 근거지인 것이다.

생각건대 왕건의 조상같이 꾸밈없고 소상히 알려진, 당시의 평민 집안은 별로 없을 것이다. 왕건의 조상들은 당시의 결혼생활이나 가족생활을 너무도 솔직하게 보여주는 사례라고 하겠다.

그러므로 왕건의 조상들의 결혼생활은 사실상 신라 말이나 고려 초의 평민들의 결혼생활만이 아니라, 삼국시대부터 고려 말까지 이어지는 우리민족의 결혼생활의 원형이었다고 생각된다.

한족 측의 역사서들인 양서 제이전, 위서, 주서 이역전, 수서 고려전, 북사 동이전 등을 종합해보면 고구려 사람들의 결혼생활이 뚜렷이 부각된다. 이는 삼국시대만이 아니라 우리 겨레의 원래 예부터 결혼의 모습이었다고 본다.

한족 측 역사서를 종합해 볼 때, 예전의 우리 겨레는 풍속이 밝고 밤이 되면 떼를 지어 노래와 춤을 즐겼으며, 연령차 없이 여자와 남자가 한 냇물에서 같이 목욕하고 한 침실에서 잤으며 풍속이 음란(?)하여도 전혀 부끄러움이 없었다고 한다.

그러므로 유녀가 있고 남편이 일정한 것도 아니었다. 상하귀천의 차별이 적었으며, 격식이 복잡하기보다는 자유로운 결합으로서 서로 맞이하는 정해진 혼인의 예식이 없었다.[45)]

그와 같은 신라 말 평민의 보편적 삶이 고려황실에 그대로 투영되었고, 그것이 정치구도로 정착되었다는 점에서 당시 평민의 결혼생활은 매우 중요한 것이다. 그리고 이러한 흐름은 고대 신라나 일본의 정치구도를 이해함에도 참고가 크게 될 것이다.

왜냐하면 왕건의 조상은 신라 말기의 사람인 것이며, 아울러 반도 지역과 교류가 많았던 일본에 있어서는 고대사회 이래 최근까지도 근친혼의 흐름이 변치 않고 남아 있음을 어디에서 뿌리를 찾을 것인가에서 더욱 그러하다. 고려 시대 결혼제도를 바탕으로 당시의

45) 이현희, op.cit., pp.21~22.

정치문화를 정리해 보기로 하자.

첫째로 정치적 의사결정에 있어서 꼭 남성 위주로만 결정되었다기보다는, 여자와 남자가 평등한 입장에서 결정했었을 것을 생각해 볼 수 있다. 한족(漢族)식의 남존여비 사상이 아직 결혼제도에는 도입되지 않았다. 왕건의 선대 조상, 고려 초기 황실의 족내혼이 신라시대의 평민이나 황실결혼과 맥을 함께하면서 예부터의 전통이 꾸준히 살려졌음이 지적되어야 하겠다.

사실상 고려시대에는 양성(兩性)평등에 의한 일처일부가 보통이었고, 첩을 두는 사례는 일반적인 것이 아니었다. 고려사에는 충렬왕 때 대부경 박유가 첩을 두자는 상소를 하여, 그가 여자들에게 욕을 먹는 얘기가 나올 정도이다.[46)]

둘째로는 정치지도자로 직접 전면에 나선 여성은 고려시대에는 하나도 없었지만, 여성이 정치지도자의 결정에 중요한 힘을 발휘했을 것이란 생각을 해볼 수 있겠다. 어차피 남자는 밖으로 떠돈다는 생각이 잠재되어 있고, 여자가 가문의 대를 잇는다는 모계계승 의식이 일반 평민뿐만 아니라 황실을 지배하고 있었다고 할 때에, 정치지도자 결정의 심정적 혹은 심리적 바탕은 여자에게 중심이 잡혀 있었으리라고 생각하는 것이다.

셋째로 한족식(漢族式)의 문벌의식이나 봉건적 계급의식을 전혀 느끼지 못한다는 점이다. 사실상 우리나라의 가문형성을 뜻하는, 오늘날의 성씨 제도는 원래 우리의 것이 아니다. 삼국시대 말기에 황실에서부터 약간씩 도입되었던 것이다.

고려 초기에는 아직 성씨제도가 보편화되지 못하여 왕건이 직접

46) 이현희, 한민족의 생활철학, 한국의 역사 12(서울: 학원출판공사, 1988), pp.21

호족들에게 성을 지어주는 상황이었다. 앞의 왕건의 조상계보를 보면 왕건 스스로도 성이 없었음을 분명히 감지하게 된다. 왕건의 성인 왕(王)은 이름의 첫 자였음을 알 수 있다.

그러므로 당시에 있어서 여성을 묶는 고루한 문벌의식은 전혀 없었다. 오히려 여자가 가문을 잇는 중심이었음을 알게 된다. 따라서 가통(家統)뿐만 아니라 국통(國統)도 여자에 의해서 이어지는 정치의식이 널리 지배했다고 보아도 될 것이다.[47]

한족식에 의해 아들을 낳고 아들에 의해 가문을 잇는다는 병적 강박감에 사로잡힌 오늘날의 우리나라 대다수 사람들과 같은 경직된 생각은 전혀 발견되지 않는 것이다.

3. 조선시대 결혼제도와 정치문화

조선시대는 여성의 정치참여에 대해서 말하면 암흑기에 해당한다. 그 암흑기는 이미 고려 말부터 시작된 것이지만, 조선시대에 들어서 더욱 두드러지는 것이다.

사실상 신라가 삼국을 통일한 뒤부터 신라는 당나라의 정치문화를 급속도로 받아들이며 당나라에 피종속화되어 나가는데, 그것이 평민들의 생활에까지 깊숙하게 파고 들어가는 것은 아니었다.[48]

47) 인류학 연구에 의하면 모계사회에 있어서의 가계계승은 어머니와 딸로 이어진다. 현재 우리나라와 같이 외갓집이 근본적으로 남이고 친가 집이 식구가 되는 것이 아니다. 반대로 어머니의 집이 식구이고 아버지의 집은 남이며 심지어 아버지 마을로부터는 격심한 적대감을 갖는 관계이기도 하다.
R. Benedict, 김열규 역, 문화의 패턴(서울: 까치출판사, 1987), p.136 참조.

48) 이현희, 한민족의 풍속과 행사, op.cit., p.46.

다시 말하면 삼국시대의 결혼제도는 앞에서 본 고구려식의 자유결혼이나 야합(野合)이 보편적이었다. 그러나 신라가 삼국을 통일하고 결혼제도도 한족의 것을 들여와 실시하였다.

우리나라 최초로 한족식의 결혼을 거행한 사람은 신라통일기의 신문왕이었다. 그는 김춘추의 손자로서 결혼제도를 비롯한 모든 것을 한족식으로 바꾼 것은, 김춘추와 그의 아들 및 손자의 3대에 결정적 변화가 있었다.

그렇지만 평민들의 생활에는 그것이 전혀 나타날 수 없는 것으로서, 사대주의적인 신라 황실에서나 강행되는 것이었다.

그러나 고려 말에 유학이 본격적으로 유입되고, 유교사상에 의해 완전무장된 학자들이 이성계를 옹립하며 조선황조를 세우자, 유학이 조선을 다스리는 기본이념으로 정착되었다. 그것은 조선 중기부터는 완벽하게 조선사회를 유학 일변도로 묶어나가는 것이다.

한족(漢族)의 유학이념에 있어서 여자들의 사회참여란 전혀 불가능하다고 할 정도이며, 완전한 남존여비의 사회가 만들어지는 것이다. 오늘날에 있어서도 한족의 여성노예화 사상은, 우리사회의 밑바탕에 완강하게 자리 잡고 있다. 기층 정치문화로서 확고한 잠재력을 갖고 있는 것이다.

또한 결혼제도가 조선시대에 들어오면서 한족식(漢族式)으로 강행되어 나가면서, 복잡한 격식과 함께 큰 잔치를 벌이고 패물이 오가는 등의 사치스러운 풍조도 뿌리를 내리게 되었다. 오늘날의 결혼식이 허례허식과 호사스러운 폐풍을 많이 보이는 기초문화는 이때부터 시작되었다고 하겠다.

고려 때는 혼례식이 매우 간단하여 납채 때에 옷 한두 벌만 장만

하고 다른 물건은 별로 없었다. 그러던 것이 채단을 수십 필을 보내고 신랑의 안마(鞍馬)도 큰 사치를 부리며, 납채 가는 함에 재물을 넣어 보내는 폐습도 생겼다. 그리고 혼인날 밤에 친척 몇 사람이 모여 한 상에서 술 몇 잔을 먹으면 족하던 것이, 혼인날에는 큰 잔치를 베풀고 질탕하게 놀고먹는 것으로 바뀌었다.

삼국시대, 고려시대를 일관하여 검소하고 간소하던 우리의 결혼 풍속은 이렇게 되어 무너진 것이다. 고려시대까지 거의 없는 것과 같던 납채가 한족식의 못된 매매혼 유풍이 도입되면서, 주자학으로 합리화된 가운데 막대한 납채를 보내고 흡사 오늘날에는 재산경쟁을 하는 추태로 변해나간 것이다.[49]

Ⅳ. 우리나라 여성정치문화의 역사적 전개

지금까지 살펴 온 우리나라 정치사에 있어서 여성의 지위에 대한 분석결과를 정리해 보면, 우리나라의 여성정치문화가 역사적으로 뚜렷한 경계선을 그으며 발달되어 왔음을 발견하게 된다.

또한 그러한 성향변화를 가능하게 만든 역사적 변인도 나름대로는 분명하게 추출된다. 이하 우리나라 여성정치사를 다음과 같이 4단계로 나눠서 정리해 본다.

49) 이현희, 한민족의 생활철학, op.cit., pp.242~243.

1. 여성 우월기

역사가 형성되기 이전의 우리나라 여성의 원초적인 정치적 지위는, 역사적으로 볼 때에 가장 우위에 놓여져 있었다고 하겠다. 정치권력이 확고하게 형성되기 이전으로서, 이때에는 수렵, 어로, 채집이 농경보다도 우위에 있었던 시대라고 하겠다. 남자들이 보다 많이 떠돌아다니며 사는 데 대하여, 여자들은 남자들보다는 상대적으로 정착성이 있었던 시대의 여성상이라고 하겠다.

이러한 시기에 있어서는 결혼의 안정성이 높지 못했다. 태어나는 아기의 핏줄을 밝히기가 쉽지 않은 경우도 많았을 것이다. 그러므로 이 시기에 있어서는 오늘날과는 다른 가족개념이 많았다. 그렇게 다른 가족개념이 당시의 정치문화를 표출한 것이다.[50)]

첫째로 당시는 모계사회의 성향이 높았던 정치문화라 하겠다. 따라서 고대사회의 기록을 보면 여성이 우위에 있었던 것을 느끼게 만드는 요소가 많다. 우리나라의 단군도 꼭 남자였다고만 단순하게 생각하는 것은 무리가 있다고 본다.

그럼에도 단군기록이 쓰이던 무렵에는 이미 한족의 문화가 상당히 깊게 정착되던 시기이고, 주자학이 직수입되기 시작한 무렵이므로 우리 겨레의 정치의식이 남성 위주로 정립된 면이 짙었다. 그렇다보니 우리나라의 기록된 정치사는, 남성우위의 사고가 초창기부터 강하게 젖어 들어가 있다고 해석함이 꼭 유의되어야 하겠다.

50) 현대 인류학의 연구에 의하면 예부터의 통설이던 고대사회 모계제 학설은 부정되고 있다. 그러나 우리나라의 고대 정치흐름에는 모계제 성향이 매우 높았음을 부인할 수도 없다.

둘째로 국가발전 단계로 볼 때에 아직은 고대국가로서의 모습이 갖춰지지 않은 시대였다. 국가 권력의 강력성이 비교적 낮았던 때라고 생각된다. 따라서 체력이 비교적 강한 남성의 정치적 중요성이 여성의 지위보다는 낮게 평가되었다. 그렇다 보니 여성의 정치적 지위가 높았던 것이라 하겠다.

결혼의 형태는 남성이 여성을 찾아가 혼인하는 형태일 것이다. 그렇다고 남성이 영속적으로 여성에게 매어 있는 것도 아닌 것으로서, 일종의 과객혼적인 성격도 있었다고 하겠다.

그러므로 가족의 계통도 여자 위주로 이어지며 내려갔고, 그것이 정치문화에도 그대로 이어져 여성의 정치적 주도력이 인정되는 분위기였다고 하겠다. 이러한 흐름의 잔재는 우리나라에서 고려시대까지도 계속 뚜렷하게 남아 있었다.

2. 양성(兩性) 평등기

여성 우월기는 국가형성이 점차 강화되며 고대국가로서의 모습이 갖춰짐에 따라, 체력이 우세한 남성들에 의해 끝을 고하게 된다. 이때에는 국가가 군사력이나 외교력, 정치력을 고도로 집결시켜야 하므로, 남성들이 보다 정치적 주도성이 강하게 된다. 하지만 여성들의 정치적 입김도 그렇게 약하기만 한 때는 아니라고 하겠다.

우리나라 정치사에 있어서는 역사가 기록된 시대부터 고려 말까지가 대체로 여기에 가까운 때에 해당한다. 그러므로 삼국시대에서 고려 말까지는 거의 양성(兩性) 평등기이겠고, 고조선은 확실한 자료가 결여되어 확언하기는 어렵지만 전환기가 아닌가 한다.

첫째로 양성(兩性) 평등기에는 아직도 결혼제도는 평민층에는 보다 뚜렷하고, 황실 내에서는 정치권력체와 융합되기는 했어도 모계사회의 흐름이 강한 시기였다. 고려 태조의 조상들의 결혼관계 기록을 보면, 그것은 아주 뚜렷하게 모계계승 성격을 표출시키고 있다. 여자의 정치적 지위가 비교적 높게 나타나는 형태라고 본다.

둘째로 남성의 체력이나 군사력이 날로 강조되는 형태로 정치사회가 전환되어, 정치의 전면에는 남성이 주로 나타난다. 삼국시대나 신라통일기, 고려시대에 있어서 최고 정치지도자는 거의 모두가 남자이다. 이것은 벌써 국가 구조가 남성을 정치체에 묶어 두면서, 정치력과 군사력이 보다 강하게 요구되게 만든 시대라고 본다.

그러나 황실 내의 결혼제도는 아직도 모계사회적 결혼풍습이다. 따라서 여자들의 정치적 발언권도 만만한 것은 아니었다. 정권을 쥔 남자의 대가 끊기거나 결정적인 어려움이 있을 때에는, 신라에 있어서와 같이 여자가 대를 잇는 경우가 나타나는 것이다.

그리고 이웃 일본에 있어서도 천황이 죽고 자식이 없는 경우 등에는 부인이 천황이 되는 사례가 나타나는 바, 이것은 가족 내에서의 부인의 지위가 어떠했는가를 말해주는 것이다.

3. 여성 암흑기

여성에게 사회적, 정치적 올가미를 씌우려는 흐름의 출발은, 당나라에 고개 숙이며 정권안보에만 집착하여 피종속적 외교에 몰두한 김춘추 외교에서 씨가 뿌려졌다.

그로부터 신라의 지배층은 당나라의 유교사상을 중심으로 한,

한족(漢族)의 남존여비 사상에 오염되어 나가기 시작하는 것이다.

하지만 평민층 생활에까지 그것이 깊숙하게 파고들지는 않았다. 특히 신라의 집권층이 당나라에 국제정치적 빚을 진 정치집단이라면, 새로 태어난 고려는 평범한 민중집단에서 성장한 정치집단이었다. 한족들에게 부담 없이 떳떳하게 대할 수 있는 입장이었고, 우리 스스로의 정치문화를 그대로 잇기에 좋았다고 하겠다.

다만 고려의 지배집단이 신라의 지배집단과 융합되며 새로운 정권을 탄생시키다 보니, 피종속 사상에 오염된 신라계가 고려시대의 정치에도 계속 관여를 하며 정치를 오염시켜 나가게 되었다.

특히 고려 말기에 국정이 흔들리고 나라가 약해지자 피종속 문화에 오염된 신라 계열의 후손들이 득세하면서, 한족의 유학문화를 완전히 이식시키려는 흐름을 조성시키게 되는 것이다.[51]

그들이 새로이 조선황조를 탄생시키게 되자, 정치이념은 완벽하게 유학사상으로 이끌어지게 되었다. 외세사상이 토착 정치문화를 압도해버린 것이다. 조선시대는 원래의 우리민족이 가졌던 정치문화를 완전히 상실하고, 한족의 중화우월적 문화제국주의에 피식민화된 정치문화가 우리의 정치를 압도한 시기였다고 하겠다.[52]

첫째로 여성 암흑기는 우리민족의 고유한 정치문화를 완전히 상실하고, 한족의 침략문화가 우리 겨레의 정치이념으로 대치되어 나간 시기였다. 우리 겨레는 원래가 여자들을 오금을 펴지 못하도록 묶어두고, 궁극적으로는 여성의 인간성마저 부정하는 야만적 민족

51) 이화여자대학교, 한국 여성사 Ⅱ (서울: 이대출판부, 1984), p.115.

52) 조선시대의 주자학은 발상지인 한족(漢族) 땅보다 우리나라에서 노다 확고하게 꽃이 피었다. 여성차별도 그들보다 오히려 확고하게 뿌리내린 기이한 현상을 보였다.

이 아니었다. 그러나 조선시대에는 여자들을 인륜이라는 독선적 쇠사슬을 총동원하여 사회적으로 꽁꽁 묶어서, 숨도 쉬지 못하게 하는 한족식의 야만적 정치문화를 이상형이라고 보았다.

우리민족 스스로의 올바른 여성의 사회적 위상은 잘못된 것이라고 몰아치는, 엄청난 가치전도의 시대였던 것이다.[53)]

아버지가 정해주는 바에 따라 무조건 혼인을 하고, 결혼해서는 부엌에서 찬밥을 먹으며 모진 시집살이를 살아야 하였다. 여필종부(女必從夫), 부창부수, 남녀칠세부동석, 남녀유별, 내외관념과 삼종지덕(三從之德)이라는 미명하에 언제나 남자들에게 노예같이 종속된 삶을 살아야 했다.

처녀과부가 되어도 재가는 도저히 생각도 못했다. 때로는 심지어 별안간 죽여서 자결했다고 선전하여 급조된 열녀 효부를 만드는 등의 방법으로 얼마나 많은 여자들을 인간 이하로 구박하였는가? 조선시대의 여자는 정치적 위상을 말하는 것은커녕, 집 밖을 제대로 나서지도 못하게 하는 창살 없는 감옥의 시대였던 것이다.

그것을 좋은 제도라고 한족에게서 빌려왔던 시대였다는 점에서, 조선시대는 맹목적 무모함이 지배했던 시대였다. 유교이념을 통한 정권안보에만 집착하여 수많은 사람들을 도탄으로 몰아넣은 비극의 시대였던 것이다.[54)]

둘째로 지금까지의 모계사회적 결혼의 잔재나 유습이 완전히 없어지고, 한족식의 부계사회적 결혼제도가 정착된다. 따라서 정치문

---

53) ㉠ 이화여자대학교, 한국여성사 Ⅰ, op. cit., pp.303~306.
㉡ 금장태, 한국유교의 이해(서울: 민족문화사, 1989), pp.74~84 참조.

54) 최재석, 한국 가족연구(서울: 일지사, 1987), pp.204~211.

화에 있어서도 모든 것은 남성 위주로 바뀌었다.

남자들은 경우에 따라서는 첩을 몇 명씩 얻어도 되고, 여행을 가서는 곳곳에서 바람을 피워도 하등 문제가 되지 않았다. 남성독주, 남성만능의 여성노예 시대를 만든 것이다.

조선시대 여자도 사람이었던가? 사실상 조선시대는 궁극적으로는 여자를 남자의 부속물이나 노리개 정도로까지 생각하며 사람으로 취급하지 않던 시대였었다. 따라서 아들을 낳으면 집안에 경사가 나고, 딸을 낳으면 심지어 미역국 한 그릇도 제대로 얻어먹지 못하고 죄나 진 듯이 살아야 했다. 끝내 아들을 하나도 낳지 못할 경우에는 남편이 첩을 당당하게 얻거나, 이혼을 하여도 전혀 잘못이 없는 것으로 받아들여지는 부도덕하고 비정한 시대였던 것이다.

4. 여성 해방기

우리나라의 여성 정치문화에 있어서는, 생각지도 못할 어처구니 없는 일이 계기가 되며 암흑기가 끝나는 출발점을 연다.

정말 모순된 역사의 장난이다. 그것은 조선시대 말기의 정치적 혼란기를 틈타서, 서양세력 등 외세 침략에 의해서 한족 중심의 정치문화가 종말을 고하게 됨에서 비롯되는 것이다. 우리를 침탈해 들어오는 외세는 우리민족을 점차 일제 식민지로 만들어갔는데, 이러한 흐름에서 여성해방의 횃불은 차츰 불이 붙여지는 것이다.

하나의 침략문화가 또 하나의 침략문화로 대체되면서, 구시대의 여성정치문화가 새로운 여성정치문화에 의해 제거됨에 의해서, 여성의 정치적 위상은 전면적으로 일본화되는 길을 걷게 된다.

일본화된 식민지시대 여성정치문화는 순수한 한족식보다는 나았지만, 그러나 아직도 여성을 묶어 놓기는 매일반이었다. 그러다가 일본의 식민정치가 2차 세계대전의 패배와 함께 종식을 고하게 되자, 우리나라의 여성정치사는 혁명적 변화를 보이게 된다.

1945년의 8 · 15일제패망은 우리민족이 일제 침략에서 정치적으로 풀려난 날이면서, 여성정치사에 있어서도 그동안의 남성 위주의 정치적 흐름에서 탈피하여 여성의 정치적 해방을 선언한 날이었다고도 하겠다. 8 · 15일제패망의 여성 정치사적 의미는 무엇인가?

첫째로 8 · 15일제패망은 여성을 묶고 괴롭혀왔던 조선시대의 한족식 침략문화를 법률적, 제도적으로 타파하는 출발점이 되었다. 물론 민법 등에 있어서는 아직까지도 한족식의 왜곡된 법규정이 엄연히 도사리고 있으면서 여성의 지위를 묶어 나가고 있다. 예컨대 남성본위의 상속제도를 당연한 듯이 받아들이는 잘못된 흐름이 지금까지도 존재하고 있다.

그러나 헌법 등에 있어서는 양성(兩性)평등이 확립되어, 보통선거가 일제패망과 함께 도입되었다. 공무담임권도 남자와 똑같이 주어지는 등의 획기적인 변화를 맞게 된 것이다. 8 · 15일제패망은 길게는 신라통일 시대부터 시작되고 본격적으로는 고려 말과 조선의 건국에서 시작된, 여성탄압의 굴레를 과감하게 뿌리친 여성정치사의 역사적 전환점인 것이다.

둘째로 일제패망은 조선시대부터 본격적으로 도입되어 우리의 생활문화가 된 남존여비적 정치문화에 결정적 일격을 가하는 계기가 되었다. 모든 것을 남성 위주로만 생각하고 남성본위로 결정되는 사회적, 정치적 흐름을 탈피하고, 여성도 남성과 동등한 입장에서 대우하도록 만드는 전환점이 되었다.

그러나 아직도 한족식(漢族式) 부계사회적 유습이 많이 남아있으며, 이것을 고치자는 견해에 대해서 반발도 심한 실정이다. 그 까닭은 일제강점기의 일본 정치문화도 여성을 거의 노예로 보던 흐름은 마찬가지였고, 다만 미국 선교사 등에 의해서 개방적 여성문화가 들어오던 여성해방 과도기였기에 그런 것이다.

셋째로 그러나 8 · 15부터의 여성해방은 여성의 적극적 노력의 과정이 없이, 헌법제정에 의해 저절로 여성참정권이 주어진 것이다. 그렇기 때문에 많은 여성들이 정치문제에 뚜렷한 의식이 없이 참정권을 갖게 된 문제점을 안겨줬다.[55)]

그리하여 스스로가 가진 여성참정권의 실질적 의미를 확고히 행사한다거나 적극적 참여를 하는 일이 별로 없게 된 것이다.[56)]

Ⅴ. 우리나라 현대 여성의 정치적 지위

1. 여성을 속박하는 올가미

여성의 정치적 해방이 이루어진, 1945년 8월 15일의 역사적 의미

55) 이효재, 김주숙, 한국여성의 지위(서울: 이화여자대학교 출판부, 1976), p.115.

56) 반도이북의 공산정권에 있어서도, 여성의 정치참여율은 매우 낮은 상태에 있다. 이태영, 북한의 여성 생활, 민족통일중앙협의회, 통일문고 5, 1981, pp.96~143.

는 높게 평가되어야 한다. 그러나 그것은 외형적인 것에 불과하다고 해도 과언이 아니다.

왜냐하면 헌법제정의 기본이념은 양성평등을 확실하게 규정하였으나, 아직도 민법규정을 비롯한 여러 부문의 법 규정은 조선시대의 남존여비 사상의 잔재가 엄연히 존재하고 있기 때문이다.

또한 우리 생활의 실제 밑바탕을 흐르는 사회적 정치문화의 흐름은, 끊임없이 예전 타성에 젖어 여자들을 제약하고 있다.

그러므로 우리나라 여성은 현재 실질적으로는 완전하게 해방되지 않은 상태에 있다. 실질적이고 본질적인 부문에 있어서, 여성은 도처에서 교묘하게 묶여 있고 남성들의 들러리에 머물고 있다.

그것은 아직도 실질적으로는 조선시대를 짓눌러온 한족(漢族)의 비인간적 여성천시 사상의 잔재가 많이 남아있기 때문이다. 여성을 가볍게 보는 우리사회의 흐름은 아직도 지우기 힘든 고정관념(固定觀念)이 되어있고, 굳을 대로 굳은 하나의 바윗덩이가 되어 여성정치문화를 짓누르고 있는 것이다.[57)]

이러한 상황에 있어서 우리나라의 여성이 정치적 포부를 펴고 정치적 삶을 소신껏 산다는 것은 매우 어려운 일이다. 더욱이 여성 최고정치지도자가 나오기는 불가능하다는 기분이 들 정도이다.

그러한 잘못된 고정관념(Stereo-type thinking)에는 어떤 것이 있는가? 다음의 고정관념은 한족문화의 찌꺼기로서 확고히 고쳐져야 할 한족병(漢族病)이라 하겠다.

57) 김영정, op. cit., p.22.

1) 종속성 : 여자는 남자의 소유물이라는 생각

한족식(漢族式) 유교사상에 찌든 조선시대 의식에 있어 대표적인 것의 하나가, 가정에 있어 아내는 남편에게 딸린 종속적 존재로 보는 것이다. 여필종부, 삼종지덕, 부창부수 등 심지어 아내는 남편의 삶에 따른 하나의 물건이나 마찬가지라는 소유의식까지 있었다.

따라서 여자의 주체성은 망실되어 가고, 남편의 인격에 의해서 그 집안이 대표되면서 여자는 그 뒤쪽으로 사라지는 것이다. 그래서 쓰이는 대표적인 용어의 하나가 가족을 일컬어 식솔(食率)이라는 말로 부르는 것이었다. 이것은 아내와 자식을 함께 "밑에 거느리고 있는 식구"라고 생각하는 것이다.

이러한 생각을 가진 남자들에게 있어서 여성존중이란 생각할 수 없는 것이다. 여자를 대하는 것이 심하게는 군대에서 부하를 보는 것이나, 직장의 상사가 아랫사람을 대하는 듯 생각을 갖고 있게 되는 것이다. 이러한 흐름은 요즈음에는 많이 없어졌다.

그러나 사회 전체로 볼 때에는 그렇지도 않다. 하지만 여자들은 전혀 남자와 다를 것이 없는 동등한 사람인 점을 생각한다면, 그러한 전근대적 의식은 불식되어야 한다. 그러므로 여자들을 당당한 인격체로 존중하며 주체성 있는 인간으로서 대우하는 사회를 만들지 않으면, 여성의 실질적 해방은 불가능한 것이다.

그렇다고 오해하지 말 것은 여자를 남자보다 상위에 두려는 것도 아닌 점이다. 여자나 남자나 평등하게 모든 것을 같게 인정하고, 사람과 사람으로서의 똑같은 인간관계로 생각해주면 되는 것이다. 여자나 남자나 똑같은 사람일 뿐이기 때문이다.

2) 가내성 : 여자는 집안에만 있어야 한다는 생각

여자는 가정적 존재인가 사회적 존재인가? 이러한 질문에 대하여 극단적 2분법으로 말하면, 가정적 존재라고 하는 사람들이 현재의 우리나라에는 아직도 적지 않다. 그런데 그것은 남자들만이 아니다. 여자들에게 있어서도 마찬가지이다.

조선시대 이래로 여자를 집에다 완전히 묶어두면서 차별적 대우를 하는 가운데, 한족병에 감염된 유교적 지배윤리에 찌들 대로 찌든 사람에게 있어서, 여자가 집 밖을 나선다는 것은 넘지 못할 장벽인 것으로 생각되는 것이 당연하다.

물론 여자들에게는 출산과 육아라는 막중한 책무가 있어, 집안에 머물러 있을 시간이 남자들보다는 훨씬 많다. 하지만 그러한 이유로 인하여 여자는 집 안에만 머물러 있어야 하는 존재로 고정화시키는 사고는 있을 수 없는 것이다.[58] 능력과 기회가 주어져 있다면, 여자들에게도 사회활동을 할 환경이 분명히 마련되어야 한다.

여자도 정치활동의 전면에 나서서 정치적 주인공이 되는 것은 언제라도 옳다. 그리고 최고정치지도자가 되는 것도 당연한 것이다. 여성의 정치활동과 사회활동은 남자들이 하는 것과 하등 다를 것이 없다. 그 누구에게도 거리끼거나 거부감을 줄 것도 아니다.

일부의 남성들은 아직도 여성의 사회적 활동을 못마땅한 것으로 받아들인다. 정치활동을 매우 부정적인 것으로 받아들이기까지 하는데, 여성이 정치를 하고 사회활동을 하는 것은 보기 싫고 남성이 하는 것은 보기 좋다는 견해의 정당성이 어디 있는가? 예컨대 보기

58) 김영정, 동서양 여성운동의 현황과 과제, 아산사회복지사업재단, 현대사회와 여성, 제8회 복지사회심포지엄, 1986, p.53.

싫은 여성정치인이 있다면 그것은 그 개인이 품위가 없고 덜된 것이지, 여성 전체가 보기 싫은 것은 아닌 것이다.

여성이 집 안에만 갇혀 있어야 한다는 금기사항은 무너져야 할 우상적 사고이다. 그런데 그것은 남자들만이 아니라 여자들에 의해서도 이루어져야 한다. 여성 스스로가 우리나라에 있어서는 가내성을 당연하게 받아들이는 면도 있기 때문이다.

여성은 집 안에서의 일이나 집 밖에서의 일이나, 남자와 마찬가지로 사람으로서 당당하게 살아야 한다. 여성은 남자보다 사회적 혹은 정치적으로 나을 것도 없고 부족할 것도 없다. 똑같다. 여성은 집 안에서 해방되어야 한다. 여성을 집 안에만 묶어두는 한족식 쇠사슬은 완전히 끊어져야 한다.

3) 열등성 : 여성은 남자보다 연약하고 부족하다는 생각

여자가 그런 일을 할 수 있을까, 여자가 그런 능력이 있을까 등의 일련의 질문을 살아가다 보면 심심치 않게 듣게 된다.

그런데 그러한 질문의 주어가 잘못된 것이다. 여자라는 주어를 사람으로 바꾸고, 그것은 특정인을 가리키는 용어로 바꿔야 한다. 따라서 그 사람이 그런 일을 할 수 있을까 혹은 그 사람이 그런 능력이 있을까 등으로 질문이 바뀌어야 한다.

여자가 허약하며 능력이 부족하다고 생각하는 잘못된 고정관념을 갖고 있는 사람이 있다면[59] 그것은 무언가 크게 잘못된 편견을

59) 한국 여성 개발원, 여성과 직업, 교육자료 300-13, 1988, p.114.

갖고 있는 것이다.[60] 세상에는 별별 사람들이 다 있는 것이다.

남자보다 힘이 더 세고, 허약한 남자를 폭력으로 못살게 구는 여자도, 알려지지 않아서 그렇지 의외로 적지 않을 것이다. 왜냐? 힘이 여자보다 남자가 센 경우가 일반적인 사례이지, 모든 경우가 다 그렇다는 것은 아니기 때문이다.

물론 성차(性差)가 뚜렷한 일도 있지만, 대부분의 사회적 활동은 여자와 남자의 성 차이에 의해서 능력의 차이가 있다는 생각은 잘못이다.[61] 여자나 남자나 정치활동을 하고 사회활동을 하는 데에는 전혀 능력의 차이가 없다. 능력차가 있는 개인이 존재할 뿐이다. 여자와 남자의 구별은 필요 없는 것이다. 여자는 남자와 똑같이 능력을 가진 정치활동의 주체이다.[62]

4) 이기성 : 여성은 언제나 이기적이라는 생각

여자들은 자기밖에 모르고 다분히 이기적이라는 편견을 가진 사람도 의외로 많다. 그러나 그것을 여자에게만 한정하는 것도 잘못 중의 잘못이다. 우리나라에 이기심 없는 사람이 얼마나 되나?

우리나라는 여자와 남자를 불문하고 도처에 이기심이 넘치는 사람이 흔하고 흔하다. 그것은 잘나고 배운 지도층 사람일수록 더욱

---

60) 백경남, 한국여성정치론(서울: 문음사, 1981), p.19.

61) 제주도에서는 전통적으로 여자가 남성들보다 활동적이고 일을 많이 한다. 가족제도도 모계중심의 가족구성에 가깝다.
조혜정, op. cit., pp.143~166.

62) Irene H. Frieze 외 4인 공저, 최의선 역, 여성과 성역할, 영남대학교 출판부, 1985, p.69.

그렇다. 회사나 은행은 물론이고 관공서를 가도 그렇고, 더욱 가관인 것은 성직자라는 이들이 있는 절, 교회, 성당 등의 종교기관의 이기적 추태도 한심하기 짝이 없다.[63)]

도대체 이 나라를 어디로 끌고 가려고, 이렇게들 자기만 위하라고 억지를 부리는지 모르겠다. 그런데 그러한 못된 모습을 여자들만 그렇다고 보는 견해가 있다면 잘못된 것이다. 자기만 생각하는 여자가 있고 남만 생각하는 남자가 있는 것이 아니라, 이기적 추태에 있어서도 양성(兩性)평등인 것이다. 현재의 한국 교육은 근본부터 고쳐져야만 한다. 교육목표, 기준이 다 틀렸다.

봉사심이나 희생심을 갖고 의로운 일을 하는 사람이 사회적으로는 꼭 필요하며, 그들이 돋보이는 것은 사실이다. 우리사회는 그러한 사람들에 의해서 행복해지고 발달되는 면도 매우 많기 때문이다. 모든 인간이 자기에게 이익 되는 일만 한다면, 그 사회는 제대로 존립하기가 쉽지 않을 것이다.

하지만 현실에는 그렇지 못한 사람이 적지 않다. 이러한 사례는 우리사회의 지도층 인사에서부터 고쳐져야 하는데, 소위 공부를 좀 했다고 하는 지도층 인사에서도 적지 않게 발견된다.

우리나라에 있어서는 요즈음에 일류 중고등학교는 평준화로 없어졌지만, 소위 예전의 몇몇 일류 중고등학교 출신 그리고 세칭 몇몇 일류대학이나 대학원들을 나왔다고 스스로의 우수성을 뽐내는 사람도 적지 않다. 그런데 무엇을 자랑할 학교라고, 그 학교들이 일류학교인지 이해할 수가 없다.

일류를 평가하는 올바른 기준이 무엇인가? 그 학교에서 쓸 만한

63) 조흥윤, 巫와 민족문화(서울: 민족문화사, 1990), pp.11~21.

독립운동가를 많이 배출했나? 위대한 사상가나 교육자가 많이 나왔는가? 세계를 놀라게 할 학자가 많이 나왔는가? 도대체 위대한 기업가, 군인, 정치가가 많이 나왔는가? 뛰어난 사회운동가가 나왔는가? 대체로 진짜 훌륭한 인물은 별로 나오지 않고, 저만 잘났고 저만 위하라는 이기적인 인간의 집합소가 그런 학교들이다. 그런데도 우리사회에서는 그것을 일류라고 잘못 평가하고 있는 것이다.

훌륭한 인간이란 예컨대 달동네나 빈민가나 낙도에 가서 슈바이처 같은 의사가 되고, 그늘진 곳에 사는 사람을 위해 몸 바치거나, 남들이 하기 싫어하는 일도 말없이 기꺼이 평생을 바쳐 봉사하거나, 공장이나 농장에 가서 기름때를 묻히고 퇴비 더미를 만지며 힘든 일을 하거나, 어려운 처지의 말썽꾸러기 학생을 정성껏 가르치는 스승이 되는 등이 기준이 되어야 한다.

자기에게 주어진 일에서 최대한 삶의 의미를 찾고, 이웃에 봉사하여 사회에 소금이 되고 빛이 되는 인간이 얼마나 배출되었는가가 학교평가의 기준이라야 한다. 우리사회에는 엄밀히 말해 이기적 행동의 특출성에 의해서 학교평가를 하며 그런 학교를 일류학교라고 하는 것이다. 또한 그런 부류의 영악한 학생을 학교에서는 모범생이라고 하는 것이다.

우리나라 학교의 근본적 교육목표는 이기주의뿐이고, 이기적인 면에 탁월한 학생을 길러낼 뿐이라면 그것은 잘못된 지적인가? 지금까지의 세칭 일류학교들은 거의 모두가 대체로 일류 이기심을 가진 졸업생을 많이 길러낸 학교였다. 우리는 일반적으로 학교성적이 좋은 학생은 인격도 우수한 줄 아는데, 학교 공부와 인품은 일반적으로 별개의 일이다. 학교 교육이 잘못되고 있기 때문이다.

우리나라의 학교에서는 대체로 입시 위주 교육, 경쟁 위주 교육, 이기심 위주 교육만을 집중적으로 치중하기 때문이다. 수단과 방법을 가리지 않고 나만 위하고 나의 이익만을 추구하는 사회를 교육에서부터 시작하여 모든 곳에서 만들고 있는 것이다.

그러니 일제패망 이후 우리나라에 역사에 남을 훌륭한 인물이 거의 하나도 배출되지 않은 것은 당연하다. 도처에 이기적 사기꾼, 협잡꾼, 위선자가 넘치게 교육 흐름이 근본적으로 오도된 것이다.

그런데 위아래가 거의 몽땅 이기적이고 푹 썩은 우리나라에서 여자들만이 이기적이라며, 나라 전체의 이기심 팽배현상의 책임을 여자들에게만 몰아놓는 것은 큰 잘못이다. 생각하면 봉사심이 강하고 희생정신을 갖고 사회를 도운 사람은 그래도 여자 쪽이 더 많은지도 모른다. 그런데도 남자는 이타적이고 여자는 이기적이라는 단순도식으로 생각하는 우매성은 버려야 하겠다. 여자나 남자나 똑같이 이기적이고 썩어서 우리사회가 한심한 몰골을 하고 있는 것이다.

5) 편협성 : 여성은 마음이 좁다는 생각

마음이 좁은 사람을 일컬어 우리나라에서는 일반적으로 밴댕이 혹은 새우 속 같다고 한다. 생각하는 것이 너무 좁다 보니, 생각을 받아들이는 폭이 너무 좁은 사람을 비유하여 하는 얘기일 것이다. 우리사회에는 속 좁은 사람도 적지 않다. 곳곳에서 갈등을 일으키며 자기중심적으로 생각하고, 자기 눈으로만 세상을 평가하는 편협성이 많은 부문에서 나타난다.

그렇다보니 지역갈등, 종교갈등, 학맥갈등, 계층갈등, 씨족갈등 등의 사회문제가 도처에서 난무한다. 전라도 사람과 경상도 사람이 무엇이 다르고, 충청도 사람과 경기도 사람이 어떤 차이가 있는가? 차이가 날 것이 하나도 없음에도 심각한 편견을 갖고, 상대방을 받아들이지 않는 좁은 마음이 극도에 달해있다.

마찬가지로 불교는 다른 종교보다 더욱 월등하고, 기독교(개신교, 천주교)는 더욱 사랑을 많이 베풀며 성스럽고, 유교, 대종교, 천도교, 증산도를 믿는 사람들이 보다 더 인간다울 수는 없다.

엉터리 종교를 믿으려면 오히려 믿지 않음만 못하다. 정말로 지옥에 갈 사람이 누구일까를 말하면 바로 그들부터 선착순으로 가야 할지도 모른다. 부처님이나 예수님이 보면 기가 막힐 정도로 잘못된 모습이다. 제대로 종교를 믿는 넓은 마음을 가졌다면 어떤 종교를 믿는 사람과도 폭넓게 인간관계가 맺어질 수 있음에도 못된 밴댕이 신도들이 널려있다. 이러한 예를 학맥이나 씨족 등으로 돌려도 물론 마찬가지이다.

그런데 이러한 사회적 편협성은 여성들의 마음만 좁아서 된 것이 아니다. 오히려 요즘같이 결정적으로 중요한 사회활동은 남자가 독점하는 우리사회에 있어서, 남자들의 속이 좁으니까 이런 일이 벌어지는 것이다. 남자들이 못나고 속이 좁다 보니 다른 종교도, 다른 학교 출신도, 다른 지역 출신 인사도 못 받아들이고, 때로는 다른 성씨를 매도하면서, 이러한 흐름의 일환으로 여자들의 속이 좁다고 몰아치는 흐름이 오늘의 우리사회의 모습인 것이다.

도대체 속이 좁은 것이 여자들이라거나 남자들이라는 2분법적 사고의 존재 가능성이 털끝만큼이라도 있는가? 여자나 남자나 훌륭한 사람에게는, 흔쾌한 마음으로 삶의 길을 열어주는 사회가 건강한 사회인 것이다. 우리들 모두가 마음의 문을 활짝 열어야 한다.

2. 실천운동의 중요성

태양은 지구를 골고루 비춰 준다. 그러나 지구의 생김새에 따라서 춥고 더우며 그늘지고 밝은 곳이 만들어진다. 태양의 빛과 열을 제대로 받으려면 알맞은 환경에 알맞게 비추는 곳으로 가야 한다. 스스로 만들고 스스로 가지 않으면 어둠과 추위 속에서 살게 된다.

하느님은 땅 위에 여자와 남자를 만들면서 똑같이 도와 살게 만들어 주었다. 하늘은 여자 위에 남자를 만들거나, 남자 위에 여자를 만들지 않았다. 여자와 남자의 생물적 차이에 따라, 서로를 보완하면서 멋진 삶을 살도록 만들어 주었다.

먼 옛날 역사 이전의 야성적 '미사리' 시대에 있어서는, 여자와 남자의 사회적 지위는 똑같았을 것이다. 머나먼 옛날의 모계사회적 흐름 속에서 여자가 우위에 섰었다고 생각되는 시대도 있었다. 그것은 평등했던 양성관계에 있어서 자식의 양육이나 가족형성 등으로 보아 어쩔 수 없이, 여자가 집안을 이어야 하는 관계로 만들어진 것일 뿐 대체로 양성평등의 흐름은 유지되었을 것이다.

우리나라의 고려 중엽까지는 양성평등이 나름대로 꾸준히 이어졌다. 그것은 자연스러운 인간의 모습이다. 그것은 루소가 말하는 '자연으로 돌아가라!'는 삶이다. 원초적 미사리 삶인 것이다.

그러나 한족(漢族)의 극단적 여성차별 사상이 조선시대를 엄습하며, 우리나라 여성사의 암흑기를 맞게 되었다. 그것은 8.15 일제패망부터야 본격적으로 무너지게 되었다. 하지만 아직도 우리나라 여성을 짓누르는 실질적 어둠과 그늘은 짙게 드리워져 있다. 그것은 너무도 깊고 완고한 것이어서 쉽게 걷어치워지지 않는 고질병이다.

그런데 그것은 남자들이 고쳐주는 것이 아니다. 고쳐줄 리도 없다. 여성들 스스로가 적극적인 사회적 혹은 정치적 삶을 살면서, 스스로 밝음을 만드는 것에서 얻어져야 할 것이다.

햇빛은 받을 곳을 만들고, 받으려고 애써 양지 쪽으로 옮겨 간 사람만이 받게 되는 것이다. 그리고 여성의 삶의 길을 막는 벽은, 허물려는 의지와 실천이 있을 때에만 헐리는 것이다.

그렇다고 오늘날의 여성운동같이, 여성의 피해와 차별만을 강조하는 것을 말하지 않는다. 그리고 기계적 양성평등을 주장하지도 않는다. 법적, 제도적 여성차별도 고치고 바로잡아야 하겠지만, 여성들 스스로가 억울하다고 말하기 전에 모든 사회활동에서 적극적으로 당당하게 삶을 개척해나가려는 의식전환이 필요하다.[64]

지방자치 단체의 의원이나 단체장 선거를 비롯하여, 각급 수준의 공무담임권을 적극적으로 누리도록 활발하게 참여함이 없이, 여성의 참다운 정치적 해방은 불가능한 것이다. 양성평등을 외치지만 말고 여자도 남자와 같다는 것을 여자들이 실천적으로 보여주어야 하는 것이다.

왜 우리나라의 여성참정권은 형식적이고 장식적인가를 입으로 탓하지 말고, 실질적 참정권이 이루어지게 몸으로 행동해야 한다는 뜻이다.[65] 물론 이렇게 말하면 벽이 높은데 어떻게 참가하는가라고 되묻는 질문이 많다. 그러나 벽이 높다고 주저앉아 있으면, 그 벽은

64) ㉠ 백경남, 여성과 정치, 동국대학교 출판부, 여성학의 이론과 설계, 1987, pp.241~254.
㉡ Carl Cohen, Democracy(New York : The Free Press, 1971), p.8.

65) 여성개발원, 여성과 발전Ⅱ, 교육자료 300~15, 1989, pp.24~26.

항상 확실한 벽인 것이다. 참여하며 벽을 허물고, 허물며 참여하는 실천운동이 절실한 것이다.

이러한 적극적 참여의 전형적 사례로서는, 우리나라의 현대 정치사에서 우선 김윤덕을 기억할 수 있다. 김윤덕은 꽃꽃이 정치인이길 거부하며 정계의 밑바닥부터 커 올라왔고, 농촌을 누비며 시골농부와 막걸리 잔을 스스럼없이 나누면서 정면으로 도전하여 정치적 입지를 현실화시킨 좋은 사례인 것이다.

그리고 더 나아가 남장을 하고 당당하며 호탕하게 의정활동을 했던 김옥선을 꼽을 수 있다.[66] 김옥선은 이미 19세부터 사회사업에 나섰다. 25세에는 무소속으로 국회의원에 출마한 뒤에 지구당 위원장부터 시작하여 도당, 중앙당을 거쳐 정당공천을 받아 화려하게 정계에 진출했다. 서슬 퍼렇던 유신체제에 여성으로서 정면대결을 하고, 혼자서 단호하게 물러났던 점은 지금도 기억에 상쾌하게 뚜렷이 남는 일이다.

김옥선은 여성이기에 숙명적으로 겪도록 강요되어온 굴레를 정면으로 거부하였던 것이다. 김영삼, 김대중 등의 거물보다 더 오랜 정치규제를 받았고, 오랜만에 정계에 복귀하여 조직도 없이 대

66) ㉠ 김옥선, 잠들 땐 문고리부터 단속하는 여자, 여원 1991.3, pp.70~73.
㉡ 남자옷을 입고 남자같이 행동하면서 정면으로 거친 정치세계에 드전한 여성정치가 김옥선의 남장을 비웃는 인사들도 있다. 그러나 그것을 칭찬할 것도 없지만, 긍정적으로 보고 싶다. 김옥선은 역설적 행동으로, 정치는 남성만의 전유물이 아닌 것을 강조하면서 현실정치의 고정적 관념을 깨려는 용기 있는 행위를 했다고 해석하고 싶다. 남자들만 입는 옷을 부정하고, 남자들만 하는 직업도 부정한 것이다.
㉢ 사실 김옥선만큼 당당하게 서슬 퍼런 유신시대에 유신의 부당함을 정면으로 공격하고 독재에 항거한 인물도 거의 없었다. 김영삼의 단식투쟁, 김대중의 망명투쟁 외에 누가 있었는가? 김옥선은 여성이냐 남성이냐 말하기 이전에, 정치가로서의 길에 정면대결한 열혈 실천 여성이었다.

통령 출마를 했다가 참패하며 망신도 당했다. 뒷모양이 우습게 됐지만, 김옥선은 현대사가 낳은 여성정치인으로는 꼭 기억할 만한 인물이다.

이상의 김윤덕, 김옥선의 삶에서 무엇보다 돋보이는 것은, 스스로에게 닥쳐온 기회와 운명을 피하지 않고 정면 대결했으며, 정면으로 삶을 열어간 확실한 실천, 실천, 실천이었다.

우리의 현대 정치사에서 꽃꽂이 정치인이길 거부하고, 정계에 정면 대결한 여성은 박순천, 김옥선, 김윤덕 등 극소수일 뿐이다.

여자들이 정치적 찬밥을 먹는 것은 남자 탓이라고 말하기 전에, 적극적으로 정치활동을 추진하고 정치적 삶을 열려는 실천운동! 여자들이 사회적 찬밥을 먹는다고 한탄할 여유와 시간이 있다는 것은 사치스러운 고민이며, 그런 시간에 부지런히 적극적으로 사회적 삶을 살겠다는 실천운동! 여자들이 최고정치지도자도 되고 국회의원도 되어 국정운영의 주도권을 당연히 쥘 수 있다는 신념을 갖고 적극적으로 정계에 나서는 실천운동!

그러한 적극적 실천운동이 쌓인다면 우리나라의 실질적 여성해방은 머지않아 달성될 것이다. 그리고 아직도 곳곳에 남아있는 고질적 한족병인 남성우위의 올가미나 장벽도 머지않아 완전히 무너질 것이다. 그렇게 되면 지금과 같이 여자들이 정치적 찬밥을 먹으며, 형식적 들러리 같은 위치에 서는 일은 없어질 것이다.

「여자와 남자는 똑같은 정치활동의 주체이다. 주인공이다.[67] 그것은 그렇다고 외치는 것이 아니라, 그렇게 사는 것에 의해서만 이

67) ㉠ 이효재, 한국의 여성운동, op.cit., p.198
㉡ 한국여성개발원, 여성과 발전Ⅱ, op.cit., p.86

루어지는 것이다.」

「여성해방은 입으로 되는 것이 아니다. 몸으로 되는 것이다. 여성의 해방은 여성 스스로가 만드는 것이다. 참여하고 실천하며 벽을 정면으로 허물어나가야 한다.」

Ⅵ. 맺는 글 : 새로운 여성 최고 지도자를 또다시 기다리며

여자들이 정치무대에 있어서 사실상 구색이나 갖추는 장식적 위치에 머물러 있는, 우리나라의 현실은 실천운동에 의해서 바로잡힌다고 앞에서 말했다. 그리고 그것은 특히 여성들 스스로에 의해서 이루어지는 것임도 밝혔다. 그런데 그 실천운동을 보다 엄밀히 분석하면 다음과 같은 3단계 운동일 것이다.

첫째로 여성도 최고정치지도자로서 대통령이 되고 국회의원이 되어 빛나는 업적을 남길 수 있다고 확신하게 되는 단계, 여성들의 자신감을 회복시키는 단계가 맨 먼저 거론되어야 하겠다.[68)]

여자들 스스로가 남자들과 다르다고 스스로를 차별하는, 패배적 피해의식이 오늘날의 우리나라 여성계를 적지 않게 지배하고 있는 것이 현실이다. 그러나 여자들 자체가 스스로를 차별하는 풍토 속에서 여성존중이나 양성(兩性)평등 의식이 만들어지는 것은 아니

68) 한국여성개발원, 여성과 직업, op.cit., p.149.

다.[69] 그러므로 여성 모두가 하나같이 의식혁명을 이룩하여 여자와 남자는 정치적으로 똑같은 입장으로, 똑같이 인생을 사는 똑같은 존재란 것을 분명히 정립해야 할 것이다.

둘째로 여성들이 적극적으로 자신들의 영역을 확대해 나가는 단계가 만들어져야 할 것이다.[70] 예컨대 약 10여 년 전만 해도 우리나라에서 여자가 운전하는 것을 본다는 것은 색다른 이야깃거리가 될 정도였다. 그러나 요즈음에는 여자들이 차를 운전한다는 것은 당연한 일이다. 전혀 이상할 것이 없는 것이다. 여자들 스스로가 적극적으로 다양한 부문의 사회활동 영역을, 스스로의 것으로 만들려는 실천 활동은 여성해방에 있어서 매우 중요한 일이다.

최고정치지도자나 국회의원을 포함한 모든 정치영역에, 여성의 진입을 막는 성역은 있을 수 없다는 적극성이 없이 여성의 실질적 해방은 불가능한 것이다. 여성의 정치적, 사회적 삶을 막는 장애물은 그 어느 곳에도 없다.[71]

셋째로 여성들이 남자들과 똑같은 사회활동을 당당하게 진행하는 단계가 와야 한다. 여성이기에 갖는 여성열등감이, 앞의 2단계에 진입된 여성에 있어서도 마음속에 뿌리 깊게 간직되어 있을 수 있다. 그것을 극복하고 당당하게 사회활동이나 정치활동을 할 자세

---

69) 김교식, 최초의 여성당수 박순천 정계 비화, 동광출판사, 정풍Ⅱ, 1987, p.332.

70) Ibid., p.193.

71) ㉠ 여성은 사회적 존재이다. 그러므로 사회활동 모두가 당연히 여성해방 운동의 관심이어야 한다.
G. Bowles & R. D. Kleim ed., Theories of women's studies, 정금자 역, 여성학의 이론(서울: 을유문화사, 1986), p.266.
㉡ Irene H.Frieze 외 4인 공저, 최외선 역, op.cit., p.300.

정립이 이루어지면, 여성의 실질적 해방은 완성되는 것이나 마찬가지이다.[72]

사회활동을 하고 정치활동을 하는 데 있어서, 여자냐 남자냐를 거론할 필요는 전혀 없다. 오직 사람과 사람의 만남이 있을 뿐이다.[73] 여성은 여자로서 사회활동을 하는 것이 아니다. 여성은 여자로서 정치가가 되는 것이 아니라, 사람으로서 살고 사람으로서 활동할 뿐이다.[74]

그와 같은 여성의 위상이 무르익은 어느 날, 우리나라의 역사에 남을 새로운 여성 최고 정치지도자는 또다시 당당하고 화려하게 등장할 것이다. 그리하여 빛나는 업적을 청사에 남길 것이다.

지금까지 우리나라에 있어서는 거의 남자들만이 정치의 주인공이었다. 남자들만이 정치의 핵심체를 독점해왔다. 그것은 거의 예외가 없는 일관된 것이었다. 그러나 그것은 남자들만 독점한 것이 아니다. 여자들이 조선시대가 만든 한족병적 굴레에 따라서, 남자들의 독점을 인정하여 주어서 만들어진 것이다.[75]

72) 서구사회의 연구에서도 1960년대의 연구는 여성이 정치적 소외감을 느끼는 연구결과들이 여럿 나왔다. 그러나 1970년대부터는 그렇지 않다는 일련의 연구결과들이 나오고 있다. 우리나라의 여성 열등감은 언제 극복될 것인가?
Samuel L. Long ed., The handbook of political behavior V.4(New York: Plenum Press, 1981), p.42.

73) 본 3단계에 맞는 인간형으로서 심리적 양성적(兩性的) 인간 모형을 제시하는 견해도 있다.
한국여성개발원, 여성과 성차별, op.cit., pp.49~52.

74) 조혜정, 한국의 여성과 남성(서울: 문학과 지성사, 1988), p.356.

75) ㉠ 여성들에게 권력 핵이 아니라, 여건이 충분할 경우 지방의회에 출마하겠는가를

남자들이 정치사회에 있어서 활짝 핀 꽃이라면 여자들은 거의 모두가 싹도 나지 않거나, 도중에 시들어버리는 꽃봉오리에 불과한 상황을 여자들 스스로가 만든 성향도 컸다.

여자들이 정치사회에 있어서 활짝 핀 꽃이 되기 위한 길은 여성 스스로가 먼저 만드는 것이다. 스스로 비료를 주고 물을 뿌리며 잘 가꾸어 나가며, 비바람과 눈보라도 적극적으로 극복해 나갈 때에야 정치의 찬란한 꽃을 피우는 존재가 될 것이다.[76)]

확실하게 정계에 진출하여 정면대결하며 정치적 삶을 사는 여성만이 확실한 정치적 열매를 얻게 될 것이다. 여성정치의 황금기를 여는 출발은 정치적 정공법 외에는 없다.

지금까지의 우리나라 정치문화를 보면 엄밀하게 말해서, 남자는 정치적 인격이 확고한 사람이었으나 여자는 사람이라기보다는 여자일 뿐이었다. 이제부터 우리나라의 여성정치사도 사람정치사로 확고하게 바뀌어야 하겠다.

물은 경우 긍정률은 37.9%였다.

정무 제2장관실, 여성의 역할과 실태에 관한 국민의식 조사, 정책자료89-5, 1989, p.51.

㉡ 그러나 1991년 3월 실시된 지방의회 의원 기초의회선거에 실제로 입후보한 여성의 비율은 입후보자 전체의 1%에 불과했고 당선율도 1%였다. 기초의회에조차도 여성은 참여율이 낮았다. 그런데 입후보율과 당선율이 같았음은 무엇을 뜻하는가? 적극적 참여도 없이 차별받는다고 외치고만 있을 것인가?

76) Irene H. Frieze 외 4인 공저, 최외선 역, op.cit., pp.338~360.

※참고사항

1) 지금까지 새로운 여성대통령이 탄생될 방안을 찾는 흐름을 추적하 보았다. 여기에서 가장 중요한 것은 적극적 참여와 개척이다. 적극적으로 참여함이 없이 안방에 앉아서 여성대통령이 될 수는 없는 것이며, 단호하고 의연하게 정치적 삶을 개척함이 없이 정치적 열매를 맺을 수는 없다.

남성대통령도 강한 결단과 실천이 없이 정치적 성공을 거둔 사례는 없다. 누구든 비바람과 눈보라를 맞지 않고 정치적 꽃을 피운 사람은 없음이 확실하게 유의되어야 하겠다. 이는 여자와 남자에 차이가 있을 수 없기 때문이다.

우리는 많은 경우에 성공한 사람은 성공할 토대가 미리 마련되어 있는 듯 착각을 한다. 그리하여 부모를 잘 만나고, 선배를 잘 만나고, 은인을 만나야만 성공을 하는 듯이 생각한다. 그러나 그것은 많은 경우에 착각일 뿐이다.

일반적으로 생각하길 성공한 사람을 보면서 그 사람의 힘겨운 노력은 생각함이 없이, 그 사람은 운이 좋았다고 생각해 버리는 사람이 패배자의 공통점이다. 그러나 아무리 좋은 조건을 갖고 있어도 노력과 능력이 없이는 실패하는 것이다.

최고정치지도자가 되는 지름길은 무엇인가? 그러나 최고정치지도자가 되는 지름길은 사실상 없다. 이 나라에 태어난 모든 사람들에게 대통령이 될 기회는 똑같이 주어져 있으나, 그가 대통령이 될 지름길은 누구에게도 없다.

길은 스스로 만들고 개척해 나가야 한다. 길은 스스로 만드는 것이다. 길이 없다고 한탄하는 사람에게는 항상 길이 없다. 그리고 험난한 그 길을 힘차게 걸어서 목표를 쟁취해야만 한다. 비바람 눈보라를 즐겁게 극복하며 나의 갈 길을 힘차게 걸어 나가야 한다.

우리나라의 현대 정치사에 있어서 이러한 삶에 가장 근접된 삶을 살았던 여성정치인은 박순천과 김옥선을 꼽을 수 있고, 현재 박근혜가 의미 있고 상쾌한 모습으로 한국여성사의 사명감을 안고 떠오르고 있다. 새롭게 떠오르고 있는 박근혜가 최초의 여성대통령으로 탄생되려면 어떻게 정치적 삶을 개척해야 할 것인가?

첫째로 단호하게 본인의 정치적 위상을 정립시켜야 한다. 왜 박근혜가 대통령이 되어야 하는가 하는 정치적 의미를 분명하게 만들어야, 국민적 주목을 받고 국민들의 마음을 모을 수가 있다. 특히 중요한 것은 박근혜가 등장할 시대적 소명의식을 뚜렷하게 부각시켜야 한다. 왜 이 시대는 박근혜를 필요로 하는가를 확실하게 국민들의 마음속에 각인시킬 수 있을수록 성공도는 높아진다.

둘째로 여성임을 확실하게 의식하면서, 여성임을 확실하게 극복해야 한다. 본 장에서는 그것을 가장 강조했는데, 그것에서 성공할 때에 정치적 꽃을 피울 수가 있다. 박근혜가 그것을 극복하는 방법은 약간 상충되는 듯한 두 가지의 방법이 있을 수 있다.

우선 하나는 여성시대의 중요성을 부각시킴에 의해서 여성성을 극복하는 것이 있을 수 있다. 지난 50여 년의 현대정치사는 너무도 어둡고 지저분한 흐름이었다. 그런데 현재 부각되는 남성정치인에서 그것을 극복할 상쾌한 인물이 거의 나타나지 않음을 유의한 전략이 요망된다. 그 어둠의 남성정치사를 극복할 비전을 제시함이 긴요하다. 그러나 그 비전을 여성성으로만 몰아감이 없이, 여성 박근혜가 아닌 인간 박근혜로 승화시키는 또 하나의 전략이 성공할 때에 박근혜 대통령의 탄생 가능성은 높아진다.

셋째로 정치적 비바람과 눈보라를 이겨낼 단호한 용기와 지혜를 갖고, 확실하게 정치적 삶을 개척해야 한다. 그렇다! 박근혜에게도 대통령이 되려면 넘어야 할 어렵고 힘든 장애물이 수없이 나타날 것이다. 그런데 박근혜에게 나타날 공격은 아마도 많은 경우가 박정희의 업보를 극복하는 것에 관계된 것이 될 것이다. 박근혜는 박정희의 후광을 업었으되, 그 후광을 극복하는 어려운 과제를 조화롭게 해결해야만 여성대통령으로서 역사에 남을 것이다.

다만 분명한 것은 박근혜가 성공하려면 그 비바람과 눈보라를 기꺼이 맞고 이겨내려는 넓고 큰 마음과 용기와 품격이 필요함이다. 이 나라의 오늘은 어둡고 어두운 깊은 밤이며, 온 국민이 흙탕물 부패정치로 한 치 앞을 내다보기 어려운 암흑 속에서 극도의 정치불신병을 앓고 있다.

그러나 그 고통스런 어둠을 만든 일단의 사람들이 오히려 박정희의 먼지를 털면서 비방하는 공격, 그것을 이겨낼 큰 그릇이 요망된다. 정치는 용기 있는 자만이 길을 열고, 지혜 있는 사람만이 열매를 얻는 예술이다. 그 열매를 얻는 최초의 격조 높은 인물이 어서 나오길 바란다. (2002년 3월 20일)

2) 박근혜 대통령이 드디어 탄생하였다. 본서의 초판본이 나간 이후에 21년 9개월 26일 만에, 현대 한국정치사상 최초의 여성대통령이 탄생을 하였다. (2013년 2월 25일)

3) 박근혜 대통령의 탄생은 본서에서 예언한 바가 현실화한 것이다. 박근혜가 확실하게 본서에 합당한 삶을 살았음을 말하는 것으로서, 그것은 누구에게나 공통된 똑같은 진리이다.

앞으로 새로운 여성 최고지도자가 또다시 나온다면, 그도 결코 본서의 틀을 벗어남이 없을 것이다. 그는 멋진 비전을 제시하고 도전하며 시련을 극복하면서, 국민의 마음을 하나로 모으는 강력한 실천의지에 의해서만 탄생되는 것이다. (2016년 5월 9일)

4) 박근혜의 영광은 하지만 짧았다. 대통령직 말기에 돌연 탄핵을 당했다. 많은 사람들이 승복하지 않지만, 정치적 패배자는 패배하게 되어 있기에 패배한다. 앞으로의 새로운 여성 대통령에게 큰 교훈이 될 것이다. (2017년 3월 10일)

일곱째 주제

단군 할머니론

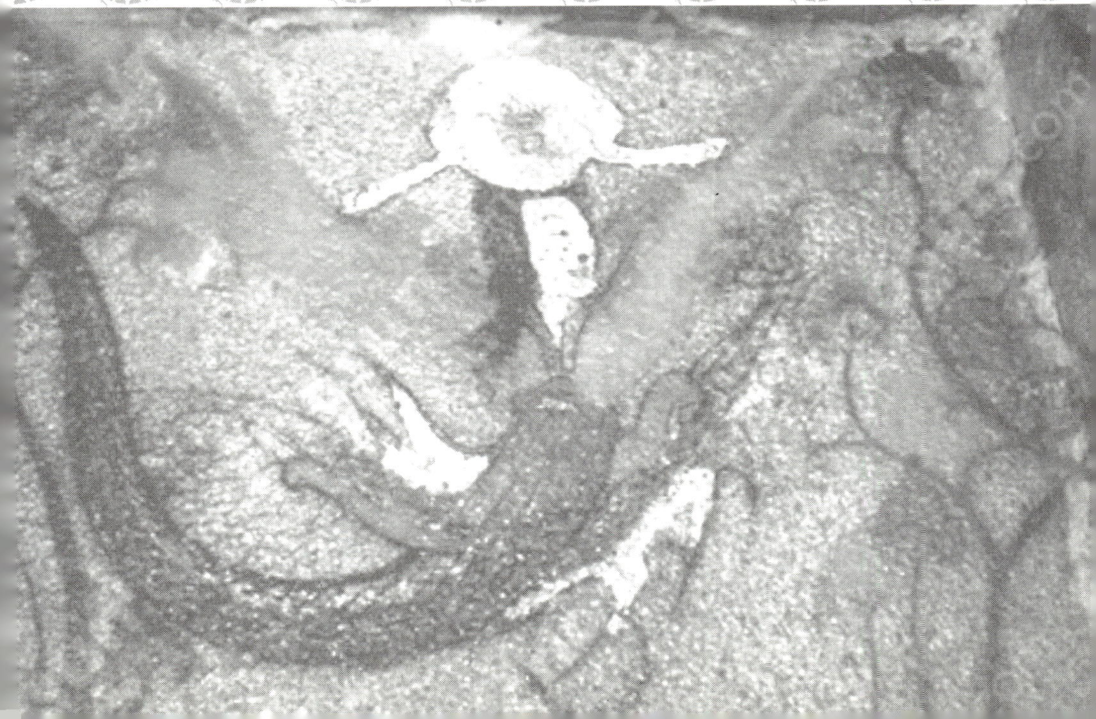

Ⅰ. 들어가는 글

1. 단군의 성별 인식의 중요성

우리민족의 시조인 단군 성조에 대한 학계의 논의에서, 부지불식간에 누구나 그냥 지나쳐 버리는 중요한 것이 하나 있다.

그것은 무엇인가? 그것은 우리나라 사람들에 있어서 누구나 거의 생각하지 않는 것인데, 단군이 남성이냐 여성이냐 하는 것에 대한 것이다. 이는 생각하면 아주 사소한 것인 듯 느껴질 수도 있다.

그러나 이것의 규명은 우리나라 인구의 반을 구성하는 여성 혹은 남성의 각기 입장을 생각할 경우에는 매우 중요한 의의를 가진다. 그리고 역사를 올바로 인식한다는 것도 매우 중요한 일이다.

특히 현재는 누구나 당연히 단군을 남성이라고 생각하고 있는데, 만약에 단군이 여성일 경우에는 우리민족의 시조에서부터 비롯되는 여성 혹은 남성의 위상이나 관점이 근본적으로 달라지는 매우 중요한 의의를 갖는 요인인 것이다.

우리나라 역사에 있어서는 역사해석을 충분히 해보지 못한 채, 아무 생각도 없이 고체화된 사례가 의외로 많다. 보다 충분히 다양한 변인으로 탄력 있게 해석을 해보면, 전혀 다르게 해석해야 할 일이 많음에도 불구하고 그러하다.

언젠가 누군가에 의해 잘못 해석이 된 경우에도, 그것은 변함없이 그대로 답습되어 내려온다. 말하자면 오도된 해석의 순환 혹은 오도된 해석의 확대 재생산과 같은 흐름이 되겠다.

2. 역사인식의 착인(錯認)현상과 오도된 해석

역사해석을 잘못되게 이끄는 근본적 변인은 여러 가지가 있다. 이러한 것을 여기서는 총칭하여 착인현상으로 부르도록 한다.

이와 같은 착인현상에 대한 엄밀한 논의가 없이 실증사학이란 이름하에 주어진 사료를 기계적으로 해석한다면, 그 역사해석은 전혀 의외의 오도된 해석이 되는 것이다. 이를 차례대로 살펴보자.

1) 시간적 착인현상

인간은 역사인식을 함에 있어서, 시간변인을 혼동하여 역사를 이해하는 경우가 많다. 시간변인을 고려하고 보면 전혀 다른 해석을 내려야 할 것인데도, 그에 대한 배려가 없는 경우는 의외로 많다.

우선 순시간적(順時間的) 착인현상의 예로서, 유관순 누나와 같은 사례는 전형적이다. 한번 누나가 되면 영원히 누나가 되는 것과 같은 현상이다. 유관순 여사는 현재로 따지면 100세가 넘는 할머니이실 텐데도 깊은 생각 없이 누나라고 부른 것이 축적되다 보니 계속 누나가 된 것이다. 역사해석에는 이러한 사례가 의외로 많다.

예를 들어 요즘 식민용어로 거론되는 한일합방은 지금도 곳곳에서 의젓이 불려, 우리가 일제에 기쁘게 합쳐진 듯 쓰인다. 그리고 일본의 천민촌을 뜻하는 부락이란 단어는 오늘날에 전국적 통용어가 되어 쓰이고 있으니,[1] 전국이 천민촌이란 말인가? 이런 사례는 수없이 많음에 일일이 예를 들기도 어렵다. 단군 성별도 그러한 성

1) 김태곤, 한국 민간신앙연구(서울: 집문당, 1983), p.21 참조.

향이 매우 짙다.

다음으로 역시간적(逆時間的) 착인현상을 예로 들면, 오늘날의 젊은 여인들이 현대적 머리 모양을 미장원에서 만들어 갖고 미모를 자랑한다고, 고구려 시대에도 그랬다고 생각하거나 고조선 시대도 그랬으리라고 생각하는 것과 같은 현상을 말한다.

예를 들어서 3 · 1만세항쟁 때의 독립선언서를 읽은 태화관에 대해서 살펴도 그것은 같다. 태화관은 원래가 매국노 이완용의 집터였다. 이것이 명월관 술집에 팔려서 3 · 1만세운동 때에는 고급 술집이었다. 즉 3 · 1항쟁의 숨겨진 최고 주인공인 의왕 전하의 단골 술집이었고, 의왕이 가장 믿던 의암 손병희 선생을 그곳에 불러 비밀리에 거사를 한 것뿐이다.

단골술집이란 것이 가장 중요할 뿐이다. 그런데 훗날 명월관 분점으로서의 태화관이었던 그곳이, 기독교계로 팔려서 기독교 태화관이 된 것이다. 그런데도 많은 사람은 3 · 1항쟁이 기독교 건물에서 독립선언서를 읽으며 발화되었다고 생각하고 있다.

심지어 현재 그곳에는 이완용의 매국행위를 규탄하기 위해서, 그곳에서 33인이 모였다는 기상천외의 망발 설명문까지 버젓이 붙여져 있다. 현대의 시각으로 과거를 창작하여 해석하는 착인현상인 엉터리 해석은, 독자들도 사례를 찾자면 꽤나 쉽게 찾을 수 있다.

2) 공간적 착인현상

공간적으로 다른 곳에서 일어난 사회현상에 대해서도, 인간은 의외로 오도된 역사해석을 많이 한다. 물론 이것은 앞에서 말한 시간적 착인현상과 합해지면서 상승작용을 하는 경우가 많다. 공간적 착인현상의 사례도 의외로 많다.

예컨대 아메리카의 인디언은 인류학의 통설이, 약 2만 년 전에 동북아시아에서 베링해협을 통해 아메리카로 건너간 사람들이라고 보는 것이다. 오랜 시간이 흘렀지만 인류학적으로 분석해 보면, 동북아시아에서 민족이 발상된(나타난) 우리민족과 인디언은 흡사한 점이 너무나 많다. 그럼에도 우리는 인디언을 전혀 남이라고 본다.

인디언은 공간적으로 우리와 전혀 다른 곳에 있지만, 옛 고향은 우리와 똑같이 북만주 부근이다. 그럼에도 우리는 지금까지 서구 사람들이 인디언을 미개하다고 매도함에 같이 동조를 했다. 이삼십 년 전에는 인디언을 짐승 죽이듯 죽이는 처참한 서부영화에 갈채를 보내며 찬양도 했었다.

인디언을 욕하는 것은 궁극적으로 우리를 욕하는 것과 같다. 마찬가지로 요즘 우리들은 캐나다, 애리조나, 네바다 등 인디언 지명이나 바비큐, 카누 같은 인디언 언어도 영어인 줄로 착각한다.

다시 또 기막힌 예를 (만리)장성에서 찾아보자. 장성(長城)을 왜 쌓았나? 그것은 동방의 강대 민족 때문이었다.

그런데 훗날 그 역사를 한족(漢族)의 입장에서만 보아 장성을 튼튼히 쌓았다고 예찬만 하거나, 장성을 쌓게 만든 측은 오랑캐라고 하는 이론이 왜 생겼나? 사실상 요즘은 중고등학생의 국사교과서에까지도 고조선 강역이 대동강설에서 요동설로 바뀌었고, 고조선사의 시간적 상한선이 계속 먼 고대시대로 확장되고 있는데,[2] 그렇다면 우리 스스로가 우리민족을 깊은 생각 없이 한족들 주장대로 맞장구치며 오랑캐라고 부르는 것이 된다.

2) 윤내현, 한국고대사신론(서울: 일지사, 1988) 참조.

막강한 우리민족 때문에 쌓은 장성은 한족의 허약성을 뜻하는 것인데, 장성 자체만을 칭찬하는 모순된 사고체계는 역사해석 착인의 전형적 사례이다. 더군다나 만리장성이란 호칭은 현재의 중국에는 없다. 그들도 오직 장성(長城)이라고 부를 뿐이다.

더구나 우리나라 쪽인 고조선, 고구려와 맞닿은 국경을 제외하고는, 거의 대부분이 시골집 토담에 불과한 것이 장성의 실상임을 알면, 지금까지의 역사해석에 일종의 허무감마저 느끼게 될 것이다.

3) 인간적 착인현상

사람에 따라서 오도된 해석이 증폭되는 경우도 매우 흔하다. 요즘 식민사관이라고 불리는 많은 사례는 일본인 학자 혹은 일본 측 식민사학에 오염된 학자들에 의해 만들어져, 계속적으로 오도된 해석을 반복하는 것을 말하는 인간적 착인현상이다.

예컨대 일본 학자들은 침략일본 시대에 우리역사를 체계화하면서 공간적으로는 압록강 · 두만강 이북으로의 확산을 가급적 차단했고, 시간적으로는 고조선을 부정하며 삼국시대도 초기 부분은 믿을 수 없다는 등 왜곡이론을 폈었다. 전형적 문화침략 정책이었던 것이다. 따라서 약 70년대까지만 해도 우리의 학교에서는 삼국시대 초기 역사까지도 못 믿는다고 했고, 고조선사는 당연히 신화로 취급되었으며, 단군의 실체는 미신으로 매도되며 부정되었다.

그렇다 보니 예전에 한족(漢族)이 쌓은 장성은 북방 야만족의 침략을 막기 위한 것이었고, 우리민족은 백의의 평화민족이었다는 황당한 억지 강변을 늘어놓았었다.

그러나 현재의 학문연구는 고조선의 실체를 분명히 확인하고,

요동벌이 고조선의 중심부였음을 명증시키고 있다. 그렇다면 장성은 고조선, 고구려, 발해를 잇는 우리민족의 강성함을 두려워하여 한족들이 쌓은 것이 분명한데도 억지 이론은 지금도 계속되고 있다. 장성은 우리민족의 용맹함과 강대함의 상징이다.

우리민족은 평화민족이 아닌, 용기 있고 진취적이며 무서운 민족이었는데 일본인들이 억지로 평화민족을 만들었었다. 힘없이 거세된 민족을 만든 일본 학자들의 음흉한 저의를 생각해 보았는가? 평화민족설을 체계적으로 검증해 본 사례가 지금까지 얼마나 있었는가? 지금까지 우리는 막연히 평화를 애호한다고 말했고, 평화민족이 좋은 것인 양 말하길 즐겼다. 그러나 평화민족이란 거꾸로 말하면 허약한 바보민족이란 뜻인 것이며, 일본인들이 우리를 그렇게 몰아나간 저의를 우리는 간파한 적이 없다.

그 외에도 일본인들이 만든 우민정책의 병폐는 너무도 많다. 예컨대 자기들 황실은 성이 없음을 유의하면서, 우리 황실은 전주 이씨 황실이라고 몰아 국민의 임금님이 아닌 이조(李朝)로 매도를 했다. 조선시대 역사에서는 당쟁, 사화 등의 어두운 면만 집중적으로 부각시키며, 우리 황실을 국민들의 마음에서 이반시킨 것이 지금까지도 도도하게 남아 있다.

우리민족의 상징인 무궁화는 현재의 프랑스 등 서유럽이나, 우즈베키스탄 등의 중앙아시아에 가면 정원수로 애용될 정도로 인기 있는 나무인데도, 진딧물이 많이 끼는 가장 못된 나무로 매도해온 것이 오늘에까지도 강하게 이어지고 있다. 항일의 선봉에 섰던 대표적인 집단인 천도교나 대종교는 극히 미개한 못된 천민종교라고 정면으로 악선전을 했는데, 그것이 오늘날에도 버젓이 이어지고 있으나 우리는 그 중상모략의 뿌리를 캐본 적이 없다.

그리고 심지어 일제패망이 되면서 이승만이 본인의 정권안보를 위해, 황태자 영왕이 인질로 잡혀 생고생하며 평생을 보냈건만 일본에서 일본 여인과 편하게 산 친일파라고 매도한 것이 오늘에도 그대로 이어지고 있다.

그리고 현재의 우리나라를 지역편견병으로 몰아나간 싹은, 이중환이 택리지에 깊은 생각 없이 쓴 것에서 유래가 되었음도 대표적인 인간적 착인현상의 사례이다.

끝으로 다시 또 하나 인간적 착인현상의 대표적인 것으로 김부식의 삼국사기를 예로 들어 보자. 김부식은 삼국사기를 쓰면서 모든 것을 한족에 종속시킨 역사로 기술했다.[3] 모든 것을 한족의 황제에 비해서 한 급이 낮은 왕으로 기술하였으니, 그 후의 우리 역사 서술이 모두 그렇게 될 수밖에 없게 된 것이다.

삼국시대에 삼국은 당당히 독자적인 연호가 있었다. 고유한 연호가 있었음은 무엇을 말하는가? 그것은 당당한 황제국가였음을 뜻한다. 그러므로 광개토대왕이 아닌 광개토대제라야 옳고, 장수왕이 아닌 장수대제 혹은 장수황제라야 한다. 실제로 고구려 호칭인 광개토호태왕의 호태왕은 고구려 방식의 황제 표현이었다.

그리고 신라에 있어서도 김춘추가 굴욕외교를 하기 전까지는 당당히 연호를 썼음을 숙지해야 한다. 그러나 김부식이 왜곡시킨 역사는 오늘에까지 그대로 이어지고 있을 뿐이다. 우리 역사는 착인에 착인이 겹친 착인사라고 할 정도로 착인된 역사가 너무 많다.

3) 강무학, 단군조선의 원방각 문화(서울: 명문당, 1991), pp259~261.

4) 문화적 착인현상

상호 간에 문화가 다르면, 이에 따라서 상대방의 역사를 오도되게 해석할 경우도 많다. 그것은 오늘날의 우리사회에 서양문화가 깊숙하게 파고들면서 일어나는 사례 등 상당히 흔한 일이다.

예컨대 단군의 존재에 대한 해석을 살펴보면 그것을 쉽게 깨닫게 된다. 단군은 본 논문의 주제이기에 논문의 본론에서 상세히 분석하겠지만, 현재로서도 학계에서는 단군의 연구가 계속 진행되고 있다. 현재진행형 단계에 있다.

이북에서도 요즘 단군릉을 발굴했다고 발표하는 등 단군연구는 매우 왕성하다. 시간이 갈수록 남측 학자들도 단군연구를 아주 활발히 진행하고 있다. 그리하여 단군의 실체에 대해서는 상당히 구체적인 연구 업적이 나오고 있다. 시간이 갈수록 연구는 날로 확실하게 구체화될 것이다.[4)]

그럼에도 일부 서양 기독교 문화에 젖은 인사들은 단군을 무조건 부정한다. 단군은 신화요 우상이라고 일단 돌려놓아 버리는 것이다. 일본인들이 우리의 고대사를 축소시켜 줄이려고 고조선을 없애 신화로 조작해 버린 침략 역사기술을, 이제는 서양 시각으로 보면서 신화는커녕 웃음거리로 몰아가는 등 친일사관을 답습하는 것이다.

서양 기독교적 시각으로 보아서 어찌 우리 역사가 올바로 보이겠는가? 그런 시각으로 보면 산신령은 마귀가 된다. 용왕님은 괴물이 되며, 단군은 우상숭배가 되고, 오로지 서양 것만 좋고 바르게

4) 이종욱, 고조선사 연구(서울: 일조각, 1993), pp.23~37.

보일 것이 아닌가? 그리고 서양 눈에 맞지 않으면 무조건 이단자가 되는 것이 아닌가? 연구도 전혀 해보지 않고 단군을 미신이나 우상이라고 매도하는 친일사관 답습 우매성은 무엇을 뜻하는가?

다시 예를 들어 보면, 과거에 필자가 본서의 제1주제인 보신탕 문화에 대한 연구를 하면서 일본인을 면담했던 경험이 있다. 일본인들은 본인들이 서양인과 똑같이 보신탕을 먹지 않는 것을 매우 대견히 생각하고 있었다. 보신탕을 먹는 여타 동양인들을 일종의 야만적 시각으로 보는 흐름이었다. 이러한 시각들이 동양사 서술에 있어서 일본인에게 많은 영향을 주었을 것은 뻔하다.

그런데 일본 사람들은 원래가 고대시대에 우리나라에서 건너간 사람들이 주류이다. 우리와 다른 식생활문화를 갖고 있지 않았다. 다만 훗날 불교가 전래되면서 육식문화를 법으로 금지하며 보신탕 문화가 끊긴 것에 불과하다.

이것은 거꾸로 살펴보아도 같다. 말하자면 유교문화가 강력히 지배했던 조선시대 시각으로만 일본을 보면 일본 역사를 오해할 경우가 많다. 그러나 현재에도 일본에 남아 있는 많은 문화는, 우리나라와 역사상으로 고려시대 이전에는 똑같은 것이 매우 많았다.

예컨대 결혼제도, 가족제도의 원형은 근본적으로 두 나라가 같았다. 생활문화의 대부분도 원형은 꼭 같았다. 구체적 사례로서 현재도 일본에는 심심치 않게 있는 것으로서, 가까운 친척끼리 결혼하는 사례를 보자. 예를 들어 4촌 누이와 결혼한 일본의 사토 수상이 화제가 되었었는데, 이는 신라 조정에서는 흔히 있던 일일 뿐이다. 고려시대에도 조정의 족내혼(族內婚)은 매우 흔했었다. 더구나 사토 수상은 자신이 한국계 도래인의 후신임을 명쾌히 말하고 있다.

5) 혼합적 착인현상

역사인식을 오도시키는 현상을 실제로 살펴보면, 이상의 여러 변인이 섞여서 상승작용을 한다. 혼합적이고 종합적인 흐름에 의해 착인현상이 크게 일어나는 것이다.

본 논문의 주제인 단군은 우선 시간적 착인의 흐름이 크다. 현재의 시각으로 머나먼 옛날의 고대를 보면서 일어나는 착인현상이다. 더구나 공간적이면서 문화적인 착인의 성향으로, 서양 사람들의 안목을 빌려서 우리의 단군을 볼 때에 일어나는 착인현상이다. 또한 단군을 일본학자들이 침략사관으로 오도시켜 놓은 것에, 서양시각이 가미된 인간적 착인의 성향도 크다.

어떻든 단군에 대한 그간의 해석은, 오도됨이 확대 재생산되었던 착인과정의 전형적인 것이었다고 해도 과언은 아니다. 특히 단군이 그런 혼돈에 빠진 까닭은, 나철이 중심이 된 대종교의 혁혁한 독립운동을 탄압하려는 친일사관의 후폭풍임도 크게 유의해야 하겠다.

요컨대 앞으로 학계에서는 단군연구를 과학화하고 보다 철저히 연구해야만 하겠다. 본 논문의 주제인 단군의 성별 하나만 보아도 그렇다. 그것을 철저하게 과학적으로 연구한다 함은 첫째로 우선 한국 여성학의 뿌리를 정립하는 것이 되겠고, 둘째로 민족 고대사의 성향을 보다 확실히 과학화하는 것이 되겠다.

그간 우리의 역사는 극도로 착인현상에 시달려 왔다. 그 가운데에서도 단군 성조에 대해서는 착인현상이 매우 복잡하고 중층적으로 이루어졌다.

그리하여 단군은 부정되고 매도되는 것이 비일비재했다. 따라서 우리민족 스스로를 부정하고 매도하는 자기부정의 역사를 줄곧 확대 재생산해 왔던 것이다. 단군연구는 지금이라도 늦지 않았으니, 철저히 투자하고 확실히 연구하여 과학성을 고양해야만 하겠다.

Ⅱ. 단군 남성의식의 형성과정

1. 단군 남성의식 형성사

단군의 성별이 현재로서는 이유 없이 무조건 남성이다. 우리 역사에서 단군을 여성이라고 생각해 본 사례는 없다. 예부터 무작정 단군은 할아버지가 당연했다. 거기에 대해서 의문을 가져 본 사례가 전혀 없다.

왜 우리나라에서 민족의 시조인 단군은 당연히 남성이 되었을까? 그것을 다음과 같은 흐름에 의해서 생각해 볼 수 있겠는데, 이는 일종의 역사 착인사(歷史 錯認史)라고 하겠다.

1) 제1기 : 한족(漢族) 시각 침투기

한족문화가 본격적으로 우리사회에 침투하게 된 최초의 출발은 김춘추 외교에서 비롯된다. 신라의 모든 제도를 당나라 방식으로 고쳐, 민족의 본모습을 잃게 만들면서 우리 문화의 오염을 자초한 출발점이었던 것이다.

그리하여 통일신라시대에 있어서는 당나라와의 교류가, 요즘 우리가 미국과 활발하게 교류하는 수준에까지 이르렀었다.

그것은 고려시대에 이르러서도 날로 강화되어 갔다. 그리하여 김부식이 삼국사기를 쓸 무렵에 이르러서는 상당히 심각한 수준으로 한족 의식화가 진행되었다. 더구나 그 후 다시 일연 스님이 삼국유사를 집필함에도 한족의식은 매우 강하게 영향을 주었었다.

김부식은 김춘추 외교 이후에 도도히 흘러 들어온, 한족문화 침투의 극단적인 형태 인물이었다. 모든 삶이 한족화되어 있어서, 민족의식이 마비된 인물이라고 해도 과언이 아닌 존재였다.

당시의 고려시대 후반기는 다분히 그런 부류의 인물들이 최고 지배층을 형성하던 때였다. 그러니까 일연 스님이 삼국유사를 씀에 있어서도, 그와 같은 흐름이 부지불식간에 투입되었을 것이다.

따라서 단군성조에 관한 최초의 문헌인 일연 스님의 삼국유사(1285년)나, 이승휴의 제왕운기(1287년) 등의 집필에 있어서, 단군의 성별을 깊은 생각 없이 한족문화에 따라 남성으로 집필했다고 보아야 하지 않을까 한다.

특히 본 장에서 앞으로 상론하겠지만, 단군기록의 자(子)의 뜻을 제대로 해석해야 하는 것도 필연적으로 요망된다.

2) 제2기 : 일제침략 시각 강요기[5)]

고려시대가 조선시대로 바뀌면서, 단군성조에 대한 연구는 잠복기 내지 잠재기가 되었다고 하겠다. 단군에 대해서는 깊은 생각을

5) 이형구 엮음, 단군을 찾아서(서울: 살림터, 1994), pp.89~91.

할 틈도 없이, 무시 혹은 무관심의 시대가 이어졌다고 봄이 옳다. 그것은 물밀듯이 밀려온 한족문화 혹은 유교문화가 극대화되면서, 우리의 조선사회에서는 단군을 생각하는 것조차 거의 상상하기도 어려운 시대로 변전된 것이다.

그러다가 조선시대 후반기부터 차츰 외세가 밀려오고 침략세력이 대두됨에 따라서, 국권수호의 흐름을 타고 예부터의 단군성조에 대한 관심이 부활되게 된 것이다.

그것은 우리를 짓눌러 왔던 외세문화인 한족 유교문화가 새로운 외세인 서양문화의 충격으로 흔들리면서, 우리 스스로에 대한 새로운 관심이 나오고 단군에의 관심도 나온 것이라 하겠다.

이러한 흐름은 실학파의 등장에서 비롯되면서, 점차 강한 자기 실체 탐구의 열기 속에 단군 연구를 강화시켜 나갔다. 그러다가 급격히 밀려온 일제 침략자들에게 국권을 빼앗기고 강토를 강점당하면서 대세는 극히 비극적인 모습을 띠게 되었다.

침략일본 시대에는 단군의 존재 자체를 생각할 수도 없는 금단의 영역으로 변화해 버렸다. 단군이란 역사에 존재하지도 않았던 허황된 얘기이며, 심지어 삼국시대 초기 역사까지도 믿을 수 없는 허구의 역사라면서, 고조선 시기에 단군이 존재했다는 것은 황당한 거짓말 신화라고 매도되는 극단적 단군 탄압 시대가 되어 버렸다.

우리의 정신문화나 역사인식에는 일제침략에 따른 공백시대나 왜곡시대의 병폐가 너무도 심각하다. 특히 민족의 주체적 정신이 없게 되도록 강요했던, 간교한 일제의 역사왜곡 교란정책의 피해는 대단히 심각한 바 있다.

그리하여 단군에 대한 역사인식의 실종 상태가 되고 말았다. 더군다나 일제는 침략을 자행하며 그들의 신사참배를 강요했고, 단군은 당연히 부정되는 존재로 전락되고 말았다.

일제침략을 흔히 생각하길 영토강점만으로 생각하기 쉽다. 하지만 일제가 우리의 고유한 정신이나 민족혼을 빼앗아 정신적 공백, 불구, 오염을 만든 것이 보다 큰 문제였다. 그것은 오늘날에까지도 심각한 폐해를 안겨주고 있다.

요즘에 있어서 단군에 대한 착인현상이 여러 가지로 나타날 수밖에 없게 된 것은, 일제침략 시대의 교묘한 문화정책이 낳은 역사교란 책동의 후유증임이 분명하다. 요컨대 일제는 핵심 침략정책의 하나로서, 단군을 왜소화, 허구화, 무력화, 단절화시키려는 문화정책을 철저히 밀어 나갔기 때문이다.[6)]

3) 제3기 : 서양시각 침투기

우리 역사에 대한 서양 시각의 오염현상은, 요즈음 많은 인사가 거론하고 있는 바다. 이것은 앞에서 말한 공간적 역사착인 혹은 문화적 역사착인의 가장 전형적인 것이다. 단군에 대한 해석이 전형적인 피해를 입은 사례이다.

왜냐하면 서양의 전혀 이질적인 시각으로 우리의 역사를 보니, 그들은 이해가 아닌 부정을 하거나 매도, 무시하는 형태를 취하게 되기 때문이다. 서양문화의 급격한 유입은 크게 2단계로 이루어졌다.

첫째는 1950년대 들어 이승만이 집권하면서, 과잉으로 서구문화를 받아들임에서 비롯되었다. 예컨대 서양 시각으로 보면 경악을

6) 이상시, 단군실사에 관한 문헌고증(서울: 가나출판사, 1987) 참조.

할 문화인 개고기 음식은 예부터 우리 생활사에서는 전혀 이상할 것이 없었는데도, 일제패망이 되면서 극심할 정도의 문화충격을 겪게 된다. 따라서 우리 노래도 우습고, 옷도 창피하고, 집도 불편하다는 시각으로만 변해 나갔다. 고유한 우리 것은 모두 사라져 가고, 비판을 받게 되었다. 이러한 흐름 속에 단군 숭배를 비롯한 우리의 토착적 전통문화는 극렬한 비판을 받기 시작했다.

다음 두 번째로 서양문화가 급격히 밀려온 것은 1970년대라고 보겠다. 급격히 근대화가 진행되면서, 서양문화가 전 사회적으로 심각하게 쏟아져 들어왔다. 요즘 들어서 멋진 예술로 각광받는 판소리 서편제는, 당시만 해도 유치한 것으로 청소년들에게 받아들여졌고, 서양 재즈나 샹송, 칸초네가 휩쓸기까지 했었다. 60년대만 해도 희소했다고 할 서양 종교가 삽시에 도도히 밀려 왔으며, 생활문화의 많은 것이 소화불량증에 걸릴 정도로 서양화되어 버렸다.

심지어 요즘에는 한국사마저도 기독교적 사관으로 보거나, 한국문화도 그런 아류로 보려는 경악할 일도 생겼고, 민족종교는 거론만 해도 욕을 먹는 분위기로까지 되었다.

따라서 서양종교의 시각에서 볼 때에 단군은 미신이며, 허구의 신화에 불과한 존재로 무조건 매도되다시피 했다. 심지어 단군을 말하거나 토속신앙을 말하면, 그것은 우스갯거리로 치부되며 조롱받는 수준까지 전락되고 말았던 것이다. 단군은 따라서 오도된 해석이기보다는, 아예 부정되는 존재가 되고 만 것이다.[7]

요컨대 지금까지 단군 성조가 남성의식으로 고착된 과정의 역

7) 단군으로부터 내려오는 대종교 등의 전통종교는, 이제 외래종교로 인해 거의 잃어버린 상태가 되었다. 함석헌, 뜻으로 본 한국역사(서울 : 삼중당, 1972), p.346.

사를 정리하면, 단군에 대한 정리가 전혀 없던 오랜 세월이 흐르다가, 완전히 한족문화에 찌든 고려시대 중기 후엽에서야 단군기록이 처음으로 등장하면서 비롯되었다고 본다. 그리하여 일단 그 당시의 지배적 성별인 남성으로 단군이 정리된 것으로 볼 수 있다.

단군은 그 후 남성이냐 여성이냐를 생각할 겨를도 없이 조선시대로 이어졌다. 그리고는 완전히 여필종부에 부창부수만을 철저히 부르짖는 절대적 남성우위 시대로 이어졌다. 그 후 단군의 성별을 단 한 번도 검증해 본 적이 없이 오늘에 이르게 되었다고 하겠다.

특히 일제침략 시대와 현대시대에 있어서는 단군이 여성이냐 남성이냐를 따지기는커녕, 단군의 존재 자체를 아예 부정하는 판에 성별 논의란 상상도 못할 일이었다.

따라서 삼국유사나 제왕운기에 나오는 단군 할아버지는, 그것이 한족문화 사고가 이입된 착인현상에서 출발하여 그 이후에 남성으로만 고정된 순시간적 착인현상이다. 다시 근현대에는 일제침략과 서양문화 침투에 의한 공간적 · 문화적인 성향이 강한, 종합적 변인이 투입된 착인현상임이 간과된 것이다.

단군 성조의 성별은 확실히 검증되고 논의되어야 옳은 것이 분명하다. 단군 성조의 성을 남성으로만 무조건 인정하는 것이 옳은 것이 아니며, 여러 가지 변인을 종합해 볼 때에 단군은 여성임이 분명함을 본 장을 전개하면서 규명할 수 있게 될 것이다.

2. 단군 기록의 재해석 필요성

단군에 관한 역사기록이 신화(神話)냐 실사(實史)냐 하는 논란도 크다. 그것은 물론 기존의 신화란 해석에 대해 수정을 가하는 흐름으로 이어지고 있다. 지금까지 우리 학계나 교육계에서는 단군에 관한 기록을, 침략일본이 만든 것에 무조건 따르면서 긴 논의가 필요 없이 신화라고 생각했다. 따라서 애초에 과학적 연구를 할 영역 밖의 존재로 돌려진 상태에 있었다.

하지만 시간이 갈수록 단군을 무조건 신화로 규정한, 일본의 문화침략, 역사침략은 잘못이란 흐름이 강하게 나타나고 있다.[8] 요즈음에는 점차 단군을 정확히 실사(實史)로 역사에 등장시키는 것이 주류가 되어가고 있다.

삼국유사에 나온 단군에 관한 기록은 앞으로, 단군 신화라기보다는 단군역사 혹은 단군기록으로 하여 중립적 호칭이 되어야 옳다. 무조건 신화로 부르는 것은 삼가야 하겠다.[9]

그리고 우리사회의 일각에서 단군을 깊은 생각도 없이 무조건 매도하는 시각은, 앞에서도 논했지만 매우 착인현상이 높은 해석 태도임을 유의하고, 현 단계로서는 단군기록을 우리의 고대사를 말하는 중립적 사료로서 받아들이는 것이 올바른 태도라고 생각된다.

삼국유사에 나온 기록은, 단군기록 자체를 역사로 기록하고 있음에 유의해야 하겠다. 고조선 혹은 왕검 조선의 기록이면서, 그 내용들이 위서(魏書) 혹은 고기(古記) 등에 근거한 기록으로서, 원전이 있는 사료를 바탕으로 정리한 것임을 일연 스님은 분명히 밝히고 있다.

8) 손인수, 한국교육사상사 I (서울: 문음사, 1989), pp.98~121.

9) 한우근, 한국통사(서울: 을유문화사, 1974), p.25 및 이기백, 한국사신론(서울: 일조각, 1974), p.23 참조.

따라서 고려시대까지 남아있던 옛 사료에는 분명히 고조선 관련 사료가 존재하고 있었고, 삼국유사는 그에 바탕을 두었던바 실사(實史)성향이 상당히 있음을 뜻한다. 삼국유사의 원문은 다음과 같다.

魏書云《乃往二千載 有壇君王儉 立都阿斯達(經云無葉山 亦云白岳在白州地. 或云在開城東今白岳宮是) 開國號 朝鮮與高(堯)同時》古記云《昔有桓因(謂帝釋也) 庶子桓雄數意天下 貪求人世. 父知子意 下視三危太伯 可以弘益人間 乃授天符印三箇 遣往理之. 雄率徒三千 降於太伯山頂(卽太伯今妙香山) 神壇樹下 謂之神市 是謂桓雄天王也. 將風伯雨師雲師 而主穀主命主病主刑主善惡 凡主人間三百六十餘事 在世理化. 時有一熊一虎同穴而居 常祈于神雄 願化爲人. 時神遺靈艾一炷 蒜二十枚曰〈爾輩食之 不見日光百日 便得人形〉.
熊虎得而食之 忌三七日. 熊得女身 虎不能忌 而不得人身. 熊女者無與爲婚 故每於壇樹下 呪願有孕. 雄乃假化而婚之 孕生子 號曰壇君王儉. 以唐高(堯)卽位五十年庚寅(唐堯卽位元年戊辰則五十年丁巳非庚寅也 疑其未實) 都平壤城(今西京) 始稱朝鮮 又移都於白岳山阿斯達 又名弓(一作方)忽山 又今彌達 御國一千五百年 周虎(武)王卽位己卯 封箕子於朝鮮. 壇君乃移於藏唐京 後還隱於阿斯達爲山神 壽一千九百八歲》

그런데 이상의 문장을 해석한다는 자체가 결코 쉬운 일이 아니다. 왜냐? 삼국유사의 내용은 고려 말에 일연 스님이 쓸 때에, 이미 복잡한 변인의 착인현상이 가미된 기록이기 때문이다.

다시 말하면 고려말 시대에 놓인 시대상황적 여러 착인변인이, 확실히 투입된 것임이 면밀히 분석하면 쉽게 밝혀진다.

여러 지명이 그렇고, 인명이나 관직명이 그러하며, 기록내용의 상당한 부분이 그러하다. 더군다나 그 기록에는 상징적 기록도 상당히 있다. 그렇기에 한 문장, 한 단어의 해석이 결코 쉽게 이루어질 수가 없다.

그럼에도 지금까지 우리는 삼국유사의 고조선 기록을 너무 쉽게 해석했다. 그것은 특히 침략일본 시대를 거치면서 일본학자들이나 관변 식민사관에 물든 한국학자들이, 과학적 태도가 없이 우리의 고대시대를 오도시키려고 한 저의의 산물이었다.

이것은 일제 침략적 착인현상이 병리적 형태로 나타난 고질병이며 후유증이기도 하다. 말하자면 단군기록은 착인에 착인이 겹쳐진 심각한 해석상의 문제점을 갖고 있음이 많은 경우에 간과되어 왔다. 너무나 안일하고 피상적인 학문 자세였던 것이다.

본 논문의 핵심인 단군이 남성이냐 여성이냐의 여부만 해도 그러하다. 삼국유사의 기록에는 단지 자(子)라고만 표현되어 있다. 그런데 그것을 깊은 생각도 없이 무작정 막연하게 남자로 해석하여, 아들을 낳았다고 풀이하는 것이 지금까지의 상투적인 해석이었다.[10)]

단군기록의 자(子)는 자식(子息)의 약자가 분명하다. 여자와 남자

10) 이러한 오류는 우리나라의 남측만이 아니라 북측 학자들도 똑같다. 북측 학자가 번역한 이북 정부의 공식 간행물에도 어쩌면 단군은 똑같이 아들이어야만 하는가? 리상호 번역, 삼국유사(평양: 조선민주주의 인민공화국 과학원출판사, 1960), p.59 참조.

를 공칭하는 양성(兩性) 개념으로[11] 보아야만 옳다. 만약에 지금까지와 같이 피상적으로 막연하게 단군기록을 해석하는 방식이라면, 국어사전의 자식이란 단어도 남자 자녀라야지 어찌 공칭 개념으로 해석되어 있는가?

단군기록의 자(子)는 앞으로 자식을 낳았다고 중립적으로 해석되어야 한다. 아들을 낳았다고 무조건 해석하는 것은 옳은 일이 아니라고 본다.[12] 본 논문에서 앞으로 분석되는 여러 증거들을 모두 살펴볼 때에, 단군 아들 설은 지극히 비과학적인 착인현상적 해석임이 분명히 드러날 것이다.[13]

11) 조대기(朝代記)에는 분명히 子女로 기록되어 있다. 따라서 子로 기록된 것도 양성으로 해석되어야 하겠다. 김진혁, 단군성조의 사상과 그의 인간학(서울: 인간사랑 출판사, 1991), p.201 참조.

12) 심지어 삼국유사보다 약간 뒤에 나온 이승휴의 제왕운기에는, 역사라기보다 7언시 형태로 된 문학적 해석으로서, 아예 아들로 착인적 기록을 일찍이 남기고 있다. 그 뒤에 나온 세종실록지리지도 이를 따르고 있으니, 여말선초에는 의식상으로 남성우위가 확고히 되어 있었던 듯하다. 강경구, 고대의 3조선과 낙랑(서울: 기린원, 1991), p.250 및 259 참조.

13) 단재 신채호도 이러한 사항에 대해서 아주 예리한 비판을 내린다. 그는 단군기록이 남자는 신(神)과 동격으로 보고, 여자는 짐승과 동격으로 볼 정도로 여자를 깎아내리는데 이것은 우리민족 고유사상이 아니라고 확언한다. 신채호 지음, 이만열 주석, 조선상고사(서울: 단재 신채호 선생 기념사업회, 1988), p.108.

Ⅲ. 단군 할머니의 학술적 근거

1. 단군 할머니의 이론적 토대

고조선 이래로 수없이 역사착인 현상이 계속되면서 오늘에 이르렀건만, 단군의 성별은 전혀 검증받은 적이 없었다.

과학의 세계와는 동떨어진 학문적 치외법권 상태에 방치되어 있었지만, 지금까지 단군이 남성으로만 일방적으로 굳어진 바에 대해서 전혀 문제제기도 없었다.

고조선 이래의 민족사를 통관해서 천착해 보면, 단군이 결코 남성일 가능성이 존재하지 않음에도 불구하고 과학적 논증과정이 없었다는 것은, 우리 학계의 역사학 탐구과정에 엄청난 문제점이 존재하고 있음을 말한다. 앞에서 살펴본 우리민족사에 중첩된 온갖 착인현상 분석을 통해서도, 단군의 성별을 남성으로만 봄에는 문제가 많음을 분명히 지적할 수 있는데, 너무도 당연한 일을 무감각하게 무비판적으로 좌시해 왔다.

단군의 성별을 지금까지 남성으로만 일방적 해석을 한 것에 가미된 여러 착인현상은, 다음과 같은 여러 근거들을 살필 때에 분명히 재해석되어야 한다. 단군은 무작정, 무비판적, 묵시적으로 지나쳐 버릴 대상이 아니며 결코 남성도 아니다. 여성이 되어야 옳다.

말하자면 앞으로 열거하는 모든 근거들은 하나같이, 단군은 여성으로 해석해야 정당함을 말하는 것이다. 단군을 남성으로 해석할 근거는 필자가 아직까지 찾아온 바로는 없다.

1) 언어학적 근거

(1) 단골

단군이라는 말은 지금까지의 통설이 몽골 말의 텐그리(Tengri)에서 왔다고 보는 것이다. 그것은 하늘이란 뜻이다. 텐그리, 텐글, 탄글, 당골, 단골 등으로 음이 바뀌면서 발음되는 말을 이두 음차(音借)글로 쓴 것이 단군이다. 그 뜻은 그러므로 하느님과 같은 뜻이다.[14)]

여기서 단군은 단골이란 현재의 우리말과 같은 것을 다만 한자로 써서 이두식으로 표시한 것이다. 제정일치 시대인 당시의 정치지도자 겸 종교지도자를 뜻하는 것이 바로 단골이었던 것이다.[15)]

여기서 몽골 말 텐그리는, 엄밀히 말하자면 우리의 고대 언어로서의 단골 그대로라고 해야 하겠다. 몽골은 고구려가 망한 옛터에서 약 500년쯤 뒤에 별안간 역사에 등장한다.

그러니까 몽골의 역사는 12세기 이전에는 전혀 세계사에서 확실한 줄기를 찾기가 어렵다고 함이 옳겠다. 그것은 몽골이 고구려 옛터에서 나온 민족으로서 오히려 당연한 일이 아닐까? 그리고 구태여 그 뿌리를 밝힌다면 그 답은 자명한 것이 아니겠는가?

예컨대 연개소문 장군의 벼슬이름인 막리지(莫離支)는 '머리치'의 이두이다. 바로 오늘날의 수상(首相), 총리란 뜻이다. 그런데 여기서 '치'는 학계의 통설이 벼슬아치, 장사치 등과 같은 말에 현재도 쓰이

14) 한국여성사편찬위원회, 한국여성사 II (서울: 이화여자대학교출판부, 1984), p.438.

15) 유의해야 할 것은 단군이란 한자어 자체가 이두글자임을 분명히 해야 한다는 것이다. 따라서 옛 사료를 보면 단군의 한자가 문헌마다 다르게 나타난다. 그중에 흔한 것이 檀君이고, 壇君도 적지 않다.

는 것으로서, 몽골 벼슬을 부르는 호칭에서 비롯되었다고 본다.

생각하면 우스운 얘기가 되겠다. 우리나라 역사서에는 막리지가 몽골 말에서 따온 것이라는데, 이런 우스운 논리가 있을 수 있는가? 몽골은 고구려 옛터에서 12세기경에야 역사에 등장하는데, 7세기 의 고구려 벼슬명칭이 몽골에서 12세기에 따온 것이란 논리가 성립되는가? 너무나 해학적인 시대전도의 언어유희 모순인 것이다.

이렇게 황당한 역사착인 현상의 전형적인 사례가, 모순된 논리는 그냥 접어두고 오늘날의 역사서에 그대로 적혀 있으니 한심한 일이라 하겠다. 몽골의 벼슬 명칭인 '치'는 올바르게 바로 말하면, 고구려의 벼슬 이름이 몽골로 이어진 것이라고 해야 더 논리적이다.

따라서 몽골 말 텐그리는 바로 고대시대부터의 우리말인 단골이 이어져 내려온 말이라고 하겠으니, 뜻은 그대로 하느님이고 직책은 제정일치 형태의 지도자라고 하겠다.

그런데 대단히 절묘한 것이 있다. 예부터의 전통을 그대로 계승하고 있을 단골 혹은 단골네, 단골에미는 현재 우티사회에 있어서,[16] 여자들에 의해 이어지는 다분히 모계전승 형태토 직업이 전해지고 있음에 유의해야 하겠다.[17]

물론 약간의 예외도 있기는 하나 현존 단골(무당)의 대부분은 여자이다. 이것은 생각하건대 머나먼 예부터의 고대사회에 있어서, 단골을 여자들이 점유하고 있던 모계유풍의 잔재라고 보아야 하겠

16) 단골은 지역에 따라 당골, 단골네, 당골네, 단골에미, 당골에미 등으로 불리나, 보편적인 것은 단골이다. 김태곤, 한국무속연구(서울: 집문당, 1981), p 260.

17) 고대의 단군은 제정일치 지도자이다가 점차 종교적 지도자로 되어 훗날 당골이 되었다는 견해도 있다. 정경희, 한국고대사회문화연구(서울: 일지사, 1990), pp.86~88.

다. 고대시대의 단군도 당연히 여성 전유물이었다고 보아야 할 중요한 단서라고 생각된다.

(2) 곰

예부터 정치지도자를 뜻하는 용어로서, 단군과 병치되어 연결시켜 쓰는 단어인 왕검(王儉)은 '임금'이란 우리말을 비슷한 한자로 쓴 이두 글이다. 그러므로 단군왕검은 단골 임금님이요, 그것은 하늘 임금님(天主님)을 말한다.

왕검의 검(儉)은 예부터 신(神)을 뜻하는 순수한 우리말이다. 그러므로 한자 말인 신(神)의 침입에 의해 죽어버린 순수 우리말이라 하겠다. 언어도 침략을 많이 하는 것이 국제사회이다. 강한 나라의 언어는 약한 나라의 언어를 점차 지배한다. 요즘 영어가 세계의 공용어가 된 것을 보면 쉽게 이해가 될 것이다.

검(儉)이 신(神)에 의해서 거의 죽음의 지경에 도달해 버렸으나, 그것을 현재까지 지킨 일본에 있어서는 신을 뜻하는 일본어 '가미'가 그대로 살아 있다. '검'은 예부터 감, 곰, 구마, 고마, 고미, 가마, 가미 등으로 바뀌어 불린 단어로서, 검이나 감이 가장 보편적인 것이었다.

현재에도 그 잔재가 남아서 그대로 쓰이는 단어가 임금(王儉), 대감, 영감, 상감 등의 용어가 있다. 또 신라의 망명 왕자가 세운 여진족의 나라가 금(金)나라이고, 후금(後金)이 청나라인데, 금(金)나라는 오늘날의 언어로는 신국(神國)인 것이다. 또한 예전 부여국의 왕자가 세운 나라인 백제의 수도 공주의 본래 이름은 고마나라인데, 그것은 바로 금나라(神國)와 꼭 같은 것임을 말한다. 그리고 꼭 유의할 사항으로서 일본어로는 高麗(고려)를 '고마'로 읽는 점이다.

그런데 신라의 3대부터 16대까지의 왕이 이사금(尼師今)으로서 '잇감'을 뜻하는 음차 글이다. 이것은 '이어지는 감'을 뜻하는 것으로서, 계승되는 정치지도자임을 의미하는 것에 주목할 필요가 있다.

그리하여 예전에 '감'을 주관하던 집안의 성이, 옛날 지배자 집단의 잔재가 되어 현재 수많은 김(金)씨로 남아 있는 것이다. 김씨가 좋은 성씨라고 생각하며 점차 늘어나서, 오늘날에는 김씨 인플레이션 현상으로 인해 전 국민의 약 22%에 해당하는 거대집단이 되었다.

그런데 여기서 아주 중요하게 생각할 것이 있다. 그것은 당시부터 곰 토템 사상을 갖고 살아온 우리 조상들이,[18] 곰을 감과 같이 생각하면서 영험한 동물이며 일종의 살아있는 신으로 숭배를 해온 점이다. 더욱이 거기서 승화된 민족 고유사상이 존재하고 있음을 지적하지 않을 수 없으니, 그것은 예부터의 단군기록에 곰이 여자로 부각되어 있는 점을 말한다. 왜 하필 곰이 여성일까?

그것은 바로 예부터 끈질기게 전해 내려온 잠재의식의 표현이라고 하겠다. 임금과 곰과 여자를 같은 동치관계의 흐름에서 이해하는, 조상들의 정신사적 흐름이 짙게 깔려 있음이 표출된 것이라 하겠다. 감과 똑같은 곰의 성별이, 당시로서 감은 당연히 여성이었으니 당연히 곰도 여성이 되었다는 말이다. 머나먼 옛날 우리의 지도자는 여성이었음을 강하게 암시하는 것이다.

18) 일본의 원주민인 아이누족의 신령님도 '곰'의 모습을 띤 '가뮈'라는 신령님이다. 정경희, 한국고대사회문화연구(서울: 일지사, 1990), p.18.

2) 역사학적 근거

(1) 일본서기

일본의 국가적 뿌리는 무엇인가? 이에 대해서 요즘 신기하게도, 우리 학계에서는 일종의 일본 고대사 연구의 열풍시대를 맞는 기분이다. 일본의 뿌리에 대한 연구물이 심심치 않게 계속 등장하고 있고, 세인의 관심을 끄는 저작물도 속출하고 있다.

그러한 연구들의 결론이 아직도 통설 혹은 다수설이라고는 할 수 없다. 하지만 일본은 옛 고대시대에는 우리와 같은 민족이었다가 갈라졌다는 것이다. 특히 최근에는 일본 천황 자신이 직접 본인의 옛 조상이 백제 무녕왕의 혈통을 이었다고 기자들에게 공개적으로 말하는 단계에까지 이르렀다.[19] 이러한 견해는 요즘의 출현 빈도로 보아서, 훗날 통설로 자리를 굳힐 가능성이 짙다.[20]

일본은 사실상 역사가 그리 오래된 나라가 아니다.[21] 우리의 삼국시대가 끝나고 통일신라가 등장할 때에야 일본은 겨우 탄생된다. 일본(日本)이란 국호도 그때에야 생겼다. 그리고 그 국호는 우리의 옛 호칭인 '해 뜨는 곳'의 우리말 그대로가 아사달(阿斯達)이고, 뜻 이두로는 조선(朝鮮)임에 비출 때에, 일본(日本)도 해 뜨는 곳이란 우리의 국호를 그대로 베껴 쓴 것임이 자명해진다.

기묘하게도 일본어로는 아침이 '아사'이다. 이것이 한국어에서도 양달, 응달 등의 용어에 현재도 사용하고 있는, 땅이란 뜻의 '달'과

19) 조선일보, 2001. 12. 25.

20) 최재석, 백제의 대화왜와 일본화과정(서울: 일지사, 1990).

21) 최재석, 일본고대사연구비판(서울: 일지사, 1990) 참조.

합해진 '아사달'이 고대사 문헌에 오롯하게 남아 있음은 참 기기묘묘한 일이다. 이는 고대시대 한일관계사를 설명하는 핵심 열쇠가 아닐까 생각된다. 아사달, 조선, 일본은 같은 것이기에 특히 그렇다.

이를 감안할 때에 '일본'이라는 국호는 아사달의 표절이 거의 확실하다. 고대시대의 뒤 시기에, 아니 당시의 동아시아 격동기에 일본 땅에서 나라를 새로 세우면서 표절한 것이 분명하다고 본다. 더구나 그들이 처음 세운 나라의 이름이 '나라'였고, 그것이 교토(京都)로 훗날 바뀐 것도 감안해야 하겠다.

당시에는 동일 민족을 여러 이두로 바꿔 불렀던 시대인 점을 감안하면, 일본이란 국가의 출현 배경도 국호로 미루어 짐작이 가능한 것이다.[22] 사실상 일본사를 길게 통관, 통찰하여 보면 장기간에 걸친 한국 표절, 약탈, 참칭의 부끄러운 속살이 적나라하게 드러난다.

그것은 흡사 영국을 떠난 영국인들이 미국, 캐나다, 뉴질랜드, 오스트레일리아 등을 세운 것과 다를 것이 전혀 없다. 다만 영국인들은 늦은 시기에 세웠고, 일본은 보다 일찍 건국하며 온갖 표절, 참칭, 모방, 약탈, 왜곡을 한 것이 국호에 생생하게 표출되는 것이다.

그들의 최초 역사서인 일본서기(日本書紀)는, 일본의 건국을 합리화하기 위한 가공성 짙은 꾸며진 역사서이다. 그것은 일본 학계에서도 잘 알고 있다. 실증적 기록에다 창조적 의견을 막대하게 가미한 일종의 신화적 역사이다.

생각하면 일본서기는 역사서의 모습을 띤 창작소설이라고 보아도 좋을 정도이다. 그러면 일본서기의 집필자는 누구이며, 왜 그런 가공성 짙은 조작적 역사서를 써야만 했는가?

22) 이병선, 한국고대국명지명연구(서울: 아세아문화사, 1988) 참조.

일본서기는 백제가 망한 뒤 22년이 지나서부터 39년간에 걸쳐 집필되었다. 서기 720년에 완성되었는데 지은이 미상으로 되어 있으며, 일본 건국을 과잉으로 미화시켜 놓았다는 비판을 듣는다.[23]

그런데 일본서기의 초안에 해당할 고사기(古事記)는 일본서기와 비슷한 시기이긴 하지만 그 8년 전에 완성되었고, 서문에는 저자가 백제 사람인 태안만려(太安萬呂)임을 정확하게 밝히고 있다. 더군다나 일본서기를 면밀히 분석하면 일본 건국의 중심인물들은, 분명히 우리나라에서 건너간 사람들임을 확인하게 된다.

그러나 여기서는 일본의 더 깊은 뿌리 논쟁은 삼가고, 본 논문의 주제인 단군성조의 성별 논의만을 하도록 한다. 생각건대 일본서기의 밑바탕을 장악하고 있는 정치의식은 고대 우리민족의 정치의식 그대로이다. 말하자면 삼국사기 이전에 있었다던 우리나라의 여러 가지 고대 역사서를 집대성하면서, 한국 망명객들이 일본서기를 집필했다고 보아야 옳다.

'일본서기'라는 책이름을 한국어로 바꿔 놓으면 '아사달 기록서'라고 하겠다. 더 정확히는 '조선서기'이고, '한국서기'에 다름이 없다. 일본서기는 책이름 자체가 한국고대사를 표절한 것임을 그대로 밝히는 자백 자술서에 가깝다. 과거에 존재했다 없어진 우리의 고대 역사서는, 다분히 일본서기와 비슷한 성향으로 쓰였을 것이다.

일본서기의 앞부분은 사실상 한국고대사를 새로 다듬어서, 그대로 옮겨 놓은 위작 한국고대사에 다름이 없다. 그래야만 늦은 시기에 건국되는 일본의 짧은 역사를 위장 합리화할 수 있겠기 때문이다. 따라서 일본서기의 밑바탕에 흐르는 정치적 정서는, 바로 우리

23) 전용신 옮김, 일본서기(서울: 일지사, 1990) 참조.

민족의 고대시대 정치의식 그대로가 옮겨진 것이라고 해야 옳다.

일본서기의 첫 부분을 보면 그들의 시조부터가 무당 왕으로서, 여신(女神)인 아마테라스 오미카미(천조대신)란 점이 재미있다. 역사서나 정치신화는 당시 사람들의 내면적 정치의식을 그대로 반영하는 대표적인 것이다. 당시 사람들의 정치적 삶을 거울같이 옮겨 놓은 바 그대로라고 하겠다.

그렇다면 일본서기의 집필자들인, 고대시대에 일본으로 건너간 우리민족 집단의 의식은, 원래부터 우리나라에 살고 있을 때의 정치의식을 그대로 이식시켜 놓은 것이다. 그것은 바로 우리의 당시 정치적 삶을 그대로 비쳐주는 것이란 해석이 가능하다. 더군다나 일본 말로 신을 뜻하는 가미는, 우리말의 '감'이 그대로 건너간 것이겠기에 더욱 그러한 해석이 가능하다고 하겠다.

일본서기의 첫 부분에 나오는 여성 우위의 일본 고대정치의 도도한 흐름은, 요컨대 바로 우리의 고대 사회의 모습 그대로일 것이다. 그리고 미루어 생각하건대 삼국사기 이전에 존재했다가 사라진 우리의 고대시대 귀중한 역사서들에는, 분명히 일본서기와 똑같은 흐름으로 여성우위의 여성 지도자 시대가 기록되어 있었으리라고 생각된다.

한국 고대 문헌을 짜깁기 표절한 책이 분명한 일본서기에, 여성 리더십이 원색적으로 부각된 것은, 한국의 머나먼 옛날 고대시대를 정확하게 설명해주고 있는 것이다.

그러나 삼국유사가 쓰일 무렵의 우리나라에는 고대시대 역사서의 분실 정도가 심각한 상태에 도달해 있었던 데다가, 한족(漢族)식 사고가 강렬하게 고려 사회에 이입되어, 훗날 단군 남성 관점의 단초가 시작되었다고 보아야 할 것이다.

(2) 화랑

신라시대의 화랑은 국가 기간 인맥의 양성기관이었다. 국가의 지도급 인사를 집중적으로 양성하되, 지도자 인맥 충원의 공급원(elite pool) 구실을 했던 것이다. 기록상 신라에 있었던 화랑도와 비슷한 인간 조직은 고구려와 백제에도 있었다고 하고, 운영도 비슷한 흐름이었다고는 하나 상세한 기록은 신라에 못 미친다.

어떻든 당시의 화랑도 조직과 같은 것은, 우리민족의 고대사회에 보편적으로 있었던 조직의 표출이었다고 하겠다.[24)]

그런데 화랑조직을 만들 때의 기록을 삼국사기에서 보면 몇 가지의 특징이 나타난다. 이는 고대사회의 지도집단 혹은 지도자를 보는 관점이 표출된 좋은 사례라고 생각된다.

첫째로 진흥 임금님 37년 봄에 최초의 지도자로서, 원화(源花)라는 여성 지도자를 뽑았다는 점에 주목해야 할 것이다. 그런데 그 선출 조건이 행실과 미모라는 두 가지의 기준이었다.

이는 지도력을 우선했다기보다는, 신격화된 숭배대상으로서의 여성 지도자였음을 뜻하는 것이다. 그를 중심으로 3백여 명의 무리를 스스로 모이게 하여 조직했다는 점은 의미가 큰 것이다.

원화는 예부터의 여성숭배 흐름을 전승했다고 하겠으며, 원화의 지위는 하향식이 아닌 아래로부터의 숭배라는 상향적 종교성향이

24) 신라문화제 학술발표회 논문집 제10집, 화랑문화의 재조명(서울: 서경문화사, 1991), pp.243~266.

짙었다고 하겠다.[25)]

둘째로 남모, 준정의 두 원화가 갈등을 빚어서, 대신 뽑은 남자에 있어서도 얼굴이 아름다운 남자였음을 주목해야 하겠다. 특히 그렇게 뽑은 화랑을 얼굴에 분까지 바르며 곱게 단장시켜서 화랑이라고 불렀다는 점도 유의되어야 하겠다. 사정상 남자로 교체했으나, 실질은 여성지도자의 전통을 그대로 승계한 것이 화랑이라고 생각된다.

화랑조직의 성격에 대해서는 여러 다양한 학설이 존재한다. 그러나 최초의 조직형성에 따른 기본의식이 매우 중요한데, 그 의식을 이루는 바는 지도자로서의 여성이었으니 그것은 무엇을 말하는가? 머나먼 예부터의 전통적 기본의식이, 우리사회의 지도자는 여성이었음을 웅변하는 것이 아니었겠는가 생각된다. 그것은 먼 옛날부터의 모계적 여성숭배의 잔존이었음을 분명히 나타낸다고 해야 하지 않을까?

(3) 고려 태조 왕건의 방처혼(訪妻婚)

현재 우리나라 사람들의 상당수는 본인의 씨족적 뿌리가 대단히 길다고 착각하는 사람들이 많다. 그러나 그것의 대부분은 허망한 환상일 가능성이 매우 높다.

왜냐하면 한족(漢族)식의 부계상속 의식이 우리민족에게 확고히 뿌리 내리기 이전에 있어서, 우리민족은 원래 호주상속 개념 자체가 오늘날과는 전혀 달랐으며, 가계의 흐름도 오늘날과는 전혀 달

25) 원화는 예부터의 모계사회의 관습이 남은 것이며, 남모 · 준정은 진흥 임금님 이전부터 있던 원화의 최후의 대표자라는 학설도 있다. 손인수, op.cit., p.151.

랐기 때문이다. 생각건대 앞의 여섯째 주제에서 상세히 살핀, 고려 태조 왕건의 가계는 매우 충격적인 시사점을 제공한다.

첫째로 당시에는 완전히 모계 상속의 흐름에 의해서 가문의 혈통이 이어졌음을 분명히 보여준다. 여성이 붙박이 정착 생활을 했다면 남성은 떠돌이 생활을 했고, 여성이 따라서 중심적 생활근거가 있었다면 남성은 그렇지를 못했었다.

그러므로 씨족 계통적 흐름도 여성으로 이어졌기 때문에, 요즘과 같은 방식으로 호주 상속이 된 것이 전혀 아니었다. 태조 왕건 임금님의 고향은 따라서 외갓집이었다. 요즘과 같은 개념의 친가집일 수가 없었다. 여성의 혈통이 사회생활의 기준이었고, 중심 줄기였다. 사회적 혈통 자체가 여성으로 분명하게 이어졌었다.

둘째로 당시에는 결혼제도도 오늘날과는 판이했다. 고려 태조의 많은 부인들이 일종의 현지처였다. 남편이 방문한다는 입장에서 방처혼(訪妻婚)이라고 했다.

그러나 그것은 남성 쪽에서 볼 때에 방처혼일 뿐이다. 여성 측에서 볼 때에는 과객혼(過客婚)이 아니고 무엇인가? 지나는 길손에 의해서 아기를 낳는다는 출산문화 그대로가 왕건 임금님의 가계 기록에는 적나라하게 나온다.

당시 최대의 호족세력이었을 왕건 가문의 결혼이 그렇다고 함은, 당시의 일반적인 결혼이 그러했다는 것과 다름없다. 사실상 우리나라의 북부 산간이나, 몽골, 만주 지역, 그리고 우리와 인류학적 뿌리가 같은 에스키모에는 최근까지도 과객혼이 존재했다.

그것은 여성 중심 사회의 뿌리 깊은 관행이었다고 생각된다. 이러한 흐름이 확고했던 먼 옛날 고대의 사회에서 남성이 단군이었을 가능성은 지극히 희박했을 것이 분명하다.

3) 고고학적 근거

(1) 98호 고분(경주 황남대총)

경주의 황남대총은 1973년에 문화재관리국에 의해서 발굴된 것이다. 국가기관에 의해서 공식적으로 발굴된 현대시대 최대의 고고학 발굴이라고 하겠다.

이는 경주에 남아있는 최대의 봉토분이다. 거의 원형이 유지된 봉분의 규모는 동서 직경이 80m에, 남북 길이가 120m이다. 높이는 남분이 22.2m이고 북분이 23m였다. 실로 거대한 쌍분이라고 하겠으며, 전형적인 신라 임금님 릉이요 대표적 황릉인 것이다.

먼저 남쪽 분묘는 60살 전후의 남자 묘임이 유골의 일부가 남아있어 확인되었다. 많은 부장품이 함께 출토된 것으로 보아 커다란 권력을 가진 신분이었음을 알 수 있다.

다시 북쪽 분묘를 보면 봉분부터가 약간 상대적이지만 약 1m쯤이 높다. 그리고 목관의 내면이 남분과 다르게 금박으로 화려히 장식된 관에 시신을 모셨다. 그런데 매우 놀라운 것은 화려한 금관을 비롯하여,[26] 지금까지 발굴된 신라고분 가운데 가장 많은 금제 장신구를 달고 있는데, 부인대(夫人帶)라는 글자까지 새긴 피장물까지 나와 확실히 여성의 분묘임이 입증된다. 출토 유물은 남분에 무기, 마구류가 현저히 많았음에 비해서, 장신구가 월등히 많은데 특히

26) 윤세영, 고분출토 부장품 연구(서울: 고려대학교 민족문화연구소 출판부, 1988), p.60.

금관과 금제 장신구가 출토되어 놀라움을 안겨주고 있다.[27)]

황남대총은 남분이 먼저 만들어진 남편 것이고, 북분이 늦게 만들어진 아내의 것으로 판명이 되었는데, 황남대총은 신라 상고시대의 것이고 신라 후기의 여자임금님 시대의 것은 아니다.

그 까닭은 신라의 임금님 릉에서 23대 법흥 임금님부터는 위치가 거의 빠짐없이 기록으로 남아 있기 때문이다.[28)] 그런데도 금관을 비롯한 최고 권력자의 상징물이 될 것은 여성의 분묘에서 나와 놀라움과 당혹감을 주는 것이다.

왜 그렇게 되었을까? 그에 대한 정확한 답변은 현재 학계에서는 연구가 되어 있지 않다. 이러한 충격적 수수께끼는 당시의 무덤인 서봉총, 금령총에 있어서도 마찬가지다.[29)] 혹시 삼국사기는 무언가 근본적 잘못이 있는 기록은 아닌가?

다만 현재로서는 추정만이 가능한데, 이는 당시에 금관을 쓴 실권은 어머니에서 딸로 이어지는 모계전승이었다는 해석이 될 가능성을 강하게 실증적으로 보여준다고 생각된다.

특히 유의할 것은 현재 민속학의 통설이 오늘날의 시베리아 무당의 머리 장식은, 고대 신라 임금님의 금관과 같다고 보는 것이다. 일본 학계에 있어서도 천황은 고대시대에 종교 지도자로서의 신관 혹은 무당으로 봄이 설득력 있는 학설이다.

---

27) 최병현, 신라고분연구(서울: 일지사, 1992), pp.159~164.

28) Ibid., p.372.

29) 미술사학자 이종선은 신라 초기의 금관은 대부분 여성용이었다고 본다. 조선일보 1990년 12월 9일.

(2) 만주 우하량(牛河梁) 여신 묘와 우리나라 고고학 여신상

여성이 숭앙받는 여신 숭배의 흐름은, 고대의 우리사회에 매우 강했던 것이었음이 민속학, 인류학, 고고학 자료에 많이 나타난다. 특히 고고학 자료에 있어서는 재미있는 현상이 있다.

우리나라에서 출토된 선사시대의 소조 인물상은 거의 모든 것이 여신상이다.[30] 특히 신석기 시대의 사람을 형상화한 소조품들 가운데에서 성별을 가릴 수 있는 것은 하나같이 여성을 형상화한 것이다.

동양 최고의 오래된 여신상은 흙으로 만든 소조상인데, 발해연안 북부인 대릉하 유역, 요령성 능원현 우하량 근처에서 발견된 여신묘와, 그 근처 객좌현 동산취 제단 유지에서 발견된 여신상이다.

그런데 그곳들은 요령성 심양에서 멀지 않은 요하 부근이다. 예전에 우리의 고조선 중심 지역이었음이 강조되어야 하겠다.[31]

여신상에 대한 해석은 어떻게 되어야 할까?

첫째로 여신상은 모계사회의 유습을 대변한다는 해석이 가능하다. 당시의 우리사회는 여성 중심의 사회였다. 사회의 흐름을 주도했던 것은 여성이었다는 해석이 따라서 자연스럽게 파생된다.

둘째로 당시의 지도자가 여성이었음을 뜻하는 것도 되겠다. 머나먼 고대시대에 있어서 사회를 이끄는 지위는 여성 지도자였으며, 여성은 숭배의 대상이 되는 존재였다는 해석이 가능하다.

셋째로는 당시의 여신상이 배부른 임산부의 모습을 띤 것이 많

30) 한국여성사편찬위원회, 한국여성사 I (서울: 이화여자대학교출판부, 1984), p.55.

31) 이형구, 한국 고대문화의 기원(서울: 까치출판사, 1991), pp.101~107.

은데, 이는 여성을 출산과 동일시했으며 출산을 장려하면서, 그 일환으로 여성을 떠받든 것이 여성숭배로 발전했다고도 해석된다.[32)]

어떻든 동양 최고의 여신상은[33)] 고조선 옛터에서 발견되었다.[34)] 놀랍게도 흙으로 만든 여신의 머리는 매우 사실적이고, 실제의 사람 머리와 같은 실물대 크기였다.[35)] 흙으로 만든 그 원초적 시대에, 이렇게 크고 오래된 여신상은 타의 추종을 불허한다.

만약에 현재도 이 고조선 터가 우리 영토라면, 당연히 거룩한 최고 조상으로서의 단군 할머니가 확실하다. 다만 후손들이 못나서 압록강 건너 남쪽 땅에 있으니, 그것을 동양 최고 여신상이라고 불러 주는 것을 멀리서 바라만 보고 있는 것이다.

동양 최고의 여신상이라고 함은, 차마 그 주인을 알면서도 정면으로 지칭하지 못하는 엉거주춤한 이름이기에 더욱 더 안타깝다. 하지만 그 모호성이 정답을 더 우회적으로 강조하는 것일 수 있다. 그 할머니의 혈통을 차마 밝히지 못하는, 그 감춰진 속마음이 오히려 더 정답을 확실하게 밝히는 것이기 때문이다.

요컨대 우리민족이 예로부터 살던 곳에서 발견되는 소조상이, 하나같이 여성을 조각한 여신상임이 본 장에서는 매우 중요하다. 우리민족의 고대시대를 이끈 기본사상은 어떤 면으로 보거나 여성

---

32) 임효재, 한국 고대문화의 흐름(서울: 집문당, 1992), p.115 참조.

33) 요녕성 박물관 소개책자, p.4 참조.

34) 중국 산동반도에 있는 무씨사석실(武氏祀石室)의 화상석(畵像石)에는, 단군기록과 거의 일치하는 그림 역사유물이 있다. 발해연안, 산동반도 등에 있어서 우리민족의 역사적 뿌리는 매우 깊다고 본다.
김재원, 단군신화의 신연구(서울: 정음사, 1947) 참조.

35) 윤내현, 한국고대사(서울: 삼광출판사, 1989), p.50,51,52.

이었고, 지도자는 여자였던 것이라 하겠다.

따라서 당시의 지도자였던 단군이 남성이요 할아버지였다는 생각은, 훗날 깊은 성찰이 없이 대강대강 불러주는 착인현상임이 확실하지 않을까 한다. 단군은 결코 남성일 수 없다. 그 근거가 고고학 자료를 통해서는 너무나 분명하게 밝혀지고 있기 때문이다.

4) 인류학적 근거

(1) 제주도 여성문화

제주도는 현대사회에 있어서 우리나라의 중심 국토와 1일 생활권에 묶인 한 덩어리이다. 전혀 생활문화가 다르지 않은 곳이 되었다. 그러나 교통사정이 좋지 않았던 예전의 제주도는 현재와는 전혀 사정이 다른 곳이었다. 따라서 현재에도 제주도의 기층 생활문화는, 우리나라의 본토인 대륙과는 의외로 생소한 문화가 많이 남아 있다. 일종의 인류학의 보물창고와 같은 곳이다.

제주도는 현재도 근본적으로는 예전 가족제도가 그대로 남아 있다. 따라서 제주도의 남녀관계 및 결혼제도는 육지에서의 모습과는 아주 생소한 형태로 남아있다. 이는 어떻게 해석되어야 할 것인가?

생각건대 제주도에 현재 남아있는 여성우위의 생활전통은, 머나먼 예부터의 우리민족의 고유문화가 남아있는 잔존형의 전형적 모습이라고 하겠다. 육지인 우리나라 본토는 아시아 대륙에서 수없이 해외문화가 유입되면서 고대시대와는 생소한 문화로 대폭 바뀌었음에 비하여, 제주도는 바다에 막혀서 옛 문화가 고스란히 남아 있었다는 뜻이다. 제주도의 독특한 여성문화를 살펴보면 다음과 같은

점을 열거할 수 있다.[36)]

첫째로 여성이 경제적 주체이다. 남성의 경제활동은 아주 저조한 편이다. 여성들은 해녀조직을 갖고, 여성끼리 단결하는 공조 조직을 통해 묶여 있다. 생활의 주도권도 여성이 쥐고 있다. 여성은 가정에서 책임 있는 경제적 가장으로, 가족을 부양하고 교육비도 여성이 충당함이 원칙이다.

둘째로 가족제도가 아주 여성 중심이다. 그리하여 외견상 극히 서구화된 핵가족의 모습을 띠나, 실제로는 전혀 서구 사회와는 다른 것이다. 왜냐? 제주도는 여성이 가족의 주인이므로, 한 집에 주인이 둘이 존재할 수 없다는 사고에 의해서, 아들은 결혼을 하면 큰아들부터 예외 없이 분가를 한다. 심지어는 부모가 나가기도 한다.

만약에 분가시킬 돈이 없다면 같은 집에서라도 부엌을 둘로 나눠 딴 살림을 할 정도로, 여성 중심의 독립가정 체제를 이루고 있다. 그러므로 노부부가 늙어서 한쪽이 타계한다고 할 때에도 여성이 죽으면 홀아비 남편은 아들에게 얹혀살거나 재가를 할지라도, 남편이 죽은 여성은 독립 주체이므로 과부로서 혼자 사는 것이 원칙이다. 제주도는 확실하게 모계적 여성 중심 사회요, 여성우위 사회이다.

셋째로 여성적 가치관이 남성적 가치관에 지배당함이 없다. 여성은 매우 당당하다. 능력 위주의 자주성과 실제성을 내세운 삶을 산다. 그런데 제주도에도 한편으로는 조선시대에 유입된 유교적 삶의 교란현상도 나타나고는 있다. 그렇지만 근본적 제주도의 생활문

36) 조혜정, 제주도 해녀사회 연구, 한상복 엮음, 한국인과 한국문화: 인류학적 접근(서울: 설보당, 1983), pp.143~166.

화는 여성 주도의 가치관이 확고하게 지배한다.

지금까지 살핀 제주도의 생활문화는 먼 옛날 고대사회에 있어서, 우리민족의 결혼생활이나 사회조직을 파악할 단서를 제공한다고 본다. 인류학을 연구함은 그를 통해서 인간 삶의 본모습을 읽어내고 인간의 뿌리를 밝히려는 것이다. 제주도에 잔존된 우리의 옛 삶은 바로 우리민족의 고대시대 생활문화를 읽어낼 열쇠를 제공한다고 본다.

요컨대 제주도의 여성지위는 우리 고대사회의 여성지위를 상징적으로 대변하고 있으며, 그런 사회에 있어서의 지도자는 여성이 분명하게 지도력을 발휘하면서 돋보이는 위치에 서게 될 것이다. 머나먼 옛날의 우리사회에 있어서도 여성은 매우 돋보이는 위치에 섰었을 것이고, 단군의 지위를 맡았던 최고위 사람은 분명히 여성일 것이라고 하겠다.

(2) 한자 위(委) 및 성(姓) 그리고 안(安)

한자를 만든 민족은 어느 민족인가? 한자는 사실상 언어학적 접근보다는, 인류학적 연구대상이라고 볼 만큼 인류학적 성향이 높다. 한자는 머나먼 고대시대에서부터 장기간에 걸쳐, 역사 속에서 탄생한 인류생활이 오롯하게 담겨진 뜻글자이다. 그런 탓에 인류학적 생활문화가 짙게 투영되어 있다.

그런데 한자는 보다 깊게 파고들어가 분석을 해 보면, 벼농사를 위주로 한 동이족의 삶을 그대로 반영한 것임을 알게 된다. 밭농사를 위주로 살아 온 한족(漢族)들은 애초부터 벼농사를 전혀 몰랐다. 심지어는 최근세 시대의 항일독립전쟁 무렵까지도 벼농사를 전혀 지을 줄 몰랐다. 오늘날에 중국에서 나오는 쌀은 거의 모두 우리 동포들에 의해서 산출되는 것이다.

소위 조선족이라고 오늘날 불리는 우리 동포들은, 애당초에는 가우리, 즉 고려족이라 불렸다. 우리민족을 서양에 처음 알린 마르코 폴로의 책에도 우리민족은 카오리였다. 거기에 영어식 접미어가 붙어 카오리아, 코리아가 된 것이다.

그러다 6 · 25전쟁 무렵에 중국에서 북한 국호를 따라 가우리 고려족을 조선족이라고 바꾼 것이다. 조선족은 친북 성향 호칭이다. 원래는 고려족 가우리가 정확한 본명이다. 따라서 중국의 통치권이 미치지 않는 태국, 라오스에서는 아직도 우리들을 가우리라고 부르고, 러시아에서는 그들 방식으로 카레이스키(고려인)라고 하는 것이다.[37)]

벼농사는 현재도 중국, CIS국가들과 러시아에서는 거의 우리민족(가우리 고려족)의 특화 산업이다. 그런 관점에서 보았을 때에 한자에는 벼 화(禾) 변이 없으면, 거의 한자 문화 자체가 성립되지 않는 점을 예리하게 유의해야만 할 것이다. 한자는 벼농사를 짓는 사람들이 만든 것이 확실하다.

초대 문교(교육)부 장관인 안호상의 일화는 아주 유명하다. 안호상은 당시 타이완을 방문하여 공개 강연을 하면서, 한자가 너무 어렵고 한글만 못한 문자라고 힐난하는 한글 자랑 발언을 했다. 그러자 청중 속에 앉아서 듣고 있었던 당대 제1의 석학 임어당이 벌떡

---

37) 현재의 중국(中國) 국호는 가운데 자리를 뜻하는 '가우리'의 한자 표현이다. 현재의 중국은 예전에 당, 송, 요, 금, 원, 명, 청나라였다. 중국은 영어로도 chin+a로서 진나라이다. 중국이라고 쓰인 적이 없다. 그럼에도 현재 중국이 국호로 쓰이는 것은 중국이 1,000년 이상에 걸쳐 만주 가우리의 식민지였음을 말하는 종합적 착인현상에 속한다. 안천, 타이완의 힘(서울: 교육과학사, 2007), p.32.

일어나, 한자도 당신네 동이족이 만든 글자인데 왜 일방적으로 한글 자랑만 하느냐고 공개적 핀잔을 주었다는 유명한 일화이다.

임어당은 당시 중국 대륙에서 망명 온 학자 중에서도 제1인자였다. 공산혁명으로 중국 대륙에서 핵심 지도층이 대부분 타이완으로 망명을 온 상태에서, 그 석학들 중 제일가는 한족(漢族) 최고 1인자가 되는 학자가 공개 석상에서 증언한 바는 매우 중요한 것이다.

다수의 청중이 숙연한 분위기에서 임어당의 발언을 유구무언으로 들었을 정도로, 동아시아 문화사에 남을 중대한 사건이 분명했다. 한자를 깊고 깊게 연구하면, 그것은 자명한 사실이기에 더욱 췌언을 할 필요도 없는 것이었다.

한자에는 우리의 고대 생활문화가 생생하게 녹아 있다. 예컨대 세(稅)는 벼를 형님께 바치던 데에서 생긴 생활문화가 담긴 것이고, 종(種)은 무거운 볍씨를 종자로 쓴 것을 말하며, 이(移)는 밤마다 볏짐을 옮기던 데에서 기인한 것이다. 요즘 경제용어의 핵심인 이(利)는 당시에 벼농사 수확 방식이 칼로 베어내던 바에서 나온 것이다. 한자문화는 벼농사에서 싹튼 것이 확실하다.

한자에서 특히 위(委)를 주목해야 되겠는데, 이는 당시의 사회상을 생생하게 증명하는 중요한 글자이다. 당시는 벼농사 중심의 사회구조였는데, 벼를 관장하던 주체가 여성이었음을 뜻하는 중요한 글자인 것이다. 오늘날 널리 쓰이는 위원, 위원장, 위원회 등의 용어는 벼농사 문화권의 생생한 삶에서 비롯된 것이 분명하다.

벼농사는 당시 사회경제의 핵심체였던 만큼, 여성이 요즘의 개념으로는 위원회 등 사회적 삶의 기본 주체였음을 말하는 것이다. 벼농사 중심의 고대 경제생활을 살펴보면, 자연스레 원초적인 예전

생활주체나 지도자는 여성이었음을 파악할 수 있는 것이다.

그런데 더욱 중요한 한자가 또 있다. 그것은 성(姓)으로서, 한자 옥편의 훈이 (1)성성, 성씨 성 (2)일가 성 (3)자손 성 (4)백성 성 등이다. 이 한자는 개인, 가족, 자손, 나라의 집단적 계통을 밝히는 지극히 중요한 것이다.

그런데 그 중요한 글자인 성(姓)은 바로 계집 여(女) 변에 날 생(生)이 합해진 글자이다. 이 한자는 '모계 탄생, 모계 사회'를 생생하게 대변하는 글자이다. 당시의 사회는 여성이 주체가 되어 탄생한 것을 확증하는 글자이다.

오늘날 막연하게 생각하길 머나먼 옛날부터 자신의 씨족 성(姓)이 아버지를 이은 부계혈통인 줄로 착각을 한다. 하지만 이 글자는 모든 생활이 예전에는 외가집 모계혈통에서 비롯된 것임을 명쾌히 밝혀주고 있다. 오늘날 일상에서 당연한 듯 쓰는 외갓집이란 본래대로 말하면 본가이고, 거꾸로 본가를 외가로 불러야 맞는 것이다.

더구나 이 글자는 사회 구성조직의 모든 토대는 여성에서 비롯되었음을 증명하는 핵심 글자인 것이다. 머나먼 옛 시대의 사회 공동체가 완전히 여성 중심으로 탄생한 것이었음을 말하는 것이다. 개인은 물론이고, 일가, 가문, 백성 집단의 모든 사회 형성 기준은 여성이 기본적 뿌리였다. 여성이 원초적 토대였음을 확고부동하게 밝혀주고 있는 뜻글자인 것이다.

그리고 한자 안(安)도 사회과학적 차원에서는 매우 중요하다. 그것은 집안의 중심을 이루는 주인은 여성이었음을 확실히 말해주는 것이다. 그 한자의 훈은 (1)편안할 안 (2)안정할 안 (3)무엇 안 (4)즐거울 안 (5)정할 안 등이다. 하지만 진짜 정확한 훈은 편안 안이 아니다. "여성 중심 안, 여성 주인 안, 여성 주도 안"이 보다 더 맞는다고 하겠다.

그것은 여성이 집안의 주인공이며 주체임을 밝히는, 모계사회로서의 여성 중심 사회를 대변하는 글자인 것이다. 그렇기에 집안 살림을 여성이 주도하면서, 집안의 편함, 안정, 운영, 기쁨, 결정 등이 여성 리더십에 의해서 여성 주도로 이루어짐을 밝히는 것이다. 여성이 집안을 중심 잡아야 안정된다는, 여성 중심 사회를 대변하는 상징적 글자가 분명하다.

따라서 한자 문화권을 종합적으로 살피건대, 이렇게 확실하게 여성 주도적인 생활문화 속에서의 지도자인 단군은 당연히 여성일 것이다. 단군 할아버지란 존재할 가능성조차 거의 없다. 단군 할머니가 백번 지당하며 옳다고 하겠다.

5) 민속학적 근거

(1) 당할머니

우리사회를 예부터 끈끈하게 묶어 오던 자생적 끈은 무엇이었나? 현대사회에 있어서는 거대한 국가조직을 중심으로 내면에 지방자치 조직이 가동된다. 그런데 현대의 지방자치 이론은 서구사회에서 형성된 것이다. 주민자치를 하거나 또는 위로부터의 지도성이 가미된 관치자치이거나 간에, 근본적으로는 우리민족 스스로에서부터 태생된 것이 아닌 수입 자치행정인 것이다.

우리나라의 현대정치에는 본질적으로 우리 것이 거의 없다. 일제패망이 되면서 이승만 박사에 의해 그 뿌리나 족보도 모르면서 대통령제가 전격적으로 직수입되었다. 그 후 거의 모든 이론이 부수적으로 외부에서만 들어왔다. 도대체 우리의 현실정치에서는 예부터의 기나긴 정치적 뿌리를 찾을 것이 없다. 미개한 신생국인 듯 수입된 정치로만 운영되고 있다.

그러나 현재에 있어서는 민속학에서나 주로 다루는 특이한 우리 것이 존재하고 있었다. 한편으로는 거의 잊히어진 것같이 된 것이지만, 우리민족 스스로의 지방자치 성격을 띤 사회제도 같은 것이다. 그것은 마을제사 혹은 동제(洞祭)이다.

예부터 우리사회의 방방곡곡에는 마을마다 주민을 끈끈하게 하나로 뭉쳐 주면서, 질서 있는 안정적 사회를 만들며, 보이지 않게 단결시키고, 화목한 마을을 만드는 확실한 지방자치의 흐름이 있었다. 동제는 마을을 하나로 만든다. 다시 그것이 보다 큰 사회를 하나로 만들며, 또다시 그것이 더 크게 나아가 국가를 한 덩이로 뭉치게 만들었던 것이다. 실로 희한한 자생적 지방자치였던 것이다.

하지만 지금은 민속학에서나 다룰 정도로 농촌에 일부씩 잔존하고 있을 뿐이다.[38] 그런데 그 마을제사에서는 크게 두 가지의 성격을 가진 마을의 수호신을 모신다.[39] 하나는 남성본위의 마을제사로서 통상 동제는 남성 중심으로 이뤄지는데, 이것은 유교적 전통을 잇는 것이다. 엄밀히 말하면 예전에 이웃의 한족(漢族) 문화가 수입된 것인데, 그것을 지금은 고유한 전통문화로 착각하는 것이다.

그러나 다른 하나는 여성본위의 골매기 굿에 해당하는 마을제사이다. 그것은 머나먼 옛날부터의 우리의 전통을 잇는데 여성이 중

38) 민속학회, 민간신앙, 한국민속학 총서 4(서울: 교문사, 1989), p.357.

39) 최길성, 한국무속의 연구(서울: 아세아문화사, 1984), p.330 참조.

심이다. 거기서 모시는 수호신은 당연히 당할머니로서의 여성이다. 당할머니를 마을의 수호신으로 모시는 마을제사의 도습은 농촌 · 산촌에 아직도 상당히 많이 남아 있다.[40] 특히 남해안의 바닷가 섬마을이나 어촌 등에 많이 남아 있다.

그곳의 특성은 육지로부터 유입되는 해외문화가 별로 없이, 예부터의 고대시대 마을제사의 원형이 그대로 남은 곳에 해당한다고 하겠다. 그곳에서는 거의 대부분이 당할머니가 마을의 수호신이다.

조선시대에 물밀듯이 밀려온 이웃 한족들의 유교문화가 파고들지 못한 곳에는, 의연하게 당할머니가 마을의 수호신이었던 것이다. 우리민족의 전통적 사회사상의 뿌리는 당할머니로서의 여성인 것이다.

그런데 우리는 여기서 특히 본토와 멀리 떨어져 있던 제주도를 주목해 볼 필요가 있다. 제주도에서는 일반적으로 당신(堂神)을 무조건 할망당(堂)으로 부른다. 그 당신(堂神)이 남신이냐 여신이냐와는 전혀 상관없다. 무조건 수호신은 할망당이라고 총칭한다.

그것은 무엇을 뜻하나? 그것은 머나먼 옛날부터 존재하던 우리 민족의 가장 원초적인 정치의식 기저에는, 여성 중심성이 강인하게 잔존해 남아 있었음을 뜻한다고 생각된다.[41]

(2) 지리산 노고단과 천황(왕)봉

삼국유사에 담겨진 내용에는 환웅(桓雄)이 무리 3천 명을 거느리

40) 민속학회, 민간신앙, 한국민속학총서4, op.cit., p.358 참조.

41) 민속학회, 무속신앙, 한국민속학총서3(서울: 교문사, 1989), p.260 참조.
현용준, 제주도 무속연구(서울: 집문당, 1986), p.162 참조.

고, 태백산 꼭대기의 신단수 밑에 내려와 인간세계를 다스려 교화시켰다고 한다. 그를 환웅천왕이라고 부르는 것이다.[42)]

여기서 천왕이란 호칭을 주의할 필요가 있다. 그런데 덧붙여 유의할 것은 우리나라의 명산에는 대체로 최고 봉우리가 천황봉(天皇峰)이거나 천왕봉이 많음을 소홀히 생각하지 말아야 하겠음이다.

예컨대 속리산, 계룡산, 월출산의 최고봉이 천황봉이다. 경남 밀양, 전북 남원에는 아예 산 이름이 천황산인 천황봉마저 있다. 그리고 계룡산의 다른 꼭대기는 천왕봉이고, 지리산 최고봉도 천왕봉이다. 명산의 최고봉에는 천황 혹은 천왕이란 호칭이 상당히 많다.[43)] 도대체 왜 그럴까? 일본 천황은 어디서 비롯되었나?

여기서 우리는 지리산을 주목해야 하겠다. 지리산 최고봉인 천왕봉은 원래 천황봉이었다. 그런데 일제강점 시대에 침략자들이 자기들의 천황보다 격을 낮춘다고, 강제로 천왕봉으로 이름을 바꾼 것이다.[44)] 그 문화탄압 결과물이 지금도 그대로 전해 내려온다고 개탄하는 사람들이 적지 않다.[45)]

그런데 한라산을 제외한다면 반도 남측의 최고봉인 지리산 최정상의 바로 이웃 봉우리에, 신기하게도 노고단(老姑壇)이 있음을 예

---

42) 이연복, 윤종일, 사료 한국사(서울: 신서원출판사, 1994), p.23.

43) 국립공원관리공단, 한국의 국립공원, 1994 참조.

44) 일본인들은 태백산 꼭대기의 천황단도 천왕단으로 강등시키고 아예 허물어 버렸었다. 박성수, 단군기행(서울: 교문사, 1988), pp.52~61.

45) 예전부터 민간에 전해지는 서낭당은 전통신앙으로서, 그 대상은 항상 천왕 혹은 천황이었던 듯하다. 최남선의 현지답사에서는 인적이 드문 백두산 근처 산골의 서낭당까지도 '국사대천왕(國師大天王)'을 받드는 것으로 기록하고 있다.
천관우, 인물로 본 한국고대사(서울: 정음문화사, 1983), p.27 참조.

리하게 파악할 필요가 있다. 최고지도자인 천황이나 천왕에게 제사를 올리던 잔재가 유일하게 현존하는 제단이라고 하겠는데, 그것이 지도자로서의 할머니란 점은 아주 흥미 있는 사실이다.

일본인들은 우리나라를 침략했을 때에 지리산의 천황봉과 노고단을 연결시켜 생각했을 것이 분명하다. 그러면서 그들의 천황이 예전 고대시대에는 여성이었음을 당연히 연상했을 것이다.

또한 우리민족보다 역사가 현저히 짧은 일본사를 감안하면서, 특히 일본서기 등 일본의 고대 역사서가 조작된 점 등을 유의한 잔망한 꼼수 행태를 보였을 것이란 생각이 저절로 나온다. 일본 천황의 숨겨진 뿌리를 잘 알고 있는 입장에서의 행태인 것이다.

그리하여 천황봉을 천왕봉으로 격하시키는 만용을 저질렀다고 보아야 하지 않을까? 어떻든 우리나라 땅에는 현재로서 겨우 명산 최고봉 등의 지명으로만 남은, 머나먼 옛날 지도자 호칭인 천황이나 천왕을 제사 드리는 유일하게 남은 제단이 여성숭배였다는 점만은 본 장에서 아주 중요한 것임을 분명히 밝힌다.

(3) 지리산 천황할매

지리산 꼭대기에는 천황할매라는 아주 의미 있는 여성 조각상이, 예부터 정중하게 극진히 모셔져 있었다. 현재는 지리산 기슭 중산리에 있는 천왕사 경내에 옮겨져서, 각별하게 보살핌을 받으며 모셔지고 있다.

그렇게 비정상적으로 옮겨지게 된 까닭은 일제 강점기에 왜국 경찰의 탄압에 의해 파괴되고 실종된 것을, 천왕사 주지 스님이 천신만고 끝에 찾아다가 모시며 보호하고 있기 때문이다.

일제의 천황할매 탄압은 그들의 고대사 조작과도 매우 긴밀한 관련성이 있을 것이다. 그들의 천황할매 탄압은 너무나 비정상적일 정도로 지나친 만행이었기 때문에, 더욱 그들의 고대사 날조설과 겹쳐진 채 이해된다.

천황할매는 지리산 꼭대기에 머나먼 예부터 정중하게 모셔져 있었다. 그 언제부터인가는 아무도 모른다. 다만 일찍이 고려 충렬왕 13년(1287년)에 출간된 이승휴의 제왕운기나, 조선 초기에 편찬된 신증동국여지승람 등에 이미 기록되어 있을 정도이다.

그러니까 그 이전부터 지리산 꼭대기에 쭉 존재하고 있었다고 한다. 무려 최소한 700여 년이 넘는다.

천황할매는 국내에 현존하는 우리민족 최고의 상징적 여성 조각상이다. 우리나라의 국보 선정은 애초에 왜국 침략시각으로 출발해서, 이런 중요한 문화재가 악의적으로 빠져 버렸다. 그들은 천황할매를 아예 파괴해 버리고 인멸시켜 버렸을 정도이니, 문화재 선정도 침략적이고 지극히 야만적이었다.

천황할매는 오늘날 일제침탈기의 탄압 여파로 너무나 잊히어져 있다. 우리의 국보 선정은 그들이 강점한 참담한 상태에서 그들이 자의적으로 실시하였다. 그리하여 그 기준조차가 말이 아니라 그렇지, 사실상 진짜 국보 1호에 해당한다고 해도 지나치지 않을 만큼 가치가 높고 중요한 여인상이 천황할매이다.

그것은 우리민족 여성상의 시원적 모습을 보여주는 지극히 중대한 조각상이 되겠는데, 워낙 우리민족 모두가 극진하게 받들고 섬기는 것을 보고서, 왜놈들이 강제로 몰래 파괴해 버렸을 정도로 중요한 것이다. 생각하되 천황할매는 원초적 모습의 '단군 할머니'가 거의 확실시된다.

천황할매는 머나먼 고대시대부터 우리민족이 절대적으로 받들며 신봉해올 만큼 그 위상은 드높고 지엄하다. 현재도 전통적 생활문화 사회의식을 가진 충청도, 전라도, 경상도 등 지리산 주변 주민들은 변함없이 극진하게 모시는 시원적 어른이시다.

현재 천왕사 경내에 모셔져 있는 천황할매는, 아마도 해외에 있는 고조선 옛터 우하량(牛河梁) 유적의 여신상에 필적하는 중요성을 갖고 있다. 중국에서는 우하량 유적을 동양 최고 여신상이라고 극대화시켜 극찬하며 평가하고 있는데, 우리의 천황할매는 국내에 있음에도 불구하고 아직 일제탄압 악몽에 짓눌려 신음하고 있다.

천황할매는 생각하되 국내에 현존하는 최고 최상의 여성(신)상이다. 우하량 유적에 맞먹을 만큼의 드높은 수준임이 분명하다.[46] 그런데 우리는 아직도 왜국 침략기에 그들이 원하던 그대로, 최고 어른이신 단군 할머니를 무심히 방치하고 있다. 문화적 차원의 진짜 독립국이 되는 길은 너무도 요원한 것이 아닌가? 우리는 아직도 진짜 독립국이 되기에는 시기상조가 아닌가 한다.

2. 단군 할머니의 이론형

단군 할머니의 이론적 존재는 현존 실증사학 이론으로는 최종적

46) ① 천황할매에 관한 상세한 내용은 다음의 자료를 참조하시오.
안천, 이승만 뿌리 정치심리: 대한황실 비밀역사(서울: 교육과학사, 2015), pp.355-375.
② 우하량은 중국어 발음으로 '누허라→나라'로서, 5,500년 전의 고조선 옛터는 지금도 '나라' 유적인 것이다. 안천, 타이완의 힘, op.cit., pp.82-86.

인 규명이 불가능할지 모른다. 그것이 실증사학의 분명한 한계이다. 그러나 본 장에서 지금까지 논증해온 바와 같이 언어학, 역사학, 고고학, 인류학, 민속학 등의 다양한 학문을 복합적으로 대입시켜 규명해보면, 고대시대의 지도자는 분명히 여성임이 거의 확실하게 나타난다.

그럼에도 우리 학계에서는 끊임없는 역사착인 현상이 축적되면서, 단군은 논쟁의 여지가 없이 무작정 남성일 것이라고 맹목적일 정도로 막연하게 믿어 왔다.

이제는 기존의 굳은 고정관념을 깨야 한다. 뿐만 아니라 우리민족의 역사는, 단군 할머니같이 새롭게 태양빛을 받고 재조명되어야 할 것들이 의외로 많음도 유의되어야 하겠다.

첫째로 단군 할머니의 이론형은 역사연구 방법의 새로운 출발을 재촉한다. 이제는 역사연구가 단순히 옛 문헌에만 직설적으로 매달려서, 고식적 해석을 하던 시대는 끝나야 할 것이다. 예컨대 본 논문의 서론에서 거론한 사례들만 하더라도, 시각을 달리해 보면 전혀 다른 해석이 나옴에도 불구하고, 전통적 역사해석은 우직할 정도로 경직된 해석을 계속하며 착인에 착인을 잇는다고 본다.

둘째로 단군 할머니의 이론형은 학문연구의 세분화가 얼마나 위험한 것인가를 말해주면서, 여성학의 새로운 시각을 요구한다. 여성이란 지위는 어떤 단편적 시각에 의해서 편향적으로 밝혀지는 것이 아니다. 그럼에도 불구하고 지금까지 우리는 여성을 너무나 편면적 시각으로 보았던 것은 아니었는지 많은 반성이 필요하다.

셋째로 단군 할머니의 이론형은 지금까지 보아 왔던 여성관의 혁신을 요구한다. 지금까지 우리가 보았던 여성상은 우리 고유의 여성이 아니었다. 외부로부터의 강요된 여성이었다. 본질을 상실한 왜곡되고 변질된 여성상에 침몰해 있다고도 생각된다.

우리 나름의 고유한 여성상은 어디로 갔는가? 잃어 버렸던 우리 여성의 뿌리는 무엇인가? 앞으로 우리의 여성을 보는 시각의 대전환이 확고히 요망된다. 여성문화 전체에 걸쳐 대대적으로 깊은 반성의 물결이 일어나야 하겠다. 우리에게는 여성을 보는 우리 고유의 눈이 무엇인가를 깊게 파고드는 사려 깊은 자세가 절실하다.

Ⅳ. 우리나라 여성 정치문화의 재정립 : 여성학 패러다임의 재발견

여성 정치문화의 재정립은 여성학의 재정립에서 출발한다. 본 논문은 지금까지 '단군 할머니' 학설을 정립함에 의해서, 우리 민족다운 여성학의 재출발을 위한 기본적 디딤돌을 만든 것이었다.

우리의 여성학은 기본 패러다임부터가 완전하게 바뀌어야만 한다. 우리의 여성을 보는 눈은 근본부터 혁신적으로 바뀌어야만 한다. 그것은 다음과 같은 길을 가야 할 것이다.

첫째로 수입 여성학에서 시급히 탈피해야 할 것이다. 물론 학문에는 국경이 없다. 외국의 발달된 이론이 있다면 그것을 배워오는 것은 옳은 일이다. 그러나 인간에 관한 학문은 사실상 국경이 있음을 유의해야 한다.

솔직히 말해서 외국에서 개발된 이론은 그 사회에 맞게 만들어진 이론이므로, 그 사회에서 쓰이도록 만들어진 이론이다. 그럼에도 불구하고 현재까지 우리사회에 있어서 여성학의 기본 줄기는 수입된 여성학이 주류였다.

그 이론들은 한국 여성학을 정립함에 간접적 도움을 줄 수는 있을지언정, 직접적인 토대가 될 수는 없는 것이다. 그럼에도 지금까지 외국 여성학이 주도해온 흐름에는 무언가 큰 잘못이 있는 것이다. 그렇기에 지금까지 우리나라에 존재해 왔던 여성학은 실제로는 우리의 여성학이 아니었고, 근본적으로 우리의 여성을 이해하려는 것이 아니었다.

따라서 둘째로 중요한 것은 자생(自生) 여성학으로서의 토착적인 여성학이 확고하게 정립되는 것이다. 본 논문은 그러한 토착 여성학이 만들어질 궁극적 기준으로서의, 여성학의 근본이념을 제시함에 중요한 목적이 있다.

원래의 우리민족은 여성을 종속변인으로 생각하지 않는 여성관을 갖고 있는 민족이었다. 그러나 수입여성관이 도도하게 밀려온 것이 오랫동안 축적되면서, 우리의 여성은 남성우위의 질곡 속에서 숨도 제대로 쉬지 못하는 상태로 전락되기까지 했던 때도 있었다. 그렇지만 요즘 그 잘못을 벗어나는 길을 찾는다면서 본래의 우리 모습으로서의 여성을 찾는 것이 아니라, 서양 여성을 찾는 오도된 흐름을 꽤 깊게 걸어 왔던 것이 사실이었다.

그렇기에 우리의 여성학은 타생적 여성학이었고, 우리의 여성학이 되질 못했던 것이다. 잃어버린 우리의 여성상은 우리의 안목으로 찾아야지 외국의 안목으로 찾아지는 것은 결코 아니다.

셋째로 그렇기에 중요한 요인으로서 현재 우리의 여성학이 부지불식간에 빠져있는 공격적 여성학에서 탈피할 것이 요망된다. 우리의 현존 여성학은 포용성을 결여한 여성학의 성향이 짙다.

그 사회에 뿌리를 두고, 그 사회에서 자란 학문은, 그 사회에 깊은 애착심과 포용심이 있다. 그러나 서양의 눈으로 만들어진 여성학으로 우리의 여성을 볼 때에 우리의 여성이 때로는 우습고, 때로는 조잡하고, 때로는 불합리하게 보일 것은 당연하다. 그것이 축적될 때에 우리 고유의 여성상은 근절되고 공격받아야 할 존재로 전락된다.

또 그런 시각을 전제로 하고 남성을 볼 때에, 남성은 정면으로 공격해야 할 적대관계가 되는 것이다. 현재의 우리 여성학은 남성들이 볼 때에 상당히 이질적이고 공격적이다.

일부 정치인들이 여성을 정치적으로 이용하려고 접근하는 것을 제외하고, 그리고 어떤 일부 집단에서 여성문제를 그들의 편면적 이익을 위해 이끌려고 하던가 하는 경우 등을 제외하고, 우리나라의 중심된 주류의 남성들이 여성문제를 중립적 기준으로 차분히 보아 주기가 어렵게 되어 있다.

이러한 흐름이 짙은 오늘의 현실은 수입여성학의 병폐가 큼을 뜻하는 것이다. 우리의 여성학은 사랑의 여성학이요, 자비로운 여성학이요, 한없이 따듯한 정서를 가진 자애로운 여성학이 되어야 하겠다. 그것이 우리 여성학의 원래 본모습이어야겠다.

넷째로 당연히 파생될 것은 여성학의 종합적 융복합적 시각이 정립될 것이 강조되어야 하겠다. 지금까지 우리사회의 여성학은 과도하게 사회학적 시각에 기울어지는 등 편향적 학문 성향이 컸다.

다시금 말하면 여성의 사회적 위상이 계층적이라거나, 차별적이라거나, 불이익을 받는다거나 하는 등의 측면이 주로 여성학의 대상인 듯이 오도된 흐름이 컸음을 말하는 것이다.

여성학은 오히려 인간학이란 측면이 크다. 따라서 범인간적인 융복합적 시각에서 여성을 보면서 여성문제를 접근할 경우에 여성문제가 제대로 보인다. 왜 지금까지의 여성학이 한 면으로는 그렇게 편협한 시각이 있었는가? 그 궁극적 원인을 심각히 생각해야 할 때가 지금이다.

끝으로 지금까지 말한 것을 종합하여 말하면, 민족 여성학으로서의 여성학이 재탄생될 필요성을 강조하고자 한다. 우리민족은 여성학적 측면만이 아니라, 어떤 다른 학문의 측면으로 보더라도 많은 경우에 잃어버린 민족이다.

도대체 우리다운 고유한 모습이 얼마나 남았는가? 요즘의 여성계에서 여성문제를 다루면서, 그 흐름 속에서 예부터의 전통적인 민족적 뿌리를 도대체 얼마나 발견할 수 있겠는가? 그렇게 된 까닭은 우리의 여성학이 그간 우리민족 스스로를 너무나 방치한 것이다. 아니 우리의 여성학이 우리민족 자신을 비하한(?) 일부의 흐름까지도 있던 때가 있었다.

우리의 여성학은 이제 민족에 대한 접근 자세를 완전히 바꿔서, 보다 우리민족을 사랑하고, 보다 우리민족에 자신감을 갖고, 보다 우리민족다운 여성학으로 재탄생되어야 할 것이다.

Ⅴ. 맺는 글 : '단군 할머니'의 새로운 탄생

현재의 여성계를 이끄는 50대 전후 이상의 세대들은 기억이 생생할 것이다. 예전 학생 때의 국사 시간에 우리민족은 대동강 근처에서 태어난 민족으로서, 고조선은 별 볼 일 없는 미미한 존재로 가르쳐졌었다. 그러니까 만주땅을 생각하는 것은, 금기사항인 듯이 가르쳐졌던 것을 생생히 기억할 것이다.

그리고 고조선은커녕 삼국시대의 초반부 역사까지도, 신화라거나 허황되다면서 매도했던 어처구니없는 국사 교육을 받았던 것을 생생히 기억할 것이다. 그렇기에 민족시조인 단군은 당연히 허구의 신화적 존재일 뿐이었음을 생생히 기억할 것이다.

그러나 현재는 일제침략에 의한 식민사관의 최대 오류인 대동강설은, 만주지방을 모두 포괄한 요동설로 바뀌어 초중고교의 역사교과서에 당당하게 재탄생되어 있다.

심지어 북한교과서에서는 세계 5대문명의 발상지로 가르쳐지고 있을 만큼, 우리민족의 발상지 문화를 강조할 정도이다.

생각하면 우리의 고대사를 일제침략의 쇠사슬에서 되찾아서 부활시키는 기간은, 일제패망 후 50년 이상을 이어온 치열한 역사전쟁이었다. 흡사 가시밭길같이 어려운 기간이었다. 그토록 고생스런 사투를 벌여서 되찾은 역사가 학생들의 교과서에 정식으로 들어간 것은 그렇기에 1990년대 초엽 이후이며, 우리사회의 일반인들은 그것을 모르고 있는 사람들이 대부분일 정도이다.

현재의 학생들이 배우는 한국사 교과서는 일제퇴출 직후의 역사책과 비교할 때에, 현기증이 날 정도로 고대사 분야가 내용이 다르다. 우리의 고대사 영역은 만주벌은 물론이고, 장성을 건너 산동 반도까지도 지배세력을 가진 막강한 것이요 찬란한 것으로 기술되어 있다. 그리고 그 역사는 허황된 신화가 아니라, 당당한 실사(實史)로서 정확한 역사인 것이다.

그러므로 민족의 시조인 단군은 국사책에 정확하게 재탄생되어 있다. 단군은 확실하게 우리의 민족시조인 것이다. 일제침략자들이 우리의 민족정기를 오도하고, 우리민족을 조롱하며 열등민족으로 이끌려던 식민사관의 독수는 나름대로 확고히 제거되었다.

그렇게 어려운 과정을 거쳐서 되찾은 고대사를 면밀히 분석하고, 정확히 재검토한 것이 본 장이다. 잃어버린 고대사를 되찾고, 모욕적으로 조롱당하던 민족시조 단군을 다시 모시게 된 감격을 생각하면서, 냉정하게 옛적 고대사를 연구해 보면 민족시조인 단군은 분명히 여성이라는 점을 밝힌 것이 본 장이다.

요컨대 단군은 그간 강제적으로 역사적 성전환(性轉換) 수술을 받은 비참한 상태에 있었다. 분명하게 다시 성정체성이 확립되면서 복원수술이 되어야 옳다. 결론적으로 정확히 말하면 단군은 분명히 여성이다. 단군 할아버지가 아니다. 단군 할머니가 확실하다.

이제 우리는 잃었던 단군 할머니를 다시 찾아야 하고, 우리의 여성학은 출발부터가 완전히 새로워져야만 하겠다. 우리의 여성학은 기본 패러다임부터 혁신적으로 바뀌어야만 한다. 그리고 우리민족 전체가 뿌듯한 심정으로 민족성조(民族聖祖) 단군을 모시고 힘차게 외쳐야 할 것이다.

우리나라 만세! 단군 할머니 만세!

참고문헌

강경구, 고대의 3조선과 낙랑(서울: 기린원, 1991).
강무학, 단군조선의 원방각문화(서울: 명문당, 1991).
강창성, 일본 · 한국의 군벌정치(서울: 해동문화사, 1991).
경상북도 교육위원회, 전통문화의 맥, 1987.
공덕귀, 안국을 기다리는 안국동의 보통 아줌마(동광출판사, 정풍 11, 1987).
곽림대, 도산 · 이박사 반목 반세기(월간중앙 1971년 ?월호).
국립공원관리공단, 한국의 국립공원(1994).
금장태, 한국유교의 이해(서울: 민족문화사, 1989).
길영환, (이원웅 옮김), 남북한 비교정치론(서울: 문맥사, 1989).
김광언, 고려양과 몽골풍:몽골학술기행 28(조선일보 1990. 12. 18).
_____ , 소수민족 오로촌족(조선일보 1990. 11. 1).
김교식, 최초의 여성당수 박순천 정계비화(동광출판사, 정풍 11, 1987).
_____ , 이승만 – 임영신에게 청혼(동광출판사, 정풍 12, 1987).
_____ , 이승만의 첫부인 박승선 스토리(동광출판사, 정풍 12, 1987).
김 구, 백범일지(서울: 성공문화사, 1990).
김도연, 나의 인생 백서(서울: 강우출판사, 1968).
김동욱, 백제의 복식(백제문화연구원, 1985).
김두영, 가까이서 본 인간 박정희(월간조선 129호, 1990년 12월호).
김두한, 피로 물들인 건국전야(서울: 연우출판사, 1963).
김두헌, 한국 가족제도 연구(서울: 서울대학교출판부, 1985).
김명길, 낙선재 주변(서울: 중앙일보사, 1977).
김부식, 삼국사기.

김삼웅, 친일 반민족분자의 척결과 민족정기(순국선열유족회, 순국12호, 1990. 9.)
김영정, 여성 정책의 주요과제와 실천방안(정무제2장관실, 1988. 7).
_____ , 동서양 여성운동의 현황과 과제(아산사회복지사업재단, 현대사회와 여성, 제8회 복지사회심포지엄, 1986).
김영희, 윤치호선생략전(경성: 기독교조선감리회총리원, 소화 9년).
김옥렬, 여성과 정치참여(숙명여자대출판부, 여성학, 1988).
김옥선, 잠들 땐 문고리부터 단속하는 여자(여원 1991년 3월호).
김용숙, 한국여속사(서울: 민음사, 1989).
김운태 편, 한국 정치론(서울: 박영사, 1977).
김원룡, 한국 고고학 연구(서울: 일지사, 1987).
김윤근, 해병대와 5 · 16(서울: 범조사, 1987).
김재원, 단군신화의 신연구(서울: 정음사, 1947).
김종오, 한국 현대사의 실상(서울: 종소리, 1989).
김진혁, 단군성조의 사상과 그의 인간학(서울: 인간사랑, 1991).
김태곤, 10 · 26과 김재규(서울: 이삭, 1985).
김태곤, 한국무속연구(서울: 집문당, 1981).
_____ , 한국 민간신앙 연구(서울: 집문당, 1983).
김학준, 한국 문제와 국제정치(서울: 박영사, 1987).
김형욱, 박사월, 김형욱 회고록(전주: 아침출판사, 1985).
나창주, 비교 정치론(서울: 일조각, 1985).
동아출판사, 동아원색세계 대백과 사전 2 (1985).
_____ , 현대 한국을 뒤흔든 60대 사건, 신동아 1988년 1월호 부록.
리상호, 삼국유사(평양:조선민주주의인민공화국 과학원출판사, 1960).
리 프란체스카 저, 조혜자 역, 대통령의 건강(서울: 보건신문사, 1988).
문화공보부 문화재관리국, 문화재대관:국보편(서울: 양서출판사, 1977).
민두기 편저, 일본의 역사(서울: 지식산업사, 1977).
민속학회, 무속신앙, 한국민속학총서 3 (서울: 교문사, 1989).
_______ , 민간신앙, 한국민속학총서 4 (서울: 교문사, 1989).

박계주, 곽학송, 춘원 이광수(서울: 삼중당, 1964).
박권상, 신동아 인터뷰: 박순천(신동아 1966년 8월호).
박권흠, 정치의 현장(서울: 백양출판사, 1982).
박근혜, 새마음의 길(서울: 구국여성봉사단, 1979).
박성수, 단군기행(서울: 교문사, 1988).
박용만, 경무대비화(신동아 1965년 2월호).
박정진, 한국문화 심정문화: 예술인류학 서설(서울: 미래문화사, 1990).
박혜전, 귀금속 공예로서 표현되는 장신구 연구(이화여자대학교 석사학위 논문, 1984).
백경남, 여성과 정치(동국대학교출판부, 여성학의 이론과 실제, 1987).
_____, 한국여성정치론(서울: 문음사, 1981).
서병조, 개헌시비(서울: 현대문예사, 1986).
_____, 박정권 19년(대구: 한성출판사, 1986).
_____, 제3공화국(서울: 문화창조사, 1985).
손인수, 한국교육사상사 I (서울: 문음사, 1989).
송건호, 강만길 편, 한국 민족주의론(서울: 창작과 비평사, 1982).
신라문화제 학술발표회 논문집 제10집, 화랑문화의 재조명(서울: 서경문화사, 1991).
신복룡, 한국정치사론(서울: 박영사, 1978).
신채호, 이만열 주석, 조선상고사(서울: 단재 신채호선생 기념사업회, 1988).
심연섭, 신동아 인터뷰: 윤보선(신동아 1966년 1월호).
안 천, 가우자리 사상과 거시국토통일(순국선열유족회, 순국 제12호, 1990. 9. 10).
_____, 만주는 우리땅이다: 거시국토통일론(서울: 인간사랑, 1990).
_____, 한국민주화운동사(서울: 민족문화사, 1988).
_____, 황실은 살아있다(서울: 인간사랑, 1994).
여성개발원, 여성과 발전(교육자료 300-15, 1989).
염홍철 편저, 제3세계와 종속이론(서울: 한길사, 1980).
예춘호, 그 어둠의 증인 되어(서울: 성정출판사, 1987).

위경효, 한국 금속장신구의 발전과정과 현대 장신구의 개발 연구(성신여자대학교 대학원 석사학위논문, 1982).
유치송, 해공 신익희 일대기(해공 신익희선생 기념회, 1984).
유희경, 한국 복식 문화사(서울: 교문사, 1984).
윤내현, 한국 고대사 신론(서울: 일지사, 1988).
_____ , 한국 고대사(서울: 삼광출판사, 1989).
윤대원, 친일파의 어제와 오늘(순국선열유족회, 순국 13호, 1990년 11 · 12월호).
윤보선, 구국의 가시밭길(서울: 한국정경사, 1967).
윤세영, 고분출토 부장품연구(서울: 고대 민족문화연구소 출판부, 1988).
윤영수, 한국 금속 장신구의 수하식에 대한 조형적 연구(성신여자대학교 대학원 석사학위 논문, 1982).
윤치영, 윤치영의 20세기(서울: 삼성출판사, 1991).
윤후정, 신인령, 평등권과 여성(이화여자대학교출판부, 여성학 영역별 연구, 1989).
이경남, 윤보선과 장면(정경문화 1983년 5월호).
_____ , 이 역사의 순간들(서울: 백양출판사, 1981).
이광규, 한국 가족의 구조분석(서울: 일지사, 1986).
이규태, 한국인의 기속(서울: 기린원, 1980).
이기백, 한국사신론(서울: 일조각, 1974).
이기택, 한국 야당사(서울: 백산서당, 1987).
이능화저, 김상억 역, 조선여속고(서울: 대양서적, 1982).
이방자, 지나온 세월(서울: 남영문화사, 1974).
이병윤, 정신의학자가 본 이승만 박사(신동아 1965년 9월호).
이병선, 한국고대 국명지명 연구(서울: 아세아문화사, 1988).
이상시, 단군실사에 관한 문헌고증(서울: 가나출판사, 1987).
이상우, 퍼스트 레이디들의 정치내조 스타일(동광출판사 정풍11, 1987).
이선근, 대한국사: 조선 황조의 종말(서울: 신태양사, 1973).
이연복, 윤종일, 사료 한국사(서울: 신서원출판사, 1994).
이영석, 야당 40년사(서울: 인간사, 1987).

이 옥, 고구려 민족형성과 사회(서울: 교보문고, 1886).

이옥수, 한국 근세 여성 사화 하권(서울: 규문각, 1985).

이정식, 한국 정치상황의 제단면(서울: 고려원, 1983).

이정옥, 최영옥, 최경순, 서양복식사(대구: 형성출판사, 1989).

이종욱, 고조선사 연구(서울: 일조각, 1993).

이태영, 북한의 여성 생활(민족통일중앙협의회, 통일문고 5, 1981).

이택휘, 교육과 정치 사회화(한국정치학회, 한국정치와 복지국가, 서울: 삼영사, 1981).

이화여자대학교, 한국여성사(서울: 이대출판부, 1984).

이화여자대학교 한국여성연구소(여성학논집 제6집, 1989).

이헌종, 친일파처리를 위한 특별법제정에 관한 연구(순국선열유족회, 순국 9호, 1990년 3 · 4월호).

이현희, 한민족의 생활철학(한국의 역사 12, 서울: 학원출판공사, 1988).

_____ , 한민족의 풍속과 행사(한국의 역사 16, 서울: 학원출판공사, 1988).

이형구, 단군을 찾아서(서울: 살림터, 1994).

_____ , 한국 고대문화의 기원(서울: 까치, 1991).

이효재, 김주숙, 한국여성의 지위(서울: 이화여대출판부, 1976).

_____ , 한국의 여성운동(서울: 정우사, 1989).

일 연, 삼국유사.

임병직, 임병직 회고록(서울: 여원사, 1964).

임종국, 반민족문제연구소 엮음, 실록 친일파(서울: 돌배개, 1991).

임효재, 한국 고대문화의 흐름(서울: 집문당, 1992).

장 면, 한알의 밀이 죽지 않고는(서울: 카톨릭 출판사, 1967).

장병혜, 창랑 장택상 일대기:상록의 자유혼(경북: 영남대박물관, 1973).

장을병, 한국 정치론(서울: 범우사, 1977).

전용신 역, 일본서기(서울: 일지사 1990).

정무 제2장관실, 여성의 역할과 실태에 관한 국민 의식 조사(정책자료 89-5, 1989).

정요섭, 선거론(서울: 박영사, 1965).

정용숙, 고려 왕실족내혼 연구(서울: 한길사, 1988).
조갑제, 유고 제1권(서울: 한길사, 1987).
조명구, 우의 마의 민의(서울: 일월서각, 1984).
조병옥, 나의 회고록(서울: 민교사, 1959).
조일문, 새정치학(서울: 박영사).
조재관, 국제 정치학(서울: 법문사, 1964).
_____, 선전여론개설(서울: 박영사, 1972).
조혜정, 제주도 해녀사회 연구(한상복 편, 한국인과 한국문화:인류학적 접근, 서울: 심설당, 1983).
_____, 한국의 여성과 남성(서울: 문학과 지성사, 1988).
조효순, 한국 복식 풍속사 연구(서울: 일지사, 1988).
조흥윤, 巫와 민족문화(서울: 민족문화사, 1990).
주부생활사, 한국여성30년(주부생활 창간10주년 특집호, 1975년 4월호 별책).
진덕규 외, 1950년대의 인식(서울: 한길사, 1981).
천관우, 인물로 본 한국고대사(서울: 정음문화사, 1983).
최길성, 한국무속의 연구(서울: 아세아문화사, 1984).
최병현, 신라 고분연구(서울: 일지사, 1992).
최산내, 겨레의 반려 이기붕 선생(서울: 의회평론사, 1959).
최서면, 몽골기행(서울: 삼성출판사, 1990).
최숙희, 부엌데기 딸에서 서대문 경무대 마님까지(동광출판사, 정풍12).
최재석, 백제의 대화왜와 일본화과정(서울: 일지사, 1990).
_____, 한국 가족연구(서울: 일지사, 1987).
_____, 일본 고대사 연구비판(서울: 일지사, 1990).
하우스만, 하우스만 회고록 4(한국일보 1990. 11. 21).
학원사, 세계백과대사전 1(1966).
한국민중사연구회, 한국민중사(서울: 풀빛출판사, 1986).
한국여성개발원, 여성과 성차별(교육자료 300-7, 1986).
_____________, 여성과 직업(교육자료 300-13, 1988).
한국여성사편찬위원회, 한국여성사(서울: 이화여대출판부, 1984).

한국정신문화연구원, 한국민족문화대백과사전 권2(1988).
한마당, 자랑스런 민족음식(북한의 요리, 북한연구 자료선 16, 1939).
한배호, 한국의 정치(서울: 박영사, 1984).
한병삼 편저, 국보 1 : 고분금속(서울: 예경산업사, 1983).
한우근, 한국통사(서울: 을유문화사, 1974).
한정일, 한국 정치 발전론(서울: 전예원, 1982).
함병춘, 한국인과 미국인(신동아 1965년 7월호).
함석헌, 뜻으로 본 한국역사(서울: 삼중당, 1972).
허 정, 내일을 위한 증언(서울: 샘터사 출판부, 1990).
현용준, 제주도 무속연구(서울: 집문당, 1986).
홍순호 외, 한국현대사의 재조명(서울: 대왕사, 1990).
황인택, 오시룡, 이조역대왕정사(경기: 경기도 경찰국, 1958).
희망 출판사, 해방 20년사(1965).
교또대학문학부 국사연구실 편, 일본사 사전(도꾜: 동경 창원사, 1959).
大塚滋, 食의 文化史(東京: 中央公論社, 소화 56년).
阿蘇瑞枝, 히미코, 추전서점, 역사의 여행 제5권 12호 특별증간호, 일본의 여성사.
森嶋通夫, 이기준 옮김, 왜 일본은 성공하였는가(서울: 일조각, 1990).
Bruce Cumings, The Origins of the Korean War(김자동 역, 일월서각, 1986).
Carl Cohen, Democracy(New York: The Free Press, 1971).
Carol C. Gould ed., Beyond Domination, 한국여성 개발원, 지배로부터의 자유(여성연구신서, 1987).
Carol Tarris & Carole offir, The longest war : Sex difference in perspective(New York: Harcourt Brace Jovanovich, Inc., 1977).
Chung-Hee Soh, Women and politics in Korean Society, Paper for the 16th Pacific Science congress, August 20-30, 1987, Seoul, Korea.
David Held, Models of democracy, 이정식 역, 민주주의의 모델(서울: 인간사랑, 1989).
E. O. Reischauer & J. K. Fairbank, 전해종, 고병익 역, 동양문화사(상)(서울: 을

유문화사, 1985).

G. Bowles & R. D. Kleim ed., Theories of women's studies, 정금자 역, 여성학의 이론(서울: 을유문화사, 1986).

H. J. Morgenthau, Politics among Nations(New York: A. A. Knopf, 1967).

Irene H. Frieze 외 4인 공저, 최의선 역, 여성과 성역할(영남대학교 출판부, 1985).

John. W. Hall, 박영재 역, 일본사(서울: 역민사, 1989).

Martin N. Marger, Elites and Masses:An introduction to political Sociology(N. Y.: D Van Nostrand Co., 1981).

Marvin Harris, 서진영 역, 음식문화의 수수께끼(서울: 한길사, 1992).

Michael C. Howard, Contemporary Cultural Anthropology(Boston: Little, Brown & Co., 1986).

R. Benedict, 김열규 역, 문화의 패턴(서울: 까치출판사, 1987).

Samuel L. Long ed., The handbook of political behavior V.4(New York: Plenum Press, 1981).

찾아보기

【ㅁ】

【ㅂ】

【ㅈ】

【ㅊ】

안 천(安 天) 서울교육대학교 명예교수, 정치학 박사

〈대표 저서〉

- 일월오악도(日月五岳圖)
  - 제1권: 이승만 뿌리 정치심리(교육과학사, 1998)
  - 제2권: 김구 재평가와 안중근(교육과학사, 1999)
  - 제3권: 일월오악도의 탄생(교육과학사, 2002)
  - 제4권: 황실부흥 선구자 이석(교육과학사, 2003)
  - 제5권: 정통 대한황손 이초남(교육과학사, 2005)
  - 제6권: 대한황실 황통쟁투사(교육과학사, 2009)
  - 제7권: 대한황실 문화정책사(교육과학사, 2011)
  - 제8권: 임금님 대관식(교육과학사, 2014)

  ※황실은 살아있다(인간사랑, 1994)

- 거시국토 통일론(巨視國土統一論)
  - 만주는 우리땅이다(인간사랑, 1990)
  - 남침유도설 해부(교육과학사, 1993)
  - 신흥무관학교(교육과학사, 1996)
  - 타이완의 힘(교육과학사, 2008)

〈교과교육 관련 저서〉

- 생활화 사회과교육론(교육과학사, 2001)
- 신사고 사회과교육론(교육과학사, 1993)
- 통합교과운영론(한국방송통신대학, 1990, 공저)
- 사회과 탐구논리(교육과학사, 1988, 공역)
- 한국 교과서 전쟁사(나무 미디어, 2019)

단군 할머니론

2016년 5월 30일 1판 1쇄 발행
2020년 10월 3일 1판 3쇄 발행

저 자 : 안 천
발행인 : 한 정 주
발행처 : 교육과학사

경기도 파주시 광인사길 71
전화 : (031) 955-6956~8 팩스 : (031) 955-6037
Home-page : www.kyoyookbook.co.kr / E-mail : kyoyook@chol.com
등록 : 1970년 5월 18일 제2-73호

값 15,000원

ISBN 978-89-254-1059-3

Printed in Korea.